北方新金融研究院

NORTHERN FINANCE INSTITUTE

致力于新金融领域的政策研究，服务京津冀协同发展国家战略，为天津金融创新运营示范区建设献计献策

敏捷银行

——金融供给侧蝶变

赵志宏◎著

AGILE BANKING

DRAMATIC CHANGE ON FINANCIAL SUPPLY SIDE

中国金融出版社

责任编辑：黄　羽
责任校对：李俊英
责任印制：陈晓川

图书在版编目（CIP）数据

敏捷银行：金融供给侧蝶变/赵志宏著.—北京：中国金融出版社，
2019.5

（新金融书系）

ISBN 978 - 7 - 5220 - 0105 - 0

Ⅰ.①敏…　Ⅱ.①赵…　Ⅲ.①金融改革—研究—中国　Ⅳ.①F832.1

中国版本图书馆 CIP 数据核字（2019）第 085520 号

敏捷银行：金融供给侧蝶变
Minjie Yinhang：Jinrong Gongjice Diebian

出版
发行　　中国金融出版社

社址　　北京市丰台区益泽路2号
市场开发部　（010）66024766，63805472，63439533（传真）
网 上 书 店　http://www.chinafph.com
　　　　　　（010）66024766，63372837（传真）
读者服务部　（010）66070833，62568380
邮编　　100071
经销　　新华书店
印刷　　保利达印务有限公司
尺寸　　170 毫米×230 毫米
印张　　24.5
字数　　320 千
版次　　2019 年 5 月第 1 版
印次　　2020 年 4 月第 2 次印刷
定价　　68.00 元
ISBN 978 - 7 - 5220 - 0105 - 0
如出现印装错误本社负责调换　联系电话（010）63263947

新金融书系 NEW FINANCE BOOKS

北方新金融研究院由中国金融四十人论坛发起，与天津市人民政府战略合作，致力于新金融领域的政策研究，为天津金融创新运营示范区建设献计献策，并服务于京津冀协同发展国家战略。

北方新金融研究院以建设独立、专业、开放的现代化智库为目标，积极开展高层次、有实效的研讨活动，努力提供一流的研究产品。自2016年3月成立以来，北方新金融研究院已经举办多场闭门研讨会、宏观政策解读内部交流会、"金融支持实体经济"系列座谈会和国际交流活动，形成《NFI要报》、《NFI决策参考》等系列成果多期，为天津市相关决策部门提供了重要参考。

北方新金融研究院设立的北方新金融研究院"新金融书系"，专注于京津冀协同发展、绿色金融、融资租赁等新金融领域，并基于研究和研讨成果，出版系列图书，力图打造兼具理论、实践与政策价值的权威书系品牌。

"新金融书系"由中国金融四十人论坛旗下上海新金融研究院（SFI）发起，立足于创新的理念、前瞻的视角，追踪新金融发展足迹，探索金融发展新趋势，求解金融发展新问题。论坛旗下的北京大学数字金融研究中心、北方新金融研究院、金融城相继创设新金融书系，丰富了"新金融书系"的品牌内涵。

"中国金融四十人论坛"是中国最具影响力的非官方、非营利性金融专业智库平台，专注于经济金融领域的政策研究与交流。论坛正式成员由40位40岁上下的金融精锐组成。论坛致力于以前瞻视野和探索精神，夯实中国金融学术基础，研究金融领域前沿课题，推动中国金融业改革与发展。

自2009年以来，"中国金融四十人论坛书系"及旗下"新金融书系"已出版100余本专著。凭借深入、严谨、前沿的研究成果，该书系在金融业内积累了良好口碑，并形成了广泛的影响力。

塑造"敏捷银行"，提升服务实体经济能力

（代序）

改革开放四十年来，中国经济实现了年均接近 10% 的 GDP 增长，创造了中国奇迹。在经历了初始阶段的高速发展之后，我国经济增长速度持续放缓，进入深化供给侧结构性改革、转向高质量发展的新阶段，处在转变发展方式、优化经济结构、转换增长动力的攻关期。原来主要依靠要素驱动、传统产业的粗放式发展模式已不能持续，需要依靠技术进步、效率提高和创新驱动，加快实现产业升级换代，以跨越"中等收入陷阱"。2019 年2 月 22 日，中共中央政治局就完善金融服务、防范金融风险举行第十三次集体学习，要求"深化金融供给侧结构性改革，增强金融服务实体经济能力"，并指出金融业要"坚持以市场需求为导向，积极开发个性化、差异化、定制化金融产品"。这番话在中国深化供给侧结构性改革，跨越中等收入陷阱的转型时期具有深远意义，为中国金融业如何更好地服务经济高质量发展指明了方向。我国当前的金融体系在一定意义上适合于支持前中等收入陷阱阶段，即以服务制造业扩张和粗放式发展为主，规模大和有抵押资产的企业容易获得金融支持；而下一步应该向更好地服务具有创新导向的小企业、为企业成长提供全生命周期的金融服务方案转变，这就需要更适合的金融体系和金融服务模式。

与此同时，银行业正面临着新技术和监管演变带来的机遇和挑战。人类社会正在从信息化走向数字化，金融与科技的融合发展已是大势所趋，

1

ABCDE 五大类技术，即 A（AI，人工智能）、B（Block Chain，区块链）、C（Cloud，云计算）、D（BigData，大数据）、E（Internet-of-Everything，万物互联）的应用，产业互联网和 5G 通信技术的发展，对促进全球金融业转型升级、普惠金融发展、经济可持续发展发挥着越来越重要的作用。技术进步带来了商业模式的变化，特别是 5G 网络通信的发展将为金融科技应用提供现实基础支撑，金融科技正在加快重塑金融生态格局，这对商业而言既是挑战也是机遇。一方面，随着用户消费习惯发生变迁，金融科技企业凭借其领先的科技能力、快速的市场反应和产品迭代、便捷的交易过程、优越的客户体验，逐步进入支付、财富管理、消费信贷等金融领域，形成了完整的金融业务链条，迅速夺取传统银行的客户资源，蚕食银行市场份额。益普索（Ipsos）发布的 2018 年第四季度第三方移动支付用户研究报告显示，移动支付已渗透至大众生活日常的方方面面，在当季度三个月内，移动支付在个人类交易、线上消费类交易、线下消费类交易、金融类交易四大类基本支付场景的使用率分别为 94%、82%、93% 和 30%。另一方面，市场竞争格局的大势正倒逼传统银行主动拥抱技术变革，打造属于传统银行的"科技 + 金融"生态，充分利用信息技术推动创新发展，推动服务拓展和业务转型，降低经营成本，提升服务效率和客户体验，防控金融风险。德勤在 2019 年 1 月发布的一份报告显示，银行在自动化、机器学习等节省劳力的技术方面的投资日益增加，已有近两成金融机构开始使用人工智能革新运营模式。作为尚属于发展中的新兴模式，金融科技也给国际金融治理带来新的风险和监管挑战，包括数字鸿沟、监管套利、不平等竞争、数据隐私保护、金融稳定等问题层出不穷，形成更加复杂的风险结构，从而提高金融风险全球治理的难度。这使得监管当局在竞争与公平、效率与创新等方面面临一系列的权衡，国际机构纷纷建议在监管方面适应创新需求，与时俱进，加强对金融科技实体及其活动的监管，强化风险监测，强化监管的国际合作和协调，减少监管套利。

与金融科技企业相比，商业银行有其优势和不足。商业银行历经多年发展，建立了专门的评估系统监测和管理信用风险、交易风险和流动性风险，风险管理更加专业，风控水平和能力更高。同时，商业银行在金融领域耕耘多年，形成了庞大的网点渠道、广泛的客户基础、坚实的业务根基，具有快速研发推出风险回报平衡较为复杂的产品服务能力。但是，商业银行的组织决策和业务流程等相对冗长而复杂，与科技创新快速迭代、产品服务实时响应之间存在差距；业务和技术部门各司其职的独立性在一定程度上导致了协作效率低，与金融科技高效融合的需求之间存在差距；商业银行往往缺少足够的创新基因与文化氛围，更喜欢小步稳妥的持续优化，同质化的金融产品和服务与用户日益复杂、快速迭代的多样化、个性化需求存在差距。

为更好地抓住机遇，应对挑战，增强优势，弥补弱势，运用金融科技增强对普惠金融和实体经济的支持能力，商业银行应积极推动自身的敏捷化转型，即以金融科技为依托，借助数字化、智能化手段，内部实现组织和流程的高效率运转，外部快速洞察并响应客户差异化、个性化、定制式的需求。笔者认为，商业银行应以客户为中心，从内部简约化、外部差异化和精于协同三方面着手构建敏捷银行能力，成为敏捷金融企业。

其一，商业银行打造敏捷银行能力，需要推动金融供给侧资源的内部简约化。

飞速发展的数字技术正在打造一个高度个性化、高频和即时体验的世界，为了满足消费者渴望的专属市场，企业必须重塑简约化的自身架构和内部运营能力，将顾客需求更加敏捷及时地传递到生产服务端，实现精准的供需匹配，为客户、员工及业务合作伙伴带来新个性化客户体验。埃森哲在 2019 年发布的研究报告显示，通过对包括 411 位中国企业领袖在内的全球 6600 余位业务和信息技术高层管理者的调研发现，有 85% 的受访中国企业高管认为，整合定制化和实时交付的能力是建立下一轮竞争优势的关键。对于银行而言，如果不通过组织流程简捷和技术数据建模，很难在充分发挥其综合性服务能力优势的基础上实现实时智能的定制化服务交付。银行打造内部简约化的敏捷银行能力，主要体现在构建内部价值图谱，搭建企业级的组织架构、业务架构和技术架构，借助银行科技（BanTech），运用 9 项技术，重构金融服务的前、中、后台作业模式，实现银行服务内部全流程的组件化、参数化、自动化，服务体验的简约化、定制化、实时化，敏捷实时洞察和响应客户个性化需求，同时大幅度降低运营成本。"敏捷银行"通过构建内部价值图谱，实现内部组织敏捷、业务流程敏捷、产品服务敏捷、人员敏捷，将拥有前瞻性的市场机遇识别和捕捉能力、快速的市场反应和客户需求响应能力、高效的组织决策和执行能力，以及高频的产品方案开发迭代能力。

其二，商业银行打造敏捷银行能力，需要构建外部差异化能力，优化金融供给侧服务。

随着经营环境发生巨大变化，商业银行多年来普遍存在的产品服务同质化竞争现象将难以为继。在我国产业转型升级的时期，企业金融服务的需求已经发生改变，我国商业银行构建外部差异化能力，首先要从银行经营战略上对产业转型升级进入成熟期的发达国家金融服务领先实践进行借鉴学习。笔者对 2018 年末部分有代表性的美资和中资银行收入结构作了分析，在美资银行方面分析了摩根大通、美国银行以及富国银行，在中资银行方面分析了四大银行以及部分股份制银行。从收入结构来看，美资银行利息收入占比为 50% 左右，显著低于中资银行 60% ~ 70%。主要原因为美资银行业务条线更为多元化，包括财富管理、自营交易、投行、经纪业务、托管业务等都贡献了相当一部分的收入。而中资银行的非利息收入主要还是来自银行卡手续费、清算、代理以及理财产品销售等收入。美资银行和中资银行收入结构的差异，对中资银行深化供给侧结构性改革的关注点有一定借鉴参考意义。

在严峻的宏观经济与金融监管环境下，端正发展理念，坚持以市场需求为导向，基于金融科技对客户需求进行360度的深刻洞察，积极开发融入智能价值网的个性化、差异化、定制化金融产品服务，构建差异化、特色化的核心竞争力，将成为商业银行重塑实体经济客户体验、有效提升自身价值创造的关键。一方面，大量的潜在细分市场为商业银行构建外部差异性提供了巨大空间；另一方面，外部差异化还体现在将传统服务做到更为极致、更富创新、更具特色。例如，国内某国有大型银行根据不同客户或业务类型提供差异化的授信、风控、IT支持，从B2B转向B4B，针对各类普惠金融场景模式，形成标准化的IT支持能力，迅速在不同金融场景的细分市场构建了差异化竞争力。银行外部差异性的重要价值可以从港股上市的国有银行及股份制银行的资本市场估值水平得到印证。按照2019年1月7日收盘价，国有及股份制银行的平均市净率（PB）基本集中在0.5～0.8，平均PB是0.7，商业银行的同质化问题已经影响了其财务估值。而国内最早提出重点发展零售金融的某股份制银行，其聚焦金融科技应用、打造最佳客户体验等卓有成效的差异化战略则取得了丰硕的财务成果，在资本市场上得到了投资者的认可，该行的PB高达1.29，显著高于行业平均水平，相对于国有及股份制银行的平均PB 0.7溢价率达84%，相对于股份制银行的平均PB 0.73溢价率达76.7%。同时从财务数据表现来看，截至2018年第三季度，该行的净息差达2.48%，超国有大行平均值约23%，超过股份制银行平均值约38%，净资产收益率（ROE）排名第一，净资产增值率排名第一，净利润增长率排名第二。

其三，商业银行打造敏捷银行能力，还需要精于协同，完善金融供给侧机制。

商业银行推动敏捷银行转型，在构建内部简约化、外部差异化能力的同时，还要充分吸收运用金融科技和银行科技领先实践，基于金融价值网打造与价值网主体的精于协同能力，一是银行前台融入商业场景提供嵌入式金融服务（embedded banking utility），银行中后台部门通过实时智能的嵌入式作业（embedded operation）前移为产品服务的协作者；二是借助交易撮合和"发放—分销"方式成为货币市场和资本市场的连接者，成为消费互联网和产业互联网的金融纽带。笔者在《银行科技——构建智能金融价值网》一书中谈到，金融机构提升服务实体经济的效率和水平，应进一步深潜以客户为中心协同创造价值的价值网时代，积极探索生态系统客户联合经营。智能金融价值网的参与者，基于各自的优势专业能力，采用 B4B 方式进行跨界协同，在智能分析的基础上，实时感知和响应用户的个性化需求。例如，商业银行更擅长的是风险回报平衡较为复杂的产品和综合服务能力，金融科技企业更擅长的是短平快的单一性服务和基于互联网的交互式体验，双方可通过跨界协同实现优势互补、合作共赢。商业银行可以通过构建涵盖客户关系、产业链、金融机构价值交互等在内的外部"价值图谱"，依托企业级管理理念，建立标准化、模块化、参数化的业务模型，形成企业级统一客户视图、统一产品视图、统一员工视图、统一机构视图、统一数据视图，为金融价值网赋能。例如，基于大数据、云计算等技术通过外部渠道引进价值网内企业工商经营信息、企业重大事件等客户相关信息，通过建模进行深度加工、整合和量化分析，构建可视化的客户关系价值图谱，完成从原始信息到企业关联信息、潜在商机、风险预警数据的挖掘，应用于前台营销获客、中后台风险管控、反欺诈等领域。又如，为解决小微企业融资难、融资贵问题，一些银行与区块链中的私有链金融科技公司合作，围绕"核心企业＋可控商品＋动态资产 ABS"，整合企业生产管理系统、ERP、物联网数据，实现可信贸易资产数据刻画，使核心企业三四级供应商小微企业能参与供应链，实现产业链账户及支付体系数字化、云化；并整合物流、仓储、工商、税务数据交叉验证，缓解信息不对称，实现激励相容。还有的商业银行运用区块链中的联盟链模式，进一步整合若干细分领域私有链，整合后形成私有链＋联盟链的价值网，实现小微企业数据资产金融化的敏捷银行服务。

研究与经验表明，组织敏捷性与经营业绩存在着明显的正向关系。根据麦肯锡的组织健康度（OHI）研究，数据库中70%"最健康"的企业属于敏捷型组织，并有2倍的可能性取得优于同业的经营业绩。例如，海尔集团打破原有的科层制体系，向开放型的创业平台模式转变，实现了家电业的工业4.0转型，从大规模制造向大规模定制转型，从研发本土化到拓展本土化再到品牌本土化，实时响应全球的用户定制需求，打造海尔全球品牌策略平台，根据每个国家不同情况，建立丰富的品牌传播矩阵，创造用户个性化体验。国内外一些银行已率先踏上敏捷转型的实践之路，并取得了显著成效。荷兰ING银行2015年开始的敏捷变革取得了多项实效，产品上线周期从每年2~3次缩短到2~3周一次，员工效率提高30%，客户净推荐值（NPS）大幅提升。国内某股份制银行于2017年实施了两个敏捷转型试点，通过推行跨条线集中办公、授权优化、流程精简等举措，信用卡从产品开发到市场推广从原先的23周缩短到9周左右，压缩了60%的时间，试点业务流程大大优化；同时，通过将复杂业务场景或庞大项目团队划分为"子小组"分模块运作并充分授权，激发了团队成员的工作积极性和创新活力，实现了"人的敏捷"。国内另一家股份制银行推出了API Bank（无界开放银行），将自身API嵌入各家合作伙伴平台，通过输出金融服务能力，让用户能在这些合作平台与众多消费场景里轻松便捷地使用银行金融服务；通过使用API Bank，一家中小型外贸企业主发现，原先需要2周时间完成的信贷申请审批工作，现在只需1~2天就走完全部流程。

总体来看，商业银行积极推动敏捷银行转型，具有诸多益处。一方面，商业银行通过塑造"敏捷银行"，以银行科技（BanTech）作为客户服务的核心纽带，可以有效激发业务、组织和员工活力，快速洞察和响应市场客户需求，在可控成本下为客户提供个性化定制的"现代财资管家"服务，有利于破除由来已久的银行同质化竞争，提升金融供给侧客户满意度和银

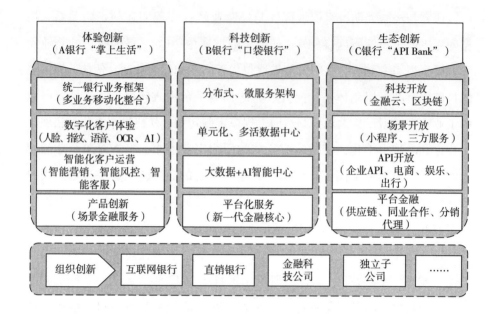

图1 领先银行的敏捷化转型路径与经验

行的长期价值创造能力。另一方面，在当前中国货币市场相对于资本市场对中国金融供给侧贡献度约为9:1的现实情形下，作为服务实体经济的最核心力量，商业银行通过塑造"敏捷银行"，构建智能金融价值网为产业价值网赋能，有利于为民营小微企业提供更为精准、快速、多元的金融产品和服务组合，重塑实体经济客户体验，提升服务实体经济质效，并有效防范风险。

本书总体上呈两部分展开。第一部分"时代序幕：商业银行敏捷转型的背景与趋势"，分析当前全球和我国经济、金融、科技和监管等发展趋势，探讨在此趋势背景下，商业银行面临的机遇和挑战，以及自身的优劣势。第二部分"大象起舞：商业银行构建敏捷银行能力"，提出商业银行应加快推进敏捷银行转型，探讨从内部简约化、外部差异化和精于协同三方面着手构建敏捷银行能力，成为敏捷金融企业。

在本书的编写过程中，笔者的同事张海波、熊静、刘程旭在编辑排版工作中付出了辛勤的劳动。在此向他们表示诚挚感谢！感谢中国金融四十人论坛（CF40）、北方新金融研究院（NFI）有关工作人员以及中国金融出版社编辑为本书出版付出的辛勤劳动。由于作者水平有限，书中难免有错漏不足之处，敬请广大读者不吝指正。

本书中部分素材曾于中国金融四十人论坛（CF40）月报、北方新金融研究院（NFI）微信公众号和《当代金融家》等杂志和媒体的专栏刊发，所述不代表笔者任职机构观点，以期收到抛砖引玉之效。

是为序。

赵志宏
2019 年 3 月

目 录

上 篇

时代序幕：商业银行敏捷转型的背景与趋势

1 商业银行敏捷转型的背景与趋势

1.1 打开潘多拉魔盒，数字经济浪潮下银行何去何从

当前，人类正在经历以数字经济、智能制造为核心的第四次人类革命，物联网、大数据、云计算、机器人技术、人工智能和机器学习是推动第四次革命的关键性因素。2017年，在美国过去五年内由政府机构、咨询机构、智囊团、科研机构等发表的32份科技趋势相关研究调查报告的基础上，美国提炼形成公布了一份长达35页的《2016—2045年新兴科技趋势报告》。该报告通过对近700项科技趋势的综合比对分析，最终明确了20项最值得关注的科技发展趋势，包括物联网、机器人与自动化系统、智能手机与云端计算、智能城市、量子计算、大数据分析、社交网络、虚拟现实（VR）和增强现实（AR）技术等。

随着企业数字化转型全面、深入地发展，新一轮变革的转折点近在眼前。数字技术能够帮助企业愈加深入、细致地了解客户，为其开辟更多接触消费者的渠道，同时使其与新的潜在合作伙伴共同扩展生态系统。如今，数字技术已不再是差异化竞争优势，而是企业制胜未来的必备要素。金融机构应该抓住数字经济发展的契机，从大数据和人工智能入手，强化金融科技对"互联网＋"的嵌入式服务能力，这样就会产生诸如智能制造金融、

智能物流金融、智能消费金融、智能投顾金融等灿烂的创新星群。

1.1.1 人类革命与互联网技术的变革

人类历史上曾经发生过三次伟大的革命：第一次是社区革命，人类开始聚集并形成社区；第二次是文明革命，人类由原始走向文明；第三次是工业革命，生产效率得到极大的提升。我们目前正经历着人类第四次伟大的革命，而且在不远的未来将会发生第五次革命。每一次人类革命都会引发货币和价值交换的革命。

最初是启蒙时代，人类因共同的信仰而聚集到一起。太阳神和月神是人类最基本的共同信仰，这些共同信仰起到了维持社会秩序的作用。银行和货币的创造也都是源于一个共同的信仰，即这些东西是有价值的。

伴随着货币的出现，人类进入第二个时代，即文明开始形成的时代。宗教成为维持人类秩序的关键，货币的出现是为了支持宗教和政府，通过发展新的共同信仰，允许社会生产盈余的商品和农作物。

随着人类进入第三个时代，金银不再适合作为货币，需要一种全新的价值交换形式。为了满足这种对新的价值交换形式的需求，世界各国政府开始授权银行发行银行券。以银行为核心的金融体系强有力地推动了工业革命的进程。

随着电子信息技术的进步，计算机开始出现，人类进入第四个时代——以互联网产业化、工业智能化、工业一体化为代表，以人工智能、清洁能源、无人控制技术、量子信息技术、虚拟现实以及生物技术为主的全新技术革命。这一次技术革命规模极大、范围极广，将引发经济、社会和文化多个领域的变革，其影响非比寻常，这就是"多重时代"的由来。

而在第五个时代，人类的活动范围将不再局限于地球，而是向太空拓展。人类和机器相互嵌入、相互结合，共同创造出"超级人类"。

除了人类的革命，我们还经历了互联网数字化的演变。数字人类不是一夜之间出现的，它在过去的七十年里伴随着互联网的发展而崛起。第一代互联网诞生于 1990 年，从那时起，互联网的每一个时代都持续大约十年的时间，从 21 世纪开始进入 Web 2.0 时代。现在我们正在开发 Web 3.0——价值网络，而且不久之后就将进入 Web 4.0——物联网时代。到 21 世纪 30 年代，我们将进入 Web 5.0——语义网（Semantic Web）时代。

1991 年 8 月 6 日，Tim Berners Lee 推出了第一个网站，但并不具有交互性，互联网迎来 Web 1.0 时代。此后，银行也推出了自己的在线服务，也就是早期的网上银行业务。大多数银行网站最初只是小册子，网上银行服务也相当糟糕。

Web 2.0 时代则是各种因素的结合，经历了从移动智能手机到带摄像头的手机，再到移动互联网，再到社交移动应用的演变过程。直到互联网作为社交的载体，大规模的线上交易才越发活跃。一些银行开始真正意识到社交网络的强大力量，这种力量是由客户创造的：人们以数字化的方式记录着自己的生活，对线上的金融服务需求也越来越多。但是，很少有银行能够很好地利用社交媒体。

第三代互联网并没有一个公认的定义。物联网正在兴起，但在移动社交网络和物联网之间建立一座桥梁，为其提供强有力的基础架构之前，物联网是不可能存在的。所以，准确来说，第三代互联网应被称为价值互联网。

第四代互联网——物联网，直到本世纪 20 年代才会真正发展起来。机器人技术、人工智能、机器学习这些技术已经渗透到我们生活的各个方面，从街头照明到基因编辑，并且正在把我们的世界转变成一个连接的智能结构。我们正在建设一个智能星球，每个人和每件事物都将连接起来，并且不停地交流。支持这种商业结构的金融体系将会是什么？移动钱包可能具有相当大的发展潜力。

到 2030 年，将进入 Web 5.0 时代，人类将拥有一个网络化的星球，通过智能设备在这个网络上进行交流和交易。到那时，机器人的智力甚至比人类还要高。

1.1.2　拥抱数字经济新时代

数字经济是人类社会发展出的一种新经济形态，如今日益成为全球经济发展的新动能，在全球经济发展中占据着重要位置。不少国家和企业积极发展数字经济，全力抢占经济增长新高地。不同于农业经济、工业经济以土地、劳动力和资本作为关键生产要素，数字经济最鲜明的特点就是以数据作为关键生产要素，以有效运用网络信息技术作为提升全要素生产率和优化经济结构的核心驱动力。

数字经济时代的一个标志就是要素发生了改变，原来的要素主要是土地、人力、劳动力，还有资本。在数字经济时代则增加了一个新的要素——大数据。在这样的情况下，数字经济的发展主要包含两个方面：一是信息通信技术本身，一般把它叫作基础部分；二是融合部分，即信息通信技术和其他行业融合的相关部分。也就是说我们现在说的"互联网＋"、人工智能、大数据与实体经济结合的部分就是数字经济。

数字经济是信息技术革命的产业化和市场化，是新一代信息技术在经济活动中扩散、应用和引发一系列以大数据处理为主要特点的新产业、新业态、新商业模式。数字经济时代一定要把数据作为生产要素来对待。传统工业生产过程涉及的是资金、原材料和人工，而在数字经济时代，一个重要的生产要素是数据，这一点被很多人都忽视了。那么如何把分布在犄角旮旯的数据汇聚起来整理加工成能够演变为数据产品的商品，来为我们的生产、生活服务，这是数字经济的核心。

人类社会不断进步的本质是认识世界和改造世界能力的提高，这个过程就是一系列从科学发明到科技创新再到产业变革的动态演进过程。伟大的科学发明产生了科技革命，科技革命通过科技成果的产业化、市场化，催生出新的行业，改造着传统的产业，塑造产业新格局，这就是产业革命。科技革命是源泉，产业革命是结果，两者相互联系、相互激荡，描绘出人类社会不断进步的美好画面。

蒸汽动力学革命催生了以蒸汽动力使用为主要特点，以纺织业为主导产业的第一次产业革命；电磁动力学革命催生了以电的普遍应用为重要特点的第二次产业革命；如今，以计算机、互联网、物联网、云计算、大数据、移动智能终端为代表的信息技术革命，使数据（数字）成为最重要的社会资源和生产要素，使数据获取、加工、计算、运用、存储等活动和过程，较之产品、服务本身的生产、流通、消费更为关键、更为重要、更为本质。随着这一进展的不断升级，人类社会就迎来了数字经济这一崭新的经济形态。在完备的数字经济形态下，相当多的设备或物品可以采集数据和感知信息，绝大多数线路成为信息和数据传输的网络，所有的计算能力可以集合起来并快速计算海量数据，海量级的存储新介质得到开发和应用，相当多的人类活动被智能设备替代，社会经济进入智能化时代。

数字经济的核心是最大限度地减少经济活动的不确定性。人类社会告别男耕女织的自然经济后，在商品经济或市场经济条件下，需求方面临的是大量的甚至是海量的供应方，供应方提供的产品信息千差万别；供给方面临的是成千上万的需求方或消费方，消费方的偏好千变万化。简言之，无论是生产方、消费方，还是需求方、供给方，以及成千上万的市场经济活动的相关参与者，都面临着信息的不确定、不明确和不断变化。人类社会经济活动、管理方式和资源配置方式在很大程度上就是要解决这一因经济主体无限大而产生的经济活动信息的不确定。至于着力于解决效率的动力机制，无非是消除消息不确定的激励制度设计，或者经济活动中的动力问题，无非是构建一种更好地解决信息不对称、信息不确定的激励机制。

基于上述认识，笔者认为数字经济具有三个基本特征。

第一，数字经济是大数据经济。人类社会利用实时获取的海量数据，包括主体数据、行为数据、交易数据、交往数据来组织社会生产、销售、流通、消费、融资、投资等活动，数字或数据成为经济活动的第一要素。

第二，数字经济是在对已有海量数据进行计算基础上，或按照人类指定，或依据算法逻辑，由人造器物替代人的一部分功能的经济，即经济社会的智能化。

第三，数字经济的基础设施是数字或数据的采集、传输、处理、分析、利用、存储的能力、设施与设备，包括互联网尤其是移动互联网、物联网、云计算与存储能力、计算机尤其是移动智能终端，以及将其连接在一起的软件平台。

由技术驱动的客户互动，使得每位消费者都拥有了不断延展的技术身份。这对于企业了解下一代消费者，并为其创造个性化、体验式的客户关系至关重要。埃森哲 2018 年调研了包括 411 位中国企业领袖在内的全球 6600 余位业务和信息技术高层管理者，超过五分之四的中国受访高管（84%）表示，数字人口特征有助于企业把握全新的市场机遇，满足消费者需求。

1.1.3　数字经济时代银行业生态环境的变化

在数字经济时代，平台、新的金融结构、人工智能以及个体都在崛起，但相比之下，银行却似乎不如之前那么闪光。

1.1.3.1　金融平台与新的金融结构在崛起，银行与 FinTech 公司竞合并行

金融科技正通过技术带动金融创新，它创造新的业务模式、应用、流程或产品，从而对金融市场、金融机构或金融服务提供方式造成重大影响。当前，FinTech 公司正在进军狭义的金融领域，并试图用新的能力取代银行的核心功能。支付业务受到侵蚀：本身这是银行最容易获得费用收入的业务，也是银行最有利可图的业务。一旦失去这部分收入，银行可能无法承

受现有的高昂成本。消费习惯发生变迁：客户消费习惯一旦养成，可能会形成对金融科技公司的信任和依赖，客户可能将其他金融业务和自己的资金也一并迁移到金融科技公司。客户数据逐渐流失：一直以来，数据对银行进行客户信用评分、量身定做产品、进行有针对的营销都是至关重要的。

例如，移动支付整体交易规模持续增长，已成为日常消费的主要支付方式。工信部数据显示：截至 2018 年 11 月末，我国移动互联网用户总数达到 13.9 亿户，同比增长 10.7%，使用手机上网的用户为 12.6 亿户。据此，考虑到一个人可能会拥有多部手机的情形，由调查数据推算移动支付用户规模约为 9.9 亿人，较 2018 年 10 月增长约 5.3%。益普索（Ipsos）发布的 2018 年第四季度第三方移动支付用户研究报告显示，移动支付已渗透至大众生活日常的方方面面，在当季度三个月内，移动支付在个人类交易、线上消费类交易、线下消费类交易、金融类交易四大类基本支付场景的使用率分别为 94%、82%、93% 和 30%。从持续调查数据来看，移动支付交易规模一直呈较快增长态势。分摊到单次交易，笔均金额约 147 元，而人均每天支付约 3.6 笔，依然是小额、高频的特点。以日常开销为计，由第三方支付完成的占比维持在 54%（其中移动支付占比为 42%），现金支付占比为 21%，移动支付作为日常消费的第一大支付工具的地位稳固。以本次调查所覆盖的三个月的支付交易进行推算，第三方移动支付的年交易规模达到 152.77 万亿元，较 2018 年 9 月调查推算值增长约 25.7%，年交易笔数约 1.04 万亿笔，增幅约为 24%。

与此同时，信息融合正在发生。一些高科技公司自己没有产品或服务，也没有客户关系，其本质就是充当一个平台的角色。它们有很强的信息聚合能力，将产品或服务的需求方与供给方联系起来，比如优步（Uber）。传统的银行希望在内部控制所有系统。银行一直面临建立系统还是购买系统的选择，而事实上银行经常选择自己建立系统，这也是为什么许多银行拥有庞大的系统开发部门。在开放式银行模式下，这种情况必须改变，银行的系统应该是通过应用程序接口（API）从第三方采购的。

在数字经济时代，金融科技公司等金融平台在崛起，新的金融结构在崛起，银行需要拥抱金融科技，未来金融领域的竞争将主要表现为银行与FinTech公司之间的竞争与合作。最成功的金融科技公司并未取代银行，而是服务于银行服务不足、服务不到的市场。金融科技公司之所以成功，是因为它们正在解决银行因成本或风险而难以服务的领域。在与FinTech公司的合作与竞争中，银行必须具备领导能力，要理解从垂直整合的专有结构到开源协作结构的这种转变。可以预见的是未来将会有更多的银行向金融科技方向进行转型升级，届时也将会有更多的银行设立金融科技公司。总之，银行向金融科技转型之路大多都是由内到外，先是利用科技技术服务好银行内部，再实现技术的输出，服务于外部。

对银行来说，一种可行的策略是，通过平台思维整合渠道，构建具有银行特色、可一站式满足客户多种需求的"互联网＋"场景金融服务平台。可以依托手机、平板等智能移动终端，统一前端客户视图，打造手机银行、微信银行等智慧与泛在移动服务平台，并根据客户偏好主动推送金融产品信息和理财方案，实现信息整合、功能完备、精准推送、灵活定制、场景多样。打造完善电商服务平台，搭建"金融＋消费"的场景服务生态。拓展物流、商流服务平台功能，借助平台信息聚合优势，吸引商贸和物流企业信息接入，最终实现资金流、信息流、商流和物流的综合处理，使银行金融服务与产业、商业之间实现越来越紧密的场景融合。这种情况下，银行必须成为一个更好的顾问和分析公司，与客户成为合作伙伴，并前瞻性地、主动地满足客户的需求。事实上，如果银行能够提供个性化的数字支持和建议，客户是愿意为此付费的。

1.1.3.2　机器人在崛起，未来将是人工智能的时代

人工智能有三个层次。第一个层次是狭义人工智能（ANI）：专注于某一个领域，例如专注于棋类比赛的人工智能。第二个层次是广义人工智能

（AGI）：机器超越了图灵测试（检验机器是否达到人类智能水平的一项测试），能够将逻辑和抽象思维应用于复杂的思想，并快速从经验中学习。第三个层次是超级人工智能（ASI）：机器能达到比人类更聪明的智能水平，"从一点点聪明到百万倍聪明"。图灵测试很可能在未来5年内得以通过，这意味着，我们可能在未来10年内达到人工智能的终极水平。

美国公布的《2016—2045年新兴科技趋势报告》明确了20项最值得关注的科技发展趋势，第二项就是机器人与自动化系统。该报告指出，在2045年的地球上，机器人和自动化系统将无处不在。自动驾驶汽车会使交通更加安全与高效，或许还会给共享经济带来新的动力。机器人则会负责日常生活中大量的任务，如照顾老人与买菜，以及工业中的职责，如收获农作物、维护公共设施等。随着机器人的机动性、灵敏度以及智能的提高，它们将成为强大的战士，在战场上辅助、甚至替代人类士兵作战。人工智能软件则会被使用到商业上，例如从数百TB的数据里面提取有意义的信息，使商业服务自动化，以及替代诸如客服、教师等传统意义上"以人为本"的职业。

但是，机器人与自动化也会带来许多的危机。例如，数百万工作被机器取代的下岗职工将会给社会造成极大的冲击，导致经济与社会的不稳；自动化网络系统则会成为各个敌对势力相互攻击的主要突破口；在冲突中使用机器人和自动化系统则有可能造成极大的伦理和文化挑战。同时，在我们追捧人工智能技术的时候，在人工智能技术尚未完全成熟之前的应用过程中，盲目地用机器取代人的主导控制权，可能会导致操作错误甚至是人类悲剧发生，人与机器这场决策主导权的变更，可能为人类带来的负面影响，如今也正在慢慢体现。一件令人痛心和深思的事件就在不久前发生，2018年底和2019年初，均为刚服役不到半年的三架波音737MAX新机接连发生故障，其中两架坠毁，一架成功迫降。而事故发生的真实原因可能是，飞机的自动驾驶系统作出了错误的判断和操作，一项名为"AOA"的自动驾驶程序不仅自说自话让飞机俯冲，还会在飞行员发现并命令飞机停止俯冲后，每隔 5 秒钟，再次自动让飞机进入俯冲……如此反复，开展了一场"人机大战"，导致事故最终发生。其实在当前水平下，人工智能用于自动驾驶还存在很多问题，但用于辅助驾驶是没有问题的。波音 737 MAX 设计最大的缺陷是过于相信人工智能，在人工操作发现问题时，不能让人工智能快速切换到辅助模式，而是继续坚持主导模式。这是 AI 发展过程中血的代价，既不能因噎废食，也要有敬畏之心，新技术的引入和应用范围要循序渐进。人工智能"一根筋"似的操作逻辑，如果方向错了，会错得更加离谱。

目前，科技巨头们正在培训庞大的机器网络来进行人脸识别和语音识别，以及通过语音即时地将一种语言翻译成另一种语言。这意味着，如果银行成为一台机器，那么人们不仅能够与银行交谈，而且作为机器的银行也能够立即识别出正确与欺诈的交易。银行长期以来一直试图用机器取代人类，将机器学习和人工智能应用于高频交易，确实可以根除对人类交易员的需求。但银行机器人应遵循三条准则：一是不能欺骗顾客；二是确保自身安全；三是冻结任何违反法律的活动。

1.1.3.3 个体在崛起，普惠金融星火燎原，发展中国家成为最大受益者

目前，金融的重塑更多的是在新兴经济体中出现，而不是发达经济体。数字身份、移动钱包、小额贷款、小额保险和 P2P 都被新兴和发展中经济体所接受，普惠金融已经得到越来越多的渗透。中国在 2016 年成为 FinTech 主导国家，蚂蚁金服将普惠金融作为自身使命，而且数据证明了其愿景是可行的：2017 财年蚂蚁金服的税前利润几乎翻了一番，销售额增长了 86%，达到 8.14 亿美元，其中很大一部分来自于其通过数字服务创造全球性普惠金融的成功。在非洲，每家电信公司都提供不同的数字钱包服务，几乎所有人都可以使用移动货币，而且坦桑尼亚在数据交互性方面处于领先地位。

在阿根廷、爱沙尼亚、巴基斯坦和印度，基于数字识别技术的国家数字身份计划也都得到了各具特色的发展。

不过，数字普惠金融的潜力却远未应用到位，不但相当多的主流、传统的金融企业尚未能深度利用数字技术提供普惠金融服务，而且大量新兴FinTech、Insurtech 公司提供普惠金融服务能力的可持续性、稳定性、惠及面仍显不足，制约着数字普惠金融质量和效率的提升。在金融消费生态化、场景化、个性化趋势下，信息技术、互联网、云计算以及大数据等金融科技，为以"实时感知响应"和"智能分析"为特征的普惠金融数字化革新提供了解决方案。布局数字普惠金融，需要"因时制宜"完善互联网基础设施，"因客制宜"线上线下同时推进，"因地制宜"融入生态系统获客、粘客，"因力制宜"以产品工厂、风险预警模型和定价引擎为基础确保投入产出效率和风险预控能力。

1.1.4 未来银行：功能视角下的银行服务将无处不在

1.1.4.1 未来银行服务将无处不在

人类对于技术总是抱着欣喜与恐惧的矛盾心理，对金融科技的恐惧同样也充斥着对银行业前景的担忧。20 世纪末，比尔·盖茨发出预警"21 世纪的银行会不会像恐龙一样灭绝？"；2013 年招商银行行长马蔚华也曾提过比尔·盖茨的这句话给了他很大的刺激；中国互联网金融元年，马云代表金融科技公司向传统银行业发出挑战"如果银行不改变自己，我们就改变银行"；2017 年底，杰姆斯·汉考克《消失的银行》更是加重了银行的"末日情结"恐怖气氛。

对未来银行的恐惧主要是来自于对传统物理网点减少甚至消失的担忧以及随之而来的金融行业就业机会的减少甚至是大量的裁员。虽然变化不是一夜之间就会突然发生，但这种担忧却的确正在逐步变成现实。根据年报数据，中国四大国有银行 2016 年员工数量共减少了 18824 人（其中工商银行 4597 人，建设银行 6701 人，农业银行 6384 人，中国银行 1142 人），招商银行 5731 人，民生银行 720 人。与此同时，工商银行 2016 年末分支机构 1.72 万家，比上年末减少 298 家，中国银行减少了 77 家；2017 年我国银行业关停物理网点 1426 个，净增 800 余个，从 2011 年以来的统计数据来看，关停网点数量首次超过净增网点量。

更可怕的还不是电子银行渠道对于物理网点渠道和柜员的替代，随着大数据和人工智能技术的应用，智能信贷、智能投顾、智能客服和数据营销等更加复杂的金融科技将逐步替代知识含量和智力含量更高的风险经理、理财经理、客服代表和客户经理。当数字原住民成长为主流消费人群时，他们已经习惯在手机登录移动终端办理银行业务，银行对于他们来说只是一种需要时就打开的应用软件，而不再是一种必须去的场所。端到端的直销银行会把银行的产品服务做得简单易用，并且根据客户大数据精准的推送给目标客户，客户只需要动动手指就可以完成以前需要银行职员辅助完成的金融操作。

从货币银行学的"普世规律"和银行的发展历史来看，银行本身首先是作为一种功能产生和存在的。无论是贵金属货币时代的金匠，还是商业贸易大发展时代的钱庄、票号，银行的功能早就蕴含在内。过去是如此，未来也将如此。可能银行的实体形态真的不存在了，但银行的功能将散布在新的载体里。过去未去、未来已来，从功能主义去理解银行，银行是永生的；不是消失，而是无处不在的。人们需要银行服务，经济发展需要金融机构，至于金融机构存在的形态只是现象。可以预计的是，即使银行在物理和网络两个方面都消失了，也只是消失了其触达客户的界面，或者说，银行不再是坐商思维，不再是在物理网点或是在网络空间等待客户上门，而是变成主动的无处不在的行商，嵌入和融合到客户的应用场景，蜕变为无处不在的银行服务了，正如 Brett King 在 *Bank* 3.0 预言未来"银行不再是一个地方，而是一种行为"。银行"存贷汇"的功能正在被各种第三方解构，并不是金融科技公司、互联网金融平台杀死了银行，而是银行的功能附着在它们身上。比如现在的微众银行、网商银行等，无论多么强调金融科技的玄幻，但终究没有摆脱银行的基本功能。

市场需求在下滑中升级，监管体系在趋严中变化，同业竞争在跨界中加剧。面对这样的复杂局势，商业银行要活下去，首先需要建立新的货币银行观，要成为银行功能主义的信徒，要从功能的视角审视整个银行存在的价值。回归银行的功能本源，面向需求侧也就是市场，要回归服务实体经济就是扎实的培育客户群；面向供给侧也就是自身，要回归平衡好三性：流动性、安全性、盈利性。大道至简，所有的卓越到最后都是回归素、朴、简。此外，在数字经济时代，银行业将从一个拉动型行业（我必须到银行去寻找并管理我的信息）转变为一个推动型行业（银行告诉我的设备应该做什么）。银行的商业模式将是"开放式银行"。在过去，银行所有的前台、中台和后台结构都是专有的、内部化的，而现在必须转向开放和外部化。在未来十年内，能够从单一、纵向一体化、专注于物理结构转向微服务、开放市场、专注于数字结构的银行才是能够生存下来并持久发展的银行。

1.1.4.2　未来银行之路：科技驱动、聚焦客户

历史上，银行将融资、投资、交易等不同业务融为一体，长期服务于客户的所有财务需求，从而创造价值。银行提供低成本的专业金融服务以捕捉客户，一旦客户进入，例如开设活期/理财账户之后，银行就成为客户的默认选择，并得以在其他产品领域保持竞争力。客户关系将这些活动维系在一起，交织成一张网。麦肯锡《2018 中国银行业 CEO 季刊——冬季刊》显示，自 2012 年以来，全球银行业资本回报率（ROE）徘徊在 8% ~ 9% 的狭窄范围内。全球银行业市值从 2010 年的 5.8 万亿美元增加到 2017 年的 8.5 万亿美元。然而，一场有关银行经济格局的深刻变化正在酝酿之中。未来十年的变化，将不会像国际金融危机或互联网泡沫的破灭那样显而易见——但它们对银行经济格局和基本商业模式的影响却会更加深远。

数字革命快速发酵，给银行的业务模式带来重大威胁，但是各地区发展速度不一。正如小说家威廉·吉布森所言，"未来已经在眼前——只是没有均匀分布罢了"。在全面采用数字银行服务方面，美国落后于欧洲，甚至在欧盟内部，北欧国家也大步超前于南欧的一些国家。新兴市场出现了类似的分水岭，一边数字化技术发展迅猛，比如中国市场，另一边数字革命尚未形成气候。因此，银行对于数字化的影响也持不同观点。然而，各家银行都不得不接受威胁的存在。数字化革命不仅对银行的经济状况造成后果，还会影响其战略。在利润率远远低于现有水平的情况下，银行能否收回资金成本呢？尽管个别机构有可能成功，但整个行业似乎不可能。

在新的环境下，银行要么奋起捍卫客户关系，要么学会不依赖客户关系而生存，成为精益服务机构。未来，前沿科技将再造银行的商业模式和经营机制，这是大家有目共睹的。以互联网、大数据、云计算、人工智能、区块链为代表的金融科技将逐步驱动银行发展，成为发展的新动力。数据流、信息流对银行的重要意义是不言而喻的，甚至可以成为未来银行的生命线。谁得到了场景、数据，再加上人工智能，谁就能占据银行业发展的最有利地形。因此，银行与前沿科技的紧密结合，能够不断提高银行服务和产品的覆盖率、使用率和渗透率，进而满足客户的获得感、幸福感和安全感。安永发布的《中国上市银行2017年回顾及未来展望》显示：科技引领、科技驱动已成为银行业发展共识。

再有，银行应该转变以往高杠杆、重资产、粗放型的增长方式，探索低杠杆、轻资产、提供综合金融服务的可持续发展方式。如未来银行"财资管家"可积极拥抱资本市场，打造"投资银行＋财富管理＋资产管理"综合金融服务能力，创新设计适应轻资产业务特点的内部授信和风控体系，大力发展投融资与交易一体化的轻资产交易型银行。同时，积极拥抱大数据、区块链等新技术带来的数字化未来，打造金融服务生态圈，塑造基于智能分析的实时智能金融服务能力，提升客户及其需求识别、产品服务响应及其风险控制能力，使金融服务从过去的"千人一面"升级为"一人一面"甚至"一人多面"，为第四次工业革命下的企业转型之旅和个人生活之旅提供量身定做的综合金融解决方案。

1.2 迎接世界变局考验，从全球价值链高度谋求合作共赢

新一轮科技革命和产业革命的大规模快速发展，加上全球化进程深刻的传播、扩散、冲刷作用，使得世界正在形成新的政治、经济、社会、文化生态。在世界"百年未有之大变局"之下，中国金融业面临巨大而深刻的变革，从全球价值链高度谋求合作共赢可能是最好的出路。

1.2.1 如何看待世界"百年未有之大变局"

大国战略博弈全面加剧。大国在应对这些世界大势带来的机遇和挑战的过程中，顺势而进者走强、逆势而动者走弱，并依据实力地位消长和驾驭国际规制的水平而重新排列组合。世界经济呈现一超多强（也即单极与多极并存）的格局。美国自20世纪冷战结束以来一直稳坐世界第一，成为唯一的超级大国；欧盟、日本、中国、俄国凭借雄厚的经济实力也拥有撼动世界经济走势的影响力。特别是随着中国经济的不断崛起，单极格局明显弱化，由中国倡议的亚洲基础设施投资银行、金砖国家组织和"一带一路"等全新多边合作机制成为全球经济治理体系的有益补充，不断推动贸易自由化、投资便利化、区域一体化，并最终成为改善全球经济格局的重要力量。随着国际体系和国际秩序的深度调整，人类文明发展面临的新机遇新挑战层出不穷，不确定、不稳定因素明显增多。国际体系在各种制度、体制、机制的不断蜕变中正呈现新的面貌。世界百年未有之大变局，概貌

如此。

世界正处在大发展大变革大调整时期，主要经济体增长、通胀水平和货币政策分化明显，美国经济表现超出市场预期。但 2018 年以来，经济全球化遭遇重大挑战，美国挑起的贸易争端对经济全球化和区域一体化的基础构成威胁和挑战。同时，在以美国为代表的发达经济体收紧货币政策后，全球金融体系的脆弱性上升，经济不确定因素增多。

1.2.1.1　贸易保护主义导致国际贸易体系面临重构

美国贸易保护主义持续抬头，美国与世界主要经济体的贸易摩擦明显加剧。2018 年以来，特朗普政府先后采取了加征关税等一系列措施，此外还提出了一些尚未实施的关税威胁。贸易战打破了世贸组织营造的安全和可预期的贸易环境，给国际商业活动带来不稳定因素，降低了投资信心。美国发起的这一次贸易冲突还通过提高关税和原产地标准，阻碍中间品贸易发展，从而阻碍国际分工扩展和全球生产率的提升，这将对世界经济造成长期不利影响。贸易战可能演变为全球经济规则的重新设定，也可能演变为金融冲突、政治与军事冲突，如果是后者，世界经济将受到灾难性的影响。

尽管美国可能和中国达成停止贸易战的协议，这将对国际贸易和世界经济产生正面影响。但是在多边贸易体制遭受严重冲击、世界贸易组织改革和全球贸易秩序重构的大背景下，达成终止增加关税的协议需要经过艰难的谈判，中美经贸关系的走向将直接影响市场诸多参与主体的信心。

1.2.1.2　全球经济金融体系的脆弱性上升

全球资本市场大幅波动带来溢出效应。2018 年上半年，发达经济体与新兴经济体的金融周期不同步，导致部分新兴经济体出现债务危机，加大了风险外溢效应。2018 年四季度以来，美股一改平稳上涨风格，频频出现重挫，冲击全球资本市场。在英国脱欧、欧洲一体化进程不确定风险加大、中东地缘政治动荡等多因素共同作用下，全球资本市场将持续动荡，对中国经济发展带来负面影响。

大宗商品承压影响通胀稳定。2018 年下半年，国内外大宗商品市场大幅下挫，整体大宗资源品都面临全球经济发展放缓的投资风险。2019 年大宗商品仍然面临一定压力，影响国内价格稳定。原油市场方面，由于 2019 年下半年美国页岩油扩产，预计供给小幅超过需求。农产品方面，国内大豆、玉米、白糖和棉花预计供不应求，其中大豆和玉米的供给紧张状态将加剧。

外汇市场风险持续存在。2018 年二季度以来，发达经济体与发展中经济体货币政策明显分化，阿根廷、土耳其、南非等新兴经济体面临货币贬值、资本外流压力。随着美国经济扩张周期进入后半程、新兴市场脆弱性上升、中美贸易摩擦持续，人民币汇率将面临贬值压力，波动性也可能增大。

1.2.2 中美贸易战如何做好全面的长期迎战准备

中国海关数据显示，2017 年中国对美国的出口额为 4331 亿美元，中国从美国进口金额为 1552 亿美元，中国对美国贸易顺差为 2779 亿美元。中美之间的经贸不平衡性不是一天形成的，而是与各自资源禀赋、政治经济环境和全球经济分工密切相关的，中国对美国保持贸易顺差并不意味中国占了美国便宜，快速发展的双边贸易和双向投资使彼此都受益良多，特别是美国凭借在全球价值链中的高端地位实现了巨大隐性收益。因此，贸易战势必将造成"两败俱伤"的局面。

首先，防范金融风险，同步推进改革开放。虽然人民币贬值可以抵消关税增加的影响，但这样会增加企业部门偿还美元债的负担，带来净资产下降，信用条件恶化，进而信用紧缩，可能导致信心和预期难以稳定。此外，近期美元强势也会给中国金融市场稳定造成一定影响，因此我们应当注意防范系统性金融风险，在稳杠杆的背景下，深化供给侧结构性改革。

以中美贸易摩擦为推进改革的契机，我们必须清醒地认识到中国在各领域的差距，坚定不移地推动新一轮改革开放，为在全球扩大经贸合作创造良好的环境和条件。随着"一带一路"、自贸区、人民币国际化等战略深入推进，中国应继续扩大开放领域，完善服务保障体系，有序推进包括金融业在内的服务业双向开放程度，提升自身实力的同时创造更大的发展空间。

例如，在金融领域，可探索与在"一带一路"沿线及人民币境外市场有一定影响力的国际金融机构，合作设立以服务"一带一路"为特色的直销银行，充分发挥数字化、智能化、跨国界的便捷金融服务能力，根据客户所处的不同国家和地区，动态了解客户的多样化需求，设计定制化金融产品，满足中小企业和伴随项目走出去的华人、华侨在"一带一路"沿线国家特别是欠发达地区的人民币存贷结等全方位金融需求，进一步引入更多市场化力量，推动"一带一路"金融聚焦从重大项目拓展延伸至整个上下游供应链和跨境贸易，促进轻、重产业结合，协同"走出去"。

其次，把中美双边贸易问题放在多边框架下解决。多边贸易的一个优势就是让双边贸易问题的解决变得更简单，中国应尝试把双边问题多边化，继续维护以联合国、世界银行、国际货币基金组织和国际贸易组织为支柱的国际组织的权威，执行由这些组织章程代表的国际法和国际行为准则。

在贸易体系格局不断变化的背景下，中国更需进一步扩大经贸合作。例如，在继续发挥好中国投资有限责任公司与美国高盛合资投资基金在中美贸易摩擦期间形成特殊跨境投资合作窗口示范作用基础上，可在中英、中德、中日等重点双边关系上加大金融领域改革开放。借助中英合作"黄金十年"契机，借助英国发达的金融业和金融市场，扩大双方在金融领域的合作，探索推动双方各具禀赋优势的金融企业开展深度战略融合，比如中资银行与英国汇丰银行、渣打银行之间的合作。在中德方面，可选择商业银行与德意志银行形成跨境贸易和全球交易银行战略合作。在中日金融合作方面，可选择证券公司与野村证券形成跨境投资战略合作。这些举措能够为缓解贸易摩擦，克服"逆全球化"，推进开放型世界经济发挥重要示范作用。

未来美中关系需要处理的分歧非常多，可以深入研究美国贸易政策审议机制，探索建立与关键利益群体及其代表议员的多层次沟通协调机制。比如，得克萨斯州是美国传统的产油大州，在众议院的席位影响力很高。加强与得克萨斯州的能源贸易，并考虑扩大对得克萨斯州能源企业技术和服务的进口，有利于形成对中方更有利的经贸政策。同时，应注意加强与中期选举中的俄亥俄州、宾夕法尼亚州、爱荷华州、佛罗里达州、北卡罗来纳州5个"摇摆州"的经贸合作。

再次，正确处理深度参加全球分工体系和依靠自己力量掌握核心技术的平衡。一直以来，美国对华的贸易逆差主要集中在劳动密集型产品，而在技术密集型产品上，美国优势较大。中国深度参与全球生产网络的价值链，中兴事件暴露了参加这种分工的脆弱性。但是，如果脱离价值链，对中国经济增长也将会产生巨大冲击。如何平衡各种关系，一方面，中国全球生产网络企业应该积极同世界其他国家的同行一起努力，使全球生产网络价值链免遭破坏。中国也必须依靠自己的力量掌握核心技术，以避免中兴的尴尬。另一方面，针对美方核心关切，对美经贸政策应作出适应性调整，适当放松交通运输、养老、医疗等市场竞争较充分领域的外资准入门槛。

最后，制定合适的产业政策及营造良好的创新环境。尽管产业政策在中国是一个十分有争议的议题，但"301报告"却充分反映了美国朝野对中国促进高技术产业发展的产业政策的担忧与敌视。作为一个赶超型国家，中国新经济繁荣大部分是基于科技应用，但基础技术研发存在明显短板，而中国技术进步离不开国家的支持，这意味着中国需要产业政策。另一方面，我们过去执行的产业政策也存在严重问题，直接补贴等低效措施造成严重资源浪费。中国产业政策应以营造良好的经营发展环境引导资源注入为目标，创建更加包容，可以自主经营、自主选择和自主流动的现代市场经济环境。

此外，产业发展须有完备金融体系的支持。美国发动贸易摩擦的背后动机从某种意义上也是迫使中国扩大金融领域的开放。中兴事件让大家的目光都聚焦在科技创新，但中国重大创新不足的根源绝不在于金融过度发展，反而在于缺乏健康发达的金融体系支持，致使技术与金融结合不足。许多经济学家认为，历次产业革命不是技术创新的结果，而是金融革命的结果，许多技术往往较早就已出现。"李约瑟之谜"提出：为什么在16世纪之前，中国的科技水平遥遥领先于世界，科技革命却出现在欧洲？过去的经验告诉我们，技术层面的努力只有在金融等制度体系的支持下，才能发展成为真正的创新经济。

进出口企业都要做好汇率避险，密切跟踪汇率走势，预防汇率波动风险。贸易结算尽可能使用人民币，一定要采用美元结算的情况下可以考虑锁定汇率方式。还可通过外汇掉期来对冲汇率波动的风险，远期合约来降低进出口货物的价格波动，以及用期货期权套期保值锁定相关原材料的成本等。

在接下来的阶段，中国面临的挑战将不仅仅来自美国，全球贸易格局或将发生重大转变，在应对方式上，国家对内要深化改革，对外扩大开放，同时面临别国的施压要从容冷静"备战"，在维护多边主义的同时争取长期合作共赢。

1.2.3 中国金融业面临深刻变革

在世界"百年未有之大变局"之下，对于中国的金融系统而言，面临最大的变革有两个方面：一是突破国内局限，放眼世界，努力推动金融有序开放，助力实体经济走出去；二是基于全球经济、金融竞合新趋向，持续探索金融创新，积极拥抱智能金融。

中国的企业"走出去"，金融要配套出去。但现在来看，中国金融业"走出去"跟实体经济的海外投资大趋势还有很多不匹配的地方。以银行业为例，中国的商业银行过去到海外设立分支机构，主要目的还是到发达地区学习先进的产品、经验和管理，很难融入当地的大企业、大项目、大市场中。如今虽然凭借"一带一路"等国家对外战略，中国金融支持了一些国际项目，但金融开放的方式和全方位投资配套服务与国际领先银行仍有一定差距，特别是金融风险管理仍然偏弱。对此，中国金融开放一方面要提升自身服务质量水平，另一方面也要加强金融开放后的风险抵御能力。

国际领先制造企业间的竞争实际上已经基于组件化业务模型、SOA[①] 和云架构，是整个产业链、价值链精益制造水平的竞争。在这个过程当中，不能凭想象揣测消费者，需要通过研究洞察消费者，因为消费者的个性化定制导致的制造企业柔性生产，不仅要减少从毛坯到制成品过程中的浪费，还必须提高供应链的效率，这个能力提升需要智能金融的介入。例如，供应商及时备货需要银行备货融资，货物何时应该搁到仓库里需要仓单融资，制造企业提货需要以应收账款融资替换掉仓单融资，这个过程以前是零散的，如果银行在云架构上可以与制造、物流等企业合作，在整个供应链上能够使得物流、资金流、信息流的实时智能化程度提升，银行需要在智能分析基础上实时感知和响应客户需求。不仅仅是供应链，包括依托于全球供应链的跨国企业，它在外汇风险对冲方面、套期保值方面，需要金融服务实时智能嵌入，需要在云架构上整合各种各样的资讯提供商、财务软件商，为企业提供现金流预测，提前预测客户资金缺口或冗余的时间段和金

---

① SOA（Service-Oriented Architecture，面向服务的架构），一种分布式的服务架构，用于解决数据服务的复杂程度。

额，定向、定频、定量地满足企业资产负债动态平衡、风险回报平衡的财务需求。

1.3 从大象到猎豹，供给侧改革下中国企业转型指南

伴随供给侧结构性改革深入推进，市场预期有效改善，中国经济增长呈现稳中向好态势，保持稳健"底色"，加快向高质量发展迈进。日本经验能够带给我们重要的启示，日本在经历二十年的经济模式转型之后，正在进行整个产业结构的大调整，抛弃旧产业、创造新产业，主动将一些没有竞争力的、低端技术的产业抛弃掉，超前研发创造未来新兴产业，特别是通过创新发展理念和思路，带动一系列新产业的诞生和发展。中国当前正处于经济结构转型调整期，在培育新的经济增长点的同时，大量传统加工制造产业对经济发展依然具有重要的支柱作用，实体经济依然是国家发展的基石。因此，当前阶段，对于传统低端技术产业，不能简单地抛弃，而是通过技术创新等方式进行产业的数字化和智能化转型升级，以及深潜小众、细分市场的特色化、定制化服务，从而形成以"工业 4.0 ＋ "为特征的全球产业互联网和经济生态圈竞争力。

1.3.1 中国经济在迈向高质量发展过程中发生错位

改革开放四十年来，中国经济实现了年均接近 10％ 的 GDP 增长，创造了中国奇迹。在经历了初始阶段的高速发展之后，我国经济增长速度持续放缓，正进入高质量发展的新阶段，原来主要依靠要素驱动、传统产业的粗放式发展模式已不能持续，下一步需要依靠技术进步、效率提高和创新驱动，加快实现产业升级换代，以跨越"中等收入陷阱"。习近平总书记指

出，我国经济运行面临的突出矛盾和问题，根源是重大结构性失衡，主要为实体经济结构性供需失衡、金融和实体经济失衡、房地产和实体经济失衡。笔者非常认同这个观点，中国当前的问题就在于宏观经济和微观经济之间发生了一些错位。

1.3.1.1 实体经济的结构性供需错位

当前我国社会总需求与总供给之间的结构性错位，突出反映在实体经济供给侧的质量不高，主要表现为：有效供给不足，难以满足国内日益增长的消费升级需要；僵尸企业"僵而不死"致使宏观杠杆率高位运行，产能过剩问题突出，房地产泡沫风险聚集，存在大量无效供给；旧发展动能日益衰减，而新发展动能的形成和壮大尚需时日。因此，以实体经济为着力点深入推进供给侧结构性改革，是破解社会主要矛盾的重要途径，关键则在于大力引领经济高质量发展的新旧动能接续转换。党的十八大以来，中央政府一直强调要通过产业升级等举措进一步发展制造业，把国家提升为制造业（而不仅仅是加工业）强国。随着云计算、大数据、人工智能和机器学习、移动交流、物联网等新兴科技的拉动，正处于经济转型升级关键时期的中国，也正在大力实施中国版的工业4.0——"中国制造2025"，这将产生深远影响，并将提高供给结构对需求结构的适应性。

1.3.1.2 金融业和实体经济的虚实错位

政府鼓励金融业包括互联网业的发展，意在为实体经济的发展营造良好的经济环境。然而，经济的过度金融化和过度互联网化现象却日益严重，至少在一些地区如此——改革目标是发展实体经济，却反而走向了"脱实向虚"。金融经济（包括互联网金融）本来是发展实体经济的工具，但因为种种原因，大量资金从实体经济流向了金融业和互联网业，制约了实体经济的发展。这种错位，使得金融生态与实体经济生态的耦合程度与力度越来越差，资金配置资源的周期已不再有实际意义，变成形式多于内容的债务延续或转换游戏，形成对于僵尸企业堆积债务、新型和新生市场对象难以获得资金资源和资金抽逃进入虚拟经济领域的三大生态危机甚至灾难，资金的空转、虚转和假转成为金融生态的典型产物。这种错位，也使得市场规避金融监管有了越来越多的空间支撑。市场各类参与者往往通过增加产品结构的复杂程度、改变交易手段的频率高低、变换跨界经营的组合层级等，以业务功能性延伸击刺金融主体对象性监管的漏洞，在不断冒出特殊对象的过程中，看似热闹的市场实际上被人为分割，不开放和不公平的因素增多，作为金融生态重要目标的统一大市场建设以及不同市场连通的挑战愈发严峻。在很大程度上，政策层面缺乏有效的协调，导致对金融和互联网业缺乏监管或者监管不足，促使大量资本从实体经济流向这两个行业。但关键是要解决资金资源有效流入实体经济的问题，解决资金流入实体经济后的效率高效问题，解决已经没有效率对象（僵尸企业）的资金结构重组优化问题。在此过程中，还要面对市场去债务高杠杆趋势与实体经济资金结构性"供血"不足的矛盾，面临实体经济去过剩产能艰难选择与发展新兴产业业态现实压力的挑战。而金融生态结构性错位的存在与积累，不仅难以解决和缓解这些问题，而且还可能从生态基础、存在过程与运行机制上形成障碍。从某种意义上讲，它本身就是这些问题产生的原因之一。

1.3.1.3　房地产的发展错位

房地产业也是如此。2008 年国际金融危机直接导致中国房地产的过度市场化。金融危机发生后，政府希望通过积极的财政政策来应付危机，即通过了 4 万亿元人民币的危机应付方案。4 万亿元资金通过国有银行系统投入国有企业，或者直接进入国有企业，同时又允许国有企业进入房地产业。当大量资本进入房地产企业之后，很快带动其他产业的发展，但也导致了房价飞涨。尽管 4 万亿元方案对稳定当时的经济起到了关键作用，但也是经济结构失衡的重要原因之一。此后房价飞涨，各省市纷纷施行限购限贷政策，但房地产调控政策面临诸多压力，如土地出让金缩水导致地方政府收入下降、房地产投资叠加基建投资增速下滑影响经济增速走低、居民消费降级、商业银行资产质量下降等。因此在经济面临下行压力之际，房地产可能被视作压舱石和稳定剂。2018 年 12 月，国家发展改革委在《关于支持优质企业直接融资　进一步增强企业债券服务实体经济能力的通知》中明确把房地产列为第四类企业，房地产归为实体经济已成实锤。与此同时，金融政策却没有发生相应的改变。

1.3.2　中国制造业技术和管理维度的特征

在中国版的工业 4.0——"中国制造 2025"实施时，中国制造业在技术层面和管理层面两个维度或将呈现如下特征。

在技术方面，对于大多数中国制造企业而言，向工业 4.0 迈进的切入点有两个：一是运用信息物理系统（CPS）和精益"六西格玛管理"减少从毛坯到制成品阶段的浪费，对内提升成本控制能力；二是运用组件化业务模型（CBM）和电子商务完善供应链端到端全流程精益水平，对外提升客户服务能力。面对工业 4.0 国际竞争的工业、服务业，如果基于 CBM 建立了基于模型的软件工程（MBEN）和面向服务的体系架构（SOA），意味着从产品创新、设计、生产、测试、销售到售后服务都实现高度自动化，工业大数据和服务大数据有效对接，会催动非结构化数据向结构化转化和应用，大幅度提高数据使用效率；从跨企业的价值链横向整合来说，可进行基于 CBM 的跨界流程集成，从而形成以"工业 4.0 +"为特征的全球产业互联网和经济生态圈竞争力。

在管理方面，生产方式将从多批次小批量逐步过渡到大规模客户化定制，从 B2C 逐步过渡到 C2B。在 C2B 时代，客户不仅主导了需求端，由于端到端的流程可视，客户会逐步穿越到企业内部流程进行交互体验。为了能快速满足客户的需求，完全依赖单一组织完成订单的可能性将越来越小，实时响应的跨界整合能力将成为企业的核心竞争力，即敏捷制造能力，它包括敏捷的智能制造技术、敏捷的组织管理方式和敏捷的人力资本，对应的管理体系就是敏捷管理。敏捷的组织体系能力是基于产业级互联网和数字化、智能化演变趋势，体现在能够实时感知和响应价值链内外部客户需求焦点，支持客户化创新、快速创新、跨界创新的模块化协作机制。敏捷的人力资本能够支持基于价值链的人力资源需求分析、响应和跨界灵活组合，支持激励相容的智能绩效考核机制。

目前，国内领先企业已经在这方面进行了积极探索。如海尔依托互联工厂，实现了家电业的工业 4.0 转型，从大规模制造向大规模定制转型，实时响应全球的用户定制需求，创造用户个性化体验。长期来看，海尔也将在两方面提升其公司价值：一是柔性生产能力可以满足消费者个性化定制需求，产品附加值不断提升，同时客户购买体验也不断提升；二是智能工厂极大地提高了生产效率，在提升产品附加值的同时，有效控制了成本。

1.3.3 个性化定制给企业发展带来新空间

几年前冯小刚的一部《私人定制》，让观众过了一把圆梦的瘾。在电影中，私人定制四人组专为不同客户量身定制圆梦方案，无论多奇葩的白日梦，统统满足客户需求。

《论真理》里有一句名言让笔者印象深刻，"人是万物的尺度，人存在时万物存在，人不存在时万物不存在"。即未来万物唯一的标准是人，一切皆因人的存在而存在。工业 4.0 的发展服务于人的存在，必须体现对人的尊重与关注。益普索数据显示，消费者中 42% 以上最难沟通的人群是 35 岁以下的千禧一代，未来商业需要争夺的消费群是千禧一代，而这群人生下来就不缺物质且消费更加看重的是"关怀"。在与千禧一代沟通时重点是要做到运作透明、沟通真实、言行一致和企业行为与价值观一致。因此，在工业 4.0 下，依托于 CAMSS① 和 IOT② 的产业互联网将重塑制造商、供应商及其与银行的关系，终端消费模式将从 B2C 大面积转向 C2B，然而这依赖供应商从 B2B 转向 B4B（在 CAMSS 和 IOT 新技术浪潮下解决供应商企业如何实时、智能地响应客户需求，以及输出结果导向取代产品导向的战略转型方式），实时智能链接制造商和交付成果。因此，供应商、制造商、服务商与金融机构需要共建开放式的实时智能生态系统平台，以利于联合为客户的个性化刚需提供极致体验。

那么，客户愿意为个性化需求支付多少钱呢？答案是没有上限。Adventure Network 是一家高端旅游定制机构，提供参观位于南极点的阿蒙森—史考特南极站服务。35000 美元的费用让客户可以乘坐飞机抵达南极点，也可以用 65 天滑雪到那里。在迪拜的帆船酒店，顾客能享受多达 5 名以上的酒店顾问提供的私人定制服务，包括私人享用海底餐厅、豪华车全程接送以及专业的安保。

瑞士信贷研究院（Credit Suisse Research Institute）发布《2018 年全球财富报告》显示，中国位居全球财富排行榜第二位，财富总数达到 52 万亿美元，紧跟美国之后。自 2000 年以来，中国超高净值群体发生了深刻变化，新增约 16430 人，占全球新增超高净值人数的 15%，超过亚太区所有其他国家和地区之和。在过去一年里，中国新增超高净值成人有 640 名，目前在全球超高净值人数最多的 20 个国家中名列第二——这就是定制经济抢夺的市场。

某种意义上讲，定制经济是在长尾理论中寻找二八定理——为小众市场提供服务得到多数利润，而前者则是从大众的传统消费中获取利润。但并不是所有企业都能进入小众市场。退一万步讲，在中国，定制经济还是

---

① CAMSS 是指 IBM 提出的技术上的要求和限制：C 是指 Cloud（云），A 是指 Analyse（分析），M 是指 Mobility（移动），第一个 S 是指 Social（社交），第二个 S 是指 Security（安全）。

② IOT（Internet of Things，物联网），指的是将各种信息传感设备，如射频识别装置、红外感应器、全球定位系统、激光扫描器等种种装置与互联网结合起来而形成的一个巨大网络。

一个新概念，它的行事风格和自身具备的特长排斥了大而全的"中国制造"模式。

但显而易见的是，那些站在行业顶端、默默无闻却做得风生水起的小公司，却能为大环境下奔波忙碌的大企业提供新路径——比如如何为企业做减法，如何生产更精良的产品，或者在糟糕的环境下，如何寻找行业内隐形的新模式。毕竟苹果公司过去就是依靠"硬件＋软件""终端＋服务""数据套餐捆绑销售"的商业模式创新，占全球手机利润比重顶峰期超过了70％，对老牌手机生产商诺基亚、RIM、摩托罗拉等产生巨大冲击。特斯拉通过推出纯电动跑车 Roadster 吸引高端消费者，让产品具备一定程度的进入障碍或者难度，并通过这个难度来创造一个加入豪华俱乐部的高门槛，这让消费者的拥有感更强烈，且更愿意为商品溢价买单。在互联网无情冲击实体店的今天，有着44年历史的7－Eleven却一直保持着强劲的增长，将实体小店从一家开到七万家，用实际业绩证明只要用心经营，实体经济永远不老，也从未曾凋零。不管社会怎么万千变化，7－Eleven始终与时俱进将客户需求洞察做到极致，并不断地完善商品和完善业态。面对线上化的冲击，它主动与线上零售商合作，发挥自身实体店优势，变成线上零售物流的最后一公里，它已经不再是一个零售公司了，而是社会基础服务的一部分。

1.3.4 数字经济下的企业敏捷化转型

当前数字经济作为一种全新的经济形态，将互联网、大数据、人工智能与传统产业融合，以跨界方式打通各行业，集成优化各个生产要素，正在形成一系列新的商业模式。在这一过程中，企业也在进行敏捷化转型，从以公司为主、孤岛型创新的阶段，迈向基于平台和生态系统、数字产品与服务的创新阶段。企业如果不能借助敏捷化转型成为具备快速迭代能力的敏捷企业，那么必将面临"柯达时刻"（Kodak Moment）。"柯达时刻"也就是无法体认到消费者的行为已经改变，受限于现有的成功，终被创新业者所取代的时刻，这也是所有企业家的梦魇时刻。

企业的敏捷化转型过程通常具备以下五大特征：

一是移动化、互联网化。数字化移动平台已经成为客户第一选择服务窗口，移动化将承载越来越多的金融业务是必然趋势。德国 P2P 保险初创公司 Friendsurance 在传统保险的基础上加上"0 索赔奖金"模式实现传统保险的互联网化。Friendsurance 在 Facebook 上销售保险产品，根据投保人需要的保险类型将他们分为不同的互助小组，Friendsurance 采取小组返利的方式督促投保人不要骗保并且降低保险赔付率的发生。

二是注重客户体验。数字化手段提供最佳的客户体验，只有实现了交互体验设计，才能够留住客户、吸引并获得最大的客户选择。例如，加贺屋旅馆曾连续 35 年获得日本专家票选饭店及旅馆第一名，不仅是日本皇族喜爱的旅馆，也是日本国民"一生中想去住一次"的高档旅馆。加贺屋除了拥有完善的设施和美景，最为出名的是其"以客为尊"的主动、极致、贴心、具有人情味的"款待"服务。加贺屋充分调动员工自己的喜怒哀乐，主动自发地体会客人的感受，发现、创造并满足客户潜在需求，既让客户倍感尊贵，又给客户感受到家的温暖。不管社会怎么万千变化，有着 44 年历史的 7－Eleven 始终与时俱进将客户需求洞察做到极致，并不断地完善商品和完善业态，一直保持着强劲的增长，将实体小店从一家开到七万家。工程机械设备生产商卡特彼勒公司，考虑到部分中小企业无法支付昂贵的挖掘机设备购买费用，而另一部分购置了设备的企业因为闲置问题而产生成本，因此构建了线上挖掘机出租平台，解决了双方的难题。仿造此法，卡特彼勒农业生产设备条线也构建了收割机出租平台，随着用户需求的不断丰富，又进一步扩展到线上农产品交易，提升了客户体验。

三是数据驱动。以数字化形成全方位的企业洞察力，以数据驱动满足企业精细化运营，提高差异化服务、按需满足需求、降低成本。连锁便利店集团7 – Eleven利用智能化系统实时采集货物变化数据，分析消费者购物偏好，以此调整货架商品摆放，通过精细化管理最大限度提供消费便利。7 – Eleven的数据管理经验被跨界学习吸收，保险公司纷纷加大数据分析力度，在线上订单系统的每个环节设置数据采集点，以全面了解投保人的需求。

四是构建平台，开放生态。数字化企业需要具备开放的生态能力，联合合作伙伴提供综合化的服务，而不仅仅是单一化的产品。腾讯基于互联网生态，将自己的能力开放给合作伙伴，实现各行各业升级转型的需求。例如，整合基于医院、合作企业、卫生健康委员会在内的分散在各个地方、各个专业领域的资源，使医疗资源发挥更高利用率。面对线上化的冲击，7 – Eleven主动与线上零售商合作，发挥自身七万家实体店的优势，变成线上零售物流的最后一公里，它已经不再是一个零售公司了，而是社会基础服务的一部分。

五是科技创新。只有通过数字化手段不断创新、不断推出新的产品，才能成为顺应时代潮流需求的企业。在毕马威（KPMG）2018年全球科技创新报告中，阿里巴巴超越Facebook、亚马逊、谷歌等美国企业，成为全球最具颠覆能力科技企业，阿里巴巴的云计算、移动支付、物流等科技创新领域取得多项成果，已经成为企业的敏捷化转型模板。

1.4 商业银行反思录，从美国经验看去杠杆和稳杠杆

自本轮金融危机以来，很多金融杠杆率较高的国家掀起了金融去杠杆的浪潮。根据美国桥水基金总裁雷伊·达里奥的理论，金融去杠杆可以分为"丑陋的通货紧缩去杠杆""漂亮的去杠杆"和"丑陋的通货膨胀去杠

杆"三种类型，其中"丑陋的通货紧缩去杠杆"是指在经济不景气、通货紧缩和没有实质性的债务货币化的背景下，去杠杆容易造成金融恐慌和流动性危机；"漂亮的去杠杆"是指经济以平衡的方式增长，中央银行提供充足的信贷支持和流动性，并实现债务货币化；"丑陋的通货膨胀去杠杆"则是指当经济不景气的同时，恶性通货膨胀消灭了债务。

由于 2008 年底的"4 万亿"政策刺激、房地产价格大幅上涨等诸多因素的推动，近年来我国金融机构的杠杆率呈现出快速上升的趋势。自 2015 年 10 月起，我国开始了金融去杠杆的进程，并且取得了一定的成绩。从金融去杠杆的环境看，我国一直维持稳健中性的货币政策和积极的财政政策，并且多次实行定向降准，同时 GDP 增速远高于实际利率，因此我国处于"漂亮的去杠杆"阶段。而在渐渐转向稳杠杆阶段的过程中，我们更应该考虑的重点问题是如何打消监管套利、让金融业服务于实体经济。

1.4.1 中国金融杠杆率高企，与美国当年何其相似

杠杆率的升降速度往往同一个国家的经济发展走向与风险水平高低紧密相连。在杠杆率的判定上，有"5 - 30 规则"，这种规则认为在 5 年的时间内，若杠杆率[①]水平增长幅度超过 30 个百分点，之后该国就会迎来一轮金融危机。应注意到的是，与风险水平的高低判断直接相关的并不是杠杆率水平的高低，而是杠杆率的增长速度。快速增长的杠杆率通常预示着高风险。这一规则已被多次验证，如 1985—1989 年的日本经济、1993—1997年的泰国和马来西亚经济、2003—2007 年的美国经济等。

我国金融机构 2008 年后加杠杆趋势明显，如果用我国其他存款性公司的总资产与实收资本的比值来代表金融机构杠杆率的话，其水平已经从2006 年的 33.7 倍增加到了 2016 年的 49.1 倍。用其他存款性公司的（总负债 - 存款 - 实收资本 + 表外理财）/GDP 来衡量金融杠杆率水平，也是从

---

① 一国信贷规模与 GDP 之比。

2006 年的 47.08% 上升至 2016 年的 118.55%，增长了 71.47 个百分点。

这一现象与美国在 2008 年金融危机、经济硬着陆以前杠杆率不断上升极为相似。金融危机前美国各部门杠杆率上升迅速，金融机构杠杆率从 2001 年的 13.3 倍提高到了 2008 年的 23.6 倍。金融市场的高杠杆集中体现在以投行为代表的金融机构的运营上。以高盛为例，其 2007 年末财报披露的财务杠杆为 26.2 倍；雷曼在破产前杠杆倍数达到 37 倍。

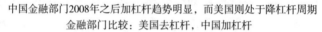

中国金融部门2008年之后加杠杆趋势明显，而美国则处于降杠杆周期
金融部门比较：美国去杠杆，中国加杠杆

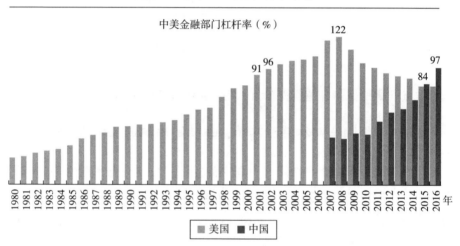

资料来源：国家金融与发展实验室。

图 1-1　金融部门杠杆率比较

中国杠杆率快速增长的背后是脱实向虚的经济发展模式，而其重要体现便是中国金融业对 GDP 的贡献过大，在 2015 年达到 8.4% 的历史高点，超过美国、日本和英国等发达国家的相应水平。如银行的表外业务，金融机构的同业业务和民间理财业务等，近年来都空前繁荣，但同时也构成了巨大的系统性风险。因此，对金融机构去杠杆势在必行，这也已经成为了我国杠杆率调整工作中的重中之重。

第五次全国金融工作会议强调，防止发生系统性金融风险是金融工作

资料来源：Wind。

图1-2　中国银行业总资产规模

的永恒主题；而中国要进一步加强风险防控，便要推动经济去杠杆，坚定执行稳健的货币政策，处理好稳增长、调结构、控总量的关系，把主动防范化解系统性金融风险放在更加重要的位置。同时成立了国务院金融稳定发展委员会，来统筹金融全局。

金融去杠杆的主要目的是扫除金融体系内部套利空间，这是脱虚向实、杜绝资金空转的前提。金融去杠杆主要针对的是同业业务中的期限错配、高杠杆交易等行为，以及因此衍生的道德风险和监管套利等现象，其方式是围绕限制同业、理财业务等影子银行的快速扩张，解决多层嵌套、资金来源过度依靠批发性资金、理财产品的资金池运作等问题。

1.4.2　富国和花旗：不同杠杆策略带来的截然相反命运

那么，中国的银行在这样一个大背景下，应该如何应对去杠杆压力、规避风险呢？让我们首先来看一看美国的银行们是如何做的。

2008年次贷危机爆发使银行股遭受重挫，平均跌幅达到70%。其中，花旗银行的股价仅一年多时间便跌去98%。与此形成鲜明对比，富国银行作为美国第一大房贷发放行,仅仅轻微受损,并在此期间成为美国盈利第二、市值第一的银行。那么是什么促成了两家银行在金融危机爆发时的不同表现呢?我们来看看当时的杠杆率便可知一二:2002—2007 年,花旗银行从 18 倍猛增到 25 倍,与之相类似的,摩根大通的杠杆率一直在 15 ~ 20 倍,美国银行从 2002 年的 15 倍提高到 2007 年的 20 倍,而富国银行在此期间杠杆率一直保持在 16 倍以下。

接下来,我们来分析在花旗银行高杠杆率增长和富国银行低而稳定的杠杆率的背后,两家银行采取的是什么不同的策略。首先我们来看花旗银行:

花旗银行在金融危机之前主要通过两种方式加杠杆:CDO(担保债务凭证)和 SIV(结构化投资载体)。首先是 CDO。花旗银行通过低评级房贷加杠杆。2001—2007 年,美联储持续下调利率,房贷市场火爆,房价与租金比例显著高于平均水平,美国家庭债务与可支配收入的比率从约 90% 升至 120% 以上。伴随着房贷的火爆的是一大批高回报的金融衍生品。CDO 就是其中重要的一种。2006 年全美共发行了近 5000 亿美元 CDO,其中花旗银行就承销了 340 亿美元,2007 年更是承销了 410 亿美元,是仅次于美林证券的第二大 CDO 承销商。而且大部分 CDO 都是注册在开曼群岛等地,也就意味着他们绕开了美国证券交易委员会的监管。

花旗银行第二种加杠杆的方式是其自编自导的通道业务,即表外工具 SIV。SIV 通过发行短期商业票据获得短期资金,用此资金购买次贷债券等长期、高收益债券,并从短期和长期债券之间的利差赚得利润。花旗银行当时将大量的房地产抵押贷款支持证券(MBS)卖给了自己管理的 SIV,而随着 2007 年美国房价下跌,资金借短放长越来越困难,导致花旗银行后来有近 1000 亿美元被套牢。

花旗银行通过在 2006—2007 年激进加杠杆,虽然暂时帮助其实现了弯道超车,发展到与其他银行等量齐观的地位,然而这种高风险发展难以持续,在金融危机来临时迅速崩盘。

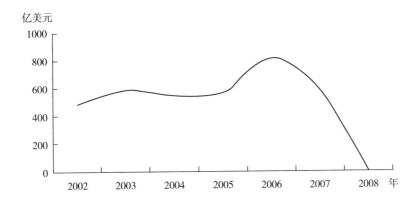

图 1 - 3　2002—2008 年花旗银行创设的 SIV 规模

我们接下来看看在金融危机中脱颖而出的富国银行是怎么做的。

首先，富国银行专注深耕社区银行、批发银行、财富管理业务，而降低证券交易类比重。其中社区银行是最为核心的部门。在 2006 年时社区银行业务占富国银行净收入的 65.4%，即便在十年之后的 2016 年，仍占 52.3%。

富国银行深耕社区银行业务，并多元化平衡发展利息与非利息收入

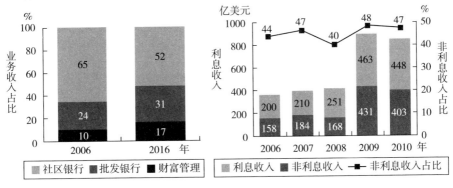

图 1 - 4　富国银行深耕社区银行业务

其次，富国银行在综合化中控风险。富国银行十分注重业务多元化，如经纪业务、证券承销的佣金手续费以及证券交易等，都为其带来了较高

的非利息收入。同时，富国银行特别注重发展风险小的业务。比如，在这三类业务中，证券交易相对风险较高，而交易佣金、手续费的风险较低。而我们发现，对比美国前四大行的收入比例，富国银行的证券交易收入占比一直在10%以下，显著低于其他三家（花旗银行、摩根大通、美国银行），但佣金、手续费的占比却维持在较高水平。

再次，富国银行优先保证放贷质量。住房抵押贷款业务是富国银行的核心业务，但即便在住房抵押贷款飞速发展的2003—2006年，富国银行的抵押贷款余额却没有快速增长。甚至在2005年、2006年两年间相继减少了100亿~200亿美元。原因主要在于，在风险控制上，富国银行不向次级客户提供贷款、不向客户发放浮动利率按揭贷款或者负摊销按揭贷款。因此，富国银行在危机期间坏账率极低，且远低于其他银行。

最后，富国银行专注传统业务，很少进行杠杆操作，尤其不参与CDO交易。因而能够在危机倒逼其他银行进行资产大幅减记时，富国银行可以明哲保身。富国银行近20年的资产收益率（ROA）和净资产收益率（ROE）常保持在1%和15%以上，均处于行业较高水平。

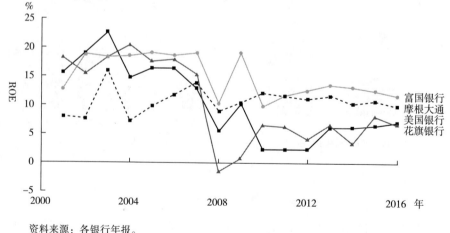

在四大银行中，富国银行ROE常保持稳而高的水平，而花旗银行大起大落，不确定性高

资料来源：各银行年报。

图1-5 富国银行与花旗银行 ROE 走势比较

1.4.3 从去杠杆到稳杠杆，我们如何做得更好

银行加杠杆往往是放大市场风险的导火索。中国版的加杠杆方式主要是同业存单、同业理财、委外和各类通道资管计划。例如，自 2014 年 5 月城商行、农商行被列入合格发行人列表之后，中小银行激进加杠杆，发行规模占比不断扩大，2016 年同业存单发行量中，城商行和农商行与股份制银行各占半壁江山。

过去一段时间去杠杆取得了一定成效，宏观杠杆率趋于稳定，金融业增加值占 GDP 比重实现三连降，2018 年已下降到 7.68%。从 2018 年的情况来看，政策已逐渐从去杠杆转向稳杠杆。中国人民银行行长易纲在 2018 年 12 月 13 日表示，"从去年开始，杠杆率基本上稳定在 250% 左右，现在宏观杠杆的稳定已经差不多八个季度了"。同时伴随"严监管"的深入推进，宏观政策在操作中实际上转入金融去杠杆的调整路径，产生了一系列负面后果，最突出的表现就是以债券违约潮为开端的民企危机。

但一个公认的事实是，中国的杠杆率是结构性问题。这意味着，我们难以简单地用去杠杆或者稳杠杆来概括政策的真正含义。有实证研究表明，我国非金融部门债务/GDP 是比 M2/GDP 更为有用的关于银行危机的预警，这说明高杠杆仍是高风险的最大来源，在中长期仍应保持有序去杠杆的政策定力。

因此，稳杠杆实际上是去杠杆的拓展和延续，更加准确的表述可能是，当前稳的是金融杠杆，去的是国企杠杆。居民杠杆要不要去，至今仍有争议。此外，考虑到财政政策方向，政府部门接下来的去杠杆空间似乎也十分狭窄。

在目前供给侧结构性改革的大背景下，助推金融供给成为推动第四次工业革命的关键引擎，急需"对症下药"式的金融服务。针对供给侧结构性改革提出的个性化金融需求，金融机构要模拟客户所处的"生态圈"，站

在客户的角度更好地理解其财务需求，了解客户的思维方式，针对性地设计、开发金融产品和服务，甚至提供定制式的金融服务。这就要求金融机构改变"一刀切"式的利率定价和产品开发模式，形成个性化和定制化的金融服务能力。金融机构要善于利用物联网所带来的海量大数据资源，通过数据处理，从大量数据中发现业务需求和业务创新点，预测每位客户的个性化需求，以客户需求为驱动力，为客户量身定做产品和服务，提升客户体验。

商业银行一方面要针对不同类型的高杠杆行业、企业分类施策，响应国家政策导向，积极参与市场化债转股，打造综合金融服务能力，从融资为主转向融资与融智并重。另一方面也要加快自身经营转型，切实转变传统的资产拉动增长模式，积极调整业务结构，创新产品服务，提升运营效益，强化在公司治理、资产负债管理、业务创新、运营管理和科技信息等各个领域的能力建设，从以往注重规模扩张为主，转向轻资本、低杠杆的集约化发展模式。

首先，要控制自身的资金来源，调整存款的结构比重，尽量降低和减少同业负债的控制、同业资金融入的比例。

其次，在资产结构管理上，要控制期限错配的总量，合理确定长期和短期资产与负债的比重，以及相应的资产负债的均衡对应关系，减少错配的部分。在保证资金流动性的前提下尽量减少期限错配、减少同业资金。银行还可以强化自身作为信用中介的职能，鼓励企业使用商业承兑汇票、应收账款等工具，尽量减少占用银行表内资产，实现银行的降杠杆。

最后，坚守原则，不轻易涉水加杠杆业务。银行应以保证风险可控为前提，对业务开展与业务组合有所取舍，并采取差异化风控措施。吸取富国银行在金融危机时的经验，建立良好的风险管理能力和谨慎的发展理念。

1.5　困则思变：FinTech 的丁酉竞合之变

　　FinTech 是金融（Finance）和技术（Technology）的组合词，是指金融业务与新兴科技的组合发展，核心是利用新兴的互联网信息科技改造和创新金融产品和业务模式。主要核心技术有大数据、云计算、人工智能及区块链（ABCD）。FinTech 的业态主要包括以下几大类：网络移动支付、数字货币等支付清算、P2P 网络借贷、股权众筹等网络融资，电子交易、智能投资顾问等网络投资管理，以及互联网保险等。在 2018 年，也就是农历丁酉年，FinTech 的两类最主要参与者——商业银行和技术企业之间的关系出现了从竞争转向竞合之变。

　　近年来，阿里、京东、百度等互联网巨头纷纷撕掉金融标签，对外宣称定位科技公司，为金融机构服务，面对未来一轮金融科技的竞争，银行也正在扭转被动的局面，开始主动出击，积极转型，纷纷设立金融科技公司，对外输出技术，商业银行正掀起一股成立金融科技公司的热潮。截至 2018 年末，已有建设银行、兴业银行、招商银行、平安银行、光大银行、民生银行、北京银行 7 家银行设立金融科技公司。在 2018 年，也就是农历丁酉年，FinTech 的两类最主要参与者——商业银行和技术企业之间的关系出现了从竞争转向竞合之变。

1.5.1　FinTech 的起步阶段：Tech 的崛起（2005—2012 年）

　　2005 年，随着计算机技术的普及和应用，特别是互联网的兴起，电子商务迎来了集中爆发期，第三方支付平台如雨后春笋般出现。随着第三方支付的不断更新迭代，第三方支付除了扮演信用中介角色外，还具备支付清算与融资功能。2007 年，另一个标志性的业务形态——P2P 网贷，开始出现。由于利率市场化及金融脱媒的趋势加速，进入 2010 年以后，P2P 网贷呈现快速增长态势。《全球金融科技发展指数（GFI）与投融资报告2018》数据显示，2018 年全球至少发生 1097 笔金融科技投融资事件，其中7 月达到历史峰值 158 笔，融资总额约为 4360.9 亿元。分区域来看，2018年中国金融科技融资事件 615 笔，占全球一半以上，融资总额约为 3256.3亿元，占全球的 74.7%，国内融资笔数和金额均位居全球首位。其次是美国和印度，融资事件分别为 153 笔和 114 笔，所获金额分别为 503.6 亿元和152.2 亿元。中国、美国、印度三国的融资金额占全球总数的 89.7%。分领域看，网贷、区块链、支付、汽车金融领域融资金额均超过 200 亿元，分别为 356.5 亿元、333.5 亿元、298.1 亿元、289.7 亿元。

与此同时，为规范早期第三方支付运营秩序，2010 年人民银行出台了《非金融机构支付服务管理办法》，通过审核发放第三方支付牌照的方式，把第三方支付机构开始纳入国家金融监管的领域内，并规定无支付牌照的第三方支付机构不得从事支付相关业务。2011 年，中国人民银行开始发放第三方支付牌照，第三方支付机构进入了规范发展的轨道。

1.5.2 FinTech 的蓬勃发展时期：Fin 的应战（2013—2016年）

2013 年是 FinTech 的蓬勃发展时期，以余额宝等互联网理财为起点，P2P、第三方支付、众筹、消费金融等各类业态均取得快速发展。初露头角后，互联网金融很快被 PE/VC 视作新的投资风口。根据相关的数据统计，2014 年，国内互联网金融行业发生股权投资 193 起，同比增长 339%。2015年 7 月，人民银行等十部门发布《关于促进互联网金融健康发展的指导意见》，互联网金融逐步进入集中规范期，互联网金融行业的整体合规门槛提升，成为加速行业分化的催化剂。此后，第三方支付逐步走向成熟化，P2P网贷规模继续扩张，众筹平台开始起步，互联网保险和互联网银行相继获批运营，同时，券商、基金、信托等也开始利用互联网开展业务，网络金融超市和金融搜索等应运而生，为客户提供整合式服务，我国 FinTech 进入高速发展期。

FinTech 的蓬勃发展触动了以商业银行为代表的传统金融机构的利益，由此金融机构也开始主动应战，最先出手的是全国性股份制商业银行。平安集团早在 2011 年就设立了平安金科，后孵化成立金融壹账通。此后，金融壹账通基于人工智能、区块链、云计算三大技术，在前、中、后台，提供智能营销、智能运营、智能产品、智能风控四大智能产品体系。光大银行于 2015 年 4 月成立光大云付互联网股份有限公司（即光大云付），注册资本 2 亿元人民币。光大云付以信息科技服务为基础，是光大系第一家"互联网＋"新业态企业，业务范围涉及金融数据处理与分析、金融信息技术外包、金融服务外包、资产管理、实业投资、信息科技领域内的技术开发与咨询等。2015 年底，兴业银行子公司兴业财富资产管理公司与高伟达软件公司、深圳市金证科技公司、福建新大陆云商共同出资设立兴业数字金融服务股份有限公司（即兴业数金），这是兴业银行旗下一家提供金融信息服务的数字金融企业，注册资本 5 亿元，其中兴业财富资产管理有限公司持股 51%。

1.5.3 FinTech 迎来新时代：Fin ＋ Tech 竞合并行（2017 年至今）

2017 年被业界称为中国科技金融的元年，这一年中国金融业的转型创新不论是在技术上还是体制上都取得了巨大进步，无论是互联网企业还是金融机构，头部效应愈发明显，互联网巨头与金融巨头之间也开始逐步走向合作。

一方面，百度、京东等巨头将旗下的金融业务先后拆分独立运营。2016 年 11 月，京东集团宣布全面剥离京东金融，2018 年京东金融品牌升级为京东数科。2018年4月，百度宣布旗下金融服务事业群组正式完成拆分融资协议签署，实现独立运营，"度小满金融"宣告成立。科技巨头的 FinTech 部门之所以要独立运营，主要是因为牌照的原因。百度、京东两家公司的上市地点均是美国，对金融机构而言，纯内资背景能带来政策上的优势，便捷地获取牌照，对处于发展阶段的两家金融部门而言尤为重要。事实上，早在2014年10月，蚂蚁金服就已经正式从阿里巴巴集团剥离，背后的主要原因也是为了转为内资便于获得牌照。值得注意的是，监管当局已经开始关注到，一些机构在没有取得金融牌照的情况下非法从事金融业务，部分非法金融活动借金融创新和互联网金融之名迅速扩张，少数野蛮成长的金融控股集团存在风险。

另一方面，金融机构纷纷与科技巨头牵手，协同发力 FinTech，这一阶段的主角是国有大型商业银行。2017年3月，阿里巴巴、蚂蚁金服与建设银行签署三方战略合作协议，共同推进线下线上渠道业务及电子支付，打通信用体系，建设银行理财产品入驻支付宝。同年6月，工商银行与京东金融共同宣布，双方合作将在金融科技、零售银行、消费金融、企业信贷、校园生态、资产管理、个人联名账户、物流及电商等领域展开；同样在6月，农业银行与百度金融达成合作，围绕金融科技领域开展，包括共建金融大脑以及客户画像、精准营销、客户信用评价、风险监控、智能投顾、智能客服等方向的具体应用，并将围绕金融产品和渠道用户等领域展开全面合作。几乎在同时，中国银行宣布与腾讯公司联合成立金融科技实验室，并将在云计算、大数据、区块链和人工智能等方面开展深度合作，共建普惠金融、云上金融、智能金融和科技金融。8月，交通银行与苏宁签订战略合作协议，双方将在智慧金融、全融资业务、国际化和综合化合作等领域展开全面深入的合作。此外，作为零售之王的招商银行，也在2017年初明确提出"金融科技银行"的定位，招商银行旗下设立一家名为招银云创公司（MBCloud）的全资子公司。2017年11月，北京银行与京东金融签订合作协议，双方在支付互通、产品共建、营销推广等方面展开合作，并共同打造丰富的数据模型，北京银行成为第一家与京东金融风控联合建模的金融机构。

互联网企业与金融机构达成一系列合作协议，但并不意味着双方的竞争告一段落，事实上，竞争仍在延续。2018 年 8 月，百度金融拿到公募基金销售牌照，至此，百度、阿里巴巴、腾讯与京东（以下简称 BATJ）均拿到了基金销售牌照，随着互联网巨头们的介入，尽管商业银行的强势依旧，但优势却在不断被压缩。2018 年 4 月，建设银行作为大型商业银行率先推出首个无人银行，之后注册成立其全资金融科技子公司——建信金融科技有限公司。该公司注册资本 16 亿元，由建设银行体系内直属的 7 家开发中心和 1 家研发中心整体转制而来，这是由国有大型商业银行设立的首家金融科技公司，也是银行业首家以金融科技命名的新型公司。这表明，大型商业银行正在从"跟跑"向"领跑"转变，相信在不远的将来，体制机制更为灵活的股份制商业银行也会迎头赶上。

展望未来，互联网企业与金融机构似可精诚合作，打破信息孤岛，把各自不同要素禀赋的优势发挥到极限。对商业银行而言，似可通过"大数据＋软信息"的策略来解决获客难、风控难的问题。部分客户由于缺乏完备的财务数据、交易记录等"硬信息"，这就给银行获客和风控带来挑战，同时也造成了企业融资难、融资贵。这一问题可以通过 FinTech 得到有效解决，因为"大数据＋软信息"的技术手段能够做到定性因素的定量化和分散信息的集中化。这意味着，在与互联网企业竞争的过程中，银行可以利用 FinTech 手段弥补传统业务的"短板"，比如借助 FinTech 发力普惠金融，使传统上难以获得贷款的民营小微企业享受到金融服务。与此同时，似应将"长板"继续做长，基于 FinTech 探索特色金融服务，尤其是借助 FinTech 手段和组件式业务和技术架构，基于云技术实现大众客户化定制金融服务，通过"个性化"服务破除金融同业间的"同质化"低效竞争。

对于互联网企业而言，也可通过 FinTech 最大限度地发挥自身优势，通过大数据分析为场景、获客提供支持，从而最快地触达用户。互联网企业似可基于"最后一公里"的优势，与金融机构低成本的资金来源、强大的风控能力和线下尽调能力等优势展开合作。事实上，对于互联网企业来说，要想从事金融业务，无论是否拿到金融牌照，与银行合作都是现阶段的最优选择。以网商银行为例，其所拥有的 40 亿元的资本金本来大致可以做400 亿元信贷业务，之所以能够撬动 1200 万个小微企业客户、2 万亿元贷款，就是因为其利用自身优势与商业银行强强联合，合作发放联合贷款实现的。当然，对于没有取得金融牌照的互联网企业来说，也可以通过做强FinTech 专业模块，参与金融市场价值链，以此来赚取利润。总之，只有最大限度地打通资金流和信息流，才能真正使主干道里面的金融资源通过毛细血管渗透到每一个社会经济的细胞之中。

1.6 当尼克·萨博被自动售货机"砸中"，区块链与智能合约不谋而合

当前区块链技术正在迅速从概念验证（Proof of concept）向局部化（Localization）方向迈进，对于提升银行服务实体经济效率和水平大有裨益。《全球金融科技发展指数（GFI）与投融资报告 2018》中的数据显示，区块链为 2018 年最热门的金融科技投资领域，共获得 451 笔 333.5 亿元融资，下半年受监管整治影响，融资笔数持续下滑。然而，区块链在监管法理上的研究仍缺乏深入界定，例如，在区块链上被记录与交易的"以数字形式呈现的实体资产"，在法律上的定性究竟为何？其转移是否等同于所有权的转移？法院又该如何认定？又如，区块链与智能合约上所缔结的交易，在

法律上是否具有可执行性？只有洞悉其中奥妙，并妥为因应，才能切实应用于提升服务实体经济的效率和水平。

1.6.1 区块链及其智能合约服务实体经济的应用前景

从功能上看，区块链及其智能合约在服务实体经济方面主要有三大应用：凭证登记与管理、金融交易和供应链管理。

凭证登记与管理应用情境：指包含身份资讯、资格证明与权益凭据等所具备的一身专属性，可以用来作为交易标的或供身份资讯主体或资格拥有者进一步处置的资讯登录与管理的区块链系统。诸如身份认证、投票、股东权利行使、病历管理、智能财产授权、动产与不动产登记，以及学历证明（以下统称凭证）。这些应用情境可以仰赖区块链的分布式、无重复交易可能与不可修改性等特性，确保登录在区块链上的凭证可以同时被多方读取使用或编写，但真实性又不受到影响。除了增加凭证拥有主体的自主性以外，也大幅度减少凭证遭受伪造或篡改的可能性，更降低了各方处理这些凭证的作业与交易成本。

金融交易应用情境：指虚拟加密货币的使用与交易、支付、外汇交易、金融资产的清算与交割、联合贷款、贸易金融、资产抵押、财产与意外保险等。金融交易需要高密度的个资隐私与资讯安全保障，以及交易的效率与安全，更强调过程能够便于监管监控。因此区块链的可审计性和分布式特性，正好符合上述要求。加之区块链的去信任化特性，是金融资产转移、清算与交割有机会"最小交易成本化"和"实时化"，可将金融交易的发展带入全新境界。

供应链管理应用情境：包括物流管理、产品溯源于防伪、采购及库存管理等，由于供应商的各个行为主体间所拥有的资讯都不完全，必然存在高度的信息不对称落差，导致实体经济商业活动效率低，错误、纷争发生时难以核查、举证或究责。区块链作为一个允许多方同时读取或编写资讯的分布式资料库，先天具有消弭上述信息不对称落差的优势，认许制①区块链的使用，可以大幅度提高区块链内数据交换效率，进一步提升实体经济供应链效率。

区块链与智能合约结合，将使上述三大应用达到自动化效果，进一步降低交易成本、违约可能，并提升交易执行的效应与可靠度。若与物联网技术相结合，货款支付就可以通过区块链，在一定条件履行时，由智能合约自动判断并触发货款支付与货物交付的程序，同步达到银货两讫的效果。例如，2016 年 10 月，澳大利亚联邦银行（Commonwealth Bank）与美国富国银行（Wells Fargo Bank）合作完成了世界上第一笔通过区块链与智能合约进行的贸易金融交易，协助一位棉花交易商将货物从其美国得克萨斯州的公司运往中国青岛的关系企业。交易过程中，以银行间的区块链交易取代传统信用证，再结合智能合约以及物联网，当货物运抵青岛时，卫星定位信息自动传回系统，触发款项的给付。这样一种区块链金融与智能合约模式的普及会是引爆数字经济成长的关键。

1.6.2　基于区块链技术的智能合约与传统合约差异分析

牛顿被树上掉下来的"上帝的苹果"砸中，于是茅塞顿开，发明了牛顿运动定律。而在区块链领域，也有这么一个人被自动售货机"砸中"，他发明了智能合约，这个人就是尼克·萨博，区块链领域的先驱之一。

大家应该都知道自动售货机，塞进去钱币就会吐出商品。我们看不到内在的工作机制，但都知道，不塞钱进去，就不会有东西吐出来。

在尼克·萨博眼中，自动售货机有着不一样的魅力，购买者向售货机投入一定数量的货币，选择要购买的商品，这就在两者间创建了一种强制执行的合约。购买者投入货币并选择商品，而卖家通过售货机内置的逻辑提供商品和找零。

---

① 认许制（Permissioned）即认证许可支付，在授权的情况下可以得到对应的个人信息。

当然，还有一种情况是，如果我们投入硬币但售货机没有吐出商品，我们会认为售货机不遵守合约，有些愤怒的人甚至拳打脚踢，其实售货机也很无辜，因为它还没有识别你投入的硬币，或者你投入了一张假钞，自然没法吐出来商品。这其实就是一种简易化的智能合约。

我们再来看另一个例子，电视剧《老友记》中有这么一个场景，瑞秋、莫妮卡和钱德、乔伊打赌，如果男人们能猜中购物袋里装着什么，就给他们 10 美元。后来他们猜中了，但瑞秋和莫妮卡却赖账。不管钱德怎样去讨要，女人们就是不给。

这种情况下，钱德和乔伊不可能去抢女生的钱包拿这 10 美元，他们只好认了。但如果有了智能合约，一旦男生们猜中，不管瑞秋和莫妮卡怎样要赖，智能合约代码将自动执行，并把这 10 美元（真实的情况是数字货币）打到男生们的账户。

由此，尼克于 1993 年第一次提出了智能合约（Smart Contract）的概念，并于 1994 年写成了一篇关于智能合约的开山之作，创造了"智能合约"（Smart Contracts）一词和相关概念，即一个智能合约是一个计算化交易协议，用来执行合约条款。

智能合约设计的通常目的是为了满足一般的合同条件（比如支付条款、扣押令、私密性，甚至是执法），最大限度减少恶意和意外的状况，最大限度减少使用信任式中间媒介。

当智能合约运用上区块链技术，使得其又具备了一些区块链的显著特征：

一是存储去中心化。传统的合约一般由签订合约的双方订立、保存，基于区块链技术的智能合约同样由签订合约的双方订立，但是在存储过程中不是集中在某个中心数据库，而是分布在构成网络的节点中，即使合约双方同时遗失副本，也能够从网络其他节点获取合约数据，使得安全性大为提升。

二是内容不可篡改。传统合约有内容被篡改的风险，而基于区块链技术的智能合约一旦订立，内容难以变更。一方面是由于分布式的存储方式，难以同时变更所有节点存储的内容，另一方面因为区块的不断生成，变更其中内容会导致对后续生成区块工作量及难度的变更，导致区块无法融入整个区块链中。

三是自动彻底执行。智能合约能有效规避任何一方故意或无意导致的违约。例如针对商品买卖的普通合约，可能存在买方付款后，卖方没有如期交付货物的情况，而智能合约因其执行逻辑已经提前转换为计算机语言，一旦满足约定条件即自动执行，因此不存在违约的问题，这一点在需要多个动作完成的合约中，差异尤其明显。

基于以上原因，基于区块链的智能合约与传统合约相比，具备安全性高、违约风险小等优势，但同时也不可避免带有双方一致认可的变更困难、对识别订立合约时的欺诈要求更高等劣势，参见表1-1中的矩阵分析。

表1-1   基于区块链的智能合约与传统合约相比

	传统合约	智能合约	备注	重要性
执行效力	S	+	智能合约一旦满足条件必然执行	7
存储安全性	S	+	智能合约无法变更内容，且存储于多个节点	6
存储成本	S	+	智能合约的存储成本可以由多个节点分摊，无须将所有数据存储在一个中心数据库	5
变更便利性	S	−	智能合约无法变更内容，只能废止并签订新合约	4
仲裁	S	−	智能合约依靠计算机识别并执行，如未能及时发现其中的欺诈，一旦按照约定导致合约条件满足，所有约定都将执行完毕，无法提前终止，或通过法院判定合约无效	3
识别欺诈的成本	S	−	基于上一条，智能合约在识别欺诈方面对合约双方的要求更高	2
签订流程	S	S	两者无显著差异，区别在于合约存储介质	1

	传统合约	智能合约	备注	重要性
改进项加权累计	0	18		
恶化项加权累计	0	9		

注：S代表基准、无变化；"+"代表有改进；"-"代表有恶化。

1.6.3 智能合约的法律风险识别与防范

事实上，从任何合约或者合同看，不论是智能合约还是传统合约，如果是合约（Agreement），就免不了有意思表示一致这一核心要素，要约与承诺不过是法律上关于达成意思表示一致这一过程的拟制。区别可能在于具体的过程和方式。比如，传统的法律上的合同，形成过程可能需要多轮磋商，多次要约邀请，要约和反要约等多个过程；而智能合约一般不存在或者仅有很少的前期磋商阶段。与这一特性相关的，是智能合约是否采取类似格式合同的形式。智能合约采取数字化技术定义并生成，并能像计算机程序一样自动执行，高度的格式化必不可少，甚至其格式化程度应比期货合约还要高。相应地，一些格式合同的优点和缺点，包括效率性和公平性在智能合约中也会存在。此外，现代合同法中保护弱者的一些原则在数字空间里如何体现存在不确定性。

智能合约最大的风险其实是在其自动执行这个特性上。现代社会的经济行为和交易结果日趋复杂，各个行业各个区域不同人群之间的联系日益密切，在具体环节局部地区出现的问题往往可能导致牵一发而动全身的蝴蝶效应，而人类对于具体行为的后果的认识往往有很大的局限。对于智能合约而言，它的应用范围越大，越是属于公开的领域，错误操作和不适当的涉及所导致的后果就可能越为深远。就像设计不科学的熔断机制可能对于股市雪上加霜一样，设计不科学、对于其后果缺乏论证的智能合约也可能对于社会产生广泛的后果。对于这种风险，其应对机制不外乎：（1）审慎的智能合约设计机制和程序；（2）限制其范围和数量；（3）在可能产生系统性风险和严重的社会后果时，赋予某些权威机构责令暂时中止或者停止执行的权力。

从微观法律层面而言，智能合约本身如果成为有约束力的合约，需要遵循《合同法》的一些基本原则。这些原则和具体规定，在目前的法律框架下，对于智能合约也同样适用。比如，当事人依法享有自愿订立合同的权利，任何单位和个人不得非法干预（自愿原则，《合同法》第四条）；当事人应当遵循公平原则确定各方的权利和义务（公平原则，《合同法》第五条）；当事人行使权利、履行义务应当遵循诚实信用原则（诚实信用原则，《合同法》第六条）；等等。具体到格式条款，《合同法》中的下列规定也应适用于智能合约：

第三十九条　采用格式条款订立合同的，提供格式条款的一方应当遵循公平原则确定当事人之间的权利和义务，并采取合理的方式提请对方注意免除或者限制其责任的条款，按照对方的要求，对该条款予以说明。（格式条款是当事人为了重复使用而预先拟定，并在订立合同时未与对方协商的条款。）

第四十条　格式条款具有本法第五十二条和第五十三条规定情形的，或者提供格式条款一方免除其责任、加重对方责任、排除对方主要权利的，该条款无效。

第四十一条　对格式条款的理解发生争议的，应当按照通常理解予以解释。对格式条款有两种以上解释的，应当作出不利于提供格式条款一方的解释。格式条款和非格式条款不一致的，应当采用非格式条款。

综上所述，商业银行使用智能合约提升服务实体经济效率，应充分洞悉利弊，妥为因应风险；同时也需要监管科技和合规科技的窗口指导与监控，以促进守正出新。

1.7 监管科技初探路，如何应对金融科技发展给银行监管带来的挑战

2007 年国际金融危机爆发之后，全球主要经济体都意识到加强监管对金融业健康合规发展具有重要意义。同时，监管部门逐步收紧了对金融行业的管理，颁布多部监管法规，对金融机构日常经营、内部管理、风险监测等业务提出了明确的监管要求。随着监管要求的不断细化，金融机构需要投入大量人力和物力满足各项监管规定，监管行为成为金融活动的重要组成，监管成本趋高。Federal Financial Analytics 的统计数据显示，2020 年全球对监管合规领域的投入需求将达到 1187 亿美元。因此，全球都在寻找一条能够减少金融监管成本的路径，监管科技（RegTech：Regulation Technology）应运而生。但即使从全球范围来看，监管科技仍处在初级发展阶段，还不够成熟稳定，实际应用效果需要经过一个完整经济周期的检验。

1.7.1 从合规科技到监管科技

监管科技最早起源于发达经济体，特别是在国际金融危机之后开始逐渐发展起来，主要源自于供给和需求两侧因素。从需求方面看，金融危机后各国监管当局加强监管，金融机构遵守监管法令的成本增加。金融机构为避免由于不满足监管合规而带来的高额罚款，起初雇用大量人工，但成本支出上升很快，而后开始逐步引入监管科技手段，通过科技的方法达到监管当局的合规要求。当然，监管科技发展到一定程度以后，监管当局为了避免发生一些监管不到位的地方被监管科技规避，也在发展监管科技。笔者通过梳理监管科技概念的发展脉络，发现其内涵和外延均发生了微妙的变化，表现出从合规科技到监管科技的发展路径。

英国金融市场行为监管局（Financial Conduct Authority，FCA）是当前全球范围内对金融监管最完善、法律执行力最强的金融监管机构，是各国金融监管机构学习的典范。其早在 2015 年就提出了"监管科技"的概念，即"采用新型技术手段，以满足多样化的监管要求，简化监管与合规流程的技术及其应用；主要应用对象为金融机构"。同理，监管科技类机构主要指利用云计算、大数据、人工智能等新兴数字技术，帮助金融机构核查其业务等是否符合新旧监管政策和制度，排除不满足监管合规要求的公司。

以上对监管科技的内容解释归属于狭义范畴，也可称为"合规科技"或"科技应对监管"，很容易被理解为金融科技框架下的一个分支或子集。

随着金融科技的不断发展，特别是大数据、云计算、区块链及人工智能等技术在金融领域的落地及应用，泛化了监管科技的范围，深化了监管科技的内涵，狭义范畴的监管科技概念的基础上，进一步生成了与金融科技平行的广义范畴。相较狭义范畴来说，广义范畴的监管科技内容增加了监管机构的角度，即监管机构可以主动应用适当的新技术开展有效监管工作，包括对金融科技企业甚至全部金融机构进行有效监管。

与狭义的"科技应对监管"相对照，广义的监管科技概念可以理解为"科技执行监管"，是当前被普遍接受和使用的概念。此外，还有更广义范畴上的"监管科技"概念，是将监管科技技术延伸到了非金融领域，并在政府管理、医疗健康、环保监测等领域有着广泛的应用前景。

监管科技之所以被广泛关注并快速发展，得益于两个维度的推动，一是来自监管机构的被动应对，二是来自金融机构的主动实施。

1.7.1.1　面对金融科技给传统监管体系带来的冲击和挑战，迫切需要监管机构改变现有的监管方式、方法，甚至进行流程再造

随着金融科技的发展，其对传统金融业态的尝试性调整突出表现为跨界化、去中介化和去中心化、自伺服四大特征，对金融监管产生了深远的冲击和影响。

跨界化：主要体现在两个层面，第一个层面是金融科技跨越了技术和金融两个部门，第二个层面是金融科技中的金融业务跨越了多个金融子部门。在第一个层面上，金融科技公司的技术属性使得监管很难具备同等水平的能力与之匹配，存在人力、物力和财力的严重失衡，令监管有效性无法得到保证；在第二个层面上，业务的跨界化发展很难准确对应某类监管，多头监管的结果是无人监管，很容易被监管机构采取弱监管态度，尤其是易诱发监管漠视，低估金融科技企业的系统重要性。

去中介化和去中心化：随着近年计算机学科的快速发展，以人工智能为支撑的创新服务模式可能导致金融机构中介功能的弱化，进一步强化机构监管与功能监管的分野。由于金融科技机构更多采取的是网络化平台模式甚至生态模式，呈现去中心化或分布式的特征，与当前普遍适用的集中化、中心化和机构化的监管框架存在明显错位。

自伺服：金融科技可能具有自我强化的自伺服功能，或具有一定的自学习能力，对监管来说容易导致相应的监管难题。首先，具有自伺服功能的模型和算法可能引发程序依赖自我强化，使得风险累积甚至出现其他风险。其次，任何算法、模型都与现实存在一定偏差，或者在运行一段时间后出现与新的现实的偏差，使得相关运行无法收敛。再次，在人工智能领域，信息数据的安全性是一个潜在风险点，数据一旦泄露，在一个依赖自我强化的系统里会极速扩散，甚至导致更加严重的数据篡改等问题。最后，在没有或缺少道德约束的情况下，人工智能的自我学习功能可能使得机器变成"坏小子"，甚至演变为智能欺诈、智能违约等风险。为应对以上挑战，金融监管必须"以其人之道，还治其人之身"，通过与科技的结合，弥补、修正自身存在的问题。

1.7.1.2　金融监管态势趋严提高了机构的合规成本，急需通过技术手段解决

自 2008 年美国次贷危机爆发以来，全球金融监管步入趋严态势，在此

背景下，金融机构的合规成本被大幅提升，包括对合规人员及合规技术的投入、监管要求的软硬件迭代以及违规处罚费用等方面。据美国摩根大通公司透露，2012—2014 年，为应对监管机构的政策调整，全公司仅合规岗位就新增了近 1.3 万名员工，占比高达全体员工数量的 6%，每年成本支出增加近 20 亿美元，约为全年营业利润的 10%。德意志银行也曾表示，为配合监管要求，仅 2014 年一年追加支出的成本金额就高达 13 亿欧元。另据美国知名创投研究机构 CB Insights 统计，美国证券交易委员会 2016 年执行了 868 次处罚，累计罚款金额达 40 亿美元，并预计 2017 年全球金融业为合规付出的额外成本将超过 1000 亿美元。

在保持合规和控制风险的前提下，金融机构势必通过各种手段谋求最大限度控制合规成本飙升。金融科技的兴起运用，为金融机构提供了"用最少的钱实现最大的效果"的必然选择。利用 RegTech 技术，金融机构能够有效降低合规复杂性，增强合规能力，加快合规审核时间，并减少劳动力支持，从而提升盈利、提高运行效率。具体而言，新技术主要在以下方面发挥了难以替代的优势：

一是云计算等技术的应用。便于整理、搜集、归纳更加准确、详尽的监管信息和动态，能够提高监管信息的可得性和及时性，通过应用程序接口（API）实现内外部监管数据和信息的及时、准确传输。

二是嵌入式的监管系统。在调整和更改监管规则及标准时能够极大发挥软件系统的迭代优势，明显降低规则的"菜单成本"，提高合规、监管以及风险管理的灵活性。

三是机器学习（ML）和人工智能（AI）技术的应用。一方面，能够有效降低人员的干预成本，减少人为主观因素影响，同时直接减少参与人数；另一方面，机器学习的不断叠进则能够极大地简化和优化内部流程。

四是大数据挖掘、精准化分析以及可视化数据报告展示。一方面，能够加快分析速度，提高展示效率，节省了沟通时间和空间成本；另一方面，利用大数据分析技术，海量的异构数据及文本数据将被挖掘出更多价值，并能够被转化到具体的产品、流程和工作中。

五是数据加密和安全的传输渠道。不仅加快了内外部数据传输速度，提高了传输安全性，同时降低了发生道德风险的可能性，从而变相降低了合规成本。

六是技术上的预测、预警、应急及模拟机制，可以更好地控制风险影响范围，隔离风险边界，减少不必要的试错成本。

以英国为主要代表的欧洲地区一直是创业型监管科技企业成长的热土，这与欧洲监管部门具有相对灵活的监管框架密切相关。在德勤咨询重点关注的80家监管科技类企业中，欧洲就占了58家，美国占了16家。在这些企业中，多数公司主要研发和提供通用型的解决方案和服务，模式灵活且涉及范围很广，可以覆盖金融业的大多数领域。传统银行集团和大型保险公司在技术投入方面起步早、力度大，只有很少一部分监管科技企业能够分一杯羹，因此多数监管科技企业主要分布于银行和保险的垂直领域。目前，这些企业的监管科技技术主要应用在身份管理与控制、交易监控与检测、风险防控与管理、报告生成与提交、合规检查和法律合同等方面，尤其在前两项服务内容和技术上，已经发展得较为成熟。

从投融资的角度，这些企业还拥有一个共同的特点，就是大多成立时间不超过三年，仍处于创业阶段，并有超过一半的企业将主要关注点放在对某一具体问题的解决或某一适用技术的研发上。可见，就监管科技的发展前景来说，还有很大的增值空间等待发掘。

根据 CB Insights 的统计，自 2013 年以来，全球监管科技领域的股权融资金额达 49.6 亿美元，涉及 585 次融资事件，其中，包括 2017 年以来对 103 家创业企业进行的投资。据估计，这些企业获得的投资金额接近 9 亿美元，其中，早期投资（种子、天使、A 轮）占一半以上。除专注金融科技类的风险投资基金和私募股权基金外，传统大型银行集团也积极涉足监管科技企业，如桑坦德（Santander）、巴克莱（Barclays）、高盛集团（Goldman Sachs）等，在身份认证和背景审核软件、区块链以及交易监控等领域做了大量投资和布局。

除欧美外，亚洲正成为监管科技发展的后起之秀，如印度、新加坡、日本等，借助互联网人才众多、互联网技术发展较为成熟的优势，其相关企业已开始崭露头角。相比这些国家和地区，我国的监管科技类企业发展可以说才刚刚起步。

1.7.2 监管科技的市场框架及应用

监管科技的市场参与主体包括监管部门、金融机构和第三方监管科技机构（监管科技公司）。监管部门向金融机构提出监管要求，协商创新监管数据采集方法和统计分析方式，同时给予监管科技公司专业指导，达成监管共识。

金融机构可向监管部门和监管科技公司开放共享监管要求的数据接口。监管科技公司搭建监管科技平台，并为金融机构提供技术服务。监管科技产业应依托监管部门、金融机构、第三方监管科技机构的通力合作，营造良性发展环境。

1.7.2.1 监管科技在监管部门中的应用

监管部门可利用科技手段，将监管政策转换为数字化、标准化的"机器可读"程序语言，为金融机构提供各种监管应用程序接口，实时获取监管数据，利用云计算、大数据等技术实现对监管数据自动化、集中化的聚合分析，判断监管风险点，监测监管合规性，有效提高监管效率。比如，人民银行自 2016 年起实施宏观审慎评估体系（Macro Prudential Assessment, MPA），每季度采集商业银行等金融机构的诸多数据指标和风险报告，加强对金融机构事中监测和事后评估。应用监管科技理念，人民银行可以针对 MPA 需要采集的监管数据生成一个 API，规范数据格式、计算函数和报表要求。同时，向金融机构开放该API以供调用，自动完成数据统计报送和报告生成等事项。

1.7.2.2 监管科技在金融机构中的应用

金融机构可利用监管科技优化内部日常运作方式，积极识别业务风险，提高理解和执行监管法规的准确程度，灵活、快速响应监管要求，持续达成监管合规目标。

一是构建数据程序API，创新报告方法，优化监管数据生成和报送手段，减少人工干预，防范操作风险，降低监管成本。二是通过大数据技术建立金融业务（如支付、征信、信贷、理财业务等）的风险防控模型，通过行为建模分析，积极识别异常业务或潜在风险，并采取有效措施及时应对，实现对被监管业务合规性的事前评估。三是通过机器学习方法，从大量非结构化数据（邮件、文档等）中分析组织内部行为，评估业务操作流程是否符合监管要求，是否存在欺诈、隐瞒、信息泄露等风险操作行为，实现对被监管业务合规性的事中监测。四是采用监管科技持续提升金融业务合规要求和市场竞争力。

1.7.2.3 监管科技在第三方监管科技机构中的应用

自监管科技（RegTech）概念提出后，国外陆续出现了一些金融监管科技公司，积极尝试利用生物识别技术、大数据、区块链、云平台、云服务等技术开展合规监管服务，帮助金融机构核查业务和管理流程是否符合监管政策。第三方监管科技公司能够以数据为基础，以落实监管要求为目标，采用先进技术搭建监管合规平台，为监管部门和金融机构提供降低成本、增质提效的服务。以按揭贷款为例，放贷银行需客户出具存款银行半年流水或存款证明。部分客户为获取超额贷款，往往对相关证明材料作假。如有第三方监管科技机构能对接各商业银行系统，被许可查询相关客户部分信息，那么放贷银行则无须要求客户提供证明，而是直接从第三方监管科技公司购买相应服务（见表1-2）。

表 1−2   部分国际第三方监管科技企业主要业务

企业名称	国别	主要业务
Ayasdi	美国	采用人工智能方式，将反洗钱的监管要求流程化、系统化，为金融机构提供洗钱业务监测服务，促进金融机构满足各项反洗钱监管要求。
Onfido	英国	采用机器学习技术，通过自动化的数据聚合分析，为企业机构提供雇员和客户身份认证、背景调查、犯罪记录等查询服务，确保反洗钱和客户了解的监管要求。
Qumram	瑞士	采用机器学习和数据挖掘技术，记录并分析金融机构业务操作行为（如网页浏览、系统登录、文档管理等行为），为金融机构提供监管合规性评估审计服务。

1.7.3　中国监管科技的发展之路

目前，国际上金融科技监管模式大致可以分为两类。一类是开放经济体且是国际金融中心，比如英国、新加坡。这些国家自身市场比较小，金融科技发展的风险隐患并不是很突出，同时肩负着国际金融中心发展的任务，会采取一些鼓励措施，包括监管沙盒的引进。另一类是大型经济体且金融市场特别大，比如美国、中国。金融科技的运用和发展依托于互联网，如果用户数量足够多、市场足够大，很有可能实现盈利。中国与美国的相似之处就是两个国家都比较大、人口多、金融市场大。除此之外，中国还具有明显独特的优势，互联网用户数比美国多，特别是移动智能手机占有率比美国高，加之中国金融科技发展自身需求大、动力强。不过，美国发展金融科技在技术上具有一些领先优势，且监管严格。而中国在金融科技运用场景方面虽明显领先，但也存在监管模糊地带，特别是个人数据保护不及美国完善。

因此，美国金融科技监管经验很值得中国借鉴，特别是穿透式监管和功能监管。在美国，不管金融科技以何种形态出现，均根据涉及的金融业务性质纳入相应的金融监管体系之中，比如 P2P，有些业务涉及产权变化，由美国证券交易委员会进行监管。美国财政部对货币服务机构进行监管，每个州都有货币转移法，对货币转移要求在州政府监管机构进行注册登记，此外，美国还有《联邦消费者保护法》、联邦金融消费者保护局，从行为监管的角度保护相关消费者的合法权益。

我国金融业发展速度很快，金融市场规模大，有很多跨市场、跨行业的业务品种，金融风险防范的任务比较重。为了应对金融风险，需要加强监管。现在中国对金融科技的监管实际是一种包容式监管，容易造成金融机构自身发展监管科技去达到监管合规要求的动力不足。因此，在现行条件下，为了更好地识别控制金融风险，监管当局更多是引入高科技，提高对风险甄别、防范和化解能力。而近两年大数据、云计算、人工智能等新技术的蓬勃发展，使得监管科技发展具备了技术上实现的条件。比如，现在主要依赖金融机构报送数据进行风险监测。将来随着监管科技的发展，在数据标准整合的前提下，监管当局可以实时地从金融机构、金融科技公司直接抓取最底层、含有多维度信息的数据，生成分析指标，这既保证了相关指标的真实性，又保证了及时性。在此基础上，运用大数据分析、人工智能等方法发现风险隐患，相当于建立了系统性金融风险防范的长效机制。

今后，监管部门有着充足的动力去运用监管科技。一方面，外部环境的不确定性与金融科技带来了新的风险场景和风险特征的叠加，需要监管机构"以科技对科技"去积极应对。另一方面，监管机构渴望获取更加全面、更加精准的数据；而面对金融机构报送的海量数据，需要借助科技提高处理效率和监管效能。但要加强监管科技建设，就必须彻底打破原先监管机构和金融机构间如"猫鼠游戏"的微妙关系，在各个维度推进合作，从而实现耦合共赢。

一是监管机构应加强与新科技企业的合作。监管机构要提高 RegTech 水平，就必须在科技方面投入更多人、财、物资源，其中，专业化的科技人才尤为重要，不仅要具备最前沿的金融科技能力，更要具备专业化的金融知识，还要能够加以结合并灵活运用。监管机构可以尝试采用服务外包、技术采购等方式，直接从市场获取相应的监管科技模块及软硬件服务。不过，由于监管工作具有明显的长效性和动态调整等特点，监管机构需要高度重视第三方外包服务的后期迭代和运维问题，与科技企业保持良好的合作关系，确保监管科技系统有效运转。

二是监管机构应加强与金融机构的合作。在金融科技公司不断尝试以大数据、云计算、人工智能等新技术改进传统金融模式的同时，传统金融机构也不断寻求通过以上技术优化当前的金融生态环境，双方在科技方面的投入均十分巨大，并具有可持续性。此外，传统金融机构对科技的应用场景并不仅限于业务流程上，其内控部门也在尝试通过科技应用更好地满足监管合规要求，实现从"以客户为中心"向"以合规为目标"的转变。例如，生物识别技术与大数据分析技术能够增强对客户的识别能力、促进提高远程开户成功率，对达到并实现KYC（Know Your Customer）监管要求有决定性的作用；人工智能和机器学习能够提升对违规行为排查和风险预警预测的准确率；等等。

为此，笔者建议监管机构可以与金融机构合作，共同构建监管科技联盟（平台），将金融机构的内部合规系统对接转化为监管机构的检测系统，或者将金融机构的内部合规框架修正拓扑到监管机构系统中。考虑到商业机密等原因，此类监管数据的传输须以"一对一"或"不可逆"的方式实现。还可以参考"网联模式"，监管机构与金融机构共同组建监管科技公司，以更加积极的方式将科技投入成本外部化，优化金融机构的监管科技生态。

三是监管机构间应加强与各方数据信息的合作。无论大数据、云计算还是人工智能，其核心基础都是标准化的、准确无误的、及时透明的以及数量巨大的基础数据或信息，必须具备大型数据库才能针对这些数据有效发掘其价值并开发新技术能力。因此，监管机构须打通以下隔阂，加强与各方数据信息的合作：第一，统一量纲，规范整个金融系统的数据信息标准；第二，搭建全国范围的数据集合和挖掘分析系统；第三，打通监管机构及其他部门之间的数据隔阂，实现对有效监管数据的共享；第四，构建与金融机构之间单向和双向的数据交换机制；第五，加强数据披露及与研究机构的合作，吸引更多第三方组织参与监管科技工作。

四是监管机构应加强与国际组织和国际间的合作。RegTech 要想取得重大突破和成功，就必须得到世界各国政府和监管机构的全力支持。中国的金融科技产业目前已经走到国际前列，必须以更积极的态度更多参与国际规则的制定。一方面，中国的监管机构要积极与国际组织和其他国家的监管机构保持紧密联系和沟通，相互学习经验及教训，并通过签署备忘录实现跨国监管的一致步调与统一标准，防止出现"跨境式"监管套利；另一方面，中国的监管机构要紧密关注创新型金融科技公司的发展动态，及时调整具体规则，对新技术吸收、采纳和应用。

此外，在这个过程中，还要建立可持续的监管科技发展机制，推动监管成本适度内部化，有利于解决监管的激励约束机制问题，缓解金融监管中的不公平性问题，构建公平、有序、竞争的金融科技新生态。

1.8 以人民的名义赋予你责，金融科技应用的法律挑战与监管

科技的高速发展与创新的颠覆变革正以风起云涌之势重塑全球的金融生态。从产品服务、交易模式、市场边界到监管思维，每一个重塑金融体系的关键都正在经历前所未有的巨变。在充满挑战、不断变化的金融科技发展之中，法律与监管体制能否与时俱进，成为实现普惠金融愿景的核心要素。

1.8.1 金融科技浪潮给法律与监管体制带来挑战

1.8.1.1 金融科技相关监管法规缺失

以比特币为代表的网络虚拟货币为例，中国社科院金融所支付清算研

究中心特约研究员赵鹞曾表示：在中国，比特币的持有量仅占全球总量的7%，但交易量却占全球的八成以上，据统计，国内交易平台客户资金余额已高达数十亿元人民币，投资者超百万人，而且80%的用户都是冲着短期套利涌入的。当前该领域中国尚无相关法规，市场上仅见到监管机构发布的一系列关于警惕风险的通知及相关禁令，而比特币及相关交易所应如何规范其风险？创新企业如何规范其日常运营行为？这些问题尚无明确答案。

1.8.1.2 现行法律不适应金融科技的快速发展

《中国区块链产业发展白皮书》显示，2016年，区块链领域完成140次融资，融资总额超过4.5亿美元。中国新增区块链企业17家，取代美国成为全球新增区块链企业数量最多的国家。在如此快速的发展势头下，区块链技术的使用在与现行法律体系的嵌合方面出现了不适应。例如，在区块链上被记录与交易的"以数字形式呈现的实体资产"，在法律上的定性究竟为何？其转移是否等同于所有权的转移？法院又该如何认定？又例如，区块链与智慧合约上所缔结的交易，在法律上是否具有可执行性？这些都需要法律体系的进一步完善。

1.8.1.3 金融科技的专业性使得金融监管难度加大

例如，在智能投顾方面，中国的智能投顾尚处于早期的概念阶段，嘉信公司进行的一项名为"中国城市新兴富裕投资者研究"的调查显示，仅有12%的国内投资者使用投资顾问服务，而目前全球投资者中使用投资顾问的比例为64%，美国为67%。预计到2020年，中国人工智能理财规模将达到5.22万亿元。即便如此，监管技术和监管手段仍旧跟不上智能投顾算法和业务模式的演变步伐。监管机构需具备一定技术能力来检查数据输入（客户信息获取）和数据输出（客户画像和定制化投资建议），以确保使广泛的用户群根据合理注意标准获得公平对待。由于算法和网站架构的复杂性，对企业的经营行为和业务流程的检查客观上存在难度。

1.8.1.4 金融科技对强化金融安全和消费者权益保护提出了更高的要求

据不完全统计，2018 年，第三方移动支付的年交易规模达到 152.77 万亿元，使用移动支付的用户规模达到 9.9 亿人，移动支付在手机网民中的渗透率为 94.7%。电子支付正在改变目前大部分消费者的支付习惯，在数字身份凭证机制方面，主要的挑战在于数字身份资料库的管理所衍生的信息安全与个人资料隐私保障问题。此外，电子支付体系意味着银行与支付机构在汇款转账方面将扮演更加重要的角色，随着电子支付规模的不断扩大，可能因此增加数字货币与支付体系"单点故障、全部故障"的风险，在出现问题时，可能危及金融体系的稳定。

1.8.1.5 现行监管体系易导致金融科技监管真空

金融科技依托新的技术特别是分布式技术，使得未来金融科技平台十分扁平，同时天生具有跨界和混业经营的特征，同时也使得风险的内在关联性以及跨界关联性大大提升。而仍然以分业监管为主、衔接机制尚待完善的金融监管体系，仍未有效解决日益深化的混业经营趋势与边界明晰的分业监管体系的制度性错配，形成监管真空。

1.8.2 被动型监管特征难以有效应对金融科技法律法规体系缺失

与美国限制性监管（Restricted Regulation）相反，中国属于被动型监管（Passive Regulation），中国的金融科技以市场和商业模式为驱动。巨大市场需求和有待完善的现有金融服务体系，为金融科技的发展提供了广阔的应用空间。另外，中国法律属于大陆法体系，对金融科技的监管依靠成文的法律法规，因此灵活性和时效性相对不足。

中国的金融科技在短短三年内茁壮成长，成为全球金融科技的重要组成部分，第三方支付、P2P 的规模已经排在世界前列，孕育出蚂蚁金服、财付通和京东金融等巨无霸金融科技公司。从总体上来说，中国的监管处于"摸着石头过河"的探索阶段，属于被动型，以发展为主类别，金融科技法律法规体系暂时处于缺失和探索性跟进状态。

例如，目前按行业属性确定主管部门的监管滞后于金融科技创新发展。而监管的实质成果，都是经过无序的发展试错后，各界的压力下才"倒逼"监管出台有效的措施。最明显不过于 2015 年下半年开始呈现的 P2P 风险事件，引起全社会各界的关注。2016 年 8 月 24 日出台的《网络借贷信息中介机构业务活动管理暂行办法》，就是监管对 P2P 乱象的一次整顿。继 2017 年 8 月 30 日中国互联网金融协会发布《关于防范各类以 ICO 名义吸收投资相关风险的提示》① 之后，2017 年 9 月 4 日人民银行等七部委再次发布《关于防范代币发行融资风险的公告》，对国内通过发行代币形式包括首次代币发行（ICO）进行融资、投机炒作盛行，涉嫌从事非法金融活动进行严厉定性。

1.8.3 金融科技发展所需要的法律与监管制度建设

1.8.3.1 完善金融科技法规体系

随着金融科技的发展，有必要建立一套完整的法规体系，司法机关应提供司法政策、司法解释、指导性案例等制度供给，为金融科技、互联网企业提供司法服务和保障，保护消费者利益，加大对互联网企业的知识产权保护。完善金融科技法规有四个核心要点：

一是建立金融科技框架。美国国家经济委员会 2017 年 1 月发布《金融科技框架》白皮书，阐述了对于金融科技的六大政策目标：培育积极的金融服务创新和创业精神；促进安全、实惠和公平的融资；增强普惠金融和金融稳健；应对金融稳定性风险；优化 21 世纪金融监管框架；保持国家竞争力。中国也应通过新成立的金融科技委员会，加强金融科技工作的研究

---

① ICO, Initial Coin Offerings, 首次公开售币。

规划和统筹协调，进行金融科技监管的顶层设计。

二是完善监管方式，即探索监管沙盒（Regulatory Sandbox）、创新指导窗口（Innovation Hub）和创新加速器（Innovation Accelerator）在中国运用的可行性。创新中心旨在支持和引导机构理解金融监管框架，识别创新中的监管、政策和法律事项，这一模式已在英国、新加坡、澳大利亚、日本和中国香港等地实施；监管沙盒在特定的范围内测试新的金融科技，即使发生问题也无损整个金融体系，在风险规模可控的情境下，测试新产品、服务乃至于商业模式，并与监管机构高度互动、合作，共同解决在测试过程中所发现或产生的监管与法制方面的问题。例如，中央银行可以考虑借鉴监管沙盒机制，以保护消费者利益为前提，在有限范围内尝试比特币的支付功能，探索比特币的市场应用前景，甚至在一定范围内赋予交易机构交易所临时牌照，鼓励相关企业创新，可将风险控制在一定范围。监管者在测试比特币及相关机构的"准市场化"运用时，从中总结经验教训，为将来正式的监管打下基础。创新加速器即监管部门或政府部门与业界建立合作机制，通过提供资金扶持或政策扶持等方式，加快金融科技创新的发展和运用。

三是在机构监管基础上更加突出和强调基于业务和风险的功能监管和行为监管。按照金融业务属性，根据业务实质适用相应的监管规则。以网络平台为例，美国对直接利用自有资金发放网络贷款或提供信贷信息撮合服务的网络平台，统一界定为"放贷机构"，要求其事先获得注册地所在州发放的贷款业务许可证，并接受金融消费者保护局（CFPB）的监管；对将已发放贷款作为基础资产、通过互联网平台向投资者发行证券的网络平台业务（如 Lending Club）认定为"证券发行或销售行为"，适用《证券法》，并纳入美国证券交易委员会监管范畴。

四是重视金融消费者保护的法规建设。加强信息披露，充分履行风险告知义务，如英国金融行为监管局（FCA）要求 P2P 平台要用大众化语言向投资者准确无误地披露投资产品的收益、风险等信息；完善互联网金融消费者投诉处理机制，如美国的 P2P 平台除了受到美国证券交易委员会的监管之外，消费者金融保护局（CFPB）负责收集 P2P 借贷金融消费者投诉的数据信息，联邦贸易委员会（FTC）负责监督并制止 P2P 平台的不公平、欺诈性行为；加强消费者信息保护，制定相应的惩罚措施，如英美等国监管当局都要求金融科技企业公布消费者隐私保护制度，且对违规行为制定了相应的惩罚措施。

1.8.3.2　强化行业协会自律，制定行业技术标准化体系

从国外经验来看，"自律先行、监管在后"的监管方式，有利于充分发挥行业协会的自律作用，在规范行业行为、促进保障公平竞争等方面起到积极作用。以 P2P 为例，英国三大 P2P 借贷平台（Zopa、Rate Setter、Funding Circle）自行组织成立全球第一个 P2P 行业协会，并先后制定了成员平台履行的具体义务和 10 项《P2P 金融运营原则》，并辅以规范性的监管规则，金融行为管理局（FCA）仅担任适时指引及适度监管的角色，从旁监督、评估监管规则的实施情况，适时调整监管走向。

1.8.3.3　运用监管科技（RegTech）提升金融监管能力

建立监管科技专业团队，借助信息科技部门的力量，提高金融监管者的信息科技知识水平，并内化为监管体系以及监管微观标准。参与国际金融监管合作，共同防范金融科技跨界、跨境传染的风险，共同制定金融科技监管及其监管科技应用的微观标准和技术指南。例如，引入数字化监管协议（RegPort）、合规审核和持续合规评估、评级和评审系统（RegComp）、内部行为监控及适当性分析评测（IB&S）等监管方法，提升金融科技监管软件能力。

1.8.3.4　加强金融科技监管协调

在现有分业监管格局下加强金融监管协调，特别是金融监管机构同非金融监管机构的协调，防止监管漏洞与监管套利。一是强化监管机构与市

场间的知识共享和沟通，特别是强化金融科技的典型技术及其与金融体系的融合，以及对金融监管体系的影响。比如，通过已有的金融监管协调机制，加强跨部门的金融科技运营、风险等方面的信息共享，沟通和协调监管立场。二是以打击金融科技违法犯罪为重点，加强司法部门与金融监管部门之间的协调合作。三是以维护金融稳定，守住不发生系统性金融风险底线为目标，加强金融科技监管部门与地方政府之间的协调与合作。

1.9 跨越"柯达时刻"，银行业踏上敏捷转型之路

当前数字经济作为一种全新的经济形态，将互联网、大数据、人工智能与传统产业融合，以跨界方式打通各行业，集成优化各个生产要素，正在形成一系列新的商业模式。在这一过程中，企业也在进行敏捷化转型，从以公司为主、孤岛型创新的阶段，迈向基于平台和生态系统、数字产品与服务的创新阶段。企业如果不能借助敏捷化转型成为具备快速迭代能力的敏捷企业，那么必将面临"柯达时刻"（Kodak Moment）。"柯达时刻"也就是无法体认到消费者的行为已经改变，受限于现有的成功，终被创新业者所取代的时刻，这也是所有企业家的梦魇时刻。银行想避免陷入"柯达时刻"，必须以客户为中心实施敏捷化转型，利用新技术对银行客户服务和业务流程进行数字化再造，提供全渠道、无缝式、个性化的产品和服务，全面实现业务处理的数据化、自动化、智能化。而塑造敏捷银行，也将为中小银行提供唯一逆袭传统老牌银行的机会。

1.9.1 银行面临"柯达时刻"，敏捷转型迫在眉睫

巴克莱银行前 CEO Antony Jenkins 曾表示金融科技（FinTech）将会颠

覆传统银行体系，他称之为"Uber 式颠覆"。他认为银行业面临着"柯达时刻"——柯达曾经作为全球影像产品行业巨头，如今因为颠覆性的数码技术的到来而走向没落。如果银行业不采取措施来避免这种情况，无法跟上金融科技快速发展的脚步，那么他们将会成为"路人"。

"现在我们将看到银行业上演'柯达时刻'的可能性——越来越多的银行变得对客户来说无关紧要。银行可以避免这种情况，但是他们必须现在就开始行动，他们要做的事情就是思考创新，还要转型，做一些根本性不同的事情。"这位巴克莱银行前 CEO 还表示像比特币这样的加密货币和人工智能（AI）这样的技术仅仅是银行业新时代的开始。

中国商业银行的敏捷化转型已经迫在眉睫。早在 2016 年，中国的移动支付已经超过银行卡支付；2017 年 3 月北京有家报社的调查显示：70% 的国人不带现金或银行卡也能放心出门；目前已有 40% 的千禧一代利用语音助理购物，预计到 2020 年，这个数字将超过 50%。

1.9.2　从敏捷企业看敏捷银行

企业的敏捷化转型过程通常具备五大特征。

一是移动化、互联网化。数字化移动平台已经成为客户第一选择服务窗口，移动化将承载越来越多的金融业务是必然趋势。德国 P2P 保险初创公司 Friendsurance 在传统保险的基础上加上"0 索赔奖金"模式实现传统保险的互联网化。Friendsurance 在 Facebook 上销售保险产品，根据投保人需要的保险类型将他们分为不同的互助小组，Friendsurance 采取小组返利的方式督促投保人不要骗保并且降低保险赔付率的发生。

二是注重客户体验。数字化手段提供最佳的客户体验，只有实现了交互体验设计，才能够留住客户、吸引并获得最大的客户选择。工程机械设备生产商卡特彼勒公司，考虑到部分中小企业无法支付昂贵的挖掘机设备购买费用，而另一部分购置了设备的企业因为闲置问题而产生成本，因此构建了线上挖掘机出租平台，解决了双方的难题。仿造此法，卡特彼勒农业生产设备条线也构建了收割机出租平台，随着用户需求的不断丰富，又进一步扩展到线上农产品交易，提升了客户体验。

三是数据驱动。以数字化形成全方位的企业洞察力，以数据驱动满足企业精细化运营，提高差异化服务、按需满足需求、降低成本。连锁便利店集团7-Eleven利用智能化系统实时采集货物变化数据，分析消费者购物偏好，以此调整货架商品摆放，通过精细化管理最大限度提供消费便利。7-Eleven的数据管理经验被跨界学习吸收，保险公司纷纷加大数据分析力度，在线上订单系统的每个环节设置数据采集点，以全面了解投保人的需求。比如中信集团推出的"优享+"互联网平台，以运营商等渠道获得的行为数据为基础，辅之以人群分类，量身定制带有行业属性的精准标签，帮助由单一产品用户升级为企业集团粉丝，进一步实现集团内产品的交叉销售。

四是构建平台，开放生态。数字化企业需要具备开放的生态能力，联合合作伙伴提供综合化的服务，而不仅仅是单一化的产品。腾讯基于互联网生态，将自己的能力开放给合作伙伴，实现各行各业升级转型的需求。例如，整合基于医院、合作企业、卫生健康委员会在内的分散在各个地方、各个专业领域的资源，使医疗资源发挥更高利用率。

五是科技创新。只有通过数字化手段不断创新、不断推出新的产品，才能成为顺应时代潮流需求的企业。毕马威（KPMG）2018年全球科技创新报告中指出，阿里巴巴超越Facebook、亚马逊、谷歌等美国企业，成为全球最具颠覆能力科技企业，阿里巴巴在云计算、移动支付、物流等科技创新领域取得多项成果，已经成为企业的敏捷化转型模板。

1.9.3　敏捷银行 VS 传统银行

1.9.3.1　敏捷银行的五大核心特征

银行敏捷化转型的目标，是借助数字化、智能化手段，为个人客户提供大众客户化定制服务，以及提升对公司机构客户的定制化服务水平（见表1-3）。

表1-3　　　　　　　　　敏捷银行的五大核心特征

以客户为中心	360度了解客户，敏捷银行不会拿既有产品与流程去修改凑合给客户，而是不断适应并尝试新方法与客户互动
广泛创造营业收入的能力	敏捷银行会通过数字渠道获得大部分收入、完成大部分的交叉销售和提升销售，它们重新打造组织结构让分行网点等固定成本最小化，并将重点放在变动成本，以绩效为基础的预算目标来驱动成果
快速的产品设计与渠道分销	产品设计部署、渠道分销非常快速灵活，只需要几天或几周时间便可决定并实施，而不是花费几个月的时间
构建原型与持续学习的文化	测试、启动测试、失败、重试。客户内部封测版（alpha）和公开测试版（beta）的概念取代了因厌恶风险而对新计划进行防弹测试的做法。对传统的参与者与监管者来说，这是一个很大的挑战
优化渠道和数字化全渠道	优化的实体数字化策略，或优化的实体与数字渠道一起合作是敏捷的关键。依赖单一渠道进行任何核心活动，是所有敏捷银行都不乐见的——它们观察客户的行为来作出反应

在敏捷银行的发展方向是某种形式的"市集银行"（Marketplace Banking）。在"市集银行"里，传统银行的商业模式将转变成数据密集、以平台为基础的市集，多家金融服务业者会争相为客户提供高度客制化的高价值产品。金融服务可借由预测演算法即时提供，客户可在无人驾驶车里或家里，通过语音界面，如Alexa、Siri、Magic Leap、HoloLens等虚拟现实设备获得服务，也可携带功能持续扩增的智能手表或手机，获得符合自身风险回报个性化特征的适时、适量、适当分期、适当价格的银行服务。

1.9.3.2　传统银行与敏捷银行的区别

传统银行的IT系统往往被统称为"信息化"系统。信息化主要面向内部用户设计、面向内部业务流程的信息化，主要代表企业为IBM、Oracle、SAP、EMC、HP等的科技企业，帮助银行通过信息化手段代替原有的手工作业流程，以提升银行管理和员工作业效率。最为关注的是企业级的稳定性与可靠性，而非快速创新、用户体验和灵活扩展能力。与信息化代表的面向企业端科技不同，数字化本质上是一系列面向客户端（2C 端）科技创新，包含了大量 2C 端的科技能力，例如，移动互联网、社交化、AI 人工智能、机器学习、人脸识别、指纹识别、语音识别、图像识别、VR/AR、物联网、区块链等，这些技术融入 2C 端的服务与应用中，使得企业能够通过数字化的技术手段实现，提供最佳的客户体验、释放客户端与生产端的信息不通畅和不对称、解决了传统技术带来的需求瓶颈、最大限度地满足了群体性需求，甚至激发新需求和创造了新的商业模式。数字化技术引入必然导致客户群扩展、渠道形态变迁、产品变化、营销方式变化、商业模式变化，最终使得企业获得全面的能力提升和业务转型。敏捷银行与传统银行的区别见表 1 - 4。

表 1 - 4　　　　　　　　　敏捷银行与传统银行的比较

特征	传统银行	敏捷银行
客户	关注高端客群，很难覆盖长尾客户	长尾化：较好覆盖长尾客群
渠道	物理网点、线下渠道为主	移动化：以线上移动渠道为主
业务	低频业务，粘性低	高频化：数字化高频业务，粘性高
产品	传统金融业务产品	场景化：以场景化金融服务为主
数据	以各自系统为边界自治	平台化：数据共享、数据打通、数据驱动
设计	面向方便管理设计，操作复杂，流程复杂	体验化：面向客户体验设计，操作便捷
技术	IOE 架构，瀑布式开发，按批次发布	敏捷化：分布式架构，敏捷开发，持续交付

1.9.3.3　传统银行通过敏捷化转型捕捉新机遇

数字化业务已逐渐成为传统银行的重要收入来源，国际领先银行在基于移动端和互联网平台的业务模式创新上不断推陈出新。例如，作为全球第一家直销银行，ING Direct 以简单、差异化的产品和明确的市场定位塑造了鲜明的品牌特征，在市场都取得不俗的成绩。近年来的直销银行模式已更加紧密地嵌入到各个生活应用场景，通过与线上高频用户平台对接合作，大幅增加高频应用场景和客户触点。商业银行可以借鉴金融科技公司，向顾客群体销售品类更加丰富的商品，以在 Bank 3.0 时代持续保持竞争力。

表 1 – 5 商业银行敏捷化方案构想

方案	描述	应用
数字化营销	将客户与银行的交互视为一个连续过程，而非一连串彼此孤立的互动； 通过数字化提升客户体验，并探索交叉销售的机会。	采用大数据提高获客能力，淘汰不受欢迎的产品，优化资源配置； 分析需求并对潜在客户进行个性化营销。
重塑分销架构	运用数字化工具重塑分销架构，创造真正的多渠道体验； 优化银行网点网络，重塑分销渠道。	网点实现完全自动化，装备 ATM、自动存取款机、硬币机、平板电脑数字银行、现金收款站点等设施。
通过数字和分析工具提升销售效率	利用大数据和技术专长为潜在客户提供支持互动的数字化方案； 利用数字化技术手段完成部分客户服务工作，解放客户经理的人力用于销售，从而提升客户经理团队的生产率。	为客户经理配备数字工作台以提高工作效率； 数字化工具可以提供产品组合概览、事件提醒、风险监控工具、话术库、财务模拟器等工具，节约客户经理时间。
利用数据及分析重设贷款审批	打造基于大数据分析的贷款审批流程； 建立高效的平台，实现更好的数据完整性和更简化的流程。	开发反欺诈数字模型，自动评估抵押贷款的所有关键信用指标，并将其与银行风险偏好和政策规定进行比对，从而缩短审批时间。
自动化	软件机器人自动完成重复任务（机器人流程自动化），实现数字化运营； 分析大型数据集以识别模式，帮助制定决策。	自动化包括数据提取、数据清洗和数据分析等工作在内的中台部门； 将机器学习算法应用于更好地识别信用卡诈骗。
云计算	通过云计算及相关技术降低银行 IT 运营成本。	通过简洁的界面将各个数据库连接，使数据的获取更加便捷，以更好地服务产品开发； 通过共享运算资源降低银行成本。

1.9.4 银行业踏上敏捷转型之路

国内外一些银行已率先踏上敏捷转型的实践之路，并取得了显著成效。

根据麦肯锡的研究结果，荷兰 ING 银行 2015 年开始的敏捷变革取得了多项实效，产品上线周期从每年 2~3 次缩短到 2~3 周一次，员工效率提高 30%，客户净推荐值（NPS）大幅提升。国内某股份制银行于 2017 年实施了两个敏捷转型试点，通过推行跨条线集中办公、授权优化、流程精简等举措，信用卡从产品开发到市场推广从原先的 23 周缩短到 9 周左右，压缩了 60% 的时间，试点业务流程大大优化；同时，通过将复杂业务场景或庞大项目团队划分为"子小组"分模块运作并充分授权，激发了团队成员的工作积极性和创新活力，实现了"人的敏捷"。国内另一家股份制银行推出了 API Bank（无界开放银行），将自身 API 嵌入各家合作伙伴平台，通过输出金融服务能力，让用户能在这些合作平台与众多消费场景里轻松便捷地使用银行金融服务；通过使用 API Bank，一家中小型外贸企业主发现，原先需要 2 周时间完成的信贷申请审批工作，现在只需 1~2 天就走完全部流程。河南某城市银行提出以打造敏捷银行、未来银行为目标，积极拥抱金融科技，提升敏捷能力，并正努力打造以下五方面能力：快速迭代（Accelerate）——借助"双速 IT"以及 IT 的解耦和模块封装，实现产品的快速升级；创新驱动（Generate）——以客户为中心，运用数据思维，为客户提供随时想要的、更加精益化的金融服务；跨界整合（Integrate）——实现"敏捷团队"组织架构上的扁平化管理，成立跨职能实体团队，提升公司运营效率；价值共享（Link）——"生态圈建设"融合金融与非金融服务，将公司和客户连接在一起，为客户创造价值的同时，提升客户生活品质；组织赋能（Enpower）——在公司内部培育"拥抱金融科技"的企业文化，借鉴金融科技公司的组织管理、绩效考核等工作方法，激发企业活力。

麦肯锡银行敏捷团队分享了对敏捷转型的思考和创新实践，认为中国银行业已踏上敏捷转型之路[①]。麦肯锡认为：敏捷工作机制指组织"有机""高效"和"快速"的运转，可以有效激发组织活力、点燃员工主观能动

---

① 麦肯锡：《大象起舞正当时，中国银行业踏上敏捷转型之路》。

性，快速准确应对市场变化、捕捉潜在市场机会，深度挖掘客户价值，从而提升银行的综合经营能力；银行业敏捷转型有章可循，传统银行需要在核心高管层、中层管理者和员工执行层这三个层级上，实现组织形式、人才管理、授权决策、考核评价、职责范围、工作方式六大维度的转变，才能推动敏捷组织和工作机制的成功落地；传统银行企业组建跨部门小组，可依据企业文化、业务场景、团队能力和组织成熟度等因素，选择通过"项目抽调"和"敏捷部落"这两种形式建立敏捷团队；银行业推进敏捷组织转型切不可操之过急，需要循序渐进，并提出了银行业敏捷转型"四步法"。

1.9.5　银行敏捷化转型面临四大挑战

根据 Gartner 的调研数据，在全球范围内，银行与投资领域中 3% 的企业没有敏捷化转型计划（No Digital），16% 的企业有敏捷化转型意向（Ambition），14% 的企业正在酝酿过程中（Design），已经初步形成转型成果（Deliver）和实现转型规模（Scale）的企业分别占 24%，而 19% 的企业已经开始进行敏捷化转型升级迭代。然而，每跨越一个等级，需要突破壁垒的难度也随之加大。商业银行在敏捷化转型过程中将面临四大挑战。

一是技术挑战。早期的企业 IT 架构为打通系统孤岛，各个系统间采用单点连接方式。随着系统越来越多，这种集成方式演变成复杂的"蜘蛛网"，带来了操作复杂、敏捷度低等困扰。如何打造松耦合的混合云集成平台，敏捷实现孤岛系统的数据融合、应用重组和业务构建，形成 API 构建平台、API 管理平台和集成编排平台的流畅架构是考验银行敏捷化转型的最大技术挑战。

二是建立数字化 KPI 的挑战。敏捷银行需要建立新的考核度量标准。数字化 KPI 使企业管理者能够衡量数字业务计划的影响力，并帮助他们根据可测量的价值和性能重新校准和调整数字化模式。良好的指标应该影响到高管决策，如预算分配、业务流程改进和文化变革，然而目前银行业数字化KPI的建立尚不成熟。

三是数据安全和客户隐私挑战。在享受科技所带来的便利的同时，个人客户信息被非法收集和泄露，黑客攻击、勒索和互联网诈骗屡屡发生，因此要高度关注信息安全、隐私保护以及法律合规风险。此外，在大数据时代，银行在全面获取客户信息的同时，还需要准确分辨客户的隐私边界，需要制定明确的规章制度来约束数据使用权限。

四是文化挑战。敏捷银行需要从项目管理转型为产品管理，运营机制的变化或将重塑原有的企业文化。如果没有一个专注于敏捷发展、愿意授权的企业文化，容易导致孤立的组织架构，缺乏跨业务部门的协调能力，敏捷化转型和创新就会受到阻碍。

1.9.6 银行敏捷化转型方向

当前，我国正处于转变发展方式、优化经济结构、转换增长动力的攻关期，供给侧结构性改革已进入深水区。利用数字化、智能化进行行业改造，是深化供给侧结构性改革的重要推手，不仅仅是自动驾驶、基于3D打印的用户所在地分布式生产这样的颠覆式创新，会形成一些新的行业，更多的是诸如能够进行语音提醒的智能摄像头、能预测故障时间的智能风机、能自动化匹配叉车和搬运机器人的智能物流等累进式创新。这些借助"新制造＋新服务"的供给侧结构性改革，将创造出很多万亿级的、基于价值网的新市场，而价值网的核心是智能分析基础上的实时感知和响应金融服务，这就是敏捷银行的未来生命力所在。事实上，未来已来，只是分布不均。

股份制银行是敏捷化转型的主要参与者。股份制银行寻求差异化竞争，寻求科技创新与引领，本身具有一定的客户基础与市场规模，也具有比较强烈的革新的意愿和诉求，具备进行全面敏捷化转型的良好潜质。领先股份制银行的成功经验为银行业的敏捷化转型提供了借鉴。当前，部分股份制银行正在考虑建设全新的互联网业务能力：全新的移动前台、互联网业务中台、分布式后台，把二三类账户在构建全新的互联网分布式核心平台上，打造平台化的互联网移动业务、产品中台、资产中台、客户中台、分布式技术能力。

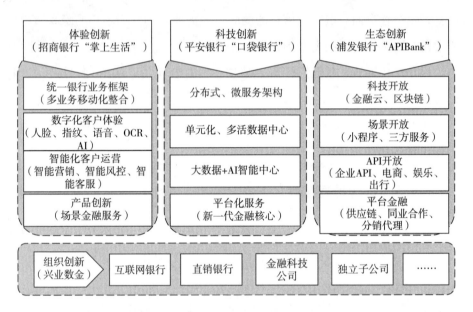

图 1-6 领先银行的敏捷化转型路径与经验

1.9.6.1 移动前台转型

一是体验优化。运用指纹、人脸影像、电子签名等技术突破纸质、人工基础的客户交互，提高流程效率；通过短信、微信等进行交易后的即时反馈，对客户投诉进行多维分析；紧跟需求，推动数字化产品创新。

二是全渠道战略。通过互联网、生物应用、多媒体等技术改造网点（如智能叫号、生物识别 ATM），解放人力专注于围绕客户需求提供金融解决方案建议；打通线上流程，通过网银、移动端升级实现更多业务迁徙至线上；无缝融合线下实体网点与线上渠道；以客户为中心，全面汇集不同渠道产生的交易资料和客户数据，创建客户360度全景画像，提供一致的客户体验。

三是个性化营销与服务。对交互数据、舆情分析、交易数据等进行大数据分析，打造客户全景视图，对客户进行精准划分和判断；根据大数据分析结果精准判断客户需求类型，为客户推荐真正需求的产品和服务；利用技术手段提供定制产品及服务，如利用认知计算的分析能力，为客户制定个性化的投资建议和投资组合；基于分析结果为客户提供不同价格的选择方案。

1.9.6.2 业务中台转型

一是产品设计组件化。引入组件化设计思维，建立产品结构化框架，开发产品公共功能组件，直接运用组件装配产品，提高产品创新的速度。

二是风险控制优化。通过物联网技术可以采集到担保物的状态，进行实时监控；与电商企业合作，根据卖家的交易流水信息快速审批贷款；分析客户之间的关联，及时找到潜在的洗钱对象并阻断交易。

三是合规审查优化。通过认知计算提高合规审查的效率和效果并降低成本，自动检索法律法规要求，结合从历史案例中学习到的业务规则，提示交易中可能的不合规之处，为合规审查人员提供决策支持。

四是运营优化。利用认知计算分析能力和自然语言处理（NLP）能力，分析呼叫中心的海量非结构化信息，找到客户最为关心的共性问题，反馈给后台部门，推动产品和服务的设计和改进；通过智能化的分析，对于柜面操作、前后台分离、后台集中作业、流程切分、智能排班等领域，从风险控制、效率提升、客户体验提高及成本控制等方面提供持续精细的流程优化措施。

五是数据分析。在不泄露客户隐私的前提下，探索与外部企业合作，基于大数据分析，识别某一类客户的购买特点和需求，为客户提供有针对性的服务，银行与数字整合服务商之间的数据共享协议将越来越多。

1.9.6.3 分布式后台转型

一是利用云平台创新。简化流程提升内部效率，降低复杂性以便管理更多的数据；实现客户关系和数据的货币化，加快产品上市时间，更便捷地引入合作方；第三方服务可以扩展到银行的生态系统，扩展开放式协作和共享，便于系统性引入创新。

二是区块链技术应用。在清算和结算、大额支付、股票和债券发行，以及参考数据等方面应用区块链技术。

三是制定"双速 IT"战略。快速响应客户的需求，保证核心系统的稳定性和可靠性；在开放平台上，利用快速迭代的设计和开发方法，构建新的账户体系，满足客户小额、快速、高频的支付需求。

1.9.7 培养银行的敏捷领导力

传统银行能够借助敏捷化转型的契机重新焕发活力，未来的敏捷银行将会逐渐形成差异化的格局，只有结合自身银行特点，选择适当的敏捷化转型路径，并快速获得敏捷领导力（Agile Leadership），才能实现可持续健康发展。

1.9.7.1 重视数字化顶层设计，保障资源稳定投入

商业银行应及时了解、研判和预测金融发展的未来方向，灵活调整战略决策，做好数字发展的总体规划和顶层设计，形成综合性战略布局，同时，重视数字化核心平台的建设，与外部机构合作开展关键应用技术攻关研究，通过持续的资金投入保障数字化发展战略的稳步推进。以某股份制银行为例，2018 年上半年开始，该银行按照上一年经审计营业净收入的 1%作为金融科技创新项目基金，达到 22.1 亿元。截至 2018 年 7 月底，全行已立项项目 423 个，主要投向基础设施建设，服务体系的升级转型以及生态场景建设三个方面。又比如，汇丰银行宣称计划在 2015—2020 年投入 21 亿美元部署新技术，扩大技术团队，开拓数字战略合作。

1.9.7.2 聚焦业务价值创造，以科技创新引领业务转型发展

加强人工智能、大数据、区块链等技术的场景挖掘与实际运用，重点支持个人金融、公司金融、金融市场、风险管控等多个关键业务领域的产品创新与转型发展，以技术创新推动业务流程重塑、业务模式创新、业务生态拓展。一是加强对各类消费场景下的客户及其消费行为特征的研究，例如，建立教育、旅游、租房、耐用消费品等消费信贷客户群体的客户画像，联合各类消费场景平台，针对性地设计消费信贷产品，优化客户体验感，提升获客能力及客户服务能力。二是以交易银行和供应链金融为突破口，综合运用物联网、区块链等金融科技技术，将银行产品嵌入对公客户生产经营活动，动态获取物流、信息流、资金流数据，在此基础上对传统保理业务、经销商融资、动产质押等对公供应链金融产品进行科技化改造，提高供应链金融产品与客户实际需求的耦合度，而且金融科技的运用也可以有效降低供应链金融产品的作业成本。三是探索与第三方公司等合作，通过行业财务分析软件、大数据分析模型等工具，为行业专业化投研提供智力和技术支持。

1.9.7.3 创新组织形式，设立直销银行子公司

直销银行与传统网络银行业务的主要区别不仅仅是一种获客渠道，而是需要建立独立的客户经营、服务及产品设计、风险管控体系，借鉴互联网、金融科技、生态圈等多种手段，再造一个"子银行"。未来设立直销银行可充分利用各股东优势，围绕"智能制造的产业链"和"智能生活的生态链"，提供一揽子的金融与非金融服务，加强母行与子公司协同联动，借助场景引流扩大市场渠道，并通过打造高素质科技人才队伍，提供科技支撑。

1.9.7.4 推动新一代智能化网点转型

一是深入研究网点业态与定位，形成旗舰店、综合性网点、专业网点、全自助银行等多方位的网点管理体系，并加强针对不同业态网点的产能管

理。二是推动网点的智能化转型，不断跟进新技术、新设备的使用，在推广智能柜员机等智能设备的同时，与柜面交易的流程优化、柜面人员的分流以及加强客户营销团队等相结合，提高客户体验、提升网点效能。三是加强网点的"请进来"与"走出去"，"请客户进来"与"走出去营销"相结合，提升网点作为银行主要根据地与战斗堡垒的作用，深耕社区、走进企业。

1.9.7.5 创新体制机制

一是提升总行各业务条线作为全行大脑为前端赋能的能力，逐渐提升经营管理能力，同步推进精细化绩效考核，使总行战略能够清晰有效地传导至各分支机构和一线业务人员。二是推进协同机制和激励机制创新，探索建立客户转介、协同销售等创新协同机制，提升总行各业务部门、母子公司、部门与子公司、子公司间的协同联动积极性，并可在子公司探索建立更加市场化的激励约束机制。比如，某银行科技子公司引入战略股东和员工股权激励，其中，员工持股达19%，这种做法在该银行乃至整个行业都是突破，新的平台在资源、运作体制和效率方面，都将更有优势。三是推进运营前移，调配部分营运人员参与零售、批发等业务部门的产品开发及设计，打造最佳体验的特色化定制产品。四是建立完善的专业人才引进机制，调整和优化人才激励和考核机制，加强对科技专业人才的金融业务培训和指导，培养互联网金融复合型人才。

新金融书系
NEW FINANCE BOOKS

下 篇

大象起舞：商业银行构建敏捷
银行能力

2　构建内部简约化的敏捷银行能力

2.1　探索重构银行敏捷组织机制，有效提升组织活力与效率

当今中国银行业面临着一个充满着"VUCA"［Volatility（易变性），Uncertainty（不确定性），Complexity（复杂性），Ambiguity（模糊性）］的经营环境，取得成功的关键因素也随之变化。新兴互联网企业得益于自身的敏捷组织和决策机制，可以快速准确地应对市场变化，捕捉潜在商机，深度挖掘客户价值。对此，一些领先传统银行开始主动求变，加快内部变革，探索重构敏捷化的内部组织和产品开发团队等策略积极应对。可以说，重构敏捷组织模式是商业银行敏捷转型的核心内容之一，打造敏捷化组织是银行数字化、敏捷化转型的根本，通过推动敏捷组织转型突破惯性思维，提升组织活力与运营效率。

2.1.1　银行需要推动敏捷组织转型

"科学管理"理论体系下，绝大多数企业都是传统深井式的、金字塔的组织架构、封闭的条线部门和信息系统，由管理者统一发号施令，层层传递信息和指令。而在这个日益变化莫测、错综复杂的世界，越来越多的不确定性正在发生，传统的组织架构已越来越难以适应，越来越难以应对未

知的挑战和风险。如同马其诺防线一样，"科学管理"已经不足以应对新一代的威胁，它能实现的效率无法满足新的现实需要。

企业构建敏捷组织的根本要义在于通过对组织架构、决策授权、人事制度和工作机制的优化，充分释放组织和团队的灵活性、创造力和工作效率。敏捷转型通过打破僵化的金字塔组织架构，敏捷组织和工作机制可以有效激发组织活力、点燃员工主观能动性、快速准确应对市场变化、捕捉潜在市场机会，深度挖掘客户价值，从而提升银行的综合经营能力。

对于商业银行而言，重构敏捷组织能够为银行带来更快速、更高质效的组织运营变化。一是通过精简组织架构层级和决策链条，敏捷的组织能够更"快"地发现市场机会，建立前瞻性的市场机遇识别能力，快速、精准识别战略和战术客群的综合需求；更"快"地进行组织决策，大幅提升整体决策效率，从而将捕捉到的机会先人一步付诸实践。二是通过改变组织模式，组建敏捷开发团队，敏捷的组织能够更"快"地进行产品开发和优化，大幅加速产品、服务方案端到端的开发上线时间。三是通过激发组织团队人员的主观能动性和工作活力，使得团队执行更"快"，大幅提升各项战略和战术举措在总行及分支行的执行效率和质量。

研究与经验表明，组织敏捷性与经营业绩存在着明显的正向关系。根据麦肯锡的组织健康度（OHI）研究，数据库中70%"最健康"的企业属于敏捷型组织，并有两倍的可能性取得优于同业的经营业绩。例如，海尔集团打破原有的科层制体系，向开放型的创业平台模式转变，实现了家电业的工业4.0转型，从大规模制造向大规模定制转型，实时响应全球的用户定制需求，创造用户个性化体验。传统商业银行领域，荷兰ING银行的敏捷变革取得了多项实效：产品上线周期从每年2~3次缩短到2~3周一次，员工效率提高30%，客户净推荐值（NPS）大幅提升；某股份制银行通过推行跨条线集中办公、授权优化、流程精简等举措，将信用卡新产品开发周期从23周缩短至9周，同时仅用8周时间就完成了新业务模式设计、开发和实施落地，横跨对公和零售板块的10余个部门、涉及近20个核心系统升级、涵盖集团内多家子公司协同联动。

2.1.2　敏捷银行组织的典型特征

敏捷银行组织的典型特征，一方面是银行前台成为商业场景嵌入式金融服务（Embedded Banking Utility）的提供者，譬如建立产业互联网云平台，将交易银行产品服务嵌入供应链云服务；银行中后台部门通过嵌入式作业（Embedded Job）前移为产品服务的协作者，譬如在交易银行线上化转型创新中将信用额度和定价的差异化处理规则，以及对押品掌控程度的付款审核和资金拨付等运营活动内嵌到自动化流程之中。另一方面是商业银行借助交易撮合和"发放—分销"方式成为货币市场和资本市场的连接者，成为消费互联网和产业互联网的金融纽带。

以风险管理为例，敏捷银行组织中，通过高效的线上化、数字化平台建设，可以将风险管理职能前移嵌入到前端业务旅程之中，包括贷前客户准入条件预设、贷中审批运营作业表单自动化推送、贷后风险监控的自动化识别预警等，使得风险经理与客户经理、产品经理、运营经理达到线上平行、集约作业，实现银行组织风险管理理念、规则和流程的敏捷化。例如，某银行制定了针对食品饮料行业经销商融资业务风险管理框架，将信贷政策、信贷标准充分量化，嵌入到信贷业务流程之中，将风险管理前移，在客户准入环节就设定了量化准入标准，譬如可获取财务数据情况下经销商预付款比例最高可达到90%，期限不超过经销商的整个资金周转周期或产品保质期的一半；经销商对上游核心企业的依赖比率至少达到30%等。

这种嵌入式服务和作业需要建立敏捷工作机制，实现敏捷银行组织有机、高效和快速运转。对于传统的银行机构来说，意味着打破传统深井式组织条线、贯通职能部门，通过聚焦业务场景而灵活快速地响应外界变化。同时改变领导本位文化，大胆赋权一线，充分发挥员工潜能。传统商业银行要想推动敏捷组织转型，应紧密围绕敏捷组织的几大典型特征重构敏捷银行组织，推动敏捷组织和工作机制的成功落地。组织架构的变革作为基础，共享文化的建立作为保障，领导者转变思路、团队成员发挥特长，经过这样的系统性改造，才有可能打造出一支超级敏捷银行团队。

2.1.2.1 跨部门的敏捷团队组织形式

想要突破传统的深井组织结构带来的协同障碍，就要通过重构组织架构形式，来提升团队的灵活性。一种敏捷银行典型的组织特征形式就是根据业务领域和项目任务目标建立跨部门的敏捷团队组织，如项目工作小组，对客户旅程进行更高效的开发。团队由不同职能部门、不同工作职责内容的成员因为一个跨部门协调的项目而组建，拥有一个共同的既定明确目标，如新产品的开发上线、营销推广等，且该敏捷小组成员在项目开展期间主要对项目经理负责。相比于传统的深井式组织，敏捷团队组织更为横向、扁平，能够极大地打破跨组织协调的障碍，提升工作效率。作为一种过渡方案，可建立一种改进式的团队架构：灵活的深井。在这个体系中，下层为团队结构，但是上层仍然保持着指挥控制式结构，组织不存在深井，而是由灵活的小团队构建灵活的大团队。具体采用何种敏捷团队组织形式，商业银行可以根据自身的组织敏捷程度、组织文化、业务领域特征、人员专业能力等合理选择。麦肯锡认为，"项目抽调"和"敏捷部落"是建立敏捷团队的两种可行组织形式。"项目抽调"避免短期过大幅度组织调整，先期对新增职能采用"支持型"的架构设置，适用于无法进行大规模组织改造的银行，原来的组织模式并未受到大的改变。"敏捷部落"的形式更适合在传统架构包袱较轻、项目制运作组织基础较好、项目经理人才储备充足的成熟性业务场景中应用。

2.1.2.2 决策下放，赋予敏捷团队成员端到端的自主管理权

敏捷银行组织将决策层级下放，赋予敏捷团队组织和员工更大的决策自主权，领导更多是作为园丁为团队和员工提供指导和整体过程把控，统

筹推动转型日常管理、成效追踪、工作模块管理、加快执行支持，这对提升工作效率具有关键推动作用。敏捷银行组织首先应用精益管理方法梳理、诊断和优化相关业务的决策链条，并在组织变革初期就确立决策下放的层级、事项范围以及上下快速传导的方法和机制。同时，敏捷团队组织成员在完成既定目标的范围内被赋予更大的工作自主权和工作职责内容，并不再只是承担自身职能部门的特定业务环节内容，而是拓展到团队项目业务全流程端到端的链条。敏捷团队组织成员端到端负责构想、解决方案、开发、推广，共同承担任务目标，由被动地接受和完成分派的任务转变为主动地定义、计划和推动任务目标的实施与完成，更大地发挥了员工的责任感、主观能动性，激发员工潜力和跨组织的协同工作效率。例如，围绕某信贷新产品的开发上线项目，银行从零售、风险、科技等部门抽调人员成立专门的项目团队，并赋予该团队定期完成该产品开发上线的整体考核目标与相应的关键考核指标，使得团队成员拥有项目推进的自主决策权、工作任务推进主动性。

2.1.2.3　变革考核评价体系

在传统组织模式下，当前银行业普遍采用的是结果导向的 KPI 考核指标体系，银行组织更加专注于自身职能部门的绩效成果，而对于跨部门的工作并不十分重视，这就导致跨部门协同的阻塞、推诿、效率低下等现象问题。敏捷银行组织需要广泛的跨部门小组等组织机制，需要通过统一决策（比如财务、人力、战略和政策）和协调一致的激励机制来实现转型目标，传统的考核评价体系显然难以形成支撑，甚至会产生不利的阻碍。这就需要商业银行变革考核评价体系，建立契合于敏捷组织的评价机制，即更关注于敏捷团队组织共同承担的项目整体目标完成情况，并由原职能部门和当前项目团队对员工在项目完成过程中的表现进行整体综合评价。近年来逐年兴起的 OKR（Object & Key Results）考核管理体系更加注重目标与关键结果，是一种可行的敏捷组织考核评价方法，商业银行可探索从 KPI 考核向

OKR 考核转变。

2.1.2.4　人员敏捷，为员工赋能

随着组织环境、竞争环境的日益复杂，组织领导的能见度和控制力经受着更大的考验，为员工赋能是企业应对不确定性、提升组织运营绩效的关键。团队中的成员千差万别，往往特色鲜明，每个成员都有着自己的优势和劣势，敏捷组织应打破传统的论资排辈的惯性思维的束缚，让成员做自己擅长且满意的工作，会事半功倍，带来整个团队效率的提升。与传统英雄似的发号施令者不同，敏捷银行的领导更应该是园丁式的领导者，首要职责是负责缔造组织环境、维系组织氛围、做好赋能，不断锻炼成员能力、完善组织架构，避免深井式的发号施令，让团队中的成员发挥出自己的光和热。需要注意的是，好的赋能模式中，领导和团队成员一样，有着强烈的共享意识，对于信息的共享是赋能的基础，只有这样才能让团队既有活力又不混乱。

2.1.3　中国银行业探索敏捷组织转型的对策建议

中国银行业探索推动敏捷银行组织的成功转型，一方面需要加强顶层设计和坚定领导层变革的决心；另一方面也需要从试点做起，循序渐进。

2.1.3.1　加强顶层设计，坚定领导层变革的决心

敏捷银行组织机制是对银行业传统组织形式和决策传导机制的深刻变革，涉及对强大的已有工作习惯、部门和人员利益的变动，势必会遭遇银行自上而下一些高层、中层管理者以及一线基层员工的不解和抵触。这就要求商业银行的领导层必须坚定变革信念和变革决心，做好应对敏捷组织变革长期性、复杂性、困难性的心理准备，力求不半途而废。重构敏捷银行组织机制，首先需要加强顶层设计，从战略层面高度重视，做好规划计划、实施方案。在具体实施过程中，可通过外部敏捷组织专家、经验人才的引进和内部敏捷组织团队的培育等，实现重点突破，引领带动整个敏捷

银行组织文化和体制机制的变革。

2.1.3.2 循序渐进，重构敏捷银行组织机制

对于商业银行这种庞大的组织而言，重构敏捷银行组织绝非一蹴而就的易事，需要从简入繁、从易入难、从试点到逐步推广，制定转型计划，有章可循、循序渐进地推进相关工作。总体来看，商业银行重构敏捷银行组织机制可遵循以下步骤。

首先，明确组织敏捷度现状和转型目标，制定转型计划。对银行自身组织模式及其敏捷程度的准确诊断评估，是重构敏捷银行组织机制的基础。当前，我国银行业组织普遍存在组织层级臃肿、决策传导机制繁复等大组织病，敏捷组织转型的目标就是解决这些组织重大痛点问题、改善组织健康，这就需要不同的银行根据自身存在的问题对症下药，选择适合自身的敏捷转型方式路径。在精准诊断和目标明确的基础上，商业银行可制定适合自身的敏捷组织转型计划，并根据计划推进实施。

其次，选择契合的业务领域项目进行局部试点，总结可复制推广的成效经验。商业银行业务领域众多、组织机制复杂，贸然地进行整体组织改革，并非明智之举，因此商业银行可根据自身的推进计划选择契合的业务领域项目进行局部试点。选择的依据可根据商业银行自身规模实力、战略成长阶段等特征情况而定，建议优先选择存在重大痛点问题、最急迫进行组织变革、跨部门沟通协调要求高、具有明确时间节点的业务领域项目。例如，单个产品研发上限项目、某业务的客户旅程梳理优化项目、客户服务项目、产品营销推广项目等。在进行局部试点的过程中，商业银行需要进行全过程记录，总结出现的问题及可行的解决方案，将试点经验固化提升为可全面复制推广的操作指南。

最后，将试点经验进行自上而下推广，并建立持续固化敏捷成效的机制。商业银行可根据试点项目总结提炼最契合自身的敏捷组织形式和复制推广模式，通过自上而下的方式进行推广。商业银行需在全行明确构建敏

捷组织的正确认知、统一认识、统一行动，提升人员的能动性，并做到及时纠偏纠错，保障敏捷组织变革成效。同时，敏捷银行组织的打造还需要建立成效固化机制，通过持续改善优化敏捷组织，培育敏捷组织文化，保持敏捷组织活力。

2.2 重塑实体经济客户体验，打造简洁智能的前、中、后台业务流程

随着人口结构的变化，中国消费者已经充分多元化，年轻一代更加热衷于社交网络和酷炫科技下的消费方式。随着金融科技的深入应用，银行与用户之间的交互方式发生巨大改变，用户在花、贷、存方面的消费方式都在发生巨大转变，用户对于银行服务和体验的需求呈现出更多样化的趋势。客户希望商业银行能够以客户体验为中心，在现代技术支持下快速、便捷地获得实时感知响应的定制式管家式服务。传统的银行同质化金融产品和服务已难以满足各类客户群体这种日益复杂、快速迭代的多样化、个性化需求。要想推动敏捷转型，重塑实体经济客户体验，商业银行需要借助金融科技，打造更加简洁、智能的前中后台业务流程。

2.2.1 客观洞察客户需求，将数字化冲击转化为重塑客户体验的动力

从实体经济客户满意度现状来看，尼尔森公司 2017 年有关市场调查数据显示，尽管银行业客户满意度仍存在上涨空间，但经历了 2012—2014 年相对较快的提升后（年均提升 3%～4%），2015 年后年均增长仅 1% 以内，个别年还有负数，提升速度明显放缓。其中，细分客群中年轻客户群和新客户群满意度呈下降趋势，2 年以内的新客户（构成以偏年轻为主）2016

年较 2015 年下降近 3 个百分点,与近十年平均值比也是下降的;细分产品中储蓄类产品客户满意度持续下降接近历史最低水平(约 4%),与历年平均值相比也是下降的;渠道细分中手机银行高速发展,网银对 VIP 客户理财的重要性容易被忽视,VIP 客户用网银理财比例远高于普通客群(超过普通人群 50% 以上),而二者在手机银行使用上差别并不大。

从实体经济客户体验发展趋势上看,2017 年 11 月微众银行与腾讯 CDC 联合 27 家银行发布的数据显示,在移动互联网时代,用户在花、贷、存方面都在发生巨大转变。首先,用户在消费支付习惯上呈现出无现金、无卡化趋势。对流动资金的管理,47% 的客户选择微信和支付宝,"90 后"和"95 后"的人群比例更是达到 63% 和 68%。其次,在消费升级背景下,消费信贷需求越来越大,当面临资金短缺时,用户对互联网贷款的意愿不亚于银行,甚至更倾向于前者,主要原因在于其还款方式简单、放款速度快。最后,在理财方面,过去一年中有 37% 的用户存在银行中的资金相对减少,减少的资金中有 79% 的用户流向互联网金融服务平台,他们认为这种方式可以打破时间和空间的限制。除了便捷性,灵活性也是用户在选择理财产品时必不可少的考量因素。调研发现,"90 后""95 后"的用户更倾向于线上自助式理财,由于使用起来方便、简单和快速,他们会把资金投入在互联网金融平台中。另外,用户对于银行服务和体验的需求呈现出更多样化的趋势,主要体现在服务、品牌、产品三个方面。从服务来看,用户普遍希望能够得到高效、快速的金融服务。与传统银行网点办理业务排队等候相比较,手机银行更方便,但相较第三方支付而言,体验有待提升。从品牌感知度来看,差异化并不明显。从产品来看,丰富程度不足,消费者画像不精确,难以满足消费者个性化、差异化的需求。

实体经济客户体验问题和发展趋势的深层次驱动因素在于金融科技的蓬勃发展和平台化企业的逆袭。

一是迅速夺取银行的客户资源,客户脱媒,随着人们转向非银行渠道/

资源，银行正在失去接触客户的机会。例如 Lending Club、点融，消费者可以在线上借款而无须寻求银行的服务；又如微信支付、支付宝，转账和付款可以在不使用银行的情况下完成。

二是解绑银行产品/服务，金融科技企业根据客户需求分解并重新组合银行产品，顾客可选择更优客户体验的单一服务提供商，银行提供的众多产品服务正在被肢解。例如 PayPal、支付宝，消费者可采用第三方支付平台直接支付。

三是使银行的产品和服务商品化，消费者可以便捷地通过线上比较银行产品，银行的差异化越发艰难。例如 SavingGlobal、融 360，消费者可以比较来自不同银行的不同存款产品并选择利率最高的产品。

四是使银行产品隐形化，成为产品间接提供者，会降低银行的品牌认知度。顾客可以在不知晓品牌的情况下使用金融服务，银行正在逐渐失去品牌认知度，变得隐形。例如 Lending Club、陆金所，消费者可以从 P2P 在线贷款平台获取贷款；又如易鑫，连接银行和车主进行融资；再如京东金融、乐信，打造"购物 + 融资"消费融资平台。

数字先驱企业正在融合不同行业的价值链，让客户减少花销，并简化操作过程。尤其是平台企业的崛起，对传统商业银行带来巨大挑战。未来几年，若商业银行不在改善实体经济客户体验方面切实加大力度，数字化冲击将会对银行净资产收益率产生负面影响，银行业在价值创造方面也有落后于其他行业的危险。根据麦肯锡的分析，全球银行业净资产收益率连续七年徘徊在 8%~10%，2016 年为 8.6%，比 2015 年下降了 100 个基点。2025 年银行净资产收益率有望达到 9.3%，但如果银行企业和个人客户以过去接纳新技术的速度将业务从银行切换到数字化公司，不考虑任何干预因素的影响，银行业净资产收益率将下降 4 个百分点，2025 年仅为 5.2%。事实上，截至 2017 年第一季度，银行总部地理位置仅能解释 39% 的估值水平差距，而另外 61% 的估值水平差距主要在于实体经济客户体验的差距，其背后是流程自动化和智能化水平的差距，根本原因是战略能力和经营管理水平的差距。

2.2.2 深入解析实体经济客户旅程，全面映射到自动化、智能化服务流程

商业银行应借助银行科技（BanTech），运用 9 项技术，全面部署实施前、中、后台业务流程自动化、组件化、参数化，为融合和使用内外部数据，实时感知和响应客户需求以及商机预测响应、风险预警预控建立基础，同时大幅度降低运营成本。

2.2.2.1 前台转型——运用社交网络媒体运用、移动技术和 APP 三项技术

体验优化：管理客户旅程。重塑客户旅程，可从三方面重点着手：一是要以客户为中心，从客户需求角度出发梳理构建业务流程；二是重视使用大数据、人工智能等新技术，以数字化技术平台替代传统的 IT 基础设施；三是尽可能实现流程的自动化，规范和简化端到端的服务流程。从客户角度出发，沿整个客户旅程来提升客户体验。其中包括：节约业务所需时间，如运用指纹、人脸影像、电子签名等技术突破纸质、人工基础的客户交互，提高流程效率；监控及互动，如通过短信、微信等进行交易后的即时反馈，对客户投诉进行多维分析；持续创新：紧跟需求，推动数字化产品创新。如台湾某银行根据典型客户的画像，利用同理心理解客户在与银行交互的典型场景中的所想、所感、所做和所说；然后模拟典型客户在交互全流程中各场景和关键时刻（MOT）的感受，寻找痛点和改进目标；再根据所确定的改进目标，进行未来体验的原型设计，最后，模拟典型客户对原型设计进行重新体验，提出修改意见。又如，美国某大型银行利用在线数字化平台重塑了传统中小企业的贷款旅程，为客户提供明确的、有竞争力的贷款条款和资金价格，短期贷款申请程序变得简单，审批效率大大提高，一

般第二天即可放款，大大缩短了客户旅程周期，提升了业务效率和客户体验。

全渠道战略：实体渠道转型。通过互联网、生物应用、多媒体等技术改造网点（如智能叫号、生物识别 ATM），解放人力专注于围绕客户需求提供金融解决方案建议；强化数字化渠道：打通线上流程，通过网银、移动端升级实现更多业务迁徙至线上；线上线下融合：无缝融合线下实体网点与线上渠道；全渠道一致客户体验：以客户为中心，全面汇集不同渠道产生的交易资料和客户数据，创建客户 360 度全景画像，提供一致的客户体验。如以荷兰 ING 为代表的直销银行致力于构建移动互联终端为核心，辅以网点、ATM、呼叫中心和 PC 互联网的全渠道模式，围绕客户历程打造卓越客户体验，将渠道的选择权交给客户。

个性化营销与服务：大数据分析实现精准判断。对交互数据、舆情分析、交易数据等进行大数据分析，打造客户全景视图，对客户进行精准划分和判断；个性化营销：根据大数据分析结果精准判断客户需求类型，为客户推荐真正需求的产品和服务；产品服务定制化：利用技术手段提供定制产品及服务，如利用认知计算的分析能力，为客户制定个性化的投资建议和投资组合；定价个性化：基于分析结果为客户提供不同价格的选择方案。例如，IBM 商业价值研究院的《认知时代的数字银行再造》提到，新加坡某银行针对大量的信息让理财经理无暇顾及、传统的客户分群难以实现精准推送等挑战，运用大数据及认知技术解决方案，帮助理财经理更好地管理和分析各种实时资讯，找到更好的目标客户，并为客户精准推荐产品。通过该解决方案，理财经理的工作效率提升了 25%。

2.2.2.2　中台转型——运用 API（Application Program Interfaces，应用程序接口）和即时网络连接两项技术

产品设计组件化：产品设计系统日趋庞大，影响开发效率和推出速度；引入组件化设计思维，建立产品结构化框架，开发产品公共功能组件，直

接运用组件装配产品，提高产品创新的速度。

风险控制优化：通过物联网技术可以采集到担保物的状态，进行实时监控；与电商企业合作，根据卖家的交易流水信息快速审批贷款；分析客户之间的关联，及时找到潜在的洗钱对象并阻断交易。

合规审查优化：通过认知计算提高合规审查的效率和效果并降低成本，自动检索法律法规要求，结合从历史案例中学习到的业务规则，提示交易中可能的不合规之处，为合规审查人员提供决策支持。

运营优化：利用认知计算分析能力和自然语言处理（NLP）能力，分析呼叫中心的海量非结构化信息，找到客户最为关心的共性问题，反馈给后台部门，推动产品和服务的设计和改进；通过智能化的分析，对于柜面操作、前后台分离、后台集中作业、流程切分、智能排班等领域，从风险控制、效率提升、客户体验提高及成本控制等方面提供持续精细的流程优化措施。

例如，美国某大型银行通过收集和分析来自所有金融业务领域的海量信息，利用基于图数据库的认知技术分析风险传导模式，进而识别高风险客户。其机器学习的过程：首先分析常见违约案例（如关联企业间互保、担保能力不足、大额资金流入民间借贷等），了解高风险业务模式，设计风险传导因子；然后进行数据探查，检验数据质量并进行数据处理；最后建立适合的模型并评价模型的有效性。又如西班牙毕尔巴鄂比斯开银行（BBVA）最近打造了 API 和微服务组成的套件，为产品开发流程接上了 1 万小时的时间，吸引了第三方开发者加入，为了使用这些数据，他们开发了 144 款应用程序。

2.2.2.3　后台转型——运用云计算、大数据、区块链、人工智能和机器学习四项技术

利用云平台创新。运营创新：简化流程提升内部效率，降低复杂性以便管理更多的数据；收入模式创新：实现客户关系和数据的货币化，加快

产品上市时间，更便捷地引入合作方；业务模式创新：第三方服务可以扩展到银行的生态系统，扩展开放式协作和共享，便于系统性引入创新。

区块链技术应用。在清算和结算、大额支付、股票和债券发行，以及参考数据等方面应用区块链技术；区块链技术有能力最大限度地消除信息、创新和交互方面的摩擦。

双速 IT。制定或实施双速 IT 战略，快速响应客户的需求，保证核心系统的稳定性和可靠性；在开放平台上，利用快速迭代的设计和开发方法，构建新的账户体系，满足客户小额、快速、高频的支付需求。

组织和人员。采取跨部门任务小组的方式促进跨部门之间的协作，实现快速迭代和创新，招募更多的年轻人和具备新技能的人才。

例如某欧洲银行，通过数字化、智能化工具改良业务流程。该行国际贸易及融资服务的客户体验痛点是，国际贸易及融资服务部门就贸易交易需要人工处理大量非结构化文件，每年需要人工处理约 1 亿页非结构化文件，消耗大量人力且平均每笔交易需处理 65 个不同数据字段，15 份不同文件，每份文件 40 页需要审阅。该银行针对现有业务流程中的需求，与先进的技术提供方合作，运用光学字符识别以及机器人技术，形成认知智能解决方案，改良业务流程，建立的认知智能解决方案流程步骤为"非结构化文件—识别文件并分类—关键数据识别、数字化和提取—自动处理、填充信息"，大幅度提高了流程准确性并减轻了员工负担。

又如某商业银行省分行借助于企业级数据平台、精准营销平台，采用 60 种数据模型进行分析，筛选存量潜力客户、跨条线联动客户、产品大单客户、大额转账消费客户、他行高端客户客群，作为私人银行目标客户库的来源。该行利用精准营销自定义客群和营销任务监测功能，按日按月监测客群的资产提升和升级情况；制定贯穿资产负债系统的综合服务方案，综合利用非金融服务系统，私享商机流程主导万名客户提档升级策略，嵌入私人银行中心运营流程，形成长效运营机制。

2.3　掌握"银弹"，多渠道银行服务的敏捷实时、无缝连接

2019 年春节前后，中国上映了两部最火的科幻大片——《流浪地球》和《阿丽塔：战斗天使》。这两部作品单纯从科幻上面来讲确实没有太大的差别，两者的灾难场面都非常震撼人心，然而这两部作品的差距其实是在细节上，可以说《阿丽塔：战斗天使》是细节科幻，而《流浪地球》是视觉科幻。也就是说《阿丽塔：战斗天使》达到了精益求精的地步，而《流浪地球》则是刚达到一个看起来很科幻的地步。不仅仅是 3D 效果呈现和动作捕捉技术，《阿丽塔：战斗天使》塑造了大银幕上第一个由 CG（Computer Animation）技术制作的人类角色，运用 CG，制片人卡梅隆恰似手握"银弹"①，将观众完全带入一个真实的虚拟世界。

在银行业，渠道是受到金融科技外部竞争冲击最为直接的领域，银行家希望借助银行科技，找到应对挑战的"银弹"。渠道是商业银行营销、开发和维护客户资源的桥梁，是其从事金融服务经营行为，为客户提供金融服务和产品的重要场所和载体。可以说，渠道是商业银行创造经营价值最为重要的基础设施，渠道建设水平高低直接决定了商业银行的经营竞争力。面临金融科技的巨大挑战，强大第三方支付和交易习惯的养成，说明了银行的物理网点渠道价值降低，银行不得不考虑未来银行的渠道形态。随着银行客户消费行为习惯的变化，未来柜台业务量将继续呈现下降趋势，客户通过电子化渠道实现服务的需求将越来越大。为适应新形势，各家银行

---

① 银弹，在欧洲中世纪的传说中，有一种叫"人狼"的妖怪，就是人面狼身。它们会讲人话，专在月圆之夜去袭击人类。而且传说中对"人狼"用一般的枪弹是不起作用的，普通子弹都伤不到也打不死它，只有一种用银子做成的特殊子弹才能把它杀死。因此，银弹在软件工程中隐喻解决方案中的终极武器。

已纷纷建立起线上和线下的多种销售渠道。根据自身优势不同，有些银行注重线下渠道转型，如网点转型，有些则偏重线上渠道创新。在实现渠道转型的过程中，最理想的是让客户以最自然的方式与银行互动，达到虚拟与实体、数字与人的最佳平衡。一些领先银行的创新实践表明，敏捷银行服务正是精益思想在线上化、智能化时代的有效传承——通过客户价值拉动，借力智能价值网，如同手握"银弹"。银行服务在价值发现、存储和交付的场景上无处不在，在内外部多渠道协作上敏捷实时、无缝连接，成为个性化客户体验的心灵猎手。

2.3.1 银行渠道管理的演变阶段

银行的渠道管理发展可分为三大阶段。银行渠道的 1.0 阶段是传统的物理网点独立渠道模式，网点渠道间相互独立，银行是"坐商"，等待客户上门，与客户距离较远。2.0 阶段是多渠道模式，电子渠道的重要性显著提升，银行是"行商"，各渠道主动获客，渠道间协同作战。3.0 阶段是全渠道模式，渠道与用户生活场景高度融合，银行是"融商"，银行产品和服务触手可及，渠道间无缝整合。目前大多数银行仍处于传统 1.0 独立渠道阶段，国际上的领先银行大多处在 2.0 多渠道阶段，并向 3.0 全渠道阶段进化（见图 2-1）。

各阶段对应的银行业务模式和内部组织形式存在显著差异。传统银行的 1.0 独立渠道模式，以分行为核心，分散式的进行业务决策和执行，总行仅给予业务指导意见。分行铺设物理渠道触达客户"等待"客户需求上门，有利于因地制宜开展业务，增加银行市场份额。领先银行的 2.0 多渠道模式，以客群为核心，总行统筹决策为细分客群配置的产品组合和渠道组合，集中贯彻客户价值主张。分行不是决策中心，而是地方执行单元，根据每类客群的需求主动推送产品和服务。未来银行的 3.0 全渠道模式，银行组织去中心化，形成多个敏捷组织模块，灵活回应客户需求和市场变化；渠道

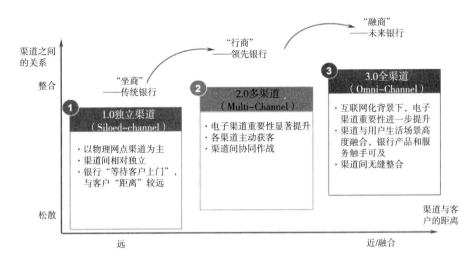

图 2 - 1　银行渠道的发展演变阶段

与客户生活场景高度融合，服务和产品触手可及，银行与客户实时交流；
银行基于大数据为客户提供实时更新、私人定制的产品和服务。

从业务目标上来看，1.0 阶段的银行侧重于占领市场，以物理渠道为
主，更强调规模扩张，而 2.0 阶段侧重提升效率和质量，强调多渠道整合，
更加强调提升效益。从业务模式来看，1.0 阶段的特点是以分行为中心，通
过分行因地制宜；以分支行和营业网点为利润中心和业务主导部门，产品
部门是后台支持部门；适用于市场空白空间大、铺设网点可以快速获客，以
及电子渠道不发达、需以地理管控为主扩张市场的阶段。2.0 阶段以客户为中
心，全行高度整合，以细分客群为利润中心和业务设计的核心主导，渠道部
门和产品部门是执行部门；优势在于建立紧密的客户关系并深度开发客户潜
在价值；细分客群对于产品和渠道有明显的差异化的需求和偏好，需为细分
客群定制差异化的渠道组合，以利于提供差异化的服务和产品组合。

3.0 阶段银行需在 2.0 的基础上，进一步在外部实现多方融合，包括渠
道与场景融合、线下与线上进一步整合，金融产品/服务与非金融产品/服
务的融合，银行与第三方机构的融合；内部打造敏捷组织和大数据分析能
力，包括打造适应快速产品创新与随时随地销售的敏捷组织模式，建立大

数据获取、处理及分析的能力，以为客户提供更定制化的产品与服务。

3.0阶段，银行通过新的合作伙伴，从生活场景出发，批量化、更紧密地获取客户。如与线上电商企业、电信运营商合作，批量获客，为消费者提供消费性贷款，并通过电商的信息与数据进行大数据风控；与线下实体零售企业合作，推出银行卡相关产品，定制化折扣以吸引客户购买零售产品并同时使用银行卡金融服务，利用覆盖面广的零售连锁来提供低成本、店中店网点。例如，印度最大的私营银行印度工业信贷投资银行（ICICI）与阿里巴巴合作，为小企业提供金融产品。ICICI使用阿里巴巴平台，向小企业销售金融产品，阿里巴巴平台上的小商户能方便地获取ICICI提供的业务服务：企业贷款、现金管理解决方案、外汇交易、银行担保和跨境汇款。这一伙伴关系有利于阿里巴巴丰富商户范围，同时方便ICICI拓展新客户。

2.3.2 银行多渠道协同发展趋势

客户对于银行金融服务的需求和消费行为正在发生转变。一是便捷性需求，客户希望获取7×24小时的服务、便利的服务，新生代客户群体更多地偏好电子渠道及其提供的便捷服务。二是个性化需求，希望银行充分利用已知的信息识别客户，且大量小微企业以个人账户形态在银行获取相关产品服务，银行应了解并关心客户的个性化需求。三是主动性需求，希望银行更主动地提示并提供客户需要的产品及服务。

在此背景下，传统网点渠道在吸引新客户方面成本高昂，并且几近饱和，银行需要探索创新渠道来吸引、维系客户。自助服务的使用舒适度和使用便捷性的提升，促使渠道向客户与银行互动的方式转型。而随着客户信心不断增加，数字渠道的重要性在不断提高。客户的需求、行为变化和银行面临的利润增长压力驱动了银行进行电子渠道的变革。随着技术水平的成熟，银行逐步建设和完善了电话银行、手机银行、网上银行、客服中心、微信银行和直销银行等电子渠道。银行渠道构成也从最初的实体网点发展成实体网点和众多电子渠道，提供丰富的客户接触点，更便捷地服务客户并分流网点业务量。银行服务客户的方式发生转变，通过自助渠道、电话客服、在线客服等多种电子渠道方式服务和维护客户，并提供实体网点不具备的 7×24 小时全天候服务客户。

依据处理业务复杂性程度，银行的渠道排序为：网点、客服中心、网上银行、手机银行。每个渠道都有其自身的特点和适合推出的服务，要对适合各渠道的服务内容做一个清晰的定位。电子渠道交易的高替代率，为渠道的差异化发展提出了更高的要求。中国的金融业客户在使用网点的基础上转向渠道的意愿持续增强，这为更强的跨渠道整合以实现客户便利的最大化提供了机会。为满足客户对便利和易于进行业务的需求，必须对不同的服务渠道提供实时的支持服务。中国金融服务业客户对客户体验一致性的需求持续上升，这是横跨所有渠道所必需的。零售客户要求随时随地通过自己偏好的沟通渠道获取个性化的服务。客户正让他们的渠道使用更趋多元化，并按照个人针对不同业务的需要选择渠道：未来几年使用网络和移动渠道的客户将倍数增长，并将处理更复杂的业务（如按揭申请）；同时，网点使用率的预测却只有轻微的下降；客户将更倾向于使用网点作复杂理财问题和需求的咨询，而非一般的业务交易。

表 2-1　　　　　　　　　银行不同渠道的作用和特点

渠道	特点	作用
移动 APP	● 使用十分方便 ● 最大限度地掌控服务/销售决策 ● 能够监控客户体验 ● 运营优化潜力高	● 服务和信息获取端口 ● 请求跟进 ● 简单产品销售 ● 跨渠道引导请求 ● 管理文件传输（照片）
网页	● 使用方便 ● 可掌控服务/销售决策 ● 能够监控客户体验 ● 运营优化潜力高	● 服务和信息获取端口 ● 请求跟进 ● 简单产品销售 ● 跨渠道引导请求

续表

渠道	特点	作用
ATM	• 流程简单 • 受数字支付方式的影响，在现金使用程度低的国家逐渐丧失发展动力	• 现金交易及基本交易
互动式语音应答（IVR）	• 强大的场景构建能力；数字化加强型IVR（可视化IVR、自然语言处理IVR）	• 跨渠道（自助服务、自动化处理或人机互动）请求定性和引导 • 管理业务高峰期（回拨）
微信	• 简短互动渠道 • 场景化能力强	• 在线支持（可能为自动支持） • 主动商业行动（根据网站访问量）
短信	• 互动性低	• 警告 • 通知 • 调查
社交媒体	• 受众广泛 • 不涉及银行类媒介	• 品牌知名度 • 通信 • 普及教育客户
电子邮件	• 常用渠道，可以拉近客户距离 • 运营优化复杂	• 解答客户问题 • 预约设定 • 传输管理文件
邮件/传真	• 因数字支付的普及而失去发展动力 • 化化潜力不一	• 发布消息 • 传输管理文件
电话/Visio	• 常用/增强型渠道，可以拉近客户距离 • 销售机会大幅抵消成本限制 • 能够监控客户体验（视频）	• 复杂请求处理（远程咨询专家） • 主动商业行动（打电话） • 商业再销售
分行	• 常用渠道，可以拉近客户距离 • 销售机会大幅抵消成本限制 • 能够监控客户体验	• 复杂请求处理 • 主动商业行动 • 商业再销售 • 现金交易

因为渠道间割裂，销售和服务流程存在断点（如传统客服与信用卡服

务中心之间），渠道间的信息不能同步、缺乏统一客户视图、不能快速实现新产品和服务、维护成本高、对业务变化响应不及时，因此传统的多渠道已经很难适应这种快速发展的变化，重复的业务功能，使得集成越来越复杂和困难。为应对客户变化的需求和期望，银行需要改变当前渠道之间断裂或仅是点对点衔接的状况，统筹考虑渠道的协同一致。

为此，有必要推动传统电子银行模式向智慧银行转变，传统单一模式向真正多渠道协同银行转变，通过跨渠道的产品设计和部署，提供一致的客户体验。而有效利用银行资源，进行电子渠道的变革，建立创新的商业模式来满足大众客户和小微企业群体的不同需求、不同偏好，增强客户的粘度，将是未来银行的重要竞争力，会带来巨大的利润空间。

2.3.3 银行多渠道整合敏捷服务策略

从长远看，银行的销售渠道一定是多种渠道的有机结合，按照以客户为中心的理念，根据客户完成业务的自然路径，对每个渠道的角色和职能进行定义，同时满足客户在不同渠道间体验的无缝切换和一致性。实现多渠道整合，银行需要针对每一种业务梳理客户使用路径，根据使用路径对渠道功能进行调整，优化配套信息系统、建立相应的组织架构和考核机制。

随着银行客户对差异化服务的要求越来越高，垂直的渠道体系由于在管理、系统、运营的独立性难以支撑客户需求。跨渠道交易和跨渠道体验就成为越来越迫切的要求。借鉴国际银行业渠道建设经验，渠道整合可从以下三方面入手。

第一，明确客户办理每一种业务的渠道使用路径。客户在开展各项业务时有可能使用多种渠道，通过调研及数据分析等方法梳理并了解每一种渠道在客户办理业务的各阶段所发挥的作用，明确客户在多渠道间进行的迁移路径。且客户在开展每一种业务时，在不同的使用场景下，会对渠道有不同的使用路径，这些路径是进行多渠道整合的工作基础。首先标记客户在办理某一种业务的各阶段所使用的渠道；其次串联标记，绘制出客户办理该项业务的渠道路径，根据不同使用场景，以及考虑到未来客户使用习惯，可能形成不止一条使用路径。

第二，根据渠道使用路径对产品和渠道的功能进行调整并进行系统改造。对比渠道目前的职能和经过分析客户行为所形成的渠道职能，确定现有渠道在功能上的欠缺，进行优化调整。常见策略包括通过网络营销增强产品吸引力，提升网点的销售和咨询体验，实现远程签约并通过社交网络加强售后互动及反馈。为实现客户在不同渠道间的无缝切换和一致体验，需建设配套系统使不同渠道间实现信息共享和协作。例如，移动端将成为主要互动渠道和实时数据来源，以移动端为客户关系轴心，支持多个渠道的访问点，利于强化客户关系。虚拟客户服务平台将实现从交易和投诉管理平台向多样智能平台转变，包括服务、销售、专业知识以及前后台整合。分行网络向多模式演进，同时完全融入全渠道客户，银行可通过调节服务水平，优化服务成本，提升全渠道体验。

法国巴黎银行建立了以网络渠道、呼叫中心、物理网点为三大核心的多渠道整合战略。其中，网络渠道和呼叫中心主要处理低价值的交易型业务，网点则主要处理高价值的销售和咨询服务。该银行对客户使用渠道路径进行梳理，找出关键的客户流失点，采取相应改进措施，并建设了统一的后台系统以支持客户进行渠道切换。最终，网点获得了更多的销售机会，银行收入增速比市场平均增速高出1%，客户人均收入也领跑市场。

第三，建立适应多渠道的组织架构和考核机制。组织机构上的渠道整合就是把物理网点、ATM、POS、网银、手机银行等打通，整合到一个部门里，协调产品开发、总体部署。近几年，部分银行开始尝试建立渠道管理部。如工商银行为推进物理网点和自助渠道的标准化建设、服务管理、竞争力提升与经营转型，整合了分散在总行个人金融业务部、人力资源部等部门对物理网点、自助机具的相关管理职能，以及办公室的服务管理职能组建了渠道管理部一级部负责各类渠道的统筹管理。待电子银行部完成利润中心改革后，渠道管理部还将对电子银行渠道进行统一管理。中国银行也加大了渠道的整合，将原电子银行部的网银、手机业务等划给新成立的渠道管理部。

但是，渠道管理部组建后，可能出现原来业务部门的渠道费用调整，而渠道管理部集各渠道于一身，业务部门在与渠道部门的费用权衡中可能处于弱势。也有可能出现渠道管理部缺乏实权，变成在现有架构基础上增加的一个新的协调部门，影响效率。所以需要树立渠道转型的决心，通过建立专职团队，建立跨部门协作机制，将渠道整合后的渠道协作纳入考核等手段中，推动多渠道整合最终发挥真正作用。

2.3.4 银行营销服务渠道的创新

银行渠道体系仍处于不断创新、发展和丰富的进程之中，要想更好地实现多渠道银行服务的敏捷实时、无缝连接，商业银行需要坚持以客户需求为中心不断探索渠道创新。接下来将探讨一些已处于起步阶段或者未来可能的创新方向。

2.3.4.1 虚拟银行服务

尽管电子渠道大面积替代了柜面渠道，多渠道为客户提供了随时随地办理银行业务的自由，但客户渴望当面沟通，偏好在网点进行交易、获得建议。然而，随着人机交互、虚拟现实等技术的加速发展，现有渠道的表现形式还将进一步改变。在视觉、语音、数字身份、数字货币等新兴技术的推动下，人们将通过各类虚拟设备便捷地使用等同甚至超过现有"柜台＋网络"方式提供的金融服务，业态终将发生极大变化。在此情况下，虚拟服务对物理网点的终极替代或将发生。

一是视觉虚拟技术方面。2018 年热映的电影《头号玩家》全面展示了虚拟现实技术（VR）的魅力，目前这些技术已经得到了良好的应用。美国最大的军用飞机制造商洛克希德—马丁公司也在尝试将增强现实（AR）技术应用到飞机制造过程中，在安装起落架的部件时，工程师通过爱普生Moverio 的 AR 眼镜显示的安装手册和操作步骤，可以详细了解每根线缆、螺栓以及需要安装的位置和编号等信息，从而提高安装效率。通过此类设备，客户完全可以在任何地点与金融机构的服务人员进行具有良好视觉效果的沟通。目前，此类设备在佩戴舒适度、视觉效果等方面还存在一些问题，但其未来的发展非常值得期待。

二是语音交互方面。除了语音识别、语义分析已经取得的成就外，多轮交互技术的发展也在加快，百度的 DuerOS 等人工智能语音交互平台正致力于这方面的发展，微软小娜、小冰等各种聊天机器人的进步也是有目共睹。许多银行在其手机银行中实现语音汇款的功能，客户在汇款过程中可大部分采用语音驱动，提升了客户交互体验。语音交互叠加视觉技术，未来将使虚拟渠道完全能够提供与柜面服务相近的服务感受，而基于强大的算力、算法，其在多方面超越人工服务的可能性非常大。

三是数字身份方面。身份识别是众多金融和非金融服务场景中非常重要的一环，而数字身份可以有效地解决验证和授权这两个身份识别的核心问题。数字身份的未来方向很可能是与结合区块链技术相结合。微软发布的区块链去中心化身份识别系统 DID（Decentralized IDs），已经允许用户对自己的身份信息有一定掌控权。

四是法定数字货币方面。虚拟服务替代物理网点的最后一块拼图很可能来自法定数字货币。目前很多国家的中央银行对于法定数字货币都进行了深入的研究，我国中央银行尤其领先，并对整个数字货币体系及应用方法有着非常全面、领先的研究成果，有专门的数字货币研究所和数十项相关专利技术，其数字货币模型等研究成果还荣获了 2017 年银行科技发展奖一等奖。银行电子渠道的兴起对业务离柜率贡献极大，但现金仍是人们不得不去网点的最重要原因，如果法定数字货币发行，人们对物理网点的依赖将更大程度减弱。

2.3.4.2 开放式银行服务

在互联网时代，金融机构正在产生场景焦虑，担心自己的客户被其他应用场景抢走或者隔离。一些银行花费巨资去打造用户场景，例如工商银行的"融 e 购"和建设银行的"善融商务"就是银行自建场景的典型案例。但是银行毕竟不是专业的电商，这种银行系电商的竞争力究竟如何还很难说。另外，银行也根本不可能包罗万象地自建所有的场景，尤其是在 2B 领域，产业互联网不同于消费互联网，通常都是割裂的数量众多的垂直类电商，甚至是传统企业自建的供应链电商。因此，对于银行来说，更加经济和现实的做法还是与各类场景进行整合，通过嵌入场景或者输出场景的模式，将自己的金融产品和服务隐身于场景之中。正在起步阶段的开放式银行和 API 为传统银行带来了新的分销模式和更大的覆盖范围。

开放式银行和 API 为银行提供了新的分销场所。银行有机会通过与重点开展金融服务的合作伙伴合作，来分销当前服务。通过将金融服务提供的前端和后端解耦，开放式银行为使用 API 的银行展现了一系列新的分销接触点，前端和后端解耦有可能让新入行者接管客户关系，可能使得银行降级为商品化资本的提供者。第三方可以成为银行客户的主要关系持有者，第三方带来新的分销和收购渠道，但银行也能以低成本增加覆盖面。开放式银行和 API 丰富了银行的价值主张。API 和第三方伙伴关系对银行来说是机遇，通过连接传统银行服务之外的第三方的 API，银行有机会扩大覆盖范围并丰富服务，实现互利互惠。银行通过第三方系统和服务获取客户，从而扩大覆盖范围，通过将第三方服务嵌入银行系统来丰富服务。利用这两者，银行有望通过将新功能嵌入其自身价值主张来增加与客户的相关性。

例如，富国银行创建 API 渠道来推出新的开放式银行产品。富国银行围绕运营模式、技术、外部交互模式、经济状况四个关键能力创建了 API 渠道。API 渠道拥有自己的盈亏目标，且与其他数字/移动和零售渠道的目标相似。跨业务线推出了 API 驱动的产品：安全数据交换、账户验证服务、（与 Xero 进行）会计数据交换、其他以财务管理为重点的 API、其他与支付相关的 API。

同时，开放式银行也为银行带来了一些挑战，如经由集成商带来更大的竞争压力、客户关系落入第三方手中、银行品牌稀释。金融的场景化和生态化以及场景金融的兴起，必然让银行消失得更加彻底，银行连在虚拟世界的"门面"都没了，客户不会去下载和登录银行的网上银行或者手机APP，银行完全被屏蔽在各类第三方支付机构、电商平台和企业 ERP 之后，就连露出银行 LOGO 的机会都很难找到。之前的网关模式还能在调用银行网关时提醒一下客户银行的存在，现在采用的 API 模式和 SDK 模式，银行的产品服务将彻底地隐身于各种场景之中，看起来从互联网世界也消失了，失去了和客户直接接触的任何机会。

2.3.4.3 智能粉丝营销

粉丝经济是一种通过提升用户黏性并以口碑营销形式获取经济利益与社会效益的商业运作模式。随着互联网突破了时间、空间上的束缚，粉丝经济已被广泛地应用于商业服务的众多领域，一个又一个"网红"及其"粉丝"组成的，对外显得多元独特、对内兴趣和利益相同的小众部落势力纷纷崛起。商家借助一定的平台，通过某个兴趣点聚集朋友圈、粉丝圈，给粉丝用户提供多样化、个性化的商品和服务，最终转化成消费。小米手机通过"与米粉交朋友"的营销理念，营造了一大批忠诚的"发烧米粉"。米粉是小米手机最忠实的用户，据统计，米粉中重复购买两台到四台手机的用户占 42%。海底捞发挥粉丝经济价值，在抖音等互联网社交平台发起"海底捞创新吃法"话题，视频播放量短时间就达到几亿次，起到了很好的营销效果。

粉丝可以说是忠诚度最高的产品消费群体，商业银行也可以以客户为中心，培育自己的"粉丝圈"，积极挖潜粉丝经济价值，拓宽银行营销渠道。首先，商业银行应在打造特色化、品牌化的产品和服务体系的基础上，积极培育自己的粉丝客户，构建与用户沟通互动的多样化渠道，包括短信、电话、微信、APP、门户网站和 H5 页面等，打造粉丝圈，提高客户的忠诚度和消费粘性。其次，根据新增粉丝的行为路径，绘制目标客户的用户画像和标签体系，制定科学的涨粉方案、激励体系，无缝镶嵌 APP、小程序、公众号等，实现多渠道快速拉新，帮助由单一产品用户升级为银行品牌粉丝，达到最大比例的转化。最后，商业银行可基于多元多维度数据云，捕捉最新数据，通过专业的数据建模及运算分析，自动生成可视化用户需求图谱，自动化细分用户群体，精准营销、定向推送，结合反馈，提高转化，为用户提供覆盖全生命周期的金融服务，最大化挖潜变现粉丝商业价值。

需要说明的是，银行全渠道转型下，网点仍将是银行经营的重要渠道，但是未来网点的形式及功能必须调整。随着市场环境的不断变化，网点使用率可能降低，但是网点仍将是客户需求的核心，对于建立和维护客户对品牌的信任十分关键。网点中的交易型活动已经逐渐减少且该趋势将继续保持，因此需要对网点的闲置资源进行精简或重新分配。作为电子渠道的补充，银行网点将仍然是整体渠道策略中的重要部分。银行需要制定积极主动的策略以应对经济环境变化，有效利用分支网络，否则网点将无法发挥创新及差异化作用，而是成为零售银行业务不可避免的问题。银行网点需要重新思考传统运营模式，考虑创新产品推广、与金融科技公司合作、支持颠覆性创新。银行物理网点的转型，将在下文中进行重点研究和探讨。

2.4　内容为王，采用新精益方法推动银行网点"化茧成蝶"

在智能手机的冲击下，报纸、杂志等纸质媒体日渐衰落，男女老少改变了阅读习惯，传统媒体加快向新媒体转型进程。很多人在猜疑报刊亭还能在落寞中伫立多久，众多实体店又是否会步报刊亭的后尘。而网店因其"不受现实空间的束缚、极大削减运营费用、实现低廉价格"等特点被大众接受追捧，"实体店消亡论"在多个行业蔓延。

对于银行网点前途的质疑也是声不绝耳，2017 年银行业关停物理网点1426 个，净增 800 余个。从 2011 年至今的统计数据来看，关停网点数量首次超过净增网点量。在互联网高速发展和线下物理网点成本攀升的时代，互联网真的能够替代实体网点的价值吗？银行物理网点究竟应该如何定位和转型，才能敏捷洞察、响应和满足客户的个性化、定制化需求，为客户提供满意的金融产品和服务，切实提高服务实体经济的效率和水平？笔者认为，商业银行物理网点的服务重点应逐渐由操作主导型向客户体验主导型转变，需要敢于突破传统模式，采取模块化、集约化的新精益方法，从目标市场定位出发，结合周边商业环境特点，设计差异化、特色化的网点服务内容和模式，打造出客户想逛、想看、想感受的"舒适"银行，构建网点核心竞争力。

2.4.1 新精益时代的"实体店"演变

根据笔者的观察，在线上线下结合的生态系统为标志的新精益时代，消费市场正在从过去的借助于广告、折扣营销等传统手段的"注意力经济"转为注重客户个性化需求的"意愿经济"，并正在向目标客户亲自参与的"体验经济"演变，实体店生存方式也正在发生重大演变。2016 年 11 月 11日，优衣库天猫旗舰店产品迅速售罄，而消费者可以在优衣库 400 多家各大门店 24 小时快速提货。这一模式不仅方便了消费者，还将线上的流量导入线下，为优衣库门店带来了新的销售机会；2017 年伊始，京东率先提出在全国开出首批 100 万家京东便捷超市的战略；当当网开始在各大城市开设实体书店；万达加速构建商业综合体，增强消费者的购物和休闲娱乐的体验；

电商巨头亚马逊在西雅图开了一家革命性的无须收银员的线下便利店，各家网络大咖都在瞄准实体店精准发力。从上述例子中不难看出，实体网店相对于网点的优势仍然存在。如"即时性"，网购的商品毕竟不能当时到手，不可避免地会有时间差。虽然很多人通过网店采购，但日常使用的生鲜食品更多地在实体网店购买。再如"舒适感"，网店给予客户的舒适感更多体现的是其便捷性，然后实体网点可以为客户提供更为全面的感官体验。在大型商场，我们可以在购物之余享受娱乐，在休憩之余享受美食，在综合化的环境中享受舒适。

以"书+X"模式构建体验场景的茑屋书店（Tsutaya），以书为核心，搭配"影音+咖啡+餐饮+文创"等配套，从细节入手为读者提供高品质、专业化、标准化、差异化服务，颠覆了传统书店单一卖书的经营理念，引领书店走入创新型、复合型和生活化的新时代。代官店考虑到日本人口结构和收入水平，将目标客户群体调整为50～60岁的中高收入阶层，将咖啡、饮食、亲子、文体活动和慢生活融入其中，打造为生活方式提案场所。据统计，2016年，日均客流已突破万人，周末甚至能达到三万人次。函馆店为能吸引三代人一起进入书店享受时光，书屋的生活场景延伸到旅行、料理、生活、历史、人文和哲学思想、宇宙和科学、艺术、儿童艺术、设计九个主题，店内安放了独具北海道本地特色的火炉，窗外下着大雪，听着柴火燃烧的声音，消费者围炉读书，别有一番风味。茑屋书店将"舒适"做到极致，分店超过1400家，终止了诚品书店在亚洲的神话。

符合新精益时代精神的实体店，能够提供足够多的优质内容，同时挖掘客户的内在需求，精准推送，赋予客户最优秀、最舒适的体验。洞察新精益时代实体店发展模式应有以下几方面的特质：一是科学选址发挥宣传效应。实体店所处的环境不仅仅应考虑目标人群密度与质量，同时还应考虑品牌的广告效应。既要深入了解客户素质，以便于针对性地设计实体店运营模式和产品，同时要考虑获得更高的认同度以及后期的深度传播效果。

二是品牌文化中融入情感体验。在实体店内部布局设计可注重强化品牌的情感体验，同时植入品牌文化线索，进一步引发消费者的探索欲。比如，星巴克的品牌理念是"第三空间"，通过原创与手工艺性，营造浪漫清新的氛围，创造亲切社交的机会。有时我们经常会看到或感受到这样的一幕：分坐在桌边、埋头工作、互不相识的两个人，过了一段时间因为相同的咖啡品味而攀谈起来。三是实体展示提供最真实感受。是简单的销售，还是呈现更好的生活方式？宜家从来不会呈现摆放得整整齐齐的家具，其场景表现的是一个个更接近于真实的"有人住、有人用"的空间，不管是厨房、工作室、卧室、客厅，都会有"已被人使用过，却仍然整齐美观"的迹象。与其说是在销售商品，倒不如说是在向你展示一种更好生活方式的可行性。四是刷新用户记忆，持续提升黏性。人是品牌线下门店中的核心要素，即便最卓越的场景体验，缺少人的效果也可能归零。工作人员的第一要务并不是导购，而是要通过与消费者亲切友善的互动，刷新消费者对品牌或产品的记忆结构，对品牌价值产生更清晰的意识，进而让他们作出自由自信的消费选择。

2.4.2　剖析新精益时代下银行物理网点的生存窘境

在数字化、移动化技术浪潮的冲击下，客户的行为习惯发生了深刻的变化，越来越多客户对物理网点的依赖度在降低，到网点办理业务的客户数量不断减少。仅老年人对自助渠道和电子渠道不信任、不习惯，仍喜欢选择传统的柜台服务。在互联网金融的冲击下，客户对于金融服务评价的标准正在发生变化，传统物理网点面临转型的压力越来越大。

外力因素固然重要，但是内力不足同样是制约物理网点发展的核心因素。一是定位不清，发展方向不明。互联网金融不断在推进模式创新、服务创新，先进科技不断在场景服务中嵌入使用。传统银行面对多方压力，仍是徘徊不前、动作缓慢、创新不足，提供的场景、产品、服务与客户预期相差甚远。如何脱离窘境亟须传统商业银行精细思考，精准筹划。二是竖井管理模式不利于各利益方构成合力。由于物理网点"婆婆众多"，上级管理部门、渠道林立且各自为政，网点的客户信息不能实现共享，在做大、做强的指导思想下，各渠道之间竞争无序，不能实现合作共赢。造成这种局面的关键原因是，很多银行缺乏"企业级"管理思路以及科学有效的管理机制和能力，未能有效化解条线之间的利益冲突。三是科研不足造成渠道服务差异大。国内商业银行目前的各渠道系统大都是在不同时期，采用独立的、无统一标准的方式陆续建成的，各渠道业务系统有着相互独立的交易处理流程、各自的数据信息、各不相同的业务结构和操作流程，系统间缺乏横向业务逻辑的复用，信息不能实现跨渠道共享。当一些通用的业务规则改变时，所有渠道业务系统都必须进行相应改造，工作量成倍增加。加之新产品的"多渠道发布、产品主动营销、向客户提供一致的界面和信息、为优质客户提供渠道界面的个性化定制"等市场需求在不断提升，商业银行很难在合适时机完成开发。

2.4.3　新精益时代国内外商业银行网点的最新探索

国际先进银行的网点多围绕客户需求，根据市场状况、客户需求等灵活布局网点模式。通过分层次的网点建设，构建网点与客户间的触点，形成服务闭环。通过引进先进科技提升服务效率，降低运营成本。经营场所还体现出了多样的探索，充分融入设计元素，包括超市化、娱乐化等。

2.4.3.1　美国安快银行打造"社区生态链"

美国安快银行（Umpqua Bank）成立于 1953 年，是一家总部位于俄勒冈州罗斯伯格、资产规模仅为 116 亿美元（截至 2013 年末）的小型商业银行。凭借自身独特的商业模式，安快银行被业界公认为全美最富有革新与创造力的银行。安快银行创造了独特的"门店"（Store）概念，充分借鉴零售商的经营理念运用于金融服务及产品的销售，通过可触式销售使金融服务成为实实在在的产品供顾客体验、充分挑选。安快银行的旗舰店充满创意，集互动资料中心、商业交流中心及激发灵感的场所等多种功能于一体的设计，有效促进安快银行与社区及居民的交流、合作，真正融入社区生态关系链。

2.4.3.2 德意志银行打造"足球银行网点"

德意志银行在店面橱窗展示印有欧洲球队品牌的肥皂、蜡烛、游戏、润肤霜、玻璃雕像、储钱罐、手袋、文件夹和印有队标的球衫。所有的金融产品就像在超市一样，直观、实质地摆放在开放式货架上，客户可以直接在货架上购买金融产品。银行员工像商店中的售货员一样提供各类商品咨询。开放的平面楼层几乎完全消除了墙壁、柜台和其他障碍。

2.4.3.3 建设银行打造"无所不能"的智能银行

建设银行的智能银行业务以引入高科技为突破口，对整个业务流程设计进行改善，做到节省客户时间，持续提升客户体验。目前智能柜员机实现 11 大类 108 项个人非现金业务。据统计开户业务仅需要 3.94 分钟，柜台办理速度提升 2.25 倍。原来办理时长需要 10 分钟的结售汇业务目前仅需 0.67 分钟就可完成，速度提升 15 倍。建设银行通过智能体系建设极大便捷了客户，提升了工作效率。

2.4.3.4 华润银行打造"简约便捷"的品牌理念

华润银行注重在服务品牌上连贯性延续。长期重视在服务过程中的客户体验感受，全方位强调服务流程优化及办理速度的提升。通过设计简约、标准化的客户办理流程，使客户易于理解接受。如"店中店"的基本金融产品以"四个快乐"为主，"快乐卡、快乐险、快乐金、快乐贷"采用近乎一致的流程，让客户充分感受到了简约快捷。其中，快乐险是与华润保险经纪公司合作的保险产品，仅需 6 分钟即可完成投保。

2.4.3.5 汇丰银行在香港打造流动网点

汇丰银行（HSBC）在香港打造流动网点，可以满足偏远地区客户在不同的地点享受银行服务（包括存款、取款、缴费等）的需求。此类型网点的作用优势在于：一是打破地区屏障、将服务网络进一步延伸，非密集型人口地区的客户可以通过移动型网点便捷地享受银行服务；二是以更快的方式提供面对面互动，客户可自行选择方便的时间完成日常的银行业务办理，不仅节约时间，还能提高效率，让传统型网点能够专注于更复杂的业务办理；三是节约成本，流动网点的厢式货车避免了店面租金成本，同时能被更多的客户所接触。

2.4.4 新精益时代银行网点的转型方向

商业银行物理网点布局应从目标市场定位出发，结合周边商业环境特点，设计有特色的网点服务内容和模式。需要从商业生态价值链的凝聚力、整合性出发，突出融入生态价值链中金融服务特色。需要敢于突破传统模式，充分发挥与当地客户和市场贴近的优势，构建网点核心竞争力。今后的商业社会，设计师和咨询师将大有作为，网点应因地制宜设计成直击周边目标客户梦想的个性化组合商店（Multi-package store），店员是协助客户购买梦想的咨询师和导购员。以下是结合不同市场环境和客户需求特质的几个银行网点模式模拟。

2.4.4.1 围绕社区生活，打造"养老"服务生态

根据全国老龄办公布的数据，截至 2017 年底，我国 60 岁及以上老年人总数已达 2.41 亿人，占全国总人数的 17.3%，65 岁及以上人口占 11.4%。人口结构决定中国现已进入加速老龄化阶段，居民养老的结构性需求迅速增加。而养老金融作为支持养老产业发展的重要一环，面临着新的发展机遇，未来的发展空间巨大。

一方面，银行业应积极构建多元化的养老金融产品体系。一是提供养老保障型产品，以养老账户管理和托管为核心内容，汇集养老保险、企业年金和养老基金服务形成统一的金融平台。二是提供养老融资类产品，分

析研究国家以房养老政策，学习和借鉴美国住房反向抵押产品的管理经验，开展该项业务的尝试，探索适合中国国情的运行方式。三是提供支付结算类产品，围绕养老消费，为老年人提供适应衣、食、住、行、医等消费需求的场景结算服务。四是提供投资收益类产品，完善现有的理财产品，对养老理财产品进行优化创新，比如银行根据养老投资的需求、客户行为特征等方面要素，重点推广固定收益型和灵活期限人民币理财产品，提供更大空间的养老金融选择，引导客户愿意并能够作长期养老投资，并通过细心专业的服务吸引家属的关注和参与。

另一方面，银行在网点设计和营销服务上应充分考量老年客户的特点和需求，走入客户内心深处进行创新尝试。如渤海银行某分行依托物理网点，加强对社区老年客户走访调研，通过与老年舞蹈协会共同筹划舞蹈比赛、金融业务知识宣传、志愿者献爱心等活动与客户建立了良好的友谊和客群关系，极大地调动和发挥了老年同志热情。短时间内吸引了1200余名舞蹈会员及家属开设账户，办理业务，理财购买额均在10万元以上。

2.4.4.2　围绕教育市场，打造"教育消费"生态体系

根据中国产业信息网《2016—2022年中国教育培训行业深度分析与投资战略研究报告》，我国教育市场规模保持增长态势，2015年整个教育行业市场规模达到1.66万亿元，预计2025年教育行业的市场规模达到3万亿元，对金融的需求非常大。然而一些重点学校的金融业务基本已经被大行垄断，中小银行几乎无从入手。但随着教育体系的改革放开和人们对多元化教育关注度不断提升，一些民办的声乐、体育、英语、国学、书法、表演等特色学校逐渐兴起，且逐渐成为家庭客户消费的主体方向之一。

银行网点应充分发掘周边环境中的教育资源，与教育学校、家长进行充分的沟通交流，有针对性地设计消费类贷款产品，如针对不同学费的分期业务。同时也可开展理财、黄金等金融产品的销售，并不断挖掘更多的

产业资源，为孩子的假期设计形式多样的夏令营、野外拓展或游玩活动。依托物理网点及专业客户经理资源，与各相关方共同营造一个安全、和谐、贴心的教育生态环境。

2.4.4.3 围绕核心企业，打造"生态链"服务生态

国务院办公厅 2017 年 10 月发布《关于积极推进供应链创新与应用的指导意见》，明确提出积极稳妥发展供应链金融，鼓励商业银行、供应链核心企业等建立供应链金融服务平台以来，我国供应链金融领域迎来了空前的发展机遇。根据相关统计，2017 年全国供应链金融市场规模约 13 万亿元，预计到 2020 年将达到 15 万亿元左右。如何能够有效促进供应链运营效率的提升、供应链整体竞争力的提升、生态圈的建立和繁荣也是商业银行依托物理网点作出特色的一个优势。

物理网点可选择建立在产业链核心企业的周边，不断深入了解产业链特点、上下游客户结构和金融需求。同时充分借助收集、分析、处理数据的能力，结合产业链条中的"预付款、存货、应收款，及资金流动周期"等因素，对产业链条中的核心企业、上下游客户进行精准的风险评估，并可针对产业链特点提供"核心企业担保、上下游企业个体独自担保"等个性化融资产品，实现与供应链企业共同成长发展。

金融服务具备很大的私密性和特殊性，需要人和人之间的交流和互动。互联网金融不是一个产品，而是一种技术和工具，与物理网点形成渠道互补，但并不能完全替代物理网点。市场调研发现，40% 以上的客户会因为喜欢一个网点而选择一家银行。在对银行网点日常客户的调研过程中发现，客户更关注业务办理的综合体验，网点服务相对于互联网金融而言，更能体现出人性化关怀，新精益时代银行网点转型将更有助于银行品牌形象的巩固和深化。

2.4.5 采用新精益方法推动银行网点"化茧成蝶"

随着中国零售产业变革加速，跨界经营、多元复合业态已成为实体转

型趋势，如何进行业态组合打造场景、应用数据科技提升效率以及致力于用户体验等，已成为决定各商业模式的核心竞争力。同样道理，商业银行的服务重点应逐渐由操作主导型向客户体验主导型转变。从银行管理模式、资源投入进行设计重构，加大对数字化、智能化领域的研究，推动商业银行物理网点的创新部署建设，打造出客户想逛、想看、想感受的"舒适"银行。着重从以下几个方面开展工作。

2.4.5.1 破除行业束缚，构建"相融相生"的共享平台

应围绕针对目标客户需求的内容主题推进跨界协同，加强与第三方公司的合作，聚合多方资源，打造一站式的综合服务平台。弱化卖场形象，将银行网点打造成一家广迎八方来客的"第三空间"。结合区域特点设定个性化店面主题，围绕客户需求和店面主题规划功能分区，通过现代质感的硬件设计结合科技智能的软件体验，与不同的商品供应商共同为客户营造温馨的场景化服务场所。旨在以共享平台为核心，通过标准化元件积木式组合，为客户提供全新的体验旅程，打造客户"享"和"想"的银行。

为此，银行首先应从垂直的桎梏中解放出来的人，打破部门、条线边界束缚，达成统一的企业级发展思想。基于"云"思路明确各组织部门的主体责任和部门间的关系，推动各部门间的力量凝聚形成合力。其次，应充分融入标准化、参数化的设计理念，在渠道的空间布局、商品陈列、销售服务等方面都应建立标准化的准则和流程，之后根据不同的店面主题，在标准化元件组装的基础上融入个性化主题元素，打造千店千面、统一标准的"舒适"体验。

2.4.5.2 多渠道无缝衔接，提供"统一感受"的服务体验

围绕客户和场景开展银行服务，打造"金融＋生活"生态圈，既要依托高度整合的平台打造场景化体验，同时也需要多渠道之间的无缝衔接，为客户提供一致的最佳体验。一方面应建立以客户为中心的金融产品和服

务渠道体系,实现产品"一次开发,多渠道部署",以降低开发及部署成本,加快产品的投产速度,提高客户满意度,增强市场竞争力。另一方面应加强渠道间的系统配合,打造线上线下渠道协同配合的 O2O 服务模式,如可遵循复杂专业业务"线下服务、线上协同"处理模式,不断拓展自助设备处理、客户线上预处理、集中处理三类业务范围,加强网点分流引导,重点推进各类业务的线上协助化服务。再如,推进网点客户经理线上服务模式,打通客户交流通道,突破网点客户经理线下服务限制,实时随地为任何位置的客户提供咨询服务,为网点客户经理拓展潜在客户、专业营销服务提供支撑。

2.4.5.3 强化科技应用,提供"精益智能"服务

生产技术的变革与经济发展方式的转变,必然从需求层面对金融创新造成深刻的影响。依托于大数据、区块链、人工智能等先进技术的不断突破,网点的综合服务能力将能实现大的飞跃。如通过实时记录、存储、分析客户的消费情况,更好地了解客户的偏好,及时调整服务方案。

积极加强金融科技领域的人才引进与协作,改变传统银行的项目开发管理模式,为实现敏捷开发的快速迭代提供人力基础。同时应加大财力资源投入,集合业务发展战略需要,对于落后系统进行必要的筛选和淘汰。以充足的资源投入和顶级的人才结构打造与时俱进的智能金融系统环境。

企业要成功实现转型,理念统一、先进组织架构和优秀人才是必不可少的。客户的需求和市场环境瞬息万变,更多需要采取跨部门任务小组的方式促进跨部门之间的协作,小组成员需按照统一的设计理念不断完善优化服务模式,提出精准的改进需求,以便于实现快速迭代和创新发展。转型之路荆棘漫长,需要勇于颠覆传统的决心和信心,采取模块化、集约化的新精益方法,携手战略合作伙伴创造"舒适"的银行生活服务生态。

2.5 打造特色、专业、轻型化网点体系，推动银行网点敏捷转型与效能提升

在推动多渠道整合过程中，对拥有大量实体网点的大型商业银行来说，网点转型依然是渠道转型所面临的重要挑战。商业银行的物理网点是商业银行的重要渠道之一，是商业银行进行服务、营销、维护客户关系、发掘客户资源和实现营收的重要环节。物理网点部署建设的广度、深度以及运营管理水平，体现了一家银行的市场核心竞争力。近年来，随着互联网金融、金融科技和人工智能的飞速发展，加之外在的利率市场化、金融脱媒、移动支付、客户金融消费习惯的改变，商业银行的物理网点传统经营模式受到巨大冲击，迫切需要转型升级和效能提升。在此背景下，商业银行的物理网点建设如何顺势而为、及时转型、提升经营效能，对于其构建差异化的核心竞争力、推进敏捷银行转型十分重要。笔者认为，商业银行应立足自身战略规划与发展实际，锚定商业银行网点转型的未来趋势及领先实践经验，研究确立适合自身的网点转型战略方向，加快解决当前存在的限制因素和不足，打造特色、专业、轻型化网点体系，推动网点敏捷转型与效能提升。

2.5.1 当前商业银行网点转型的趋势

近年来，随着互联网金融和金融科技的发展，银行传统物理网点的许多功能逐渐被取代，网点基本业务的不可替代性由过去的接近100%，到目前不足20%，比较优秀的银行同业的电子银行替代率已经达90%以上。在此背景下，商业银行网点转型已成大势所趋，需要从卖方市场转向买方市场，一是降低成本，二是提供线上渠道不能提供的高附加值、专业性强的

服务。业界普遍认为银行物理网点将向智能化、专业化、个性化、营销化、轻型化、泛金融化、主题化、线上线下渠道融合化等方向转型。

2.5.1.1 智能化、无人化

传统银行网点运营成本，尤其是人工成本较高，柜台数量有限，效率不高。随着智能终端、超级柜台等智能化的自助设备日益推广，大部分柜面操作型交易均能由客户在机具上自助完成，柜台依赖程度大幅降低，网点效能得以大幅提升。未来，传统商业银行越来越高度重视金融科技的应用，银行在网点将重点布设智慧银行设备，可处理绝大部分个人和公司业务，取消大部分甚至是所有柜员，只保留部分核准和营销服务人员；加强人脸识别、生物特征识别进行身份验证，运用VR（虚拟现实）技术实现金融产品和服务的有形化展示，升级机器人并赋予其更多职能；利用大数据和云计算，开展精准营销；推广智能投资顾问、智能安保、智能风控等技术在网点的实践和应用。

2018年11月，作为新时代网点转型的重点项目之一，某国有大型银行新一代网点智能服务系统投产上线，在改善客户体验、强化渠道协同、提升网点效能、推进设备管理集约化和网点服务智能化等方面将发挥重要作用。2018年4月9日，建设银行上海分行的"无人银行"正式亮相，引起了社会各界的广泛关注。该新型网点通过充分利用生物识别、语音识别、大数据等最新的金融智能科技成果，整合并融入机器人、VR、AR、人脸识别、语音导航、全息投影等前沿科技元素，除了可以受理绝大部分个人业务外，还可以受理外币兑换、对公业务、生活缴费服务、VR看房等业务。

2.5.1.2 专业化、个性化

Bank 3.0时代，在金融脱媒、支付结算渠道多样化的背景下，消费者的金融服务可得性大幅提高，网点不再是客户获取银行产品服务信息的唯一渠道，客户对网点的期望是能够满足更复杂的需求。未来银行网点的制胜之道是对客户进行更精准的定位，同时将网点打造成专业的金融服务平台。

从受众群体来看，银行物理网点的重点服务客户将集中在两类人身上：第一类是中老年客户，他们对互联网和电子银行的接受度和信赖度都比较低，更容易接受实体网点的服务；第二类是对服务要求较高的高净值客户，他们对银行产品和服务的要求比较多样化，更关注个性需求及定制化产品或服务，面对面的沟通更容易传达和沟通需求。为此，商业银行网点将更加关注提供专业性强、富有个性化、高附加值的金融服务，资产业务、专业专营性业务占比将增加。同时，可根据所定位的服务对象，打造业务更加聚焦的专业型网点，如在一定区域内选取特定支行建成房贷特色支行、消费贷款特色支行、小微特色支行、科创特色支行、国际结算特色支行等。

2.5.1.3　营销化

网点不仅是银行向客户进行金融产品销售和提供金融服务的重要渠道，也是银行获取和维护个人客户的重要场所。究其本质，网点也是一种零售终端，只不过销售的是金融产品和金融服务，包括富国银行在内的多家国外银行都把自己的分支机构叫作"商店"，体现了其对网点作为一种零售终端的认识。网点智能化改造及智慧银行建设将解放大量操作性柜员，柜员将由操作型向营销服务型转变，银行网点将吸取零售商营销的成功经验，回归其销售和服务终端本质。

2.5.1.4　轻型化

传统的全功能型银行需要为所有业务配备所需要的设备、人工等，运营成本较高，特别是在当前网点智能化、专业化趋势下，往往导致银行资源的浪费和投入产出的不匹配。智能化、专业化等将改变以往物理网点按柜组分区、占地面积大的特点，除了少数的旗舰型、综合型网点之外，未来网点将呈现以智能化机具为主、业务功能更加聚焦的轻型化、小型化网点模式，可有效压降经营成本。轻型化的便利店式网点将根据不同区域的经济和客户特征，赋予网点不同的功能定位和特色的服务内容，砍掉低效率的服务板块，为客户提供更精准、更专业的服务，减少资源浪费，提升经营效能。

例如，某国有大型银行制定的网点建设标准，大型旗舰网点面积在 850 平方米，一般综合型网点 450 平方米，小型网点 150 平方米，其中自助服务区一般在 40~50 平方米，营业用面积平均占网点总面积的 84%。马来西亚的 RHB 银行创立了子品牌 Easy Bank，它像快餐店、便利店一样小巧醒目，主要开设在超市、购物中心、邮局、地铁站等客流集中的地方，以距离近、分布多取胜。网点基于零售观感设计店面，跟社区银行有很大的类似性，平均面积在 30~50 平方米，小的不足 10 平方米，大的也不过 80 平方米。Easy Bank 秉持"10 分钟完成"的理念，仅提供几种产品，即贷款、银行卡、保险、储蓄，如同快餐店里的菜单一样，每种产品的价格和特点在分支机构中都有清晰的展示。

2.5.1.5　泛金融化、主题化

网点未来承载的基础金融服务和交易功能将越来越少，网点泛功能化的非金融服务将大量增加，金融和非金融的边界将变得越来越模糊。当前这种千篇一律的柜台银行式网点在未来将快速减少，更多的银行网点将是有特色和有内容的客户服务和体验中心，竞争越来越体现在谁能够为客户提供更有吸引力的体验。例如，借力网点所在区域的特点，建设特色化、多元化、主题化网点，未来打造更多的诸如书香网点、咖啡网点、亲子网点、创客网点等不同主题的特色银行，为客户提供一个非金融的、贴近生活的社交功能场所，丰富客户体验。

例如，美国安快银行将自己的支行定位为其所在社区的中心——一个公众娱乐和社交的场所，人们休闲时的好去处。相对于传统的银行支行，安快银行的"第一代"网点看起来不太像是一个银行：传统支行的桌子被挪走了，取而代之的是走来走去与客户交流的银行雇员；店内设有可免费上网的电脑，一部可直接与首席执行官连线的客户电话，供人们读报的专

区，还免费提供安快银行自己定制的本地烘焙咖啡，并且安快银行对其所在的社区开放，希望可以成为社区居民"自己的空间"。

前述大型国有银行聚焦住房租赁、普惠金融、文化教育等当前社会热点民生问题，结合网点装修建设及低效网点调整，推进物理渠道模式创新，以住房金融服务中心、普惠金融、"书香建行"等为主题加强特色化、多元化网点建设，全面启动"劳动者港湾"建设工作，进一步推进网点服务资源对公众开放，为广大客户提供更加全面、综合、贴心的服务体验。

2.5.1.6 线上线下渠道融合化

互联网金融和移动金融的飞速发展，使电子渠道对物理渠道的替代越来越强，物理渠道的地位将进一步受到挑战。但是物理网点有自身的优势和特征，并不能被线上渠道完全替代，未来物理网点将会突出自身优势，与线上渠道错位发展、融合发展。银行网点智能化的投资将更加理性，以客户体验为核心的"线上线下"渠道融合将成为网点功能提升的重点。网点将通过错位竞争，提供线上渠道所不具有的人性化、差异化服务，充分发挥线下渠道获客和留客优势，强化互动体验，与线上渠道协同，产品交叉销售，实现双向引流和互补。

2.5.2 中小银行网点建设存在的不足

在商业银行物理网点加快向智能化、专业化、营销化、轻型化、泛金融化等方向转型的趋势下，中小银行网点转型步伐较慢，仍处于起步探索阶段，存在许多的不足之处。总体来看，中小银行网点自助设备数量和业务功能有限、智能化水平有待提升，部分作业流程精益化管理不足、线上化程度和作业效率有待提升，全功能型网点为主、轻型化专业化特色化不足，网点客户流量不足、客户结构需要优化丰富，网点数据尚未得到充分利用、产品服务存在同质化，网点员工营销转型的相关配套体系有待建立健全。这些问题和不足已成为制约中小银行网点敏捷转型与效能提升的重要因素。

2.5.2.1 网点自助设备数量和业务功能有限，智能化水平有待提升

银行网点智能化转型大背景下，仅有某些领先银行的自助设备、移动终端种类较齐全，网点业务自助设备替代率在80%以上。绝大多数商业银行网点的智能化水平较低，智能自助设备的种类、智能化水平、业务功能、配置数量、使用效率、客户体验等方面仍存在较大差距。智能化自助设备对柜面业务的分流，在网点人员数量有限，许多业务必须通过柜面办理和手工操作，占用了员工大量的时间和精力，无法释放人员外拓营销，影响网点效能提升。

例如，上述国有大型银行的智慧柜员机包括简版、标准版、综合版等多个版本，仅具备的基本功能达57项（包括个人业务、对公业务和生活服务），该银行上海分行的智慧柜员机网均配置数量达4.5台。与之相比，某股份银行配置的VTM设备数量网均约1台，配置数量明显不足；VTM机具能够支持的业务功能十分有限，仅能够受理自助开卡、账户查询、理财签约与购买等十几项对私业务功能，无法自助办理对公业务；对柜面业务的分流基本只有理财购买及快捷开卡业务，根据实际交易情况，前者业务替代率为79%，后者业务替代率为23.6%。此外，该股份银行目前使用的VTM智慧机具系统较为落后，设备不能颁发数字证书，数字证书到期无提示，没有自动更新功能；VTM机具故障发生率偏高，非但不能起到分流柜台客户、减轻厅堂压力的作用，还需抽调人力进行应急处理（一般需要VTM管理员双人及一名保安在场，在全流程顺利、无特殊情况出现的情形下，修复最少需要10分钟），大大降低了网点的业务效率，影响客户体验。

表2-2　某国有大型银行智慧柜员机与某股份银行 VTM 的

功能比较（简单列举）

业务品种			某国有大行智慧柜员机	某股份银行VTM
个人业务	账户及查询服务	开卡	√	√
		查询账户余额及明细	√	√
		查询个人资产状况	√	
		打印对账单	√	√
	电子银行	开通电子银行（U盾版）	√	
		开通电子银行（无U盾版）	√	√
		关闭电子银行	√	
		补发网银U盾	√	
		修改交易限额	√	
		重置交易密码	√	
		解绑手机设备	√	
		查询开通电子渠道信息	√	
	转账汇款	行内个人转账	√	
		向手机号转账	√	
		跨行个人转账	√	
	个人外汇	年度限额内的个人结售汇	√	
		个人国际速汇	√	
		个人外汇买卖	√	
		个人钞转汇	√	
	定期存款	转开定期存款（含通知存款）	√	
		卡内定期存款支取	√	
	基金理财	购买基金（含风险评估）	√	
		赎回基金	√	
		基金定投和修改	√	
		基金转换	√	
		购买理财产品	√	√
		风险评估	√	√

续表

业务品种			某国有大行智慧柜员机	某股份银行VTM
个人业务	基金理财	赎回理财产品	√	
		保险购买、退保和保费缴纳	√	
		保单查询	√	
		贵金属买卖和定投	√	
	信用卡	信用卡申请及进度查询	√	
		信用卡激活和密码设定	√	
		信用卡挂失	√	
		信用卡还款	√	
		信用卡绑定/解绑还款	√	√
		信用卡分期	√	
	个人贷款	个人快速贷款申请	√	
		个人贷款扣款账号维护	√	
	其他服务	密码修改	√	√
		密码挂失	√	
		挂失补卡	√	
		卡激活	√	√
		换卡	√	
		存折预约取款	√	
		个人信息修改	√	√
对公业务	单位结算卡业务		√	
	票据购买		√	
	转账汇款		√	
	对公开户预处理		√	
	对公产品签约预处理		√	
	客户回单及对账单自助打印		√	
	自助填单		√	
生活服务	话费充值		√	√
	交管缴费		√	
	公用事业费缴费		√	
	公积金业务		√	

资料来源：实地调研。

2.5.2.2　部分作业流程精益化管理不足，线上化和作业效率提升空间大

许多商业银行一些业务作业流程仍较繁冗，线上化程度仍较低，导致作业效率不高，挤占了员工营销拓客的时间和精力，抑制了网点产能。一方面，许多商业银行作业流程多采用"串行"流转而非更高效的"并行"作业，一些业务作业流程仍较繁琐，流程设置和管理略显粗糙，耗费员工大量精力，有待通过精益化管理思想和工具进行梳理。以某银行企业网银业务为例，虽然客户申请不同业务已集中在一张申请表单，但无法在一个交易中完成客户申请所有维护项目的提交，需要使用不同交易码分别操作，多次扫描同一申请人的申请表、客户证件与影像。另一方面，一些领先银行同业已实现线上化、电子化操作的业务工作，许多中小银行仍在人工操作，线上系统应用不够，不仅耗费大量人力精力，也无法保障高的正确率和作业效率。

业务运营线上化程度和作业效率低的背后，是银行科技系统建设滞后于业务作业需求，对业务运营的支持不足。具体来看，主要问题包括：一是现有业务系统所具备的功能滞后于业务作业需求，特别是对创新业务支持力度亟待提高；当前更多以外包方式，采取不断打补丁的方式暂时满足业务创新的需要。二是银行外挂系统众多，且大多业务系统间彼此割裂，系统要素和规则设置未能统一，数据信息也未能共享，导致普遍存在重复输入现象，业务处理效率低下。如不同业务系统的员工登录用户名和密码设置格式存在差异，导致记忆困难影响作业效率；所需输入一致的数据信息，不同业务系统间未能实现统一调取使用，且数据格式等输入要求也存在差异。三是业务系统在操作便捷性、适用性等方面存在一些细节性问题，影响业务处理效率。例如，某银行业务填报信息错误，不能即时反馈给出错误提示，而是提交总行审核后才反馈错误；账户业务在进行到营运经理审核环节，如发现柜员某个要素录入错误或遗漏，需要营运经理取消授权，

关闭处理原交易从头再来，无法实现"回退修改"。

2.5.2.3 全功能型网点为主，轻型化、专业化、特色化不足

随着互联网金融和金融科技的发展，网点智能化、轻型化、体验化等转型趋势日益明显，传统的全功能营业网点因面积比较大、人员多、运营成本高，整体盈利水平已不具备优势，部分网点已显示出运营效能低的问题。目前，银行网点机构类型单一，基本为传统的全功能型网点，网点建设在标准化的同时也存在着同质化较强、专业特色化不足的问题。整体来看，中小银行网点在网点类型、布局区域、内部功能等方面均有待通过从战略层面系统研究，进行结构性调整优化。

2.5.2.4 网点客户流量不足，零售客户结构趋向老龄化

互联网金融以其便捷的线上处理方式，为客户提供了不受营业时间限制和交通阻碍的金融服务渠道。而传统的银行网点除了空间和时间的限制，还因越来越严格的监管和法规要求使得业务受理流程更加繁琐，导致新生代客户对物理网点服务相对排斥，除必要柜面业务外，来网点体验较少。目前，商业银行接待的个人临柜客户主要趋向于60岁以上的退休人群，客户群体较单一，大大限制了银行网点发挥其渠道优势。一些中老年客户对自助渠道还不甚信任和习惯，仍喜欢选择传统的柜台服务，对自助终端的使用率低，营业网点仍然承担着大量的交易性业务。

2.5.2.5 网点数据尚未得到充分利用，产品、服务存在同质化

大部分商业银行已在网点转型发展方面开始努力，电子银行渠道的推广和厅堂智能化自助设备的投放拓宽了业务受理渠道。但这些交易数据均记录在后台数据中心，并未形成全面、系统的数据积累、分析挖掘机制，对客户的业务偏好进行个体"画像"，进而实现对客户的精准营销。此外，银行金融产品及服务同质化较为明显，在产品研发、服务更新方面，以跟随模仿为主，而不是建立在对客户需求、产品或服务贡献度的分析对比基础之上。

2.5.2.6　网点员工营销转型的相关配套体系有待建立健全

一是面对智能化带来的冲击和银行业的加速转型，网点营运与综合岗人员转向营销岗是必然趋势，但大多数商业银行尚未对此建立起完善的配套绩效考核和激励体系，员工转岗营销业务还没有做好充分准备。二是一些银行网点人员存在一定的人员数量相对顾客不足、从业经验不丰富、业务综合能力不足、业务操作占用时间过长等问题，严重限制了其开展外部营销拓展和多元化业务。三是缺乏对营销队伍的精细化培训和管理，未建立专业化的高端财富顾问队伍，未能实现对高净值客户的精准营销和专业化的财富服务，高端客户开发程度不足；而对员工综合知识技能的延伸性培训较为缺乏，传统的"传帮带"培养模式缺乏系统性和专业性，使得客户经理在营销过程中模式单一，营销拓客效果不佳。四是由于考核压力大、工作强度高、收入水平低、职级晋升通道窄等问题，基层网点人员流动性较大，网点人员流失率近年来呈现不断上升趋势。

2.5.3　商业银行网点敏捷转型及效能提升的对策建议

当前，商业银行物理网点向智能化、营销化、专业化、轻型化等转型发展的方向日趋清晰，国内一些国有大行和头部股份制银行同业已率先开启探索转型之路。笔者认为，为构建差异化、特色化、专业化的网点金融服务能力，商业银行网点敏捷转型已势在必行，应立足自身战略规划与发展实际，锚定商业银行网点转型的未来趋势及领先实践经验，研究确立适合自身的网点转型战略方向，加快解决当前存在的限制因素和不足，提升保障网点敏捷转型与效能提升的关键基础性能力。

2.5.3.1　推动网点精准布局和结构优化，构建网点综合评价和管理体系

在互联网金融的冲击下，商业银行物理网点亟待进行科学精准布局和结构调整优化。例如，对于绝大多数的中小银行而言，有必要深耕重点发

展区域，设立多维度指标，在人口密度大、经济总量高、对金融服务需要大的区域设立分支行；对于经营效能低的存量网点机构，可通过必要的撤并迁址等方式进行优化调整。网点科学布局和调整优化，需要构建合适的考量指标和分析框架。一是区域经济成长性，关键考量区域经济总量，如各省市经济发展水平，包括 GDP、GDP 增速、城市排名等；二是同业机构横向比较，关键考量银行与同业机构的竞争力，包括同类型银行是否开设分支机构，不同地区的市占率等；三是银行内部机构纵向比较，关键考量银行内部各区域的竞争力，包括各一级分行效率（如人均利润）比较；四是区域监管要求，关键考量各省市区域的监管要求，如在副省级城市须设立一级分行，以及监管对于特殊城市与经济发展均衡等的特殊要求等。

同时，面对未来银行网点建设的新趋势、新特点，有必要对银行网点敏捷转型的过程和效果开展系统性研究，包括构建银行网点效能的综合评价与管理体系，为网点的转型效果、绩效管理和调整优化提供评价方法和标准依据。建议研究建立各类型网点的绩效评价指标和管理体系，并通过深入分析网点经营绩效结果产生的原因，加强针对不同业态网点的产能管理，总结可复制推广的经验教训，促进网点效能提升。

2.5.3.2 探索建立适合自身的差异化网点体系，重点发展轻型化、特色化、专营化网点

探索构建适合自身特点的网点类型，形成旗舰型、综合超市型、专业型、轻型化、泛金融主题型等多类型、多层次的网点体系，并确定各类型网点的功能定位、比例配置、建设标准、人员配置、岗位职责、布局区域和目标客群等。根据上述不同类型网点的功能定位，配置差异化的功能模块与人员岗位，有目标、有重点的为客户提供专业化和差异化服务；并进一步推动存量网点的改造和调整，以及新建网点的布局建设。

对于绝大多数中小型银行而言，当前规模实力有限，品牌知名度偏低，竞争力相对较弱，无法像国有大行和头部股份制银行完成对所有区域和客

户的全覆盖。因此，建议中小银行可重点发展轻型化网点，以及面向特定客户的专营化和专业化网点。一是可以降本增效，最大化投入产出价值；二是可以实现品牌推广，提升客户粘性。例如，聚焦精准定位的特定客户，打造业务更加聚焦的专营型网点，如在中关村高科技园区等地区建立专门服务科创企业的科创专营网点，以及其他诸如零售、小微、房贷、消费贷款等特色专营网点。

从整体来看，轻型化、特色化、专营化网点应成为未来银行网点的主力类型，全功能型网点、轻型化网点、泛金融特色主题型网点三大类网点的配置比例约为1:3:1。（1）全功能型网点是提供全服务的综合性大型网点，为客户提供更全面的金融服务和产品，相应地也需要配置最全的岗位、人员、设备等资源。（2）轻型化网点是提供专业化、特色化、智能化金融服务为特征的小型网点，旨在面向特定客户群体，突出网点特色定位，只需配置一定的岗位、人员和智能设备等资源，能够有效降低运营成本、提升经营效能。（3）泛金融特色主题型网点在功能设置上承载新的非金融的、社交的功能服务，在为客户提供差异化和创新性解决方案，促进银行品牌文化的传播。例如，借力网点所在区域特点，未来打造更多的诸如文化银行、公益银行、亲子银行、教育银行等特色化、主题化网点，贴近生活民生，丰富客户体验，提升品牌知名度。

2.5.3.3 创新管理模式，推进网点业务功能向营销服务主导型转变

在网点日益智能化、轻型化发展趋势下，大量的综合岗和柜员岗人力资源从基础的核算交易业务处理工作中解放出来，专注于营销服务，网点的业务功能必将由核算交易主导向营销服务主导型转变。为此，商业银行应加快研究创新网点管理模式，将网点从交易中心、服务中心转型为销售中心，打造一个全新的以客户为导向、以服务为基础、以产品销售为目的的运营模式。

建议用统一的标准，规范网点的服务营销模式，实现服务标准化和客

户体验的一致性，以提高产品销售能力，提升客户满意度。如可积极探索"柜员转介＋大堂转介＋零售经理销售"三位一体转介服务营销模式，以联动营销、协同配合为重点，构建高低柜、多岗位联动营销的服务格局，为客户实行全方位、一体化的服务，增强客户体验，有效提升网点营销能力。同时，可在智能化和轻型化的基础上，简化后台、强化前台，"请客户进来"与"走出去营销"相结合，释放人力强化网点内外的营销作用。

2.5.3.4　提升金融科技应用水平，推动网点智能化转型

商业银行应着力统筹提升金融科技应用、业务系统和自助设备智能化水平、科技研发人员数量和研发能力等，在满足日趋多元化的客户需求的同时提升客户体验和网点效能。

一是加大对科技条线人财物方面的投入，探索通过与第三方互联网科技公司合作等途径，将网点智慧运营管理与现代金融科技深度融合，加快弥补科技水平短板，夯实科技系统对智慧网点建设的基石作用。应用大数据、云计算等现代信息技术，构建集业务接入、智能处理和精益管理于一体的智慧型运营平台，业务操作尽量由系统自主、直通完成，人工服务逐步转变工作重点，只做不得不或者为满足高价值客户要求而需要人工处理的业务。

二是加大配置智慧机具、丰富完善业务功能，实现柜面低效益繁琐交易的全面迁移和替代，释放人力资源，为网点的智能化、轻型化、营销化等转型提供基础支撑。首先，建议丰富智能设备的账户管理、投资理财、个人贷款、信用卡等业务功能，实现客户信息修改、个人贷款申请、信用卡激活及还款等客户确有需求但尚未全面布放的业务功能，同时进一步丰富缴费、银医服务等业务范围。其次，建议加强智能设备风险控制，在开卡等需核实客户身份的重要业务流程中，加入人脸识别等技术以加强客户身份的核实确认；业务办理结束后通过电子签名、客户指纹录入等环节实现有效的客户确认。

三是加强数据资源的利用水平，将科技与数据紧密整合，增强数据获取、分析及运用能力，提高"数据资源"在银行获客和产品创新等领域的运用。对交互数据、舆情分析、交易数据等进行大数据分析，打造客户全景视图，对客户进行精准划分和判断；根据大数据分析结果精准判断客户需求类型，为客户推荐真正需求的产品和服务；利用技术手段提供定制产品及服务，如利用认知计算的分析能力，为客户制定个性化的投资建议和投资组合；基于分析结果为客户提供不同服务和价格的选择方案。

2.5.3.5　以"客户体验"为核心，推动网点与线上渠道的融合

物理网点和线上渠道具有各自的特征优势，线上渠道并不能完全替代网点的作用，二者融合发展将是未来发展趋势。建议银行明确两种渠道的各自功能定位，增强互动，以"客户体验"为核心，推进线下网点与线上渠道的深度融合和一体化建设。加强线上渠道体验，实现更多业务迁徙至线上，线上渠道短期内培育直销银行、丰富个人网银功能、移动端服务简约化；线下渠道依循增、轻、智、优四大原则进行网点转型，提升网点效益及效率。

可以用"1 + N + n"模式来定义多渠道融合模式，也就是围绕一个客户（1），通过多个渠道（N），为其提供多种金融服务和产品（n）。一是通过对线上线下渠道的系统对接、信息协同、客户导流、价值分享，实现针对一个顾客的"一点接入、全渠道响应"的渠道一体化统筹管理目标。二是通过线下消费场景嵌入、线上移动终端消费端口嵌入等方式，实现渠道与金融产品的高度融合，达到顾客接触渠道即获得产品的目标。三是通过某一渠道获取顾客后，基于交易数据和金融科技支撑，描绘客户画像，定义客户标签，掌握顾客金融消费特征并动态管理，并为其推送提供符合客户需求特征的其他金融产品，提供定制式消费体验，实现客户全金融生命周期的金融产品相应覆盖。

2.5.3.6　深化业务流程的优化和精益管理，提升网点作业质效

运用精益化管理的思维和工具梳理并优化网点业务操作流程，运用指

纹、人脸影像、电子签名等金融技术手段突破纸质和人工操作，提高作业流程效率，使柜员从繁杂重复的日常工作中解放出来，向"复合型人才"转变，从本质上提升网点交易处理和客户服务质效。从部门"各自为政"转变为流程统筹管理，为流程的"端到端"的规划与闭环管理建立组织和机制保障；推动传统瀑布式开发与敏捷式开发的融合，更强调科技开发团队与业务专家之间的紧密协作；用数据和事实深入分析作业流程，找出问题普遍发生和过度耗费时间的流程环节，剖析原因，有针对性地解决问题。在银行的总行层面建立"精英化、权威化"的流程管理团队，承担起常规化流程梳理的工作。此外需建立明确的流程管理机制，在流程的前端设计准入、需求统筹、跟踪评估、持续优化等端到端的管理环节中，流程管理团队能够深度介入并发表专业意见，统筹 IT 系统需求、统一凭证及协议要求、规范操作流程及对客户的话术等，确保运营流程的标准、高效。

2.5.3.7　建立合适的培训、考核和激励机制，强化员工的价值创造能力

网点转型与效能提升需要强化网点人员的综合业务能力，特别是营销能力，促进价值创造，而这需要构建合适的培训机制、考核机制、激励机制等。一方面，建立系统化的网点员工业务能力培训体系，促进员工向复合型人才转变。可采取内训和外训相结合等灵活实用的培训形式，加强对柜员、大堂经理及客户经理的"一岗多能"业务和技能培训，提高营销人员交叉营销、联动营销能力，促进操作性人员向"以销售服务为主、交易处理为辅"的综合服务人才转变。另一方面，通过建立网点员工价值创造的考核激励机制，保障网点向营销主导型转型的成效。以厅堂服务模式为平台，考核机制更倾向于强化营销服务前台、简化传统业务处理后台，促进前、中、后台步调一致，精准定位价值创造的每一个环节，以量化细分每一环节的价值贡献度，激发网点员工的价值创造能力。

2.6 探索构建"智慧运营"体系，塑造敏捷运营能力

当前信息科技进步在企业生产和居民消费中的应用已经处于指数级扩展，正在使企业生产方式和居民消费方式的智慧程度不断进化升级。影响企业竞争成败的关键已经从"旧木桶原理"转变为"新木桶原理"，亦即"木桶能盛多少水不在于短板有多短，而是长板有多长"。与此同时，中国银行业正在经历客户行为、竞争格局、监管要求与技术应用四大关键驱动力的巨大变化，运营转型是必要要求，同时也将为银行在成本节约和销售潜能释放方面创造巨大的价值，并将统筹提升端到端流程的质量与效率，释放销售潜能。银行获取、服务客户的场景和方式也相应发生改变，商业银行只有不断提升运营能力的智慧程度，提升敏捷运营能力和水平，实时智能响应客户需求，方能有效应对"新木桶原理"下的市场竞争挑战。营运工作下一步的方向，是运用一些精益管理方法，以提高线上化、智能化为重点，向敏捷化方向推进，以敏捷的营运能力去支持提高服务实体经济的质量和效率。

2.6.1 银行运营管理的环境巨变

2018 年在上海举办的亚洲消费电子展（CES Asia）展示了智能家居、汽车科技、智能影音以及智能机器人等多种领域的最新黑科技。例如，擎朗智能的花生系列机器人体现多机协作、智能避障、高效运行等突出特点，未来将会被广泛应用于酒店服务、广告营销、点餐配送等生活场景中；科大讯飞全新一代智能语音控制系统，凭借 33 种语言翻译、多种联网方式、拍照翻译等创新功能，一举包揽 CES 创新奖、最佳人工智能产品奖、用户

选择奖三项大奖。这些新技术的应用使得企业生产和客户消费智慧程度不断提升。

在这种科技拉动的客户体验环境下，客户希望在消费场景获取金融服务时也能获得一致的、流畅的体验。譬如客户从途牛网购买旅游服务时，选择了某银行的旅游信贷分期，在途牛网上完成了一系列前期步骤，按预约前往银行线下网点换取目标国家货币时，客户希望到达网点即可立即通过手机预约信息提取现款，而不希望银行网点的流程衔接再出现其他不必要的手续。而实现这种弹性边界、无缝连接的背后，是金融科技在银行前中后台的全面应用，促使银行不断提升运营智慧水平。例如在前台，商业银行运用社交网络媒体、移动技术、APP、刷脸等项技术，在实时捕捉客户消费旅程和企业交易情境的同时，将银行服务从传统的网点转向线上线下结合以及移动网络平台；在中台，商业银行运用 API（Application Program Interfaces，应用程序接口）和即时网络连接等技术，将银行转账、付款、查询等一系列服务功能实时嵌入客户消费和企业交易场景；在后台，商业银行运用云计算、大数据、区块链、人工智能和机器学习等项技术，在智能分析的基础上，实时感知和响应客户个性化需求。

由此，不仅银行前台业务部门因产品服务创新对于运营部门响应效率的要求在不断提升，银行的产品服务创新所引起的运营流程设计和对接还需要与外部商业伙伴协同进行。在上述科技拉动的协同创新过程中，传统的"不出错，保证系统稳定"的运营管理理念已很难适应外部经济环境的变化，而科技进步的引导与运营管理的支撑变得缺一不可。科技的引导作用在将长板拉长，与此同时，也需要智慧运营的能力支撑，这个支撑能力不仅在于将长板与短板弹性边界、无缝连接的能力，使内部合作伙伴在价值创造运营支持上密切协同；还在于使长板积木的倾斜度永远大于零度，运营风险将得到有效控制。

商业银行运营转型通过相似环节集中处理及管理，增加标准化、规模效应、资源和最佳实践的分享，实现平台共享，持续降低与业务处理相关的营业成本，保障利润率。运营转型通过流程优化缩短面向客户的流程时间和业务处理周转时间，在业务量上升的同时控制人员总量，释放更多资源至销售咨询和高价值客户服务，银行运营板块要进行综合性、前瞻性的整体规划，运营管理的思路迫切需要从被动响应转变为主动影响，平衡效率、风险和质量。提升客户体验，增加银行收入。

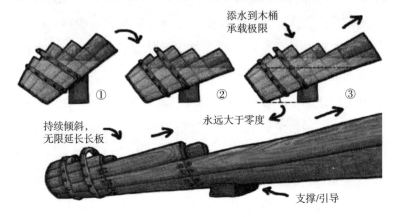

新木桶原理：木桶能盛多少水不在于短板有多短，而是长板有多长。

图 2－2　新木桶原理图示

2.6.2　商业银行运营转型趋势

银行业运营转型经历了几个阶段：从分散运营到集中运营是运营 1.0 阶段；之后进入以智能设备和线上化为特征的"智能运营"，以及以精益化管理和流程优化为特征的"卓越运营"并行的 2.0 阶段；当前，一些业内领先银行已经向以集约化、数据化、自动化、定制化等为特征的智慧运营 3.0 阶段迈进。

2017 年底，波士顿咨询发布的《智慧运营：银行业竞争的下一个决胜之地》研究报告提出，由于行业环境变化及价值导向，中国银行业在客户行为、竞争环境、监管政策、技术进步等因素驱动下，运营转型必将成为大势所趋。报告认为，中国银行业运营正从"集中运营"阶段向"精益运营"和"智慧运营"阶段迈进，并因为有更好的信息技术基础作为支撑，有很多国外银行的前车之鉴，很有希望实现弯道超车。这背后本质上是运营体系接触层、交付层、管控层等三大维度的全面转型，并提出三大层面上银行业转型的六大趋势：接触层：线上化、定制化；交付层：自动化、集约化；管控层：云端化、数据化。

2.6.2.1 接触层：线上化、定制化

客户和银行的接触界面及触点趋向多元化，移动银行、呼叫中心甚至公众服务号等线上渠道取代传统渠道成为客户和银行往来次数最多的渠道类别。打通线上全流程，支持更多业务迁移到线上渠道是大部分银行过去建设的重点。传统的线下渠道也将越来越具有线上形态，呈现无纸化、电子化趋势。将线下手工流程转移至线上，在提高流程效率、优化客户体验的同时，也可以为后续的处理工作省去资料流转、录入、复核等多个环节，并提高数据质量。

在数字化企业的驱动下，客户对"定制体验"的要求标准日益提升，不仅体现在根据客户细分为其提供差异化的产品，进一步体现在人性、定制的交互界面和服务。伴随大部分简单业务迁移至线上，网点的定位和功能将由服务职能为主向营销和咨询服务职能为主转变，定制化、人性化的服务体验将成为提高客户忠诚度、提升品牌的重要抓手。在智能分析的基础上，银行需要实时感知和响应客户个性化需求。

随着互联网金融的迅猛发展，以客户为中心的场景化、可定制化、线上服务成为当下金融企业运营转型探索的新潮流。支付宝的医疗服务系统整合了医院挂号、候诊、缴费、验单查询等流程服务，解决了病患就医过程中为不同事项重复排队、等待时间过长的痛点问题，同时银行运营直接无缝嵌入在医疗服务全流程的各个环节中提供最佳体验的金融服务。银行的业务营运体系与外部 APP 的衔接直接创造了价值。领先银行已经闻鸡起

舞，陆续推出线上预约开户功能，除了实现对账户资料拍照上传、预填写部分开户信息外，还将在线视频录制、身份核实等部分线下审核功能迁移到线上，一定程度上提高了到柜面办理业务的效率。

2.6.2.2 交付层：自动化、集约化

伴随客户旅程的数字化渗透和技术创新的不断突破，未来服务交付层将逐步转变为"智慧工厂"，在风控合规的基础上，实现作业处理的高度自动化、集约化，而人工服务逐步转变工作重点，将专业交付与高端服务作为主要工作，只做不得不或者为满足高价值客户的要求而需要人工处理的业务。自动化和集约化的合理布局在降低运营成本的同时极好地提升了服务效率和质量。

随着线上业务占比的大幅提高和前台流程数字化的渗透，前后台直通式、自动化作业处理将成为重要方向。在前台电子化信息采集后，通过前台与后台作业系统的整合，实现不同系统信息的有效对接与切换，建立覆盖端到端流程的电子化工作流，真正实现业务处理的直通处理。在加强流程自动化的基础上，在系统中加入逻辑判断，综合考量操作效率、成本投入等因素之后做出规划和布局，实现部分风险点的识别从人工控制向系统控制转变。

"集约化"不再一定需要物理上的集中，作业资源的共享和调配可以通过"逻辑集中"的方式实现。通过搭建共享的运营管理平台，使不同地域、不同层级机构的运营资源相互支援，提高资源调度弹性。国内大型银行已积极尝试建立"一体化云生产平台"，在保持部分二级分行运营人员"人不动"的情况下，充分打通跨地域、机构层级的运营资源，实现"逻辑上"运营大集中。

"自动化与集约化"更离不开持续推进的工作意识和创新的工作理念，应主动在公司贷款、按揭、消费贷款等更多的业务领域持续推动、加强创新。澳大利亚某银行，在战略重点领域进行了涉及 12 个客户群的流程优化，

大幅度提高服务实体经济的能力。汇丰银行是业界公认的在运营管理方面集约化方面做的是最好的，不仅仅是零售及财富管理、工商金融、私人银行、资本市场四大模块，承担专业化服务职能，同时也涉猎了一些综合支撑保障，比如支持人力资源、系统资源、安保、采购，还能够为部门提供数据为主导的精准分析，包括数据挖掘。

2.6.2.3　管控层：云端化、数据化

管控层是整个运营平台的"神经中枢"，在接触层和交付层转型的驱动下，管控层的功能也将由运营风险控制为主向任务管理、风险控制、数据分析与反馈的综合功能转变，呈现"云端化"和"数据化"的发展趋势。

逻辑集中下的"集约化"作业将成为处理层运营活动重要的发展方向，而"云运营"管理平台的建设是实现"集约化"作业的关键，旨在通过资源组合方式的优化和资源投入的统筹安排，提高运营体系的整体效能。虽然在银行运营领域，"云运营"的概念还未广泛落地，但在其他行业早就有成熟应用。

运营管理平台积累了前后台广泛的渠道、客户、作业数据，运用数据来驱动下一代的"智慧运营"至关重要。通过大数据分析帮助银行在流程优化、产品创新、服务目标客户、引导客户转移、减轻网点压力的同时更保障了客户体验。

领先银行利用 AI、大数据、云计算等技术推进"管控层"的敏捷能力建设。依托企业级管理理念，建立标准化、模块化、参数化的业务模型，形成企业级统一客户视图、统一产品视图、统一员工视图、统一机构视图、统一数据视图。同时，通过外部渠道引进工商经营信息、企业重大事件等客户相关信息，通过建模进行深度加工、整合和量化分析，构建可视化的客户关系价值图谱，完成从原始信息到企业关联信息、潜在商机、风险预警数据的挖掘，应用于前台营销获客、中后台风险管控、反欺诈等领域。

2.6.3　商业银行运营管理的能力"短板"

面对金融科技的拉动，以及金融监管规则剧烈调整的推动，部分银行仍在通过"裁枝剪叶"降低运营成本以应对新的经营环境，最核心的问题在于"缺乏企业级业务架构管控"以及"按客户旅程梳理优化业务流程"，制约着服务实体经济效率的进一步提升。

2.6.3.1　运营体系无法满足银行业整体发展的需要

在国家"十三五"规划期间，各商业银行均提出了较为远大的战略发展目标。战略目标对银行运营管理提出了更高的要求，诸如有效消除银行内部不增值或负价值的活动环节，改善生产效率，降低运营成本，创造竞争优势，同时还需要提供领先同业的运营支撑能力。然而，传统银行营运管理职权范围有限，大多局限在某业务条线视角、局部的流程操作环节，缺乏基于一个客户完整需求实现的，对端到端流程响应和优化的整体性界定；更难以站在银行企业级视角，对因金融监管政策推动和信息科技拉动引发的，对零零散散的各类信贷审批中心、内控中心、运营操作中心流程、角色、职责定位的动态整合能力。

2.6.3.2　运营模式无法有效满足客户差异化需求

在产品日趋同质化的金融市场上，针对小众群体、客户定制化需求的识别和响应，是商业银行供给侧结构性改革的新蓝海。银行缺乏企业级产品目录的规范和动态管理，亟待改进内部流程服务标准化、组件化、数字化水平，以适应快速设计、测试、开通运营服务流程模块新组合的能力。但传统的营运模式却疲于奔命在"无差错、无风险"的运营底线上，在精力和能力有限的情况下，在"以客户为中心"方面力所不及，难以及时响应客户提供差异化的金融服务需求。

2.6.3.3　运营能力难以适应数据提取和分析的需要

在数字化竞争环境下，一家有竞争力的银行需要具备客户画像、企业价值链信息整合能力，也需要拥有客户需求定位、风险预警预控能力。而很多银行仍然采取抱残守缺、得过且过的态度，守着一大堆竖井式系统，以外包方式，采取不断打补丁的方式暂时满足业务创新的需要。既不建立企业级数据标准，不采取措施对一大堆不断增加的新竖井进行企业级整合，也不采取业务、IT 协同方式，为银行搭建连接众多互联网商家"超级纽带"进行业务整合平台建设。长此以往，其数据提取和分析运营能力必然难以适应市场竞争的需要。

2.6.3.4 运营作业不能有效释放网点的核心价值

网点作为最昂贵的渠道之一，应成为银行的产品体验和销售中心，致力于提升品牌价值、获取客户、深化客户关系、增加销售收入。当前商业银行在网点资源应用上存在较为严重的问题。受传统业务流程制约，网点人员 80% 的精力仍主要集中在低附加值业务；受互联网环境快速发展影响，很多年轻客户多是通过电子渠道办理业务，滞留在网点的客户多是老年客户。因此，要想使最昂贵的渠道转化为最有价值的渠道，一方面通过运营改革，精简业务流程，有效消除或减少低价值活动，另一方面应加强网点的个性化服务，进而吸引更多的高端客户光临和感受网点服务。

2.6.3.5 运营部门间合作缺乏统筹管理和有效协同

银行运营与业务、科技等条线部门间尚未实现充分且有效的协同合作，是制约银行运营管理质效的重要因素。以企业开户业务办理为例，往往因为业务部门和营运部门缺乏有效的动态沟通协调机制，客户经理对业务办理制度流程、所需材料、注意事项等未能完全清楚，导致业务办理出现作业反复现象，严重影响作业质效。又如，由于柜台人员和大堂经理隶属不同条线部门，员工管理和考核体系并不一致，导致不能有效协同开展厅堂一体化。

在业务流程优化和产品创新方面，由于各条线部门间本位主义较强，缺乏统筹管理机制，导致协调沟通难度较大，问题解决方案难以统一和落实，业务流程优化迟迟无果，一定程度上影响了业务营运管理工作效率。究其原因，银行营运管理职权范围有限，局限在某业务条线视角、局部的流程操作环节，难以站在银行企业级视角整合各类资源推动运营管理工作。

2.6.3.6 运营人员培训和晋升激励机制有待建立健全

一方面，面对智能化带来的冲击和银行业的加速转型，网点营运人员转向营销岗是必然趋势，但商业银行尚未对此建立起完善的配套绩效考核和激励体系，员工转岗营销业务还没有做好充分准备。总行可统筹建立健全系统性的培训机制，包括培训机构设立、培训虚拟业务系统构建、培训师资队伍建设、培训内容标准化、培训方式多样化、培训计划组织常态化等。另一方面，营运基层员工流动性大，职级晋升渠道亟待拓宽。职级空缺少、晋升困难，薪酬水平不高，导致员工岗位和职级不匹配，影响员工的工作积极性和稳定性。网点人员流失率近年来呈现不断上升趋势，培养的优秀人才一方面内部向上流动，另一方面也向外部同业或相关行业流动。因此，有必要理顺明晰营运专业条线的职级晋升通道，实现岗位与职级的匹配对应，做到在岗位履职即享受对应职级。

2.6.4 商业银行建立运营管理"长板"的领先实践

众多国内外先进银行，都曾经历了一段资产规模快速扩张的时期，并顺应形势变化及时进行转型，走出运营领域在银行业组织内部定位低、定位不清晰的困境，将全行的价值创造与运营支撑进行统筹，从服务效能、服务质量、劳动组合、风险防控等方面着手，不断提升运营集约化、智能化水平。促进了盈利水平、费用效率、资本充足率的持续提升，实现可持续发展能力的提升。而如今，银行家需要思考的是，"如何扬长避短，避免把银行内部的管理问题在外部客户面前显性化"。

2.6.4.1 以权责清晰的管理架构奠定运营体系良性发展基础

国内外领先银行将运营转型作为一项全行性的、长期性的系统工程，打破原有管理模式，在整个银行范围内对运营架构作出重新的规划和设计，对运营管理边界和模式重新界定，包括网点管理、流程设计、风险防控、服务支持、质量效率、成本控制等方面，进行前瞻性的架构和规划，切实推进运营服务体系的变革。

1. 公司化运作配置全功能运营服务能力

欧洲 SC 银行在集团加速区域扩张的背景下，于 2001 年建立了位于印度的第一家渣打环球商业服务中心（以下简称 GBS）支持其区域战略，经过十几年的发展，最终形成集团专注地区战略安排，业务线为主，区域分行为辅，商业服务中心提供支持的战略模式。GBS 采用公司化运作，为集团提供现金管理、贸易运营、零售及个人银行财富管理、客户尽职调查、金融犯罪调查、集团财务、人力资源共享等服务，并负责为集团运营提供从设计到实施的 IT 解决方案。欧洲 SC 银行集团业务线主要负责制定业务发展战略，提出发展计划与目标，对分行及 GBS 进行业务指导。GBS 为集团业务线及分行提供银行营运服务、软件开发及共享支持服务，实施流程化、标准化管理，使客户在全球体验到统一且高质量的服务。

欧洲 SC 银行在全球共有 3 家 GBS，分布在印度、马来西亚和中国，员工有 2.5 万余人，占员工总量的 31.25%。3 家 GBS 中心服务覆盖区域存在交叉，但又各有侧重，如 GBS 印度主要服务南亚、中东地区，GBS 马来西亚主要服务于东南亚地区，GBS 中国主要覆盖大中华区，均为独立的子公司，在组织架构、业务范围、管理模式等方面基本相同。出现系统、网络故障或其他特殊原因导致的应急情况时，三家 GBS 之间可相互支持、互为备份。例如受 2015 年天津空港 "8·12" 爆炸影响，GBS 中国 50% 业务分流至印度和马来西亚处理。

GBS 设置 1 名总经理兼执行董事，统筹管理集团的业务运营、技术支持、合规监管三大功能团队。一是业务运营团队。重点围绕零售和批发业务板块提供流程处理及操作服务及客户电子渠道咨询服务。服务范围涵盖：

现金管理服务、贸易金融服务、零售及个人银行财富管理服务。二是技术服务团队。负责为集团运营提供从设计到实施的 IT 解决方案，包括软件开发、系统服务，包括参与核心系统的开发。集团负责业务需求分析、项目管理，GBS 负责具体技术开发实施。此外，负责运营中心内部流程的不断优化，降低成本和人员压力。三是合规监督管理团队。负责全球银行运营部为个人及企业客户提供账户开立、信息维护、销户等相关服务，并提供对公对私尽职调查和反洗钱调查，集中对系统筛查的警报进行审核调查处理。

2. 体内条线统筹管理推动部门间协作互助

欧洲 DB 银行经历了二十几年的发展摸索，从在岸集中运营到离岸中心建设，建立了完善的集约化运营管理结构。设置全球首席运营官（以下简称 COO）统筹管辖全球运营中心运营、需求采集和需求实现等工作。全球运营中心采用统一组织架构、管理信息、作业系统，COO 对全球运营中心成本及人员配置有全局观，实现成本的最高效科学分配。运营中心作为唯一的需求接口充分收集理解业务部门和职能部门的 IT 需求，主导全球成本控制项目，分摊成本缩减指标。此外，COO 条线设置流程管理部门，负责定义流程设计原则和标准，实施端到端的流程管理。

3. 部门职权集中推动团队高效协作

针对物理渠道的管理分散在多个业务部门、前台柜员处于多头管理之下、运营效率低下的情况，某国有大型商业银行在原来营运管理部的基础上重新定位、整合而成"渠道与营运管理部"。统一了物理渠道规划建设、网点分类管理、内部功能分区、自助业务、网点服务、柜面业务、综合营销支持和检查督导等管理职责，形成了"营运＋渠道"的管理整合，消除了原来不同部门职责的交叉重合以及管理空白点，提升了管理效率和执行力。

另一家国有大型商业银行营运部自 2009 年实施一级分行层面业务集中

开始，通过业务集中改革、远程授权改革、风险监督体系改革三项举措，初步搭建总行统一规划、系统平台逻辑统一、物理分散的集约运营体系架构。营运部主要配置了运营体系规划、员工劳动组合管理设计、风险分析评估及督导检查、稽核模型研发、自助设备及金库管理等工作职责。2010年，该行开展流程综合改造工程，营运部成立流程管理处室，收归全行柜面业务流程统筹管理的职责，改变了各部门流程设计各自为政的局面。各层级分工明确，相互间紧密协作；不断完善业务运营的集约化、专业化、标准化水平。

2.6.4.2 通过流程再造助力运营效率持续提升

国际领先银行在20世纪90年代初期开始实施作业集中建设。实现集中作业、集中授权、集中稽核、集中监控、集中配送，业务运行处理速度显著提升，切实提升了柜面服务质量、效率和客户满意度，也进一步释放前台人员资源。随着运营改革的纵深推进，有些银行借助精益管理、精益生产，不断推动流程优化，实现资源的最大共享和最优配置，获得更加显著的规模效益和成本控制能力。

1. 强力企业级流程管理职能，助力银行实现高标准、高稳定、高质量的运营目标

欧洲DB银行中心流程管理部汇集了各业务运营领域专家，为运营革新提供标准和原则支持，并作为项目经理，统筹协调各方以推动项目实施。具体工作内容包括：为所有流程相关事务提供指导意见，对所有新流程和流程变更进行认证，建设流程模型，把所有业务流程纳入一个集中的数据库，有选择性地支持流程设计和流程实施；确保流程优化工作达到并保持既定的运营效率和质量目标，确保业务端到端流程的标准化程度和稳定性。

在高效的流程管理机制下逐渐打造形成"三中心"的服务能力，切实提升服务效率和客户体验。一是作为业务处理中心。除了不能为客户开户和办理现金业务，可受理客户在物理网点提交的业务申请，同时延长服务

时间受理自助设备发起的业务申请（周一至周五早上 8 点至 20 点，周六、周日早上 9 点到 15 点），中心服务人员主要来自网点裁撤人员。为客户提供更为灵活的服务时间，在空间和时间上提升银行的服务广度和深度。二是作为线上线下服务协同中心。协同银行各线上线下渠道，为客户提供立体服务。衔接数字化平台，促进线上线下融合。填补手机银行、网上银行的服务局限，为客户解决线上办理业务过程中遇到的问题。三是作为远程服务中心。随着银行产品的不断线上化，客户逐渐接受并依赖于线上服务，网点访问急剧减少。如设在境内的中心为德国境内个人和中小企业客户提供非现金银行服务，处理客户基本业务需求。例如激活、修改个人信息等，对于高于 250 万欧元的企业客户直接接入分行专属客户经理提供服务。此外，也可通过视频方式为客户提供面对面的银行服务。结合生物识别等技术应用，打破设备的物理限制。日前，欧洲 DB 银行正着手研究手机银行和网上银行发起的视频服务。未来欧洲 DB 银行客户将可实现在全球任何地点以"屏幕对屏幕"的方式使客户获得与"面对面"体验一致的银行服务。

2. 打造标准化运营平台，实现生产资源的融合互通

渣打集团不断优化 GBS 组织结构和系统功能，以促进作业标准化和规模效益。在集中初期，按照国家分大组，下设产品小组，后期不断促进各国家业务的作业标准化。目前采用以流程而非产品为单元组织管理，淡化产品概念，以同质流程形成标准化运营平台，提高了生产资源复用和流程效率。例如，交易银行部负责业务标准化处理，在录单过程碰触反洗钱提示后，系统会将该信息传递至金融犯罪调查部做后续处理，包括联系业务线提供更多信息和各区域风控部门沟通等，各个运营服务平台之间是有机联系的。

3. 从局部到全局稳步推进流程优化，逐步建立完善的企业级管理能力

（1）运营集约化实践历程

2009 年至 2014 年，某国有大型商业银行以过程风险管控为主线，通过

业务集中改革、远程授权改革、风险监督体系改革三项重点运营改革举措，初步搭建总行统一规划，系统平台逻辑统一、物理分散的集约运营体系架构。全面规范网点业务，显著提高运营质效，柜面操作风险得到有效控制，替代柜面人力约 4 万人。2014 年开始，该行通过柜面无纸化、电子印章、柜面岗位整合等举措，进一步规范、完善柜面管理。其中梳理全行 700 多个交易场景，对其中高频业务（占总量 80% 的业务）进行了组合服务改革，通过双屏交互、电子签名确认的方式实现了业务无纸化办理。如该行通过两年时间完成柜面组合服务改造，改变柜面多次授权、客户多次输密签字确认的现状，将业务组合为柜面一次授权、客户一次输密及签字确认的流程。在组合交易模块化基础上，仅改动确认模块、输出模块，即实现了双屏交互，柜员可通过终端与客户交互确认信息。并在此基础上更进一步，改动凭证输出模块，实现了业务无纸化办理；采用柜面用印机和电子印章方式，对柜面核算印章的使用进行电子流管理，目前已完成全行所有印章的电子化管理，包括个贷、信用卡、行政印章等，并对协议进行统一电子流管理，全面规范协议用章；为进一步整合柜台人员，优化柜面劳动组合，该行对柜面岗位进行了整合，将最早七大类岗位整合四大类岗位。如"大堂经理、服务经理、柜员、服务支持岗"将统一整合为"客户经理"。

　　某国有股份制银行是国内营运领域转型的另一个探路者。自 2004 年，该银行的母集团开始推进营运跨子公司的大集中，包括其旗下当时规模尚小的保险、银行等子公司，不仅涉及跨区域的物理集中还有逻辑的集中、系统的集中、管理的集中，包括它的客服中心，逐渐衍生至文档作业、文档录入、保险理赔查勘、银行以及后续申请其他经营牌照，以一个账户能够支持多个产品的一站式服务。这个集中逐渐从保险到银行再扩展到其他的机构，成立了营运子公司"集团金融服务公司"。例如集中后的呼叫中心最高峰时有 5 万名员工，承担电销职能。但 10 年后，在 2014 年，该集团将部分已经集中的业务模块又还给了各专业子公司。那么为什么把一些已经集中的模块又还给其他事业线？这不是简单的还，也不是都还，不是一个挫败和倒退，而是三种走向：其一，已实现运营的标准化、线上化、智能化的营运流程，那些更适合标准化、线上化操作的业务直接交给智能设备、信息系统去处理。其二，一些监管明确要求专业化隔离的以及个性化的问题还给各子公司去处理，比如，在前两年探索集成了银行、证券、信托、保险的"金融超市"，由于受到监管政策的制约调整回去；又如，不适合用个人手机拍照进行车险理赔的案例，可能存在欺诈行为，需要进一步专业判断的问题还是还给了各专业模块。其三，仍需跨子公司集中作业的业务交给"金融服务公司"去"内包"，代替过去的"外包"，"肥水不流外人田"。判断哪些应集中、哪些要个性化处理，有两个方面的原则：一个是集中以后效益是否最大，成本、质量、效益、风控能力是否有所提高；二是负面影响是否足够小，体现在客户的体验、变革的成本、业务的连贯性及复杂度，等等。

（2）整合明确流程管理权责，构建科学的流程优化工作机制

该行在前后台分离改革之后，开展了为期三年的流程综合改造工程，并进一步明确了流程相关工作的职责范围。一是业务部门负责产品设计、提交业务需求、组织测试、投产、推广等工作。二是运行管理部负责全行对公、个人条线柜面业务跨系统、跨渠道、跨产品业务流程的整合与拓展，包括柜面流程标准制定、交易流程全生命周期管理、流程效率安全综合评价、流程优化方案审定等内容。针对能够合并开发的项目，统一规划，节约资源。三是分析技术部门评估方案需求的技术可行性并进行实施与项目研发。

该行建立企业级流程模型数据库，运用模块化设计理念，实施柜面组合交易服务改革。通过抽取柜面交易中涉及柜员操作、客户服务、业务管理、风险控制等公共流程，开展客户识别、操作、确认、配款、核查、授权、输出、评价等环节的模块化设计，参数化定义各个流程环节管控规则，

形成交易共用流程框架。对柜面交易流程设计模块实施清单化管理，能够根据不同业务场景，勾选不同模块化组件，实现产品快速创新、系统快速迭代更新的目标。

一家俄罗斯银行的信用卡业务申请，在过去客户需要填写70多项信息，通过流程优化缩减到28项，后来又缩减到14项，并制定了新的审批策略，现在只需要一份材料和身份材料就可以办理信用卡。信用卡配送方面也组建超过20个当地配送中心，卡片实现了当日送达。改造完成以后，线上信用卡发卡量翻倍，超额完成效率提升目标，单笔成本降低50%，这就是流程优化的效能。

2.6.4.3 科学的效益成本考量，助力银行运营从"成本中心"蜕变为"利润中心"

银行运营以价值链理论为基础，以客户为中心，依据"端对端"思路，梳理和设计业务从投入到产出的整个活动链条，尽量消除或减少低价值或不增值的活动环节，消除冗余、降低浪费、提高效率，最大限度地实现业务的集约化处理。并在过程中，与业务部门携手共建利益共同体，依托科学的成本计量和评价考核工具，共担业务风险和收益。

1. 分步推进，确立运营中心的核心地位

欧洲SC银行GBS经过十余年的建设，循序渐进推动集中，清晰定位于管理欧洲SC银行成本、专注于规模效应与流程重新改造、提高稳定性与营运风险管理、改善客户服务、推动创新、提升产品上市速度。业务承接由易至难，分步推进，降低了欧洲SC银行推动运营集中的阻力，也为自身发挥价值创造争取了机会。例如2001年建立印度清奈GBS时，各国分行均有所抵触，集团高层实施强力支持和推动，通过签订服务水平协议等措施打消业务线对GBS服务水平的担忧。又如承接反洗钱业务时，开始只做相对简单的系统录入处理，后来随着专业能力的提升，逐步承接了制裁名单筛查与客户调查等工作。

2. 分工协作，共建利益共同体

GBS 内部有技术团队和业务部门形成利益共同体，共同寻求提升效率降低成本的举措。渣打集团的业务与技术部门融合度很高，一是从集团层面看，全球 CIO（技术与营运总监）统领各区域运营与技术，共同制定业务集约化规划，与业务线沟通需求，主要负责新业务集中；二是从运营中心层面看，技术人员不仅负责新业务承接所做的系统改造，还有专门团队负责业务承接后的运行管理，能站在中心角度持续优化流程提高效率；三是以业务需求为主，采用敏捷开发方式，灵活引入机器人流程自动化（RPA）等新技术，用于解决外部数据共享问题，由机器人替代人工自动抓取数据，提高业务处理效率。

3. 量化业务指标，与服务对象共担风险和收益

GBS 通过与服务对象签订内部服务水平协议（Service Level Agreement）收取服务费用，明确作业量化指标（如服务时间、准确率等）和单笔业务价格。服务协议随业务规模、服务品质、市场环境等情形变化而定期更新。运营服务按业务单价收费，由 GBS 按照业务复杂程度、处理难度拟定，包括人工成本（人工成本占单价的 70%）、固定资产、费用等，加 10% 利润空间（利润上缴集团）；技术服务按照人/天收费。集团制定指导价格，GBS 与业务线在框架内谈判，达成一致后签订服务协议。

4. 科学考核与评价，助力运营能力持续提升

GBS 积极强化内部流程、优化 IT 团队的服务能力，持续运用自动化新技术，提高生产效率，降低运营成本，维持团队的服务质量，吸引更多业务线选择到该中心投放业务。GBS 中国近几年努力保持了单价不断降低。同时，GBS 建立了生产力和成本两方面指标的评价体系，有效考核和促进了团队的工作能力。此外渣打集团根据业务线提出的集中需求整体规划，分析下一年度各个 GBS 人员需求，测算成本，核定各个 GBS 中心用工规模，实现资源的科学投入和配置。

5. 强化员工培训，实现科学职业生涯管理

欧洲 SC 银行集团全球组织与发展部为员工统一设计课程，按入门、中级、高级定制专属培训计划。通用课程包括反洗钱基础知识、信息安全、领导力发展等，每个服务团队都需要学习。在专业技能方面，为员工提供专业技能认证、轮岗机会，建立对管理人才的培养考核机制，95% 的管理岗位均从内部选拔。

2.6.4.4 高度重视智能科技应用，助力银行运营踏入智慧运营高地

业务集中、流程再造、运营能力持续提升都离不开科技的支持，国际领先银行借助科技力量打造要素分离、岗位制衡、支持并行处理的全新业务平台，在时间和空间上实现业务流程分离、重组，建立"资源共享中心"的集约化经营运作模式，并不断提升自动化和智能化水平，实现了高水平的操作风险集中控制能力和高效的业务处理能力。

1. 携手外部优势资源，及时把握先进科研产品

欧洲 DB 银行于 2015 年建立了数字化工厂，与美国麻省理工学院（MIT）合作，运用先进的金融科技方法研发数字银行产品，确保在金融理念与科技竞争中的行业领先地位。数字化工厂的定位是成为银行创新、数字化和流程再造的驱动力。汇集了欧洲 DB 银行来自 14 个国家和地区的约 400 名业务与技术人员，组建 40 余个工作组，与不同业务部门对接，收集、评估全行提出的电子银行需求，进行敏捷开发、测试、上线等工作，转化为提供给客户的产品和服务。其在 2017 年投放的"多银行、多账户聚合功能"，实现客户在欧洲 DB 银行和第三方机构开立的银行账户、证券账户、贷款和信用卡账户信息统一展现于欧洲 DB 银行的手机银行以及平板、台式电脑上。这一产品及时把握客户信息，及时与相关方沟通建立业务连通通道，及时完成产品开发，抢占先机较好占领市场份额。手机银行的未来发展方向是建设成为移动渠道的 API（应用程序接口）商城平台作为超级纽带，收录第三方优质金融服务 APP，为客户提供一站式服务。

2. 智能作业监控，确保业务交易连续高效运转

利用信息化的手段，将业务流程活动的关键控制点设置于系统内，如对业务合同的多级联动审批、信息完整性检查、部分信息合规性自检、额度上限控制等，不仅提升了操作的透明度，改善了信息不对称的情况，而且增强了内部控制有效性，实现了业务工作流程、信息流及各类金融资源的有机结合。各家银行纷纷将部分重点关键环节的风险通过流程硬控的方式嵌入业务流程进行了优化，有效地防范操作风险。欧洲 SC 银行加强对数据的利用程度，极好地体现了智能数据挖掘分析能力。位于 GBS 马来西亚的 CNC 监控中心，是集团全球综合人工智能与控制中心，是集团的神经中枢。其首要目标是利用先进的技术，监控集团所有交易数据及运营情况，并对异常预警进行快速响应，统筹调控，防范风险，确保交易连续性。同时，监控中心还可将 GBS 某部门的某一产品实时交易运营情况、交易情况以数字可视化方式反馈至作业现场，便于作业管理人员及时掌握业务生产情况，灵活排班管理。

3. 智能机器人应用于客户服务中，促使服务形态不断向自动化、智能化、人性化发展

在海外，自动化方向是将机器流程自动化（RPA）技术应用于银行运营流程。例如澳大利亚第四大银行——澳新银行，足迹遍布 33 个国家，已经建立 4 个海外服务中心拥有约 10000 名人员。澳新银行希望采用 RPA，解决运营流程中手工作业效率低及体量管理不灵活的问题，减少其海外服务中心成本同时提升客户体验。从 2015 年 2 月开始的 12 个月里，澳新银行与 RPA 技术供应商 Automation Anywhere 公司合作进行解决方案设计、实施及一线培训，将 RPA 成功应用在超过 235 个自动化流程中，部署了 1000 台机器人来代替原有的 3000 名全职员工，并将这些员工重新部署到具有更高价值的岗位，降低错误率，并节约了逾 40% 的成本。目前应用的流程分布在贷款、薪资管理和人力资源操作等领域。

在国内，智能设备越来越多被使用在工作生活中，小米公司的"小爱同学"不仅可以控制多种智能设备，也可通过语音识别完成主人交办的各种指令。阿里巴巴不仅在医院的领域，同时在淘宝、天猫、闲鱼、菜鸟、阿里旺旺等客服工作，都整合成客户体验事业群，并使用大量的人工智能替代人工服务，开发了阿里小蜜智能人机对话体系。在 2017 年"双十一"当天，总的服务人数为 4000 万人，总的问答数是 1.2 亿次，智能服务占比为 95%，只有 5% 的消费者问题需要人工回答。

某民营银行智能客服机器人解决了传统客服机器人对人工依赖度高、回答内容僵化、检索意图与匹配结果不符、缺少自主学习能力的问题。与传统客服机器人相比，该行智能客服机器人拥有三大不可比拟的优势。在功能设置方面，智能客服机器人拥有业务知识库灵活录入、金融类词汇自动发现、金融知识图谱等功能模块，可为用户提供 7×24 小时、高效、精准、个性化的在线咨询服务。在场景落地方面，智能客服机器人能够进行类别索引、关键词索引、精准问句匹配、推荐问题提示、完成任务型的问答。在风险控制方面，智能客服机器人完全采用自主可控的去 IOE 核心技术，摆脱对国外厂商的依赖，完全实现自主研发，降低了技术和安全风险；版本变更采取灰度版本发布机制，支持按照业务渠道、单个 DCN 等多种方式灰度发布机制，最大限度控制操作风险；使用成熟技术解决智能问答领域的部分问题，部分转化前沿技术为生产系统模块，避免落地不成熟的算法技术，严控研发风险。上线至今，该民营银行智能客服机器人已经为本行多项业务提供了高效服务，并对外部机构积极开展了技术输出。目前，该行已为 31 家合作机构提供服务，帮助其提升客服效率，获得了广泛好评。

4."定制化"的运营支持

在数字化企业的驱动下，客户对"定制体验"的要求标准日益提升，不仅体现在根据客户细分为其提供差异化的产品，更进一步体现在人性、定制的交互界面和服务。以富国银行为例，推出高端对公网银平台

"CEO"，客户可以任意自选、定制网银平台界面，在平台上用"博客"形式与客户经理、客服交互，收取针对性的产品信息及运维提示，同时后台相应业务的处理情况在界面上及时显示，前、后台交互更加频繁。

伴随大部分简单业务迁移至线上，网点的定位和功能将由服务职能为主向营销和咨询服务职能为主转变，定制化、人性化的服务体验将成为提高客户忠诚度、提升品牌的重要抓手。以马来西亚的 MACH 银行为例，MACH 银行是马来西亚丰隆银行（Hong Leong Bank）的一个子品牌，通过全新的服务界面和形象来服务对传统银行缺少兴趣的年轻客户。其客户定位为数字化的年青一代，追求时尚、新鲜事物、个性化。在服务界面上，MACH 银行的渠道也充分为年轻人定制，只有很少的实体网点均开设在最受年轻人欢迎的购物中心，并且完全摒弃了传统网点的形式，没有柜台也没有柜员，全部为自助服务和体验区。网点的设计更像是数码产品体验店或新潮的服装店，到处是画面极具设计感的触屏体验设备、精美的产品手册和舒适的沙发。可以看到，"定制化"的背后是对客群的深刻理解，围绕客群特点进行渠道、服务、流程的设计和组织。

2.6.4.5　完善员工知识培养体系，实现科学职业生涯管理

面对智能化带来的冲击和银行业的加速转型，银行员工尤其是营运员工亟需提前做好应对，从心理和业务技能上做好知识储备和能力培养。一些银行通过建立完善的员工知识培养体系，并畅通内部晋升渠道，帮助员工科学管理职业生涯。渣打银行集团全球组织与发展部为员工统一设计课程，按入门、中级、高级定制专属培训计划。通用课程包括反洗钱基础知识、信息安全、领导力发展等，每个服务团队都需要学习。在专业技能方面，为员工提供专业技能认证、轮岗机会，建立对管理人才的培养考核机制，95％的管理岗位均从内部选拔。国内某股份制银行从总行层面系统化地开展知识管理工作，将知识管理与制度、流程相结合，融入全行员工的工作过程，同时让知识管理工作与员工个人发展相结合，全员积极参与到交

流互动和知识创新中，使优秀的业务和管理经验流动起来、传承下去，为员工职业生涯发展、经营管理提升提供动力。具体举措有：在"企业大学"设立了"知识管理中心"，组织架构包括知识推进组、知识开发组以及知识支撑组；通过《知识管理办法》和《知识管理行为准则》，加强制度保障，以"知识分享＋"为主题，将员工学习积分与职位晋升相挂钩，激励全员参与；培育选拔知识管理专家队伍，包括专业技术人员、行内和外聘知识专家等；开发知识管理系统，为员工培训和自我学习提供优质平台。

2.6.5　商业银行向智慧运营转型的策略

商业银行的运营工作主要有"风控、成本效率、质量、柔性"四个目标。以往，银行运营总是围绕着全行的发展阶段及业务战略高度，寻求四个目标间的平衡。今天，技术的进步正在突破原有的成本经济学模型，通过技术应用可以实现不同运营目标间的统一，在实现运营"质量、柔性"的同时保证运营的"成本效率"。中国银行业的精益运营之旅正从"集约运营"迈向"智慧运营"。国内外银行优化运营管理的领先实践表明，商业银行应从强化顶层设计、持续扩展减负、采用精益方法、统筹流程管理、夯实基础能力五个方面入手推进"智慧运营"转型。

2.6.5.1　强化顶层设计

智慧运营可以通过技术应用实现不同运营目标之间的统一，在实现运营"质量、柔性"的同时保证运营的"成本效率"。吉姆·柯林斯在《从优秀到卓越》一书中曾经写道，"无论结局有多么激动人心，从优秀到卓越的转变从来都不是一蹴而就的。在这一过程中，根本没有单一明确的行动、宏伟的计划、一劳永逸的创新，也绝对不存在侥幸的突破和从天而降的奇迹"，因此在明确定义运营卓越的愿景之后，银行应以此为导向定义与运营转型相关的核心指标，如服务类指标（客户满意度等）、成本效率类指标（流程周转时间、运营成本等）。一方面通过核心指标的量化数据采集，了解当前银行运营的现状和实现运营卓越的最大缺口，从而更有的放矢地规划转型路径；另一方面通过持续追踪量化的运营指标，衡量运营转型成果并及时调整转型策略，确保目标导向。

在新的运营目标下，银行在未来的发展中应重视运营板块的建设，使其在综合提升全行的效率、质量、风险控制和服务方面发挥更大价值。运营板块重点通过推动前后台分工、流程统筹管理、基础能力建设等抓手推动下一代运营体系建设，引领全行实现运营转型。

2.6.5.2 持续扩展减负

基于价值链的详细合理的分工，通过对业务运营（个人业务、对公业务、金融市场等）及公共运营（风险运营、人力资源、财务、采购、科技等）价值链的分析，识别推动前后台分工的具体机会，持续为前台业务部门和职能部门减负。应用价值链分析法端到端剖析操作活动是否适合划转至运营板块时，基于两大核心原则甄选可优先进行的前后台分工机会：分工的潜在影响——具体体现在客户体验的改变、对前中台的减负能力、分工划转后的作业效益等；运营活动的难易程度——具体体现在专业要求高低、流程分工及组织成熟度、所需投资、监管或内部合规限制等。

例如，支持多渠道战略的运营体系强调的是建立跨渠道标准化的运营作业流程，以提供一体化的客户体验，提高规模效应、最佳实践运用及对风险的把控。加上对渠道的配置及功能的全盘规划，实现整合性的渠道运用，引导客户至银行希望客户使用的渠道。以国际银行为例，有些银行通过对多渠道运营的管理释放网点的资源及时间。如利用客户关系管理中心（类似呼叫中心）将网点接到的来电自动分流到客户关系中心，由电话中心员工积极为客户安排网点预约，并和网点人员共享预约记录本。目前在国内银行内部，各渠道运营作业流程设计及管理相对独立、缺少统筹是普遍实践，如运营条线承担柜面活动管理和客服中心的管理工作，而电子渠道的流程管理及落地工作则由渠道部门承接。运营作为同时管理网点流程、客服中心渠道的重要部门，对多渠道运营整合管理的推动责无旁贷。具体而言，多渠道运营体系的建立要实现两大目标：（1）强化客户体验：通过流程的标准化及客户信息打通，建立跨渠道无缝的客户体验，并协助营销用途。（2）推动资源共享：通过各渠道受理后的作业流程标准化及一致性，可推动作业最佳实践及运营资源的共享。

2.6.5.3　采用精益方法

一些银行从业者对精益管理的思想和理念其实并不了解，也不深入，大多简单理解为流程优化，其实是有偏差的。一些银行每年都在搞流程优化，而且花了不少人力物力，但是跟他们交流，他们其实对流程优化的本质并不理解，大多是在局部的操作细节上做优化。精益思想的核心是价值交付的速度，是客户价值拉动，而不是仅仅关注局部的资源使用效率。这种优化仅仅是关注局部的资源效用，本质上是以企业内部视角为中心，让内部资源在某个环节都充分利用起来。但实际上，如果不能以客户为中心、以价值交付为目标，在跨部门协作的基础上进行端到端的企业级流程诊断和优化，有可能与客户需求和敏捷银行目标背道而驰。这种端到端的协作可能是跨企业的，就像卡梅隆在拍摄电影《阿丽塔：战斗天使》时，不仅使用自己拥有的特效公司"数字领域"，还与外部特效公司"工业光魔"协作。

基于"精益"框架，流程优化包括简化/再造、标准化、集中化、转移、自动化、管理优化、企业级再造等主要手段，超越"大集中"传统思路。具体到营运工作，就是应用"精益六西格玛"等精益方法，注重倾听、搜集、分析"客户之声、数据之声、监管之声、前中台部门的流程用户之声"，采取针对性的措施，达到提高投入产出效率和客户体验的企业级目标。其中"改造/简化"与"自动化"往往为优先应用的手段。例如：

（1）流程的简化/再造：传统的流程环节在电子化环境中将逐步淘汰。例如，"录入"、以复核为目的的"授权"。

（2）集中：不再局限于物理集中，通过"云平台"实现逻辑集中成为新一代大集中代名词。

（3）自动化：手工劳动将日益贬值，珍贵的是人的经验、判断在数据分析和应用领域的"翻译"，未来人工智能技术的发展将进一步解放人为判断的介入。

（4）转移：目前流程优化中运用的"转移"手段，不管是预填单的普及，还是自助机具的应用，主要以"转移给客户"为主，而且转移的都是流程中简单重复、附加价值较低的环节。在互联网金融开放包容的生态圈下，机构边界外的信息和数据资源融入运营日益成为可能。

（5）企业级再造：例如，某国有银行依托企业级建模思路，建立标准化流程组件，明确各自的核心能力和价值定位，进行灵活的配置组合，最终形成"敏捷开发、集中运营、风险集中控制、前台营销资源的最大化配置"等诸多行业领先的核心能力。未来流程将能实现标准化操作，新增产品只是参数的增加，菜单的选择，不会增加前台操作量与难度。

2.6.5.4　统筹流程管理

未来银行迫切需要在机制上从"各自为政"转变为流程统筹管理，为流程的"端到端"的规划与闭环管理建立组织和机制保障。流程统筹管理包括两项核心要旨，一是遵循企业级业务架构管控规则（详见《实时智能银行》第九章"实时智能银行的业务基因重组"），二是以客户旅程优化业务流程（详见《银行精益服务——客户体验制胜》第五章"银行精益服务与流程优化"）。在总行层面建立"精英化、权威化"的流程管理团队，承担起常规化流程梳理的工作。此外需建立明确的流程管理机制，在流程的前端设计准入、需求统筹、跟踪评估、持续优化等端到端的管理环节中，流程管理团队能够深度介入并发表专业意见，统筹 IT 系统需求、统一凭证及协议要求、规范操作流程及对客户的话术等，确保运营流程的标准、高效。在建立专门的流程管理组织之外，银行还可以学习互联网公司的组织形式，通过敏捷组织模式开展流程治理，满足快速迭代的要求，实现更快、更灵活的应变创新和交付。

2.6.5.5　加强团队建设

团队人员建设是银行营运敏捷转型和持续健康发展的基础根基。营运条线的员工是商业银行的宝贵财富，连同营业网点一起，成为商业银行区别于金融科技公司和非银机构的独特优势。加强运营团队建设，一方面需要统筹优化营运业务与员工之间的动态配置；另一方面，营运条线的员工需要通过持续学习和成长，适应不断发展演变的金融生态环境。

资源配置方面，可借鉴滴滴打车模式，依托大数据，探索进一步完善全行营运业务和全行营运员工之间的动态配置，将业务动态分配给时间适合、业务能力相符、距离较近、客户评级相符的运营人员。通过这种方式，能够有效激发员工的工作活力，提升服务质量，实现员工资源的最大化共享和合理分配。

人员能力建设方面，未来营运工作很多是自动化、智能化的，特别是随着智能自动化设备的不断推广，营运条线人员要具备使用和管理这些设备和系统的能力，提升运用精细化工具对流程进行监测、分析、诊断的能力，同时，也会有一些人员转向客户咨询服务，这同样是创造价值的方式，也应提升相应的能力。此外，未来随着流程持续优化和业务不断向线上渠道迁移，网点的高柜柜员和低柜柜员将逐步被释放出来，释放的低柜人员可逐步转变为销售人员或销售支持，高柜柜员或转入后台中心或转为大堂经理、销售支持、低柜柜员等角色。除了结构的变化，运营转型对于团队的"质"带来了新的要求。运营条线内的岗位将日益多元，对于复合型人才的需求将迅速增长，团队需要能够快速应变。特别是在流程管理、需求整合、项目管理、组织变革等新能力要求突出的岗位上，为不同岗位定制培训方案和薪酬方案。

2.6.5.6　变革价值管理

运营的持续健康发展需要坚实的能力基础。价值管理是运营转型的仪表盘，为监控、评价和决策提供量化基础；运营转型是持久战，变革管理是实现"变而不疲，变而不乱"的关键。

搭建运营价值管理体系，需要从运营目标出发、以价值驱动为导向，将效率、质量、风控、服务、重点项目等核心运营指标层层分解，并将不同层级的指标体系与运营各管理层级（总行、分支行、网点）和管理单位（运营管理相关部门、后台中心等）的权责范围对应，形成逻辑严密、覆盖全面、以数字为基础的价值管理体系。采集和加工分析多维度运营数据，生成客观量化的评价结果，有助于各级运营管理人员了解现状，及时发现问题，改进工作效能。价值管理体系同时包括追踪评价重点项目的关键指标，为管理层提供了管理变革的量化工具。

总体而言，商业银行以智慧运营应对"新木桶原理"环境下的银行同业竞争，需要从培养企业级流程设计优化人才、引进金融科技手段、完善流程银行管理机制等多个维度，建立相对于竞争对手"流程更优、创新更快、成本更低、风险更可控"的智慧运营能力水平。

2.7 通过流程优化与精益化管理，加强业务操作风险预警预控水平

营运工作作为银行安全运行的基石，一直以来都非常重要。当前，随着金融科技和银行监管环境的变化，银行营运操作风险面临新的挑战。商业银行在提升敏捷服务能力的同时，也需要通过流程优化和精益化管理，加强业务操作风险的预警预控水平。

2.7.1 营运操作风险面临的新环境特点

在操作风险的识别和控制方面，可以说是树欲静而风不止。一是强监

管形势下，监管规则演变节奏不断加快，如果不能及时更新业务操作手册，对于同一种业务操作，营运人员就会面临不断叠加的补丁式制度更新，这对营运人员及时全面理解和把握制度规则提出了一定挑战。二是科技手段在不断进步。科技既能增加客户体验，也可能衍生新的风险隐患，是一把"双刃剑"。三是同业竞争在加剧。无论是银行同业，还是一些金融科技企业，都在改变自己，改变着行业模式。因此，面对操作风险，银行营运工作就像在斜坡上推球，既有应对客户需求演变的驱动力，也有科技进步的拉动力，还有防范违规的下滑止动力。营运人员需要统筹考虑三股力道，采取精细化、集约化、模块化、智能化方法，整合落实到企业级业务流程上，才能有效把握运营操作风险和服务效率的平衡。所以，企业级的流程管理和优化是长期的任务，营运条线正是企业级流程的管理者和操作者。

2.7.2　采用基于数据和事实的方法加强操作风险管理

营运操作风险的背后，很多都是流程管理、流程优化问题。这些操作风险事件，有一部分是重复发生的问题，也有运营方式改变后出现的新问题。其实，商业银行都有大量相关数据积累，可以在操作风险方面，加强基于数据和事实的分析和管理。将大数据、人工智能等科技手段应用于集中作业量化考核与统计分析，结合管理经验设置分析模型，实现集中作业大数据在 T＋1 日完成工时、差错统计、用工成本等信息的智能分析，将分析结果及时提示有关人员，完善工作质量管理与考核，并通过推进精益六西格玛流程优化项目，在完成流程优化、解决管理难题的同时全面掌握先进管理工具的具体运用和实施方法，做好数据分析和流程分析。例如可采用 FMEA——失效模式与影响分析工具，基于业务流程图，分析操作风险事件的各项失效模式是什么，带来的影响是什么。有的已经比较清楚，有的还需要一些量化分析，有的影响可能是重大损失、重大声誉影响，有的可能是一般性影响，这些风险事件产生的影响是不同的，是可以量化分析的。

在量化分析后，要进一步分析发生的原因何在。对操作风险而言，常规管理手段无非是集中授权、不相容岗位分离、稽核监测等。但具体到操作风险的某个问题，需要因地制宜制定对策，"深处种菱浅种稻，不深不浅种荷花"。只有分析清楚原因，采取的应对措施才能事半功倍，防患于未然，用最小的成本来预控风险损失。

如何分析原因，也可以运用工具，比如鱼骨图，鱼头是问题，鱼骨的各个分叉是具体原因。原因会有很多，通常分类是人（人员）、机（设备）、料（信息）、法（规则）、环（环境）。凡是非系统自动化操作的业务必然会有人为因素，人可能有疲劳或疏忽的时候。精益化的运营管理一般都制定描绘各类角色及其输入输出关系的多泳道流程图，流程图里的所有任务都应明确具体操作步骤和规则。对于其中重要的、潜在风险较高的流程环节，要有操作事项检查清单，无论是录入人员，还是复核人员，能够有章法可循。如果能够系统替代、系统辅助，风险防范则会更有效，例如目前研究推进的人脸识别系统对于提升集中授权效率和风险防范水平十分重要。

对于人员的操作风险，常规上一般是通过检查清单、抽查、奖惩制度等手段解决。但对于经常发生的或潜在隐患较大的操作风险问题，需要深入分析原因，对症下药。举个防错的例子，为了防止把柴油加入汽油车里，汽车把油箱口设计成与对应油品的加油枪一样粗细，即使汽油车用户不小心拿上柴油加油枪，因为油枪粗细不同，也无法操作加油。这样就完全杜绝了加错油品类型的重大失误。再比如，有的银行个贷中心对客户的信贷申报材料，会用专门的档案袋，在侧方用不同颜色标识不同贷款类型，比如住宅、商用物业等。避免操作和审查失误，尽量防止折返跑，从而提升了流程效率，缩短了业务周期。

对于如何有效分析问题的根本原因，举一个比较形象的案例，发生在20世纪70年代。美国华盛顿的很多尖塔式纪念碑外表一般采用白色大理石，人们发现纪念碑上有很多鸟屎，人工清洗会很麻烦且有危险，用化学试剂清洗则会污染腐蚀石头。请来流程管理专家分析原因，问第一个为什么，鸟为何会去那儿？答案是纪念碑上有蛾子，鸟吃蛾子。问第二个为什么，蛾子为何会去那儿？答案是蛾子去吃那里的蜘蛛。问第三个为什么，为何蜘蛛会去那儿？答案是有小的蚊子腻虫在那里吸引蜘蛛结网。第四个为什么，那么为什么蚊子腻虫会在那儿？答案是因为蚊子腻虫这类生物的趋光性。基于逐步深入的几个为什么，终于找到问题的根源，再改进晚间光源的管理流程。采取的措施是，在纪念碑开灯之前，先把景观灯光打到周边的草场树林，蚊子腻虫就飞那里去了，而蚊子腻虫的飞行半径较小，即使纪念碑再晚一会开灯，蚊子腻虫也不会再飞过去了，纪念碑上再也不会落满鸟屎了。从这个案例可以看出，通过认真剖析流程环境，找到根本原因，解决方案就会变得很简单。

当操作风险问题出现的时候，要分析最根本的原因，究竟是人的原因、科技系统的原因，或是信息不对称的原因，或是流程规则本身的问题，还是操作环境的原因。分清原因之后，要对每个失效模式问题进一步评估。一是严重性，可以通过数据支持或专家判断进行打分。二是发生频率，针对每一个原因的发生频率打分，发生频率高的打高分；发生频率不高的、偶然性事件，打分低一些。三是事件的可监测性，较难监测的打高分，容易监测的打分低一些。通过严重性、发生频率、可监测性的分数乘积，就可以得出所有失效模式的风险优先级排序，以便抓住关键，迅速采取行动。以上谈到的，就是失效模式及影响分析的使用步骤，总结一下：包括失效模式本身的描述、影响、原因（可能有好几个）、措施（针对每一个原因）、严重性、发生频率、可监测性、风险优先级排序；采用基于数据和事实的方法，加强对操作风险的分析，有助于进一步提高我们的管理效率和效果。

2.7.3 通过流程优化与精益化管理，加强操作风险预警预控水平

在银行营运管理工作中，基层反映较多的问题主要是监管机构要求异地开户进行法人面签、鉴证，但在执行中，一些公司法人代表对客户经理用个人手机照相功能对身份证拍照鉴证时，如何确保客户隐私不被泄露提出质疑。有些银行是客户经理采用员工 APP 拍照鉴证，使拍照变为企业行为。这个问题的解决方案涉及前台业务部门、运营部门和科技部门，员工 APP 还有数据录入、营销辅助和风险分析等很多功能，方便客户经理进行场景化移动服务。

不仅是现有流程改造，在新业务开拓时，也涉及流程管理与设计的操作风险。例如在很多年前发生过这样的案例，一家股份制银行借助一家六西格玛管理咨询公司的流程设计，击败了另一家国有大型银行，通过竞标把一家跨国公司的外汇现金管理业务夺走，症结在于这家国有大型银行在人民币现金管理上的一些产品流程服务无法满足客户的期望，如在交易回单递送时间上，总是无法达到客户要求的无差错率。一个跨国公司的资金池通常以全球化形式进行管理，交易回单递送要求 24 小时内完成。如果银行安排的递送不及时，导致重复付款或延迟付款，导致客户无法及时进行集约化的资金集中管理，后面一系列增值服务都无法进行。为什么会出现这样的问题呢？如何消除产品设计的操作风险隐患？这需要通过客户之声调查，将客户需求转换为量化描述流程能力的关键质量特性（CTQ），如果达到这家跨国公司要求的六西格玛水平，100 万次交易回单递送差错率应低于 3.4 次，那么交易回单递送时间就应该设计为 8 小时。然后，需要采用"质量屋"（QFD）流程设计方法，将客户需求转换成适当的营运流程设计，按流程图将这 8 小时分解设计到回单递送的细节流程环节里，才能精细化地排除操作风险隐患，赢得市场竞争胜利。

商业银行在战略转型中不断开拓新客户，与一些第三方公司协作提供创新平台化、场景化银行服务。每一个创新都离不开营运部门的参与，营运条线人员的价值创造能力也体现在前台业务部门和科技部门的业务流程设计和运营协作上。例如齿科的场景金融服务。其一，抓住成长性、有消费升级特性的服务，例如牙齿正畸（矫正）、种植。随着口腔技术和材料的进步，客单价从过去两三千元，升高到了现在的几万元。其二，场景自带风控，这是医美行业最大的不同。什么样的人该矫正或种植，从消费者的外观（口腔）照片，一定可以判断出来。其三，口腔医生是整个平台和流程上最重要的元素。口腔医生是场景的开拓者，客户治牙或美牙的需求是他们发掘的，具体治疗方案和花费预算也是他们制定的。牙医须持有行医执照，违规违法成本很高，连接和控判好牙医，就抓住了场景的80%。其四，与齿科源头厂商达成合作，把卖产品变成卖服务，让消费者付10%的首付，余额在治疗期内分期支付。以供应链金融服务切入口腔诊所，带出面向消费者的分期业务。其五，其他贷中和贷后流程与一般消费金融业务基本一致，以API方式嵌入齿科诊所的医务信息系统（HIS），或是嵌入牙科医生助理的手机APP。这些都是营运流程设计，很显然有很多工具方法可以探索以提升能力。要通过流程优化和设计，不断提升风险防控能力和客户体验，一些精益六西格玛管理工具，非常适合于大规模批量作业的营运条线。

2.7.4 通过强化员工精益流程能力提升操作风险管理水平

营运条线的员工是商业银行的宝贵财富，连同营业网点一起，成为商业银行区别于金融科技公司和非银机构的独特优势。关键在于，营运条线的员工与营业网点都能通过持续学习和成长，适应不断发展演变的金融生态环境。未来营运工作很多是自动化、智能化的，特别是随着智能自动化设备的不断推广，营运条线人员要具备使用和管理这些设备和系统的能力，提升运用精细化工具对流程进行监测、分析、诊断的能力，同时，也会有一些人员转向客户咨询服务，这同样是创造价值的方式，也应提升相应的能力。

此外，除了业务本身，流程管理也非常重要，也许有些人有一定天赋，但如果不能持续学习，天赋之花也会枯萎。提升营运人员的价值创造潜能，使潜能之花绽放，需要花时间，采用合适方法来持续学习锤炼。精益化的核心是人的精益化，要给营运条线优秀员工持续成长创造条件，在营运条线安排一些流程优化设计和数据统计分析方法培训，以及精益化素质的培养，从而提升面向客户与市场的持续改进能力和创新能力。精益化的抓手之一是现场管理，例如针对营运操作的现场，提升员工工作效率，降低差错，可以采用5S现场管理法，即整理（Seiri）、整顿（Seiton）、清扫（Seiso）、清洁（Seiketsu）和素养（Shitsuke）。首先区分出现场的设备、工具中，哪些是支持营运操作必须保留的，把不属于必须保留的都去除掉，然后按照这些设备和工具的使用频率和多数员工的使用习惯，按照方便员工操作的原则优化布局和界面，形成最优的操作标准和模式；同时进行定制化管理，实现"三定"，即定位，定量，定容；定期重检完善业务操作手册和案例，快速推广，不断循环上升，从而切实提升操作风险防控能力。笔者希望未来能够通过流程管理优化和数据统计分析的方法培育，给营运条线人员赋能，使价值创造能力得到更好展现，在绩效和晋升各方面都创造新的空间。

总之，商业银行业务营运操作风险防控，应以精益求精为导向，建立问题识别、行业对标、精益改善、固化推广、绩效提升的管理闭环推进模式，提升流程质量、减少环节浪费、优化资源配置，有效提升商业银行在市场上的竞争能力。

2.8 打造数字化的敏捷财资管理能力，助力传统产业转型升级

全球企业市值排名的变化，让我们见证了互联网企业在数字化时代的崛起。随着苹果、谷歌等巨头先后冲刺万亿美元俱乐部，阿里、腾讯进入万亿俱乐部似乎也是必然的趋势。而传统企业也在纷纷进行数字化转型，试图重构供应链和创新商业模式，打造全新的财资管理体系。

2.8.1 企业财资管理步入了精益发展时代

中国企业财资管理经历了三个发展阶段：在 20 世纪 90 年代，企业财资管理是一个非常狭隘的概念，以流动性管理为核心，承担支撑和服务的角色。进入 21 世纪，始于跨国公司和国内大型连锁零售企业，并受益于大规模的财务系统和 ERP 系统建设，企业开始进行资金的集中管理和运营。进入 21 世纪第二个十年，随着数字化创新技术"A（AI，人工智能）、B（Block Chain，区块链）、C（Cloud，云计算）、D（Big Data，大数据）、R（Robotics，机器人）、I（Internet，互联网）"的大量应用，我国经济已进入数字化时代，根据中国信息通信研究院 2018 年 12 月发布的《G20 国家数字经济发展研究报告（2018 年）》，2017 年我国数字经济总量已达到 4.02 万亿美元，占 GDP 的比重为 32.81%。数字化已成为企业的一种能力——连接、积累、分析、学习的能力，带来的不仅是技术手段的升级，更是模式的升级乃至重塑。企业财资管理的内涵和边界得到不断深化和扩张，将一些泛财务的但颇具业务和战略价值的职能赋予企业财资管理范畴。财资管理开始走出财务部门、走近业务部门，基于自身掌握的财资数据优势与专业分析能力，为管理层与业务部门提供分析和决策支持。

2.8.2　数字经济时代下，敏捷财资管理助力企业转型发展

2.8.2.1　充分结合财务指标，寻求战略方向

随着监管政策趋严、行业竞争激烈，某互联网企业的收入、利润和业务规模出现明显下降。通过对市场环境、政策导向的分析，结合财务数据，企业发现通过其他合作商拓展业务的发展模式存在收益低、客户转化成本过高、业务冲突等弊病，为此，通过对近几年商户和客户数据进行分析，制定了深挖业务场景、推进业务叠加等战略举措，成功实现转型发展。

2.8.2.2　定制化财资管理，实现"流动性"和"资金增值"的双平衡

某国内大型物业公司，在上半年资金相对盈余，但是盈余期限从 1 个月到 3 个月期限不等。为此，金融机构对该企业历史数据进行分析，结合企业日常经营需求和整体风险偏好，设计了可定制化、期限灵活、收益稳健的理财产品，满足企业双平衡的财资管理需求。

2.8.2.3　资源高度共享的财资管理，打造合作共赢的生态环境

在数字经济时代，有效的生态圈资源共享管理发挥了更大的优势作用。某工程机械行业的龙头企业，通过利用企业自身在资金流动性、交易对手信用管理、供应链管理等方面的优势，与金融机构合作重点研发产业链金融，为上下游企业提供信贷、保险等金融产品，较好地扩大和巩固了产业链上的客户资源和自身的经营管理能力。

以真实、规范、完善的财资数据信息为基础，可以为企业转型发展、资源配置、业务拓展、产品研发等工作提供最合理的科学依据。也可建立全球化的信用评价体系，帮助企业获取国际低成本多元化的资金。财资管理在数字经济时代正在发挥着不菲的价值。

2.8.3　诠释数据应用能力，洞察企业财资管理主动价值创造能力

据安永公司调研显示，虽然 57% 的企业仍处于传统财务管理的角色，

但也有近一半的企业将企业财资管理职能进行扩展，同时更有超过 70% 的企业 CFO 希望企业财资管理发挥主动价值创造的作用。"51 信用卡管家"，通过 APP 移动终端利用信用卡月度电子账单智能解析，提供还款提醒、图表分析、自动记账、优惠查询等多项服务。同时，将被阅读率并不高的电子账单重新解构，实现"数据资产"盘活，并开拓数据对应用户"信用图谱"后的信用贷产品。据 51 信用卡管家方面称，截至 2015 年第一季度，51 信用卡管家 APP 累计下载量超过 4000 万次，月活跃用户超过 700 万名，每个月管理的活跃信用卡数量超过 2000 万张，管理的信用卡应收账款余额突破 1500 亿元。数字化时代，数据即资产，企业应如何构建财资管理能力，可着重从四个层面入手。

2.8.3.1　构建企业级业务模型是进行数据资产运营的基础

在数字化时代，企业的业务、财务等都需要数据的支撑和形成数据对应。企业级业务模型通过流程任务、步骤规则清晰地描述了数据是如何被创建、更新的，并且遵循统一的数据标准。而且当数据需求增加时，能够准确定位到哪个流程任务、步骤需要采集相关数据，通过业务模型能够支撑不断深入的客户洞察数据要求。同时企业通过将业务流程虚拟化、模型化，能够实现企业治理的全面数字化。这将使得企业财资管理更加精细，能够深入企业治理的毛细血管。海尔工厂对设计、采购、制造等流程进行了模块化拆分，再将用户、产品、资源运用物联网技术联通起来，使得信息能够从用户需求端流向产品设计，再根据产品设计的需要调动企业资源，实现用户个性化需求对企业资源的针对性调配。最后，通过获取 Facebook、海尔虚拟展示厅等网络端口的数据，运用大数据技术对数亿客户进行分析，让前台和用户的交互与企业的供应链、营销、研发系统形成无缝对接，从而实现自动化、智能化的生产。目前海尔的沈阳工厂做到了一条生产线支持 500 多个型号的柔性大规模定制，生产节拍缩短到 10 秒一台，订单周期从 15 天缩短至 7 天，成为了目前全球冰箱行业生产节拍最快、承接型号最广的工厂。

2.8.3.2 提升算法能力是智能运营数据资产的前提

企业有了全局、多样、标准的现实数据之后，企业需要建立业财之间可追溯的逻辑关系。企业财资管理不能仅满足于掌握企业的账户余额、资金往来、财务报表等传统的财资数据，也需要从企业经营场景出发，在设计、研发、采购、生产、物流、销售、服务等全经营流程上获取各相关业务数据。更进一步，企业应从外部行业和市场获取信息，以更好地进行分析和预测。将业务环节信息迅速、准确地反馈到财资管理部门。同时需要依托系统算法进行分析，继续挖掘发现不同数据间的勾稽关系，描绘出数据背后真正的企业治理现状，清晰地传达给企业财资管理人员，帮助其洞悉经营症结。

2.8.3.3 智能决策是数据资产运营力的最高表现

在获取具备现实增强效果的数据分析之后，企业需要作出及时、前瞻的决策，即智能决策。这种智能决策要求系统能够理解企业财资管理的真实意图，而非仅仅依托设定的指标作出条件反射；同时能够在数据中不断迭代和升级，精准把握最具代表性的关键数据，反向引导企业的数据产生、获取和分析；准确洞察业务痛点、通过预判实现风险事前管控，帮助企业提早调整业务方向、谋求市场先机。

例如，通过自然语言识别技术分析处理合同信息中的主要业务特征，基于大数据平台获取分析外部经济指标，运用随机森林、朴素贝叶斯、支持向量机和聚类等全新的算法技术，企业可以对客户及其行为进行合理的分类和预估，实现现金流的精准预测。从而企业能更合理计算资产的风险价值，规避全球化体系下的链式反应可能对公司造成的各类不确定性风险冲击。

华尔街的基金公司开始尝试运用完全无人工干涉的机器进行投资交易，未来企业财资管理可能将会实现人工智能的全自动决策，从而为企业真正实现智能决策提供支持。企业的财资决策将从经验式逐步向智能辅助甚至人工智能主导的新决策模式发展。

2.8.3.4 构建智能价值网是数据资产运营的终极目标

在资源管理与运作中，企业需要通过有效利用丰富的金融工具、合纵连横整合资源，及时获取、合理配置和有机整合自身和经营生态圈中的财务资源和金融资源，构建企业财资管理智能价值网。企业可以通过建设财资管理平台与金融机构间的系统和数据交互，实现直连直通，获取数以万计的金融机构的多种产品和服务。例如在财资管理平台通过 SWIFT 直联接入各家金融机构，实现一点接入、全球响应、境外资金集中、实时结算等功能。商业银行可建立对接融资需求和投资需求的"市场交易（撮合）系统"，银行作为独立第三方，把自身掌握的债权融资、资产交易、股权转让等需求和各类资金方的投资需求进行合理匹配。在这类业务当中银行作为信息的推荐方，充分利用银行资源网络与专业技能，挖掘客户潜在价值，为交易双方提供综合金融服务，但不对交易双方承担任何形式的担保或兜底责任。

2.8.4 当前发展敏捷财资管理能力面临的主要问题

当前，仍有很多地区金融法人机构对于金融科技支持下的商业模式变革了解不深，应用乏力，大多仍延续传统的融资、生产、销售、扩大生产、增贷或上市扩大融资路径。许多区域对于依托线上供应链、线上贸易融资等交易银行方式盘活资产，借助网上大众客户化定制拉动生产、精准融资，通过网络众筹销售加融资等方式的应用严重不足，滞后于北京、长三角和珠三角城市。特别是缺乏创新精神，集中体现在金融产品和金融服务方式创新研发能力不足，金融产品同质化，服务功能单一化，经营模式粗放化。一些金融机构在上述新经济、新动能方面的创新应用还有很大不足，缺少制度创新、体系创新和组织体系层面的创新。

与此同时，以华为、阿里巴巴、腾讯、大疆等一大批与世界同行的创新型企业为引领的新产业、新业态、新模式如雨后春笋破土而出，为经济发展注入强劲新动能。如能抓住一批新兴领域龙头企业落地发展，将有效减缓传统产业下滑带来的影响，对支持我国经济稳定增长发挥重要作用。

2.8.5 发力金融科技，打造敏捷财资管理能力助力传统产业转型升级

当前新经济方兴未艾，要想抢占先机、提前布局，可考虑利用金融科技手段，在本地构建智能价值网，通过服务模式创新实现跨界协同，营造良好财资管理运营环境。以"智港"建设为例，可以充分借助云计算和大数据，实现港口服务全流程的"线上化、数字化、智能化"：一方面，利用电子签名技术、区块链技术等，实现货物进出港报关等口岸业务全流程的线上化、一站式申请与审批，实现只需要去一次办事大厅就能办理完所有业务的良好客户体验的服务效率，实现中央提出的"放管服"的服务转型要求。另一方面，通过云计算、大数据和机器学习等技术，构建全要素整合、数据链完整的港航大数据服务平台，充分打通和整合工商、税务、公安、物流等各方数据，为进出口贸易、物流运输、供应链管理等各行各业搭建科技生态场景，在提升港口的自动化、精细化、智能化管理的同时，形成智能风险预警防范平台、智能聚合支付结算平台、智能投融资平台等价值网，实现政府、港口、企业、银行等多方共赢。

数字经济时代的挑战与机遇并存，敏捷的财资管理能力将助力企业在"转型发展、产业链生态建设、全球化"等发面发挥核心价值。商业银行是企业建立敏捷财资管理的最佳伙伴，基于对客户的深入洞察，充分发挥其在"财务管理、融资与投资、科创研发、数据分析、风险管控"等方面的优势，协助客户打造实时智能的敏捷财资管理能力。

2.9 推动风险管理数字化转型，提升敏捷风控能力

2018 年底和 2019 年初，刚服役不到半年的三架波音 737 MAX 新客机接连发生故障，其中两架坠毁，一架成功迫降。据有关报道，事故发生的原因可能是，飞机的自动驾驶系统作出了错误的判断和操作，一项名为"AOA"的自动驾驶程序不仅自说自话让飞机俯冲，还会在飞行员发现并命令飞机停止俯冲后，每隔 5 秒钟，再次自动让飞机进入俯冲，如此反复，开展了一场"人机大战"，导致了事故的最终发生。事实上，这一事故也不能甩锅于人工智能。在当前水平下，人工智能用于自动驾驶还存在很多问题，但用于辅助驾驶是没有问题的。波音 737 MAX 8 设计最大的缺陷是，过于相信人工智能，在人工操作发现问题时，不能让人工智能快速切换到辅助模式，而是继续坚持主导模式。这是 AI 发展过程中血的代价，既不能因噎废食，但也要有敬畏之心，新技术的引入和应用范围要循序渐进。人工智能"一根筋"似的操作逻辑，如果方向错了，会错得更加离谱。

在金融业也不例外，一些披着人工智能马甲的"金融科技"不恰当应用，也导致出现波及面甚广的影响金融稳定事件。譬如 2010 年 5 月 6 日，由于美国堪萨斯州一家名为 Waddell&Reed 的共同基金采用高频自动交易程序创建了一个 41 亿美元 E-Mini 标普期货合约卖单，在没有考虑价格因素的情况下自动执行交易指令，导致在不到 30 分钟的时间内闪电崩盘（Flash Crash），1 万亿美元市值从美国股市蒸发，市场参与者手中的股票根本就没有机会出货。数字化转型发展阶段，银行如何秉持"数字化风控"理念，利用大数据、云计算、人工智能等这些前沿科技提高风控能力，建立数字化的新型风险管理体系，是构建敏捷银行能力的重要内容。在应用新兴技

术推动数字化风控的过程中，也需要实事求是，循序渐进，做好风险防范。

2.9.1 商业银行迎来风险管理数字化变革

2.9.1.1 何为风险管理数字化

从广义上讲，风险管理数字化涵盖了所有提高风险效能效率的数字化因素，包含了流程自动化、决策自动化、数字化监控和预警。其本质就是在流程、数据、分析、IT和组织结构（包括人才和文化）开展协同调整。从实现方式来看，包括但不限于采用自动化工作流程、光学字符识别、高级分析（包括机器学习和人工智能）和新的数据源等新技术。

以风险管理中的大数据应用为例，目前，银行信贷及消费金融业务还主要使用以中央银行征信数据为主的金融数据建模，以对用户进行信用评级和授信。但在传统的风控体系下，审批过程耗时较长，各机构金融产品同质化严重，难以满足用户的多场景需求。而在风控系统中增加互联网行为动态特征等数据，将会对用户贷款、消费、社交、娱乐等多维度变量进行补足，形成完整的用户画像。需要注意的是，并非是大数据风控手段完全取代传统风控，而是将两者进行互补，而"融合、多维、即时"是大数据应用过程中三个重要的关键词。融合：打破数据壁垒，通过融合互联网金融机构的数据来提供更好的风险判断的标准和依据；多维：用多维度数据帮助企业去判断相应的风险；即时：数据的即时性非常关键，只有流通的数据才能产生价值。

2.9.1.2 商业银行为什么走向风险管理数字化

风险管理是金融业务经营的核心，也是金融科技的关键能力。传统银行业金融机构在多年的商业实践中，形成了一套侧重于全流程驱动的信贷工厂模式的风险管理体系。但这一体系在面临在线实时数据决策为主的互联网业务模式时，会有不适用的情况。实践证明，风险管理不是作为流程化孤立的中后台职能存在，而是要将职能和权责前置到用户需求产生的场景、产品设计、交互流程等前端环节中去，从用户需求的原点出发，对风险管理的目标进行分解。只有这样，才能做好立体化全链路的风险管理，保证用户的良好体验。

风险管理数字化可以帮助银行实现监管报告自动化、支持决策、提高透明度；另外，通过大数据技术的使用可以提高计量模型结果的准确性。这两点都能提高银行的效能，降低成本，推动向敏捷银行转型。例如，银行使用高频交易数据对小企业客户进行定期动态评分，划分为不同的风险等级并制定相应的风险审查标准；对于风险等级评分低的客户只需进行轻度审查，而对于风险等级高的客户则进行深度审查，如此可将小企业的审查流程效率提升25%甚至更多。对大多数全球银行、跨地区银行和地区性银行来说，风险管理蕴藏着诸多良机。当前风险管理流程不仅占用大量资源，且效果欠佳。比如，仅合规风险活动一项每年平均的罚款金额就超过了4亿美元，数字化风险管理可以显著减少核心风险领域的损失和罚款。

2.9.2 风险管理数字化的应用前景

风险管理数字化在三大领域适合商业银行近期尝试：信用风险、压力测试、运营风险与合规。目前还没有任何银行已经实现了这三个领域的完全数字化。

2.9.2.1 信用风险

用人工来开展数据的收集、授信、归档，如果数据出现问题会降低风险绩效，而时间周期过长则会影响客户体验，这些都会影响到银行的信用交付。数字化信用风险管理具有自动化和连接性优势，可实现数字化交付和数字化决策制定，巩固上述薄弱环节，并通过三种方式产生价值：收入保护、风险评估改进以及经营成本降低。

数字化风控可以减少客户流失，保障消费信贷收入。比如，银行可以引入第三方开展信用审核工作，通过动态风险定价和限额设置做到实时决策、信贷申请和信贷审批，改善客户体验。数字化信贷流程能帮助银行先于竞争对手作出决策，同时在风险评估方面始终保持领先。

改进风险评估也能创造价值。高级分析和机器学习工具可以提高信贷审批、组合监控和催收方面风险模型准确性，减少判断错误的频率。集成新数据源可以丰富信用决策洞见，而实时数据处理、报告和监测则进一步提升了总体风险管理能力。除了违约预期有所改善，数字化信用风险改进也相当显著，据估计能够实现收入提升 5% ~ 10%，成本降低 15% ~ 20%。

2.9.2.2 压力测试

银行发现，数字化全面改造资本分析、包括压力测试可以产生巨大价值。当前，多数银行用的是人工方式，零零散散，按序完成，数据质量、汇总、报告时间框架和能力方面可能都不尽如人意。这些流程会成为数字自动化和工作流工具的优先开展对象。

基础压力测试是第一步，改进方案的目的在于优化资源，方法主要根据风险的重要性分配资源。银行通过并行处理、集中管理、交叉培训员工以及更合理的日程安排获得额外效率提升。

模板和输出的标准化以及指定的数据"黄金"来源形成了日益透明高效的流程，并在优化过程中得到了数据加载、覆盖、报告、端到端审查和监督流程方面的数字自动化措施支持。

作为转型的一部分，实时可视化工具和敏感性分析都由数字化转型赋能。除了直接优化压力测试，银行还在寻找机会，协调数据、流程和决策模型与业务规划。在压力测试中，数字化显著改进了成本，而且还腾出了专家的时间，使其专业知识更有针对性地发挥，提高产出质量。

2.9.2.3 运营风险和合规

许多全球性银行在开展运营风险和合规控制及相关职能时，人工流程和系统分散的情况急剧增加。例如，在反洗钱工作中，流程和数据处理困难，成本飙升，尽管付出种种努力依然难见成效。如果能精简预警生成和个案调查流程，就有很大机会提高反洗钱工作的效率和效能。

预警生成过程中，数字化风险的改进能保证分析引擎的参考数据质量。包括机器学习在内的高级分析工具可以根据个别案例个别测试和提取变量，并在可能的情况下支持"自动判断"。此外，工作流工具可以支持智能调查和可疑活动报告自动归档，提高了调查单位的生产力。

根据麦肯锡的经验，反洗钱工作中采取数字化风险举措可以将效率和效能平均提高20%~25%。考虑到反洗钱是横跨组织内部成本巨大的职能，无法识别行为不良者可能带来严重的安全隐患，效率和效能的增幅实际可能还要再高一些。

2.9.3 风险管理数字化的应用实践

当前，数字化风控逐渐成为金融领域尤其是银行业的应用热点，它提供一种贯穿事前预警与反欺诈、事中监控和事后分析全业务流程的风控手段。

2.9.3.1 互联网金融公司的应用

以京东数字科技为例，目前其所有业务中95%都是智能化、自动化运营。在这背后，京东数字科技已建立起覆盖数据、模型、策略、系统等全方位风控体系，其"风控超脑"包含天启—风险运营监测、天盾—安全与反欺诈、天策—信用决策、云处—资产处置、银河—数据仓库、模盒—自动建模六大模块，实现了对5亿名用户的信用风险评估，有效助力旗下消费金融业务的资产不良率处于行业较低水平。目前，京东数字科技的风险管理数字化能力已经向百余家金融机构输出，帮助金融机构搭建以风险管理数字化为核心的资产生成及经营体系。

京东数字科技是业内率先在信贷风险领域大规模应用AI模型技术进行实践的公司，自2014年11月首次在白条在线申请上应用机器学习模型进行决策，至今经历10个大版本20多次迭代，利用AI数据技术深度整合各类数据，增加风险特征抽象能力，为模型提供好弹药。得益于数据技术及应用的提升，使得模型覆盖用户范围提升 60%，同时资产不良率处于行业较低水平。基于海量客户规模的实践锤炼，京东数字科技的大数据风控体系积累有各类模型 600 +，风险策略 15000 +，完成 5 亿名互联网用户信用风险评估。

2.9.3.2 商业银行的实践

当前，商业银行风险管理数字化的应用实践主要集中在贷前预防、授信定价、贷后管理等环节。

贷前预防。欺诈风险多来自于贷前，反欺诈重点是在贷前识别出欺诈风险，在申请反欺诈场景中，通过设备指纹、申请欺诈模型评分等多种手段来有效地核实用户实人身份，预防身份冒用、欺诈等风险，快速有效地攻击发现和处置方案实施能够有效地限制黑产攻击套利时间，能够极大提高攻击者的资金成本，从而实现对黑产的有效吓阻和打击，将风险阻止在未发生之前。

授信定价。授信是金融风险一个重要潜在来源，同盾推出了信贷产品定价产品——同盾智信分。这是从海量大数据中提炼出人物消费特征、互联网行为特征、信用记录、关联设备、社交网络等稳定性高、预测能力强的变量，代入到统计模型和机器学习模型中去，构建出一套个人信用风险评分卡模型，从而准确、快速判断出贷款申请者的风险情况，帮助客户在贷款审核、调额、授信等环节识别风险，实现风险防控的目的。能够更好地提高金融机构的能效，降低逾期和坏账客户数量。

贷后管理。贷后管理是整个智能风控闭环中非常重要的一步，其中又以逾期催收为最大的痛点。过去一些大型银行和消费金融机构都要"供养"数量庞大的催收团队，有些团队人数过千，催收的主要手段是靠打电话，带来了如成本过高、加剧社会矛盾等诸多问题。利用智能语音识别、语音合成、语义理解以及交互话术共同形成高度智能化、精准化的智能催收产品，能集中解决传统人工模式下，合规、合法、效率等问题。

国内某国有大行通过借助数字化新技术集成各类风险形态的全集团风险视图，建立从业务申请、交易控制到风险评估各业务的事前、事中和事后的全流程风险防控机制，提升全流程风险防控能力。2016 年主动识别和拦截各类网络金融渠道危险交易 2.75 万件，避免客户损失 1.62 亿元；2017 年前三季度防范风险事件 1.1 万余起，避免客户资产损失 8353 万元。

国内某股份制银行基于大数据的高效数据处理技术、机器学习方法、设备指纹技术等在智能风控体系建设中的探索与应用，旨在建设基于大数据智能风控系统和集团统一安全运营体系的统一高效的交易风险管理架构，提升集团网络金融业务安全性和风控自动化、智能化水平。在实践中，该银行智能实时风控系统嵌入业务系统取得良好成效。截至 2018 年 9 月，风控平台监控网络金融类业务交易总笔数 11.5 亿笔，累计阻断各类高风险交易 36.8 万笔，避免客户损失 2.4 亿元，阻断非法短信验证码申请 468 万笔，节约大量运营成本，保障资金安全。

2.9.4　商业银行如何实现风险管理数字化

麦肯锡认为，风险管理数字化变革有三个维度：流程、数据、组织。在流程变革方面，要充分发挥流程和决策自动化优势，银行需要对系统、流程和行为拿捏准确，符合目标。在风险环境中，高优先级的用例被单独隔离在授信、压力测试、运营风险、合规和控制等领域。大多数银行目前采用的流程都是内生而成，没有清晰的开始和结束，无法保障流程的持续理性和高效，银行要在相应的自动化和决策支持到位之前重新设计经营结构数据、分析和 IT 架构都是数字化风控管理的关键推动因素。

在数据变革方面，高度分散的 IT 和数据架构无法为数字化风控提供具有经济效益的框架。因此，银行要给出明确的制度承诺，确定数据愿景、升级风险数据、建立健全的数据治理、增强数据质量和元数据，构建正确的数据体系结构。包括大数据平台、云计算、机器学习、人工智能和自然语言处理在内的现代科技、流程和分析技术的运用可以辅以支持，帮助银行实现上述目标。

在组织变革方面，银行组织与经营模式的数字化推进需要新能力建设。尽管风险创新常见于非常具体、高度敏感的领域，风险从业者仍然需要营造企业内部深厚的创新文化氛围，进一步开放允许员工善尽其才，培养"边试边学"的创新理念，公司治理流程还要有能力快速应对变化莫测的技术和监管环境。风险职能数字化面临的关键挑战在于如何找到适用于风险领域的方式来管理创新文化。

要实现风险管理数字化，商业银行风险部门需要变革其运营模式、工作职责和资源配置。实现这一转变需要采取以下五项行动：一是将一些纯生产性工作，例如根据业务数据制作报告，转移至作为风险第一道防线的业务部门或共享服务中心；二是强化风险部门的监督和风险预测能力；三是利用智能技术大幅削减成本并提高效能；四是采取新的工作方式，例如敏捷式工作方式；五是调整银行文化和员工技能组合，促进价值创造，推动交流与合作。

2.10 加快信息科技敏捷化转型，应对 Bank 4.0 面临的机遇和挑战

2.10.1 银行信息科技发展的阶段特征与当前趋势

随着起步于 19 世纪 70 年代的微型计算器的普及，现代银行的信息科技工作经历了大约四十年的高速发展。根据企业架构的理论，"为了避免企业分崩离析，信息系统架构已经不再是一个可有可无的选择，而是企业的必

需",换句话说,银行的信息科技工作是服务于企业整体战略的,也是由企业的业务架构所决定的。有什么样的业务架构,就会有产生什么样的 IT 架构和信息系统。

回顾我国商业银行最近四十年的发展历程,银行业的发展大致经历了四个阶段,可称之为 Bank 1.0 到 Bank 4.0,同样,银行的信息科技工作发展也呈现了相应的特征鲜明的四个阶段,可称之为 IT 1.0 到 IT 4.0。IT 1.0 阶段是起步阶段,盈利模式简单,主要是存款业务,基于手工台账的会计核算工作难以为继。相应地,以国有大行为代表,银行 IT 建设主要以购买 IBM 的大型机实现核算电算化为建设重点。IT 2.0 阶段是规模取胜阶段,规模决定收入和利润,分支机构急剧增加,各分支机构的业务相对独立。相应地,银行业开始第一代核心系统的建设,通过网络银行和 ATM 提供远程服务,但是不同分支机构、不同业务系统都是竖井式部署,完全体现了当时的银行管理模式。IT 3.0 阶段是质量与效率取胜阶段,规模依然很重要,但是领先的商业银行开始重视资产质量与运营效率,典型的案例包括:银行业开始提出"流程银行"(时任银监会主席刘明康在 2005 年提出的),四大国有银行通过庞大的分行上收工程实现总行集约化运营,招商银行 2004 年开始以结构调整为目标的一次转型,并在 2012 年提出流程优化的二次转型。相应地,很多银行的 IT 开始建设能够实现多机构、多法人、多账户、多会计准则的新一代核心系统,同时通过智能手机等移动渠道提供服务。比较成功的案例包括建设银行新一代工程(2012—2016 年)、浦发银行、招商银行的新一代改造等。IT 4.0 阶段,也就是目前面临的金融科技时代,银行业进入以模式取胜阶段,通过数字化、智能化、场景化、生态化为客户提供任何时间、任何地点、任何方式的服务。相应地,银行的 IT 迎来了颠覆式的技术变革,银行开始布局以云计算、大数据、微服务三大特征的技术架构,体现在技术手段上就是 A（AI,人工智能）、B（Block Chain,区块链）、C（Cloud,云计算）、D（Big Data,大数据）、E（Internet of Everything，万物互联）等。

2.10.2 商业银行信息科技目前面临的挑战

我国的商业银行中，除了新成立的有限的几家互联网银行，绝大部分商业银行都处于 IT 3.0 阶段，部分领先银行开始建设 IT 4.0，因此，银行的信息科技建设也基本采取了"传统核心系统＋互联网金融核心"的双核心策略。对比之下，商业银行的 IT 建设基本理念停留在 IT 2.0 阶段，部分领域开始从 IT 2.0 向 IT 3.0 过渡阶段，而现在面对 IT 4.0 阶段的挑战，商业银行面临的双重叠加的困难与挑战不言而喻。具体而言，面临的主要挑战有：

第一，商业银行 IT 的整体系统架构、技术水平总体上处于 2.0 阶段，与商业银行战略规划的发展目标以及当前互联网金融的发展要求严重不匹配。比如，业务营运部提出的一些业务需求，由于受限于相对落后的系统技术架构无法实现，业务上只能妥协将就。再比如，交易银行在进行线上化改造中需要涉及多个业务系统，但是受限于竖井式的系统建设，无法实现端到端的全流程优化。另外，随着商业银行互联网业务如消费金融的快速发展，商业银行一些核心系统的交易处理能力难以支撑，以贷款放款交易为例，商业银行传统线下贷款每周放款交易大约数千笔，而互联网消费贷款业务每天放款数万笔。由于技术上自主研发能力薄弱，对产品创新或者新业务推出的支撑严重阻碍业务的发展速度，目前商业银行大部分的项目从开发到上线需要 8—12 个月，涉及新产品的系统多数需要 1 年以上才能投产。

第二，商业银行信息科技一方面整体上投入不足，同时科技自身的管理问题也很突出，缺乏专业化的领军人物和管理人才。说到整体投入不足，绝对不能简单地理解为投入资金或者人员数量的不足，也要看科技的投入产出效率、科技的人均产能以及科技水平的发展程度等。与领先银行同业的大手笔相比，后进银行的资金投入与人员数量有一定差距，但是不能忘记这是在银行4.0阶段这个大背景。大部分商业银行一方面科技投入不足，但另一方面科技投入人均产能较低，系统安全漏洞百出，系统建设水平停滞不前，监管评价持续下滑，评级勉强维持。

第三，商业银行的信息科技缺乏清晰统一的发展思路，商业银行技术水平、发展速度与先进同业的差距不断被拉大。首先，科技的基础管理服务水平与同业相比差距比较明显。比如信息安全威胁突出，对安全攻击防范能力几乎形同虚设；技术自主研发能力比较薄弱，开发质量不高，开发投产屡屡出现问题。其次，科技与业务的鸿沟仍然存在，尽管战略规划中明确提出科技要构建业务合作伙伴的新型管理模式，但实质性改变不多。最后，对科技队伍的人才引进与人才培养重视不够，一些关键岗位如团队主管等资深人才出现流失，无法得到及时补充；同时科技内部对人才梯队培养不重视，科技条线每年对人员的培训投入非常有限，内部人员无法得到有效成长。

2.10.3 商业银行信息科技敏捷化转型面临的机遇

第一，当前金融监管部门和银行董事会对科技的重视前所未有，尤其是这两年来，在消费金融、交易金融等业务平台化的发展上，金融科技的理念已经深入人心。

第二，金融科技时代的最大特点就是开源和共享，随着国内互联网科技公司的崛起和去IOE的进程不断取得成效，IT4.0时代的技术产品不再像以往被IOE这样的科技寡头所垄断和封锁。一方面，现在对新兴技术的国有化，开源化程度都比较高。这对银行自主掌控的学习曲线相对其他传统技术而言，学习曲线相对容易。另一方面，银行的IT工作者们也逐渐形成了共识，在4.0的建设探索上已经证明了一些成功的道路，近年来建设银行、浦发银行、南京银行等银行在对传统架构的转型上提供了成功的典范。因此，从某种程度上，绝大多数的商业银行其实都处于IT4.0时代的同一起跑线上，任何商业银行在4.0的跑道上都有弯道超车的机会，商业银行必须尽快抓住金融科技的难得机遇，采取适当的发展策略，实现科技的跨越式发展。

第三，一些商业银行成立较晚，业务架构上部分借鉴了先进外资银行的优点，历史包袱较小。有的商业银行成立以来就实现了大集中的运营模式，避免了重走好多国有大型商业银行后来不得不耗时多年才能完成分行集中上收的历程。由于当时出于成本考虑，选择的大多是比较轻量化的核心系统，逐渐形成了目前存款、贷款、支付结算相互独立的系统架构，无意中降低了核心系统的耦合程度，有利于将来按照组件化的理念进行架构重构，可以减少未来架构转型过程中对业务的冲击面。

2.10.4 商业银行信息科技敏捷化转型的发展思路与策略

商业银行需要抓住百年不遇的技术变革机遇，以三大重点能力建设作为抓手，实现信息科技工作的跨越式发展。

其一，优化和完善信息科技的治理能力，建立与商业银行战略转型相匹配的全行IT4.0时代的组织架构和治理能力。

建立以业务战略发展为导向的组织架构，确保科技发展方向与投入与业务发展目标相契合。具体措施上，根据监管对IT治理的要求以及先进同业的实践，可以将科技管理委员会提高到由董事会直接领导的层次，加强对科技发展规划和重大项目的全行统筹与协调，确保好钢用在刀刃上；在科技管理委员会下设立总体架构工作组、数据治理工作组、技术创新工作组，以全行一盘棋理念，打破科技与业务的鸿沟，建立科技与业务的合作伙伴关系。比如，总体架构组下面，可以安排业务条线或者业务领域设立业务架构师岗位，甚至可以内嵌到业务中，实现IT与业务的融合，将技术方案作为业务方案的一部分在营销阶段就能够基本确定，这将无疑极大提高科技对业务的驱动能力。

统一全行科技发展思想，确立以双模驱动、数据优先、创新驱动的科技发展战略。简单概括为"1 + 1 + N"的发展理念,第一个"1"是完成传统架构从 2.0 到 3.0 的升级,第二个"1"是打造以商业自主的互联网核心系统,第三个"N"是通过大数据、人工智能、万联网等先进技术的创新与应用,形成百花齐放的业务与产品系统建设。

建立价值导向的科技管理与 IT 经营能力。本质上,银行的 IT 投入作为企业经营的成本这个商业逻辑永远不会改变,由于资源永远是有边界的,即使加大科技投入,也不可能无限投入。这就要求商业银行在工作中要采取科学的决策思维、精细化的管理能力,实现科技资源的效率与产能最大化。简单来说,就是要求科技的掌舵者和管理者要站在企业经营的角度,站在财务管理的角度,追求信息科技管理经营的经济附加值(EVA)最大化。

其二,抓住金融科技时代千载难逢的技术红利,通过科技转型重点举措和若干攻坚项目,促使商业银行实现技术水平的跨越式升级换代。

要站在全行战略转型的视角,统筹推进云计算项目。要认识到,借助云先进技术来建设商业银行的云计算平台,本质上是在建设商业银行 4.0 时代的互联网金融核心系统的基础架构,因此,这属于全行企业级、战略级的转型项目。从近年来商业银行 IT 转型项目实施经验来看,云项目建设也应该遵循组织级转型项目的客观规律和成功经验,应当按照"一把手工程"的理念,建立全行级的项目统筹与管控机制,建立业务与 IT 紧密合作的项目组织方式,以科学的方法论为指导,推动商业银行业务的转型与创新,避免错失发展良机。构建基于云端的新一代技术架构,具有几大特征:一是技术架构是开放的,能够通过数据驱动和 API 支持与外部设备和客户系统对接,实现内外部服务共享使用;二是技术架构是模块化,以实现即插即用和便捷更新;三是技术架构是应用多元产品的,可与所有产品系统和渠道对接;四是技术架构是基于大数据层的,能够实现全行数据共享和高阶大数据分析。

要抓紧研究现有系统架构的重构与升级方案，适时通过精准外科手术式架构重构和系统封装等手段实现现有核心体系的升级，尽快完成从 2.0 到 3.0 的过渡。随着商业银行业务的综合化、全球化、数字化的业务布局加速，科技需要未雨绸缪，在架构转型上要提前研究如何支持未来多法人、多国别、多准则的业务支撑能力。比如母子公司、海内外分行的财务并账并表，不同区域和上市后的会计准则的处理，未来综合化后公司多法人的处理等。现在光是自贸区就使得有些商业银行捉襟见肘，困难重重。建设银行、浦发银行、中信银行、招商银行、南京银行、北京银行等先进同业近年来都成功实现了基于 3.0 理念的新核心重构，打造以客户为中心的系统架构，构建产品工厂、灵活定价、交易核算分离、直通式流程优化等核心支撑能力，积累了丰富的、可行的、成熟的技术解决方案，商业银行应该抓紧借鉴和研究，避免闭门造车，降低技术风险，尽快形成可行的实施计划和方案。

加快全行大数据治理水平与大数据应用能力，充分发掘数据的业务价值。重点投入大数据平台建设，业务与科技要共同携手做好全行大数据的顶层规划与统筹设计，尽快输出大数据的技术红利与业务价值。在具体建设上要聚焦范围，结合商业银行战略规划，针对重点行业和客户群优先在客户画像、风险识别、风险决策及风险预警上取得突破，为商业银行的业务线上化、数字化、智能化提供有效支撑。

其三，全面提升科技人员专业能力，建立合理的人才梯队，打造符合行业标准的科技管理体系。

加快人才引进计划，以市场化方式引入领军人物，对重点前沿技术加大领军人物的引入，重点引进架构师、项目管理、安全专家、大数据科学家，以及具备前沿技术应用能力的高级技术人才。结合商业银行的混改和业务转型的进程，推动建立科技队伍的专业化职业序列，建立科技创新激励机制，积极调动科技队伍的积极性。

　　加强科技人员的培训和培养，结合开展专业化资质认证，提升科技队伍的专业理论基础和实践能力。信息科技包含的学科很多，每个学科都很专业，需要体系化的培养，比如项目管理领域的 PMP 体系、架构师认证体系、业务分析师认证、质量管理师、专项技术认证（如 Oracle 数据库、Java 高级工程师）等，逐步提升科技队伍的理论水平与实战能力。

　　建立科技自身管理与经营的科学管理体系。结合商业银行的实际情况，需要重点打造三个管理体系，一是实施符合 CMMI 认证和敏捷的研发管理体系，二是强化符合 ITIL/ISO 9000 的生产运维管理体系，三是建立全面的信息安全管理体系。进入 IT4.0 时代，科技自身的管理理念也进入"以技术管理技术""以数据治理数据"的新阶段，比如通过人工智能等手段实现科技系统的自动化、智能化运维；通过大数据技术和海量计算能力对数据进行自动清洗和补录等，以提高数据治理能力等。随着高精尖技术的日新月异，信息安全防范形势日益严峻，攻防两端技术发展极快，可谓"道高一尺，魔高一丈"，尤其需要借助机器学习、人工智能等先进技术建立全面的安全防御体系。

2.11　加强敏捷人才储备与能力建设，激发员工价值创造活力

　　构建敏捷银行能力，需要储备和培养相关的人才，强化团队敏捷能力建设。在数字经济时代，银行提供"最佳体验的现代财资管家"服务，需要的员工应当具备一些基本的特质，比如拥有持续学习、终身学习的能力与动力；拥有较高情商、团队合作的属性；拥有勇于挑战、知难而上、执行力强的狼性精神；拥有善于学习、视野广阔、自主找对方法解决问题的能力；等等。除此之外，商业银行的敏捷转型还需要加强一些重点领域的

人才储备和能力建设，包括数据分析和流程设计人才、个人财富顾问及营销人才、公司财务分析人才、企业并购重组顾问人才等。

敏捷人才的储备与能力提升，一方面需要在招聘环节做好人才吸引，按照基本素养要求把好挑选关；另一方面企业组织更需要做好员工培训和组织关怀，加强敏捷理念和技能培训，做好员工赋能，给予员工更大的自主权，让员工切实感受到自身的成长及其带来的喜悦，激发员工的热情和价值创造力。与物理开放相对应的是必须打造沟通与共享的组织文化。信息共享与传统的官僚主义、资历主义格格不入，必须让团队成员放松心态、平等和睦共处，激发团队的活力和创造力。例如，团队精神的打造方面，和大众认知的形象不同，美军海豹突击队不培养"超级战士"，也不欢迎想做"超级英雄"的士兵，而是更加看重团队精神，团队成功高于个人表现。与此同时，海豹突击队规定每个队员都要有自己的亲密伙伴，队员之间要一起生活、一起训练、一起战斗，游泳也要在一起，所以被称作"泳伴"，这样做的目的不仅是为了培养团队精神，更是在打造一种互信的氛围。有了这两方面的帮助，海豹突击队才能拥有卓越的战斗力，他们也成了打造灵活小团队、突破底层深井的典范。同时，随着组织环境、竞争环境的日益复杂，组织领导的能见度和控制力经受着更大的考验，为员工赋能是企业应对不确定性的关键，这既是打造新型团队、提升竞争力的选择，也是现实挑战带来的必然结果。敏捷银行可从领导者的角度出发，相信团队成员，不断锻炼成员能力、完善组织架构，避免深井式的发号施令，让正确的人在正确的时间用正确的方式做正确的事，带来整个团队效率的提升。与传统英雄似的发号施令者不同，敏捷组织的领导更应该是园丁式的领导者，首要职责是负责缔造组织环境、维系组织氛围、做好赋能，让团队中的成员发挥出自己的光和热。

2.11.1 数据分析和流程设计人才

在 2018 年 3 月 8 日和 3 月 14 日分别于纽约和伦敦召开的银行治理领导

网络（BGLN）会议中，与会者就银行业人才的未来展开讨论。机器人流程自动化、机器学习、自适应智能等科技开始对合规、支付和零售服务等银行业职能产生重大影响。银行业是受颠覆性威胁最大的行业之一，而且行业中有一些十分有趣的问题需要解决。银行需要招募已掌握相关技能且了解如何有效应用上述科技的员工，需要灵活、适应性强的劳动力来驾驭变革。

这些判断是在什么背景下作出的呢？事实上，美国银行网点 2001 年就已开始一路下滑，而在中国，2017 年银行网点关停数 1426 个，净增数 800 个，首次出现关停数超过净增数。银行离柜业务量达到 90%，截至 2018 年 6 月底，四大行当年裁员 3.2 万人，超过 2017 年度总和。这背后是银行客户粘性降低，很多客户经常想不起银行，就餐、买菜都可以用支付宝、微信支付。银行可支付和第三方支付笔数 2015 年出现逆转（852 亿笔和 821 亿笔），2017 年分别为 1494 亿笔和 2867 亿笔。

2017 年末，德意志银行时任首席执行官 Jon Cryan 指出，鉴于"机器学习和机器化"具备更多潜力，到 2020 年，德意志银行将按计划裁员 9000 人（约占员工总数的 10%）。但其他与会者认为，我们目前仅处于大幅裁员的初期，某些对银行业日益重要的技能（变革管理和科技）未必是银行传统上具有强烈储备需求的技能。一位与会者表示，"鉴于自动化和科技的影响越发广泛，我们将对 60% 至 70% 的劳动力进行再培训"。澳新银行（ANZ）报告称，2015 年以来已有 40 多个流程实现了自动化，某些职能的成本每年下降逾 30%。

千禧一代希望解决有趣的问题，而且银行恰恰有许多有待解决的非常有趣的问题，有很多令人兴奋的数据等待着深入研究。银行业是一个可能要经历重大变革的行业，而年青一代的员工非常乐意奋斗在变革的前沿阵地。如网贷，从申请到批复依赖的是人民银行征信记录和客户资产等情况，一般需要 3 到 10 分钟，各行差距不大。但从批复到资金到账这一段差距就大了，各行的效率水平样本分布较广，10 分钟、2 小时、24 小时的都有，差距的原因在于流程模式，有的行采取"系统对账＋人员核查"，有的行是信贷、营运部门多个关口人工审核，工作任务和人员消耗重复冗余严重。

现在的银行网点转型与定位是什么？员工的素质要求因为网点转型与定位的方向不同而不同，各家银行很可能不会有一样的标准答案，人应该配合银行战略与商业模式。比如银行网点如果从过去的交易中心定位为咨询和营销中心，柜员熟练进行交易的要求下降，与客户的沟通能力要求上升。从数据来看，银行的数据有多有少，"多"指的是行内交易数据其实非常多，"少"指的是实际上用好的非常少；"多"指的是今天大数据生态可用的外部数据已经非常多，"少"指的是引用哪些行外数据，如何与行内数据结合，如何应用，实践还太少。咨询可以继续由理财经理承担，高柜趋势是越来越少，高柜柜员到大堂去需要注意几种能力：（1）与客户的沟通互动能力并在过程中挖掘客户需求，把流量客户转化为有价值的客户并且不会让客户觉得不舒服。（2）柜员不应该成为高智能 ATM 的奴隶和附属，只是简单"代替"客户完成 ATM 交易，而应该被高智能设备赋能，一方面教会客户使用新的 ATM，另一方面同样是服务与需求挖掘。（3）大堂员工之间的配合与转介，这块是银行最容易缺失的，往往定义了每个角色的职责，但对角色间如何配合的情景与流程完全缺失。还有别的，但这三点是我们看到最明显的问题。现象背后其实是银行网点转型后对新的服务模式与营销流程定义还不完善，人力资源对新岗位的职业发展路径和培训不完善。大家都是摸着石头过河，中国银行业在新的一轮网点转型中还没有形成公认的标杆。

2.11.2 个人财富顾问及营销人才

2.11.2.1 高净值、超高净值客户需要个性化金融解决方案

国外银行业的服务分类：第一类是大众银行（Mass Bank），提供低端个

人理财业务，如证券、外汇、保险等普通理财产品。第二类是贵宾银行（Affluent Bank），面向中端客户，提供相对比较综合的个人理财产品和服务。第三类是私人银行（Private Bank），由专职财富顾问为富有阶层提供个人性化投资及宽泛的资产管理服务。第四类是家庭办公室（Family Office），顶级财富管理团队提供全面的家族资产综合管理专属服务。

随着高净值人群不断壮大，高净值客户人群的财富管理观念趋向成熟，高净值人群和家庭及其企业"创富、保富、传富、享富"需求特征日趋显现。当今高净值客户面对繁杂的金融产品（货币投资类、固定收益类、权益投资类、私募股权类、对冲基金类、金融衍生品类、商品投资类、房地产基金类、艺术品投资、信托公司集合资金信托计划、基金公司专户理财计划等）产生了不同的需求。各家私人银行针对高净值客户的各类复杂需求推出了综合财富管理服务流程。从多维度管理客户财富的综合性流程，也是财富累积、财富保值、享受财富和财富转移的综合化服务流程。金融机构根据不同行业、年龄、性别的客群，在生命周期不同的阶段，为其提供个性化的金融服务。以为客户提供一揽子财富解决方案为出发点，针对自身复杂的财务情况，需要为家庭及企业进行财富诊断和规划，及时发现问题。跨界案例中，巧虎会员数据营销项目是非常好的例子，其建立了多元多维度数据云，通过专业的数据建模以及计算，既能获得用户基础信息和行为数据，也有态度反馈数据，并能自动化细分用户群体，自动生成可视化用户需求图谱。因此该项目能覆盖母婴用户全生命周期，挖掘吸引目标用户的内容，延长母婴生态产品周期。

对于一些共性需求，可通过数字化、渠道、"参数组合＋内容定制"，通过智能财顾实现部分金融解决方案。也有金融机构为了满足客户部分需求，推出在线投顾、智能投顾服务。而在线投顾是在线服务，提供投资建议，也只是辅助人工投顾，虽然显著提高了人工投顾的服务效率，也增强了客户的服务体验，但不能完全满足客户需求。智能投资顾问暂时聚焦于小额财富管理，智能投顾的平均账户管理资产规模还很微小，客户群体仍然限于最普通的投资者而非中产阶层或高净值人群。

高净值客户和定制化投资建议依然暂时依赖于传统金融机构提供的服务。结合营销各类产品提供全面金融服务解决方案，集营销、服务和交易功能于一体的综合营销服务平台，从而为客户提供量身定制、周全、创新的综合解决方案，以满足客户目前或未来可能产生的各类财富服务需求。智能投资顾问的未来不可限量，随着技术的不断进步，智能投顾极有可能在未来管理极大规模的财富。然而高净值、超高净值客户个性化、日益复杂化金融非金融需求不同，超高净值客群大多高处不胜寒、多疑，缺少心灵的交流，无形中对私人银行服务也提出了更高的要求。智能财顾同样不能完全满足该客群的信任需求与全面解决方案。

当前私人银行服务仍是向高净值、超高净值客户提供专业化一揽子全面管家服务，实现创富、守富、享富、传富。包括个性化金融产品，并结合了投资、融资（包括艺术品投融资）信托、保险、传承、全球税务筹划等境内外多种金融服务，以及健康关爱、私人医生、贵宾医疗、艺术赏析、子女教育、养老综合服务、法律咨询、便捷出境、环球礼遇、紧急救助、私人飞机、游艇服务家政、绿植、跨境专享增值服务等非金融服务。为私人银行客户专门定制的深层次跨境延伸服务，包含品质生活、顾问服务等方面，凸显尊贵性、便捷性、创新性和独特性，打造高品质私人生活，以管家式的服务满足客户日益更新的个性化需求。

2.11.2.2 整合金融产品与非金融服务满足客户特性需求

客户的多元需求暂时无法用相同解决方案满足。有时或许只是简单的人文关怀或非金融服务配以并不复杂金融产品就可以稳定客户的金融资产和高净值客户创新性独特性需求。这些实例很多，在这里简单举例。

【案例1】

Q女士是私人银行级客户，2016年资产管理规模（AUM）在200万~300万元，近50岁，夫妻二人是某市当地小有实力的民营企业家。记得刚开始拜访Q女士的时候，Q女士非常难沟通，对事先经她同意约好时间前来拜访的私人银行团队，总是不太客气，脾气说来就来，经常像训斥小孩一样，数落得人都坐不住。当时一想到要跟Q女士见面或看到Q女士的来电，客户经理心里都打怵。探讨了好几种方法之后，团队试图对Q女士有所突破，但都没有达到既定目标。2017年初，某私人银行中心举办"私人银行客户红酒品鉴活动"。在以往私人银行的许多活动，红酒品鉴都很受私人银行客户欢迎，参与度很高。私人银行客户经理认为这是一次很好地与客户交流的机会，如果能够邀请到Q女士，将会得到一个更为轻松的和Q女士亲切交流的机会。活动前经过几次的电话沟通、确定，那天终于迎接到了团队期待的Q女士。虽然Q女士迟到了一会儿，但终究还是如约赶来了。资深红酒品鉴师一步步递进式的专业讲解过后，大家跟随着品鉴师一边识酒、品酒，一边有滋有味地小口吃肉吃面包。每个客户脸上都洋溢着笑容，气氛非常欢乐、享受。那一天送Q女士出门的时候，Q女士非常满意，拉着私人银行客户经理的手说："她特别喜欢这类红酒品鉴活动。以前参加其他行的红酒活动，都没有当天的品鉴师讲得专业。以后再有这类的活动她还要参加。"她还咨询了某行私人银行客户活动的门槛、种类及内容。隔了段时间又愉快地参加私人银行的户外骑马活动，随后就从他行转入5000万元到该行购买理财。得知客户家庭关系紧张，私人银行客户经理通过介绍自己的油画老师给Q女士认识，不到两年时间Q女士的先生用她的画出了台历送给其朋友和商业伙伴。加上平时通过私人银行非金融服务中艺术赏析、家政、绿植配送等非金融服务，整洁的家居环境也使Q女士家庭关系得到了改善。客户经理通过深入交流，了解到Q女士有境外资产配置需求。根据Q女士配置目标和风险适合度，在法规允许的情况下又为Q

女士企业进行了境外资产配置，也包括境内外艺术品投资。

该案例的客户需求：在于人文关怀与私人财富全球税务合规规划。同时中国私人财富在财富增值和资产配置的过程中呈现出明显的特点，其主要表现在：资产分布与家族成员的全球身份安排、税务安排、公司架构、传承安排。

主要运用：婚姻规划、私人财富全球税务合规规划、产权梳理与公司架构设计、家族财富传承、财富法律风险及应对策略，以及境内外多种非金融服务、境内外艺术品投资。高度融合、高度专业化的全球配置，产品选择不同于一般投资人。强调风险管理和组合配置，关注流动性水平。

案例成功的主观原因：客户财富增值期望、风险容忍度较高、客户群体处于家庭成熟期。成功的客观原因是：财富洗牌、资产缩水，投资渠道的不断丰富，金融产品的创新涌现，机构专业服务和管理水平的不断提高，信息传播与获取的快捷与高效。这些特点使得私人银行在为财富人群提供投资方案时需要更加关注多领域、多币种、多地区的投资机会，也要求对各种投资产品做到了然于心。

【案例 2】

某私人银行客户 L 先生，已在国外旅居两年多，是当地的大型煤炭企业负责人，并经营着多项产业。中央电视台曾经对该客户做过专题采访，是位具有相当影响力的企业家。

2018 年 5 月初，L 先生基于对私人银行客户经理的高度认可，已在国外旅居两年多回国后与其电话联系，说明有一笔资金需要打理。当时客户还在住院期间，并坚持要亲自到客户经理所在的私人银行进行沟通及确定资产配置和账户归集事宜。私人银行客户经理与客户 L 先生进行了充分的沟通交流，充分详尽地了解了客户的理财需求。之后制定方案和开展协调工作，商讨产品销售和账户归集事宜。考虑财产必须是合法的并且符合法律规定的要件、跨境遗产继承法律适用的风险、遗嘱失效的法律风险，就客户购买产品事宜进行了高效的沟通，部门充分联动，高效配合，母子公司协同组织产品，在与客户充分详尽地沟通后，最终与客户达成了共识。转入外来资金 6 亿元，并用于传承与慈善。后又为其亲家转入 1 亿元资金，用于礼金［（1）部分资金满足该客户对其孙女未来的"传承"需求。（2）"慈善"首先满足客户的情怀和社会责任感，其次用于未来抵消部分税负。避免了未来资金不能按照其意愿分配给最想分配的人］。

该案例客户的需求：信任与私密性。金融市场上投资品种的日益增多，造成了投资者在投资上面临选择困境，这就需要专业的投资顾问根据投资者的实际情况，为其对各类投资产品进行解析，给出专业的投资意见。这时信任需求就显得尤为突出。

主要运用：服务机构私密性、安全性、家族财富传承、财富法律风险及应对策略、境内外多种非金融服务、慈善规划。充分考虑信托债务隔离作用的局限性、设立遗嘱与继承的法律风险、跨境遗产继承法律适用的风险、遗嘱失效的法律风险等服务与工具。

从以上两个案例来看，均整合私人银行优质服务资源，全方位、快速响应客户全球化服务，以满足高净值客户便捷性、尊贵性需求。在税务、法律、慈善、财富传承、企业资本运作、企业发展方面为客户提供高度专业化支持指导，以满足高净值客户专业性、专注性需求。

金融产品与非金融服务相结合的套餐式解决方案还有许多，实现跨界整合服务，以满足高净值客户创新性独特性需求。包括但不限于以下非金融服务方案。（1）健康关爱计划：为高净值人士提供贵宾体检、专家预约、贵宾就医、中医养生、私人医生、高端医疗等医疗保健服务。（2）机场服务计划：为高净值人士提供乘机指导、机场贵宾休息、协办值机、快速安检等一条龙便捷乘机服务。（3）便捷出境计划：为高净值客户提供便捷签证服务，并定制旅行计划，以优惠的价格选择满意的旅行方案。（4）投资移民计划：为高净值人士提供各国投资移民咨询，协助办理投资移民申请等服务。同时私人银行可协助高净值人士完成海外投资移民的资产配置。（5）子女教育计划：为高净值人士提供子女教育服务，包括出国（境）留学服务和国内教育服务。（6）法律咨询服务：为高净值人士每年提供免费法律咨询服务，如需律师事务所协助，可以以更为优惠的价格享受法律服务。（7）客户需要税务咨询计划：为其提供免费的前期税务咨询服务，如需税务师协助，可以以更为优惠的价格享受税务服务。（8）紧急救助计划：为高净值人士提供国内外医疗紧急援助以及海外旅行援助等援助服务。（9）私人飞机、游艇服务：为高净值人士提供私人飞机游艇租赁与旅行定制服务，如高净值人士要购买私人飞机游艇，将为他们提供相关金融服务，并提供投融资、购买托管、维修保养等服务方案。（10）婚姻财产规划顾问咨询服务。（11）养老综合服务方案。

2.11.2.3　金融服务需要人才储备

综观国际主要的私人银行市场参与者，按客户资产水平和产品、服务范围和复杂度不同，私人银行的主要业务模式可以分为六种模式：私人银行/信托模式、顾问咨询模式、经纪人模式、投资银行模式、家庭办公室模式和全能综合模式。我国更适合全能综合（管家）模式。服务范围包括：个人、家庭及事业发展。服务内容包括：财富管理、综合金融、专享增值。服务特点：尊贵、私密、专业、稳健、便捷。服务过程中承担多种角色：（1）财富的来源与创造和紧密的生意伙伴。（2）财富保值增值，专业的财富管理者。（3）财富的享受和运用优秀的服务者。（4）财富与事业的传承值得信赖的家庭成员。

2018 年 8 月 30 日，十三届全国人大第五次会议通过了新《个人所得税法》，新法于 2019 年 1 月 1 日全面落地实施。新个税法实施后，税收政策相对更加复杂，雇主和雇员的代扣代缴义务发生变化，征税和申报方式和内容也发生变化，具有综合所得的纳税人需要自行进行年度汇算清缴，子女教育、继续教育、大病医疗、住房贷款利息、住房租金和赡养老人支出六项专项扣除（通常指"五险一金"）内容，如何确认这些细节，是比较复杂的，是对个人合规准备资料充分享受扣除优惠的考验。鉴于此，商业银行可以积极研究并择机开展对客户的涉税咨询服务，并与贯彻落实零售业务战略规划要求相结合，与打造针对"压力一代"和"养老一族"业务模式实现有效对接，提高客户粘合度，创造新的价值创造点。以开展个税改革政策影响分析和介绍为开端，协助个人税务安排，帮助审阅专项附加扣除内容，提供个人所得税咨询热线服务，推动"压力一代"客户在享受理财服务、教育型服务和健康型服务三项专属服务的同时，增加一项税务咨询专属服务内容，算清税务账、合规规避纳税风险并享受税收优惠；推动"养老一族"充分获得大病医疗、子女赡养减税政策带来的好处，提供及时贴心税务咨询服务。同时，对于非居民个人、高净值人士提供"一对一"税务咨询专项服务，并由此进一步推动对高净值人士类私人银行业务的开展。

总之，商业银行可根据客户多维度综合性财富管理需求，制定专属产品与定制化服务、资产策略配置参考服务、顾问咨询类服务、专业性解决方案。而这些业务的广阔空间需要大力储备和培养个人财富顾问及营销人才。

2.11.3　公司财务分析人才

商业银行需要储备和培养公司财务分析人才，提升员工财务分析和市场机遇挖掘营销能力。通过分析公司财务状况，掌握公司经营情况，为企业提供敏捷、个性化的金融服务方案。具体财务分析指标举例如下：

一是通过分析企业财务报表，可以计算企业的经营资金需求。经营资金需求＝经营性资产－经营性负债＝（应收款＋存货＋预付款，…）－（应付款＋预收款＋…）。通过经营需求情况，提出改进经营建议、提供增强周转效率，降低资金占用的建议。

二是计算是否有投融资资金需求。非流动资产－所有者权益＞0，说明有长期融资的需求。若是 <0，说明有投资需求。

三是计算资金缺口。资金缺口 = 营运资本 – 运营资金需求。通过计算资金缺口，提供投融资产品配置建议。若经营资金缺口，提供短期融资建议，包括短期借款、应收款保理、存贷质押贷款等服务；长期资金缺口，提供长期融资建议，包括发债、资产证券化、银团贷款、股权融资等服务。若资金富余，提供投资类产品。长期富余，提供资产配置、项目筛选、并购重组等服务；经营资金富余，推荐购买理财产品、提供过桥贷款等服务。

四是营业安全水平评价。营业安全水平 = 销售收入 – 盈亏平衡点销售收入。负债经营风险评价：负债经营杠杆系数 = （1 + 有息负债合计/所有者权益）×（1 – 利息支出/息税前收益），根据杠杆率判断企业是否可以增加负债。企业盈亏平衡点销售收入 = 固定成本合计 × 销售收入（销售收入 – 变动成本合计）。

其他方面，例如，新增贷款规模建议 = 授权限额 – 已有有息负债；超需求授信 = 已有有息负债 – 资金总需求；超能力授信 = 新的还款能力 – 已有有息负债 >0，就存在超能力授信，通过此指标来检验可能的授信程度。

企业财务分析能力要求越来越高，传统的简单财务指标已不能准确反映企业的财务状况，这为银行提供金融服务带来了很大挑战。例如，传统的偿债能力分析指标如流（速）动比率、资产负债率、利息保障倍数等，虽然在一定程度上能够反映企业的偿债能力高低，但却不能告诉我们这个企业到底有没有偿债能力，应不应该给它贷款。这是因为传统的偿债能力分析指标如流（速）动比率和资产负债率等指标均是从静态的、一个时点的角度来看企业的偿债能力，它既没有考虑资产的周转速度、也没有考虑资产的增值能力，难以得出令人信服的分析结论。以表 2 – 3 中所示的 A、B 两个公司为例，A 公司资产负债率为 95%，流动比率为 0.5，速动比率为 0.4，B 公司资产负债率为 50%，流动比率为 2，速动比率为 1，按照传统的评价方法，A 公司缺乏偿债能力，B 公司拥有偿债能力。

表 2 – 3　　　　　　　用传统方法评价企业偿债能力　　　　　单位：元，%

项目	A 公司	B 公司
年收入	120	100
资产	100	200
流动资产	40	100
存货	10	50
负债总额	95	100
流动负债	80	50
长期负债	15	50
所有者权益	5	100
季度营业利润	12	3
利息支出	6	6
资产负债率	95	50
速动比率	3/8	1
流动比率	0.5	2
结论	无能力还债	还债没有问题

　　事实上，企业是否拥有偿债能力，并不仅仅取决于企业现有资产和负债的规模，而是取决于企业债务到期时企业能够有多少现金可用来偿还债务。

　　企业在一定时期之后有多少现金用于还债，除了与资产规模有关之外，还与资产的周转速度、资产的增值能力直接相关。如何将这些因素考虑进去？传统的评价方法是对这些指标进行加权打分，然后再根据得分多少来进行评价。这种做法的问题是，某个指标某个值应当打多少分？A 公司资产负债比率指标差，资产周转指标好，盈利能力指标好，而 B 公司则相反（见表 2 – 3）。这些指标如何打分？它们的权重应该是多少？不同的打分方法，可能会得出完全相反的结论。有人说，进行偿债能力评价，资产负债方面的比率指标为主，其他指标为辅，按照这个原则来对 A、B 两个公司进行评价，则可得出 A 公司缺乏偿债能力，B 公司拥有偿债能力的结论。

　　从静态的、时点的、清算的角度来看这个结论是正确的。但我们判断一个企业的偿债能力，是判断它未来的偿债能力，是看它在债务偿还期到来之前的这段时期的偿债能力。从发展的角度来看，一年之后，假设 A、B 两个公司要还的债务均是流动负债的一半，即 A 公司需要偿还 40 元流动负债，B 公司需要偿还 25 元流动负债。那么，A 公司一年后能够收回的流动资产为 88 元（ $=40+12\times4$ ），B 公司能够收回的流动资产为 112 元（ $=100+3\times4$ ）。

从数字来看 A、B 两个公司在一年后债务到期时偿还债务均无困难。但在事实上，A 公司偿还 40 元的债务之后，还剩余 48 元作为流动资产，与年初相比 A 公司的经营规模没有受到影响，并且从 40 元发展到 48 元。而 B 公司偿还 25 元债务之后，还剩 87 元的流动资产，与年初相比，经营规模缩小。也就是说，如果一年之后两个公司均有一半流动负债到期，那么 A 公司不会出现偿债困难，而 B 公司还要变卖 13 元的流动资产才能偿还债务；A 公司经营业务的正常开展不会出现资金紧张，而 B 公司原有经营规模缩小，将出现资金紧张。

上例表明，传统的以某些指标的经验数值或加权打分来进行企业是否拥有还债能力的评价，均有可能得出与实际情况相反的、错误的分析结论。主要原因是企业资产和负债的规模不是静止不变的，它随着企业经营活动的开展而变化，企业资产负债规模、企业资产周转次数和企业资产的增值能力之间，不是相加关系，而是相乘关系，用加权打分的方法难以得出正确的结论。企业偿债评价的正确方法是，计算在债务到期前企业能够收回多少现金，然后再和到期债务金额进行比较。

在此背景下，熟知掌握公司财务分析专业知识和技能的人才对于商业银行的敏捷能力构建就显得尤为重要。

2.11.4 企业并购重组顾问人才

对行业及其中重要企业要了解，比如兖州煤业购买澳大利亚联合煤炭公司，成交的是品质高、成本低的动力煤，而焦煤从来就是有价无市。并购人员的素质在于对买方卖方决策点的明确判断，就连谁去谈过、谈的什么价格都知道。

对不同市场交易规则要了解，比如一个购买目标20%的并购股权交易，有的国家购买上市公司股权超过20%会触发全面收购要约，而有的国家是30%。考虑到5%以内股权购买无需披露，有时候投资银行会先为雇主买入并购目标4.99%的股权，一旦后续15%购买要约谈判成功，则无需向全体股东发出全面收购要约。当然，银行如果拥有全国性牌照的金融资产投资公司、资产管理公司，与地方牌照相比，在资产重组的商机匹配上机会更多，借壳上市并退出的手段就更方便。

在国企混改相关的金融产品服务方面，提供并购重组财务顾问及配套融资等产品，推动国企混改。无论是老股转让定增，还是资产重组，在交易结构设计上，本质上都是某种并购行为，商业银行可针对客户的需求定制化设计出重组架构建议、资产处置计划和并购贷款等金融产品，如并购债券、并购基金、并购结构化融资、并购再融资贷款等并购融资服务产品线；也可以协助企业股权投资基金设计最优化的并购融资安排，降低并购融资成本，延长并购融资的期限。借助资产管理公司平台，处置不良资产及调整资产结构；借资管信托通道，提供理财资金支持。参与国企混改所需融资体量较大，商业银行可加强与内外部合作，借助资管信托通道（外部资源）提供融资支持；另外，针对部分高净值客户设计专项理财产品，实现资金端和负债端的匹配，进而也让民间资本共同分享国企混改红利。推动现金管理业务，帮助企业重构资金管理体系。国企混改后，在架构设置、业务范围、债权债务关系等方面均会发生较大变化，特别是企业的资金管理体系需重新梳理和搭建。商业银行可为企业提供各类融智、融资、融技的综合现金管理服务方案，构建统一完善的资金管理系统，强化企业的资金和财务管理，实现企业效益的最大化。

3 构建外部差异化的敏捷银行能力

3.1 深潜小众市场和个性化定制，开拓金融支持供给侧结构性改革新蓝海

2018 年 6 月 13 日，酷鹅用户研究院发布了 2018 年世界杯用户行为研究报告。其核心洞察点包括三方面：一是互联网成为用户关注世界杯的主流渠道。互联网渠道方便灵活，信息丰富，选择通过互联网关注本届世界杯的用户占比超过 90%；通过互联网渠道（QQ、微信等）与他人线上交流世界杯相关内容成为年轻用户首选。二是世界杯周边产品和新玩法在年轻用户中更有市场。年轻用户除了关注世界杯赛事外，对世界杯周边产品也有较高关注。除了足球竞猜、彩票等传统世界杯玩法外，年轻用户对于足球游戏、品牌宣传、粉丝应援活动、粉丝球赛等世界杯新玩法更为青睐。三是男性更关注赛事本身，女性更注重情感诉求。男性用户对世界杯赛事本身关注更高，如分析球队技术战术、关注赛程数据、球队教练动态等，女性用户对与家人一起观赛、追星、热点八卦、举办国风土人情关注较高。这一报告从不同角度深入揭示了各类世界杯小众群体的消费需求特征，引起诸多商家的热切关注。

在新数字化时代，企业创新应着眼于构建人们周遭的环境，并在恰当的时机为客户提供个性化定制产品和服务。领先企业已迈出第一步，随时

🐧 世界杯周边产品关注情况

75%的用户会关注世界杯周边产品，如世界杯的球衣、吉祥物、挂件等，其中，14.2%的用户会主动收集，另有14.9%的用户会关注自己喜欢的球队球星周边产品。"00后""95后"年轻用户对于收集世界杯周边产品需求更高。

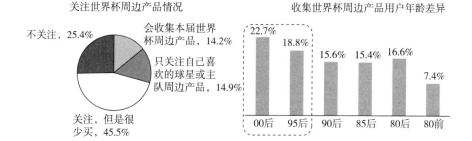

注：数据为定量调研多选题，因此每组数据汇总后大于100%，N = 13809。

资料来源：微信公众号"酷鹅俱乐部"（kueclub）。

图3-1 世界杯周边产品关注情况

🐧 世界杯相关活动中借势营销榜单

世界杯期间，各路商家都在借势做热点营销，品牌宣传类的汽车、功能饮料、电商平台品类热度最高，看球聚会类炸鸡、烧烤、啤酒热度最高。

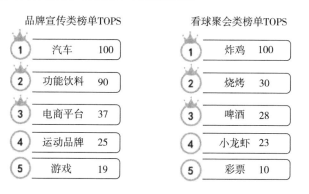

资料来源：微信公众号"酷鹅俱乐部"（kueclub）。

图3-2 世界杯相关活动中借势营销榜单

准备为个体消费者量身定制产品、服务乃至生活场景，满足其从生活到工作的各方面需求，只为打造消费者所需的专属现实。例如，日本电子商务平台 Zozotown 将个性化和定制化提升到了新的高度。其紧身连体衣 Zozosuits 与手机应用程序相连，可 3D 建模并精确测量顾客的身体尺寸。Zozotown 自有的服装生产线会根据消费者身体尺寸定制服饰，并在短短 10 天内送到客户手中。国泰航空旗下奖励计划"亚洲万里通"应用区块链技术，确保交易记录安全透明，让"亚洲万里通"、其合作伙伴及会员可以接近实时的方式管理交易记录，让会员所赚取里数可于翌日存入账户内。商业银行金融服务传统产业可从中得到一些启示，需要深潜小众市场和个性化定制，金融支持供给侧结构性改革下的新蓝海。

3.1.1 "互联网 +"深刻影响传统产业供给侧结构性改革

无论对于美国和中国而言，2010 年都是互联网对传统产业供给侧结构性改革产生深刻影响的标志性年份。美国一家快速成长的推荐网站 Squidoo 发布数据显示，美国消费者行为模式的分布曲线（呈现正态分布的钟形曲线）大幅延长，在 2010 年形成一个拐点，上下限之外的两侧长尾相加之和超过上下限之内的正常部分。这一"神转折"意味着大众口味的"正常"人骤减，一个又一个"网红"及其"粉丝"组成的，对外显得多元独特、对内兴趣和利益相同的小众部落势力纷纷崛起。而此前的一些年份抽样数据分析显示（比如 1955 年到 1975 年两个时点），这一分布曲线一直以来都是"正常部分"（大众口味）大于两侧的"非正常部分"（小众口味）。

分布曲线聚焦的中间（正常）部分被逐步掏空的原因在于互联网全面、深度普及，互联网极大地丰富和提升了小众的聚集和社交便利。每一个小众部落都特色鲜明，运用社交网络宣扬自己的特殊喜好。互联网使小众部落瞬间集结，小众的喜好不断创造出新消费和生活潮流。大规模、标准化营销效用已经大幅度降低，小众的口耳相传具有越来越强大的力量。

一个典型的供给侧结构性改革事例是，在 2010 年，一家面向北美地区市场的"神奇面包"(Wood Bread)公司宣布破产,小众们厌倦了它多年来生产和销售的唯一一款以雪白、纯粹、精致为特点的标准化大众产品。与此同时,另一家叫"只有面包"(Bread Alone)的公司取而代之,它什么面包都卖,就是不卖"神奇面包"那样的标准化面包,它的产品种类包括有机面包、以斯佩尔特小麦特制而成的"斯佩尔特面包"(Spelt Bread),以小麦发酵、口感带酸的"酸面包"(Sourdough Bread),以及向日葵面包等数量繁多的小众产品。它采取线上线下结合的方式销售,线下实体店作为宣扬特定生活品位的交流体验中心,互联网线上销售数量远远大于线下实体店,它的市场不仅是利基型的小众市场,也吸引了成千上万的会去农贸市场购物、善用选择能力的一般人。

从供给侧结构性改革的视角来看,2010 年到 2018 年间,在北美通过"互联网 +"所挖掘的小众市场已经从过去的食品、餐饮、服装、音乐、家具、美妆等部分领域,逐步扩展到汽车、医疗、养老、旅游、教育等更为复杂、需要生态系统内多家供应商协同的复杂消费领域。而且一些供给侧结构性改革的领先企业已借助网络化、数字化、组件化技术,以可控成本实现大众客户化定制,将过去仅为富豪提供的私人定制扩展到大众个性化定制。互联网对于生活的改变已经绝非北美地区"独美",而是在北美、北欧地区、中国同步上演一幕幕"美轮美奂"的生活场景剧。

3.1.2 深潜供给侧结构性改革的行业机遇

在中国,由于政策的引导和鼓励,实体经济"互联网 +"的创新与发展方兴未艾。笔者试从中国的汽车、家具、服装、美妆等领域摄取一些小众市场及其个性化定制的侧面来为读者做个汇集展示(有关描述引自企业广告),以便从中体察深潜供给侧结构性改革机遇的端倪。

3.1.2.1 汽车领域

汽车行业正在从大众市场向小众市场和个性化定制过渡。其中客户化定制模式（Consumer to Business，C2B，消费者到企业）包含车型定义、设计开发、汽车验证、自由选配、用户定价、反馈改进六个环节，这要求企业在供应链、生产线、渠道链以及企业的 IT 架构等全价值链中进行一次"换骨"式的革新，是一次非常典型的制造业升级。

宝马——BMW7，同级别独有的自适应驾驶体验控制系统，可以根据驾驶者不同的驾驶风格，自适应地调整油门的反应速度、方向盘的转向比、变速箱的换挡逻辑；同时根据实时路况，主动协调动力与底盘系统，在运动和舒适的驾驶风格之间智能切换。车如其人，你是什么样的性格，它都是你的最佳拍档[①]。

上汽——上汽大通 C2B 个性定制汽车模式，在上汽大通个性定制汽车模式下，用户可以参与到汽车的整个生命周期，包括汽车的定义、开发、认证、定价、配置、改进六大环节，此举不但打破了传统汽车的销售模式，也改变了在传统汽车销售模式下消费者始终处于被动消费的局面[②]。

奥迪——2013 年 1 月 31 日，奥迪亚洲首家数字展厅 Audi City 在北京开业，除展示新产品和技术外，这家展厅的一项重要职能便是为客户提供个性化定制服务。奥迪品牌的车型阵容不断扩大，借助先进的多媒体技术，AudiCity 可通过改变汽车的颜色、设备和功能为顾客展示奥迪车型数以百万种的配置组合。根据奥迪公司管理董事会营销和销售董事卢卡·德·米奥的介绍，奥迪数字城市展示厅 AudiCity 的建立，旨在通过更为直观的展示平台让广大中国消费者了解奥迪前沿的创新成果[③]。

3.1.2.2　家具领域

尚品宅配——最大特点是"个性化定制"，设计师会根据顾客需求和户型结构，定制出几套设计方案，并制作出 3D 虚拟效果图。在顾客认可设计

---

① 资料来源：虎嗅网。
② 资料来源：凤凰汽车。
③ 资料来源：网上车市。

效果、签合同付款后，将设计变成真实的家具。与传统家具企业不同，尚品宅配原本是做软件系统起家的。总部位于广州天河区的尚品宅配集团，曾经多次上榜《快公司》评出的"中国最佳创新公司 50 强"，基于"互联网＋制造"的尝试，尚品宅配把买家具变成像"试衣服"一样简单①。

索菲亚——定制衣柜行业首家民营上市企业，于 2003 年 7 月起出产、出售"索菲亚"品牌定制衣柜以来，公司凭借量身定做的定制衣柜和壁柜门相结合的簇新产物概念，主导了壁柜移门职业向定制衣柜职业的底子转变。进军全屋定制家具市场，也取得了不俗的成就②。

欧派——作为橱柜产品的"大家长"，顺应市场需求将战略瞄准全屋家具定制，沿袭整体橱柜的制作理念和精神，追求完美的生产服务态度，定位中高端，打造贴合不同家庭家居习惯的个性化定制，与国外优秀设计师合作也让其整体家居设计作品独具创新与品位③。

3.1.2.3　服装领域

意大利奢侈品牌 Zegna——意大利奢侈品集团 Ermenegildo Zegna 推出"个人化定制"服务，为客户制作完全个性化的服装。工作室内共有 6 位裁缝，负责根据客户需求定制服装，也会应约飞到世界各地上门服务。服务包含：4 次试衣服务，制作总工时超过 75 个小时，工序超过 200 道，会在三个月之内为客户送货上门。在定制西装时，Zegna 集团提供了超过 1000 种不同的面料供客户选择，定制衬衫的可选面料也超过 230 种④。

报喜鸟服饰——全品类私人定制是公司主推的业务。在服装业传统模式下，40% 的产值为库存，而定制业务没有库存，智能生产在国内不存在产能过剩的问题。C2B 定制全流程包括：（1）消费者通过天猫、京东、官微、400 热线、实体店铺等六大渠道预约定制，自主选择面料、工艺、款式、领

① 资料来源：《广州日报》。
② 资料来源：卡诺亚定制家居。
③ 资料来源：欧派家居。
④ 资料来源：华丽志。

型、纱线颜色等。（2）预约成功后，报喜鸟搭配师与量体师72小时内上门服务。量体结束后，工作人员将数据录入后台。（3）报喜鸟定制车间的指定工位接收制作任务，快速开启定制之旅。4.360小时后，顾客收到定制服饰①。

衣邦人——创立于2014年12月的衣邦人，是一家以互联网思维和工业4.0切入高端服装定制行业的创新性企业。衣邦人采用"互联网+上门量体+工业4.0"的C2M模式，改变了传统定制的经营方式。目前在国内的直营网点已增至42个，服务范围覆盖全国200多个城市，累计服务40万位客户，微信公众号粉丝突破240万，无论在服务用户数还是销售额方面，都成为行业遥遥领先的标杆②。

3.1.2.4 美妆领域

玉兰油（Olay）——2018年3月，知名护肤品牌玉兰油（Olay）宣布将针对全球女性不同肤质推出全新皮肤测试APP"Olay Skin Advisor"（玉兰油皮肤顾问），为使用者提供了定制化的皮肤教学课程以及产品建议，帮助消费者更好地了解真正适合自己需求的产品③。

日本资生堂和美妆初创公司MATCHCo——日本美妆巨头资生堂集团（Shiseido）的美国子公司宣布，收购加州美妆初创公司MATCHCo。MATCHCo用户可通过智能手机APP，扫描不同面部部位采集数据评估肤色，而后购买单独调配、适合自己的定制粉底。资生堂的研发能力加上MATCHCo的创新技术工具，将进一步验证美妆定制这一创新商业模式④。

日本无印良品Muji——2015年底，位于纽约第五大道的无印良品（Muji）北美旗舰店正式营业，不同于常见的无印良品门店，为了让顾客体验更加完备，这家占地1.2万平方英尺（约合1100平方米）门店还在一楼设置

---

① 资料来源：搜狐网。
② 资料来源：Mina网。
③ 资料来源：华丽志。
④ 资料来源：华丽志。

了供顾客调制定制香氛的芳香实验室（Aroma Lab）①。

3.1.3 银行为客户提供"个性化"服务，支持供给侧结构性改革新蓝海

深入推进供给侧结构性改革需要借助于深潜小众市场和个性化定制，拓展战略转型新蓝海。金融服务转型应与之相伴共生，提高服务实体经济的效率和水平，不仅仅是单纯金融机构产品服务的个性化定制从过去的私人银行扩展到小众客户，例如通过智能投顾满足客户个性化投资理财需求；也包括与上述诸多消费领域客户化定制配套的，动态嵌入消费场景的跨机构金融服务组合定制；还应顺着消费生态价值链延伸到采用中国制造 2025 的制造业实体企业。

商业银行"个性化服务"的内涵在于银行主动去了解客户的个体特征，包括财务状况、金融消费和投资理财偏好、风险承受能力等状况，进而主动及时地提供适合客户的金融产品和服务。当然，要实现大规模地为客户提供这种个性化、定制式的消费体验，关键是需要数字化技术的支撑。例如，中国平安陆金所推出了采用 AI 算法模型的智能化理财产品，基于用户的真实投资与决策行为，了解用户的风险承受能力与偏好态度，为其提供符合其行为偏好和真实需求的个性化理财方案推荐。

BCG 对某家国外银行的一项调查研究发现，大约 54% 的新增客户将"提供了个性化的服务体验"作为选择在这家银行开户的最重要的因素；68% 的受访者也因此进一步购买了该银行其他的产品和服务。同时，该研究还发现，银行最年轻的客户（18～34 岁）和最富有的客户（银行资产水平最高）均将银行的个性化服务视为选择哪一家银行的重要考虑因素。BCG 对银行财富管理领域的另一项研究也发现，超过七成的财富管理客户主要基于是否提供个性化的财富管理服务来决定选择哪家银行；银行通过数字

① 资料来源：华丽志。

化渠道提供个性化的智能财富管理产品、服务和价格，能够获得显著的差异化优势和绩效增长。

银行为客户提供个性化服务，需要从价值链的角度从根本上转变银行的运营方式，做好一些重要领域的变革。在最初的寻找客户领域，银行能够通过强化大数据分析能力制定更为精准有效的营销机制，寻找挖掘潜在客户并纳入契合的营销渠道。在客户体验领域，银行的服务界面需要展示和提供给客户个性化的内容，例如个人信息和背景，减少与客户不相关的服务；再如针对定期入账工资的客户，客户的手机银行和网上银行页面可提供一个选项，为其提供便捷的资金理财服务导入。在产品和定价领域，个性化的银行服务能够在前期充分了解客户特征的基础上采取最佳的产品和渠道方案选择，为客户制定几乎无限数量的销售计划。在财务规划领域，传统的银行服务对客户的财务健康状况缺乏整体认知，而个性化的银行服务可以利用高度个性化的客户数据，为其提供定制式的财务规划建议，匹配针对性的金融产品。客户维系领域，有了机器学习和个性化的数据案例库，银行能够更为准确地预测潜在的客户流失概率，为不同客户制定针对性的客户维系方案，在提高客户维系质量的同时显著降低客户维系成本。

银行为客户提供个性化服务，首先，需要发现并掌握客户的个性化特征，包括基本个人和家庭信息、客户资产财务状况、客户消费结构和消费习惯、客户信用情况、客户风险偏好等。其次，银行可根据客户的个性化特征，对其在本行的金融行为进行定义，提供一套相对标准化的能够鼓励客户特点行为的产品建议和营销交互方案。最后，运用一定的算法和新技术手段，追踪记录和归纳分析客户对不同产品建议和营销交互方案的反应，提炼出最有效可行的个性化产品和营销方式，最终提高银行的营销效率和客户的个性化服务体验。

此外，商业银行金融服务供给侧结构性改革的新蓝海，应以商业银行为主搭建智能价值网公共金融服务平台，形成有效整合客户信息元数据、产品参数化设计配置、账户以合约形式体现、拥有交易核算分离引擎，提供包括实时智能的消费信贷、交易银行、资产聚合交易、大数据风控服务，构建融入和支持供给侧结构性改革的"智能金融价值网"。

3.2　借助金融科技，消费金融真相乍现、返璞归真

当前，消费作为我国经济发展的第一驱动力，不仅要满足人民日益增长的美好生活需要，更是带动整个产业转型升级的重要引擎，有助于促进实体经济的健康发展。从这个意义上讲，我们正在步入消费经济时代。作为金融服务机构，商业银行积极布局消费金融领域，既是时代发展的要求，也是自身转型的需要。商业银行布局消费金融，应借助金融科技，应对面临的挑战，构建差异化的金融服务能力。

很多人看了 2017 年 12 月 8 日首映的电影《至爱梵高》，都惊叹于这部作品返璞归真的拍摄方式，来自世界各地的 125 位画家，以集体作坊的合作形式共画出 6 万多幅油画作品，然后以每秒 12 幅的速度形成动态画面。而且，这部影片以具有争议性的"梵高之死"为切入点，更多地探讨他作为人的一面，试图通过他人的视角，以一个个场景拼贴出梵高生命最后阶段的真相。事实上，金融科技的独特魅力也正在于穿透迷雾、返璞归真，精准实时捕捉消费金融的商机和危机，也就是 MOT（The moment of truths）——"真相乍现的时刻"。

3.2.1　消费金融发展概况及趋势

消费金融是为满足个人消费者明确的消费目的而发放贷款的现代金融服务方式，其消费对象往往是电子产品、耐用品、旅游、教育等相对小额

的生活所需产品或者服务，是一种无抵押、纯信用形式发放的贷款。需要注意的是，一般意义上的消费金融并不包括信用卡，因为目前国内信用卡的目标客户和运营机制与消费金融还存在一定差异。消费金融这个产品并不是一个新概念，过去主要以线下设立服务点为主，比如捷信、苏宁消费金融这些公司，随着近几年移动互联的崛起，越来越多的以线上的形式存在，银行、互联网平台等都开始在网上实现从获客、审批、放款甚至到贷后管理的全价值链业务。

2017 年以来，为防范"现金贷"风险，中国一些地方金融监管部门陆续提出消费金融利率封顶，限制乱收费；设定单一借款人额度上限；严禁暴力催收，不得打乱还款顺序；加强资金来源管控等措施。以 2017 年 4 月 18 日整治办下发的《关于开展"现金贷"业务活动清理整顿工作的通知》及补充说明为开端，我国的监管层明确表态所有金融业务都需要纳入监管，现金贷业务进入全面强监管时代。2017 年 12 月 1 日至 14 日，监管部门连发四文，明确统筹监管，开展对网络小额贷款清理整顿工作。事实上，这些监管政策变化早在市场预期之中。亚洲主要国家及地区的消费金融市场也曾经历过类似的发展历程，例如 2003 年的韩国、2005 年的中国台湾地区和 2006 年的日本，其中日本的经历与我国的相似度较高，监管趋严最终改变了市场格局。同样，中国消费金融市场的利率上限预计将缩窄利差，挤出"长尾"信贷平台，进一步提升市场集中度。银行的资金成本和风控优势更加凸显，仍将主导消费金融市场。但另一方面，随着利率市场化及同业竞争加剧，中长期银行消费金融业务的盈利性亦面临利差缩窄的严峻挑战。影响利差缩窄期限的因素除利率环境外，还包括货币政策、资金外流、同业竞争等因素。在此背景下，过去粗放式的"产品策略"难以维系，商业银行和持牌消费金融机构需围绕"客群策略"精耕细作。

围绕中国经济发展、居民消费升级的趋势，消费信贷市场中，基于场景的信贷规模在 2021 年将达到 2 万亿元，占全部分期信贷规模的 42%。场景筛选需综合考虑业务潜力（消费市场规模、对分期/借贷的需求度）和可行性（风控难易度、合作伙伴获取难度，例如行业整合度）两个维度，租房线下、3C 线下、旅游线上等场景将成为增长潜力较大的"风口"。其中，3C 线下规模大，商业模式成熟；而 3C 线下对消费金融公司的金融门槛较低，已被几大平台垄断，大平台已有自己的消费金融服务产品，消费金融公司难以切入。租房市场虽然分散，但是因为体量巨大，领先中介均掌握大量房源，当前公寓型房源领域的 O2O 模式已经较为成熟，各类选手都已进入，消费金融公司潜力较大。旅游线上较为集中，但未被垄断，市场正快速增长，银行、类消费金融、互联网都已进入；旅游线下过于分散，价格不透明且波动较大，反欺诈难度过高。从各主要场景毛利分析来看，医美和教育场景毛利较高，旅游和 3C 场景渠道方强势，毛利较低。

3.2.2　消费金融发展面临获客和风控两大挑战

同时，消费金融领域的竞争也越来越激烈，也逐渐呈现出了两大方面的挑战，也就是获客和风控。在获客方面，随着消费金融所能触达的客群不断扩张与下沉，机构的获客成本也极速提高，2016 年末曾有报道称线上消费金融平台通过中介的获客成本上升 30% 达到约 800 元/人，这对于任何平台而言都是很高的成本；而基于场景获客的方式也面临同质化的竞争，例如 iPhone X 上市之前，一个客户可能会收到 3 家银行的分期付款广告，这就对价格与服务提出了更高的要求，也就增加了获客的难度。

在风控方面，由于我国的征信体系不完善，能够覆盖的消费金融客群有限。2016 年 3 月数据显示，人民银行征信系统共收录自然人信息 8.9 亿人，其中有征信记录的仅 3.9 亿人，占总人口数不到 30%，即使加上第三方征信机构的数据，这些无征信记录的客户仍然对平台的信用评级能力提出了较高的要求，对于非持牌机构而言更是如此。风控的另一大问题就是多头借贷，芝麻信用曾经披露了这样的数据，2016 年有 11% 的 P2P 类消费金融用户在 6 个月内通过互联网渠道向 10 家及 10 家以上的机构申请过贷款。持牌消费金融或银行线上信用卡有 3%~4% 的用户在 10 家及 10 家以上的机构申请过贷款，这说明多头借贷的问题是普遍而严重的。

3.2.3 借助金融科技，提升应对消费金融各项挑战的能力

可喜的是，现在我们可以借助科技的力量来提升应对挑战的能力，大数据、机器学习、人工智能等技术已经可以帮助消费金融机构在获客、定价、风控和服务方面作出改善。正是因为前面提到中国征信体系的局限性，出于辅助缓释消费金融真实性风险的目的，场景获客在中国发挥了比欧美国家更重要的作用。但场景获客的竞争已经非常激烈，这里要强调的是消费金融其实是"消费者"的金融，因此加强对客户数据的挖掘是提高获客效率的必要手段。即使知道了客户的兴趣所在，也还需要采取系统化的策略去触达客户，因为客户的需求变化很快，在一个人出现借贷需求的第一天就推送消息，其响应率可能是第二天推送的两倍，第二个层面是通过怎样的渠道去触达，短信、邮件或者是电话对于不同客户可能会有不同的转化率，这就需要基于海量的数据进行分析，从中找出不同特点客户与渠道之间的关联。

在定价方面，对不同客户提供不同价格已经是行业里的通行做法，而通过强大的数据与算法支撑的自动化定价则是大多数消费金融平台还需要建立的能力。举一个某金融科技公司的例子，依托电商集团近 2 亿活跃用户、数千亿次的交易信息、几十万条的供应商与合作伙伴数据基础，建立了大数据风险定价模型，这个模型涵盖了超过三万个变量，为超过 2 亿用户做了信用评分，而这些全部由系统操作，没有任何人工审核，效率比传统模式至少提升十倍，自然也为某金融科技公司带来了成本优势。

在风控方面，消费金融平台需要建立覆盖贷前、贷中和贷后的完整风控体系。面临 70% 左右没有征信记录的"白户"，贷前信用评级是重点也是

难点，目前放贷平台的量化评级模型接入的参数多则两三千个，少则有一两百个，为寻找参数之间的关联性提供了丰富的基础，一个有趣的发现是如果 APP 客户借钱时手机电量比较高则还款率偏高，如果借钱时手机快没电了，还款率则偏低。当很多组不同的关联关系被挖掘出来后，放贷机构就能够作出较为准确的判断。而对于数据量本身就很丰富的金融机构，则能够通过精准的客户画像做到"千人千面"的风险评估。

除了信用评级，反欺诈也是能够通过科技提升的重要领域，往往很小的改变就能带来很高的效益。在通过人工智能的手段进行身份认证上，目前已有消费金融公司自行开发的人脸识别软件准确率高达99.99％，并在实际使用中比国内其他产品的识别率高几个百分点，对于一家交易规模数百亿元的消费金融公司来说，一个百分点的提升就意味着平台能够减少几亿元的损失。除了人脸识别，笔迹识别也是一种非常适合移动设备的反欺诈方式。我们都知道一个人的书法习惯是很难去模仿的，模仿者的速度和节奏极可能发生变化，难以逃脱算法的监控。只需通过设备记录每个人签名过程中的力度、速度、书写风格等特点，并通过算法把整个字分成各种小段进行特征分类等方法来进行签名比对即可识别。

人脸识别和笔迹识别都是客户证明"你是你"的方式，而黑名单则是一种更加直观的反欺诈方式，但因数据污染等问题的存在，市面上不同的黑名单质量参差不齐，假如一旦被黑名单命中就拒绝客户，则可能错过好客户，为此可以借助算法把每份黑名单当成一个弱分类器，并根据黑名单表现，为每一份黑名单赋予不同权重，最终构成一个强的分类器，并根据不同的场景设置不同的阈值去判定某个用户是否准入。这是目前比较先进的做法。

在贷中环节，依靠金融科技和受托支付①，消费金融持牌机构可以渗透

---

① 受托支付是指贷款每笔资金的使用需要经过银行的审核，符合贷款用途的方可使用，不符合贷款用途不可以使用。

到客户的交易场景中去，监控信息流、参与物流、控制现金流。保证贷款实贷实付，避免贷款挪用或超额贷款，做好贷中环节的风控。

贷后管理可以通过建立行为风险模型，并通过线上数据的爬取进行监控，比如一笔教育贷款发放后，发现这个学生基本不上补习班，而是每天活跃在各大游戏论坛上讨论攻略，那就应该对这个客户进行预警，并采取行动把钱要回来。

现在催收也开始走向"人工智能＋大数据"的方向，摆脱了以客户按键为驱动的人机交互，变成了以人为中心的自然交互，具体而言，通过语音识别，机器能够在短时间内准确识别客户的关键词，自动导向下一级菜单，同时根据客户的回答，利用大数据分析判断其还款能力和还款意愿，并在通话后自动生成工单任务报表和客户通话信息的全文字记录，方便后期统计。一些智能催收产品还能利用大数据分析客户接听电话时的语音语调并相应地调整话术，甚至会通过数据针对不同借贷人群判定什么样的催收方式更加有效，从而为后台催收团队提供建议。

最后一点是服务，之前消费金融公司的规模庞大的电呼中心可能达到几千人的规模，而现在智能客服已经开始大面积取代人工客服。例如，此前腾讯公布了这样一组数据，微众银行的智能客服和 8 名人工客服，日消息处理量达到 180 万条，而这相当于每天 800 个人工客服连续 10 个小时电话连线的工作量，在节约成本的基础上，智能客服的快速响应能力也提升了客户体验，为金融机构实现了双赢。

需要强调的是，通过科技解决消费金融领域面临挑战的方法往往不是手到擒来那么简单，一些领域还需要我们对科技和金融两个领域作出进一步深入的思考。其一，目前人工智能仍在探索阶段，需要不断地加强数据量与数据质量；其二，在算法上还需要不断迭代，例如深度学习可能还存在过度拟合问题，同一借款人在不同平台上的风控结论可能是不同的，需要更多的实践对结论进行考验；其三，目前大数据的主要问题是"孤岛"，如何在保护消费者隐私并且鼓励健康的市场竞争的前提下，实现银行、征信机构、互联网公司、社交平台、运营商等不同平台之间的数据共享从而提高各个机构模型的准确度，是业内需要思考的课题；其四，数据能力不可能独善其身，业务流程自动化是 AI 和机器学习提取和应用数据，响应消费金融场景生态化链接、产品客户化定制、服务可视化集成的基础；其五，采用数字和网络科技手段，加强品牌的社交化塑造，是消费金融从"网红经济"向"影响力经济"转型的重要一环。总而言之，相信随着银行战略转型与监管的不断完善，消费金融领域还会有大发展，而这个过程中，金融科技在提升消费金融返璞归真效率方面，将起到越来越大的作用。

3.2.4 借助金融科技，全面布局消费金融

3.2.4.1 加强顶层设计，提升基础能力，全面布局消费金融领域

一是搭建与消费金融相适应的敏捷组织架构。例如，某全国性股份制银行 2017 年将个人贷款部改组为消费金融事业部，将网络银行部改组为金融科技事业部，将信用卡中心改组为信用卡事业部，将原有的以组织、推动为主的成本中心管理模式转变为以总行自营、总分行协作的利润中心经营模式，提升了业务运行效率，加快了业务创新步伐，对零售业务向消费金融领域聚焦和转型起到了重要的引领作用。

二是尝试实行个性化考核方式。可以根据区域和客户的资源禀赋不同，在一定范围内自行定制考核指标。例如，该行深圳分行消费金融具有比较优势，总行就鼓励其重点发展消费信贷、信用卡等业务，倾尽全力把优势做足，把长板做长。

三是向消费金融领域配置优势资源。该行在风险资产有限的情况下，仍将资源不断向消费领域倾斜，为向消费金融转型发展提供保障。消费信贷资产占比逐年提高，个人消费类贷款增长在 12 家股份制银行中名列前茅。

四是着力推动科技驱动下的能力建设。该行零售银行条线全力推进科

技驱动业务、科技驱动服务、科技驱动风控等工作，完成了线上贷款的模型建设、获客能力建设、流程制度建设、风险控制建设。其中，该行自主开发的风控模型，贯穿了贷前、授信和贷后管理整个流程，可以快速、有效满足消费信贷业务贷前客户识别、客户分析、反欺诈、授信决策、贷后风险预警等需要；信用评估模型以1～99分的评分结果为依据，根据测试的分数表现，对客群进行筛选，最大化提升了评估的准确性。该行与蚂蚁金服合作的"借呗"项目，申请贷款的风控全流程无人工介入，实现自动化实时审批。业务上线近一年来，资产余额达70亿元，不良率控制在0.1%，在同业中居于较为领先的地位。

3.2.4.2 以需求为导向，围绕核心客户打造消费金融产品体系

商业银行布局消费金融市场，还应聚焦核心客户，敏捷洞察响应客户需求，打造消费金融产品体系。例如，上述提到的股份制银行已初步搭建起以个人消费金融平台为依托的综合性零售信贷产品线，围绕"压力一代""养老一族"等核心客群的消费金融服务需求，不断丰富消费金融产品体系。针对核心客群日常缴费、小额支付等需求，该行搭建了线下"近场"挥卡闪付、手机云闪付和线上"远程"一键支付产品体系，使客户享受无现金支付的便捷；针对核心客群旅游、购物等日常消费需求，主打信用卡分期业务，为客户提供操作便捷、手续费低廉的分期服务；针对核心客群装修、购车等大额消费需求，推出以地方增信数据为基础的消费信贷产品，如基于地方公积金、个税数据的"公信贷""税务贷""市民贷"等产品，这几款产品一经推出便受到客户好评。同时，该行还将这三类产品纳入产品包，通过不同的产品组合为"压力一代""养老一族"核心客群提供综合金融服务方案。

3.2.4.3 营造场景、搭建平台，不断完善消费金融服务生态体系

商业银行布局消费金融，应当着力依托客户消费场景，主动搭建服务平台和导流接口，通过不断完善消费金融的服务生态体系，构建敏捷化、

差异化、特色化的消费金融服务。

一是上线"场景银行"。"场景银行"概念的提出改变了人们对银行的网上平台只提供金融产品的传统印象,通过引入衣、食、住、行、游、购、娱等日常消费行为场景,将服务向消费金融场景的上游延伸,让客户在一个应用内,满足尽可能多的服务需求。

二是发挥平台功能。构建起以个人消费金融平台为依托的综合性零售信贷服务架构,利用平台做零售,用批发业务的思维做零售业务,共享客户资源,共同挖掘客户潜在需求,力争不错失一个客户。

三是完善消费金融服务生态体系。一方面,要不断丰富产品,除自主开发消费贷款产品外,银行还可与国内领先的互联网平台开展业务合作,推出基于互联网的长尾消费金融业务。另一方面,扩大与头部平台线上合作的广度和深度,进一步发挥线上获客能力,将以往通过存款、贷款获客的发展模式,逐渐向创新平台合作、平台金融赋能、合作收益共赢、业务共同成长的方向转型。

四是借助科技创新和应用,实现银行服务时空的延伸、服务成本的降低和风控能力的提升。完善"线上 + 线下"的服务渠道,提供综合金融服务方案,满足客户多方面的金融服务需求。

展望未来,商业银行应紧跟国家消费升级、产业升级的大趋势,以"惠民生"为出发点,以"促消费"为目标,以移动、互联、科技为抓手,积极构建综合性消费金融服务生态体系,为满足新时代人民日益增长的美好生活需要作出积极贡献。

3.3 拓展物联网金融创新,破除低水平、同质化竞争窠臼

物联网金融是指将金融服务作业融入实体物品联网里,并撷取、管理

及分析物理状态变化的资料，以强化在个人或企业使用金融服务时可创造智能行为，进而发展产业资源规划的生态体系以达到双赢的局面，对于提升金融业服务实体经济效率和水平方面潜力很大。

3.3.1 联通方式的演变——从互联网、物联网到整合式物联网

2017 年，在美国过去五年内由政府机构、咨询机构、智囊团、科研机构等发表的 32 份科技趋势相关研究调查报告的基础上，美国提炼形成公布了一份长达 35 页的《2016—2045 年新兴科技趋势报告》。该报告通过对近 700 项科技趋势的综合比对分析，最终明确了 20 项最值得关注的科技发展趋势，其中物联网技术位列首位。报告指出，在 2045 年，最保守的预测也认为将会有超过 1000 亿个设备连接在互联网上，这些设备包括移动设备、可穿戴设备、家用电器、医疗设备、工业探测器、监控摄像头、汽车，以及服装等，它们所创造并分享的数据将会给我们的工作和生活带来一场新的信息革命。

新科技不断推动联通方式从互联网、物联网最后到整合式物联网演进。与互联网强调虚拟数位不同，物联网中实体物品之间通过网际网络进行沟通与联结，这些能够联结网络的实体物品应该是具备感知及感测功能且相互连通的智能物体。因此，物联网并不是简单的物物相连，其更加强调感测、无线网络、大数据、人工智慧以及扩增实境等技术的整合。这种整合需要借助以新一代物联网为基础的云雾运算系统。它包括无所不在的网络、智慧引擎、自我调适的应用以及决策支援服务四个模块，而其底层是以软硬件和方法论为主的物联网技术，以及以物联网技术、大数据分析和演算法为主的整合式物联网技术。

3.3.2　金融商业模式的演变——从互联网金融、供应链金融到物联网金融

随着信息化和自动化的不断融合，金融服务将从金融信息化、金融网络化、互联网金融、供应链金融进一步向物联网金融演进。金融信息化是以信息系统来提供自动化服务，如存取款的软硬件系统。金融网络化是运用互联网技术，能够在 Web 上提供金融商品和服务，如网络 ATM 转账。互联网金融则对金融商品和服务产生了结构化改变，如 P2P 借贷及第三方支付，深刻影响到金融业的营运结构并创造出新的商业模式，而在此背景下包括区块链、智能合约在内的金融科技应运而生。供应链金融是将金融服务融入由供应链厂商构成的整个产业网络之中，使得上下游厂商得以资金周转。值得注意的是，金融信息化、金融网络化、互联网金融、供应链金融四个阶段演化均是在互联网也就是虚拟数位世界里，但物联网金融的运作将在高度整合的实体物理世界里，因此其影响将更加深远、巨大，而这个阶段离我们已经不再遥远。在物联网金融阶段，金融企业可以通过整合式物联网技术来获取海量实体物理数据和互联网的虚拟数据，这些大数据可来源于消费生活、经济行为、企业经营活动等。通过将金融资源与企业供应链流程及消费者客户的消费状况、财务状况及工作情况等动态变化相关联，得以全面分析消费者或者企业客户的还款经济状况，进而自动提供定制化的金融服务方案。

3.3.3　物联网金融的六个特点

物联网金融通常具有以下六个特点：一是物联网结合互联网。互联网的 O2O（Online to Offline）与物联网的 R2P（Reality to Physical）相结合就会产生 O2O2R2P，即从虚实结合连接至实体物理整合。物联网结合互联网可让金融服务实时满足客户需求，无缝隙地及时完成金融交易，使资源得

到最优化配置。二是实体物理经济。与互联网应用可产生边际效应、外部效应及长尾效应，借助于人工智能的机器生产机器、软件功能更大程度上替代实物资源与硬件两条途径，物联网环境下也可能产生所谓的"实体物理经济"。三是物联网结合供应链金融。供应链金融本身是O2O模式的演化，而结合供应链金融的物联网金融是O2O2R2P模式，物联网结合供应链金融，将产生物联网金融商机。四是资产属性。从金融企业来看，以往更看重不动产价值主要是因为其价值高且易管控，而动产及无形资产价值难以动态评估且不易管控，金融企业面对进退两难的处境。而物联网金融若能使动产、无形资产具有不动产特性，就很容易实时监控且能评估其相对价值，而这将赋予任何物品资产属性。五是过程精细化——追溯追踪。金融服务过程中，交易安全是最重要的，在物联网环境下尤其如此。运用包括区块链技术的分散式储存和密码学方式，可保证交易安全，同时运用整合式物联网技术可以实现过程精细化。六是跨界生态体系。同互联网催生共同平台一样，物联网环境下，需要构建跨行业、跨企业、跨周期的共生生态体系。因此，跨界不是单纯的跨业，而是构建能够使产业各企业彼此在同一目标下协同运作且资源优化配置，进而达到多方共赢的共生生态体系。

3.3.4 物联网＋区块链：物联互联网的智能财产服务

波士顿的数据分析公司 Lux Research 预计，截至 2020 年，全球工业物联网产值将达到 1510 亿美元。而"物联网＋区块链"的应用前景可期。以物联互联网的智能财产服务为例，整合车贷合约、审核、放款、还款及违约等一连串操作，可结合智能汽车、区块链及智能合约等技术来实现。首先，将智能合约嵌入有形的实物汽车里，此合约作为车贷操作之用，来运行特定的合约程序，其程序使得资金结算在数秒内就完成且不需手续费；之后运作财产的钥匙控制权就自动交到合法代理人手上，并开始使用，但若当特定的条件满足时，如无法偿还贷款，程序就会释放和转移资金；接下来智能合约将会自动调用扣押操作，如车钥匙的控制权就交还给银行。

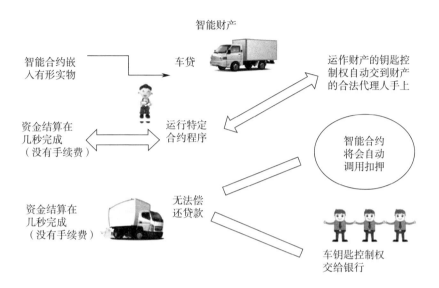

智能财产

智能合约嵌入有形实物 → 车贷

运作财产的钥匙控制权自动交到财产的合法代理人手上

资金结算在几秒完成（没有手续费）↔ 运行特定合约程序

智能合约将会自动调用扣押

资金结算在几秒完成（没有手续费） 无法偿还贷款

车钥匙控制权交给银行

图 3 - 3　物联互联网的智能财产服务

3.3.5　物联网金融破除同质化竞争：以智能港口建设为例

对于中国的上百个港口城市而言，积极谋划智能科技产业战略布局，可通过大力发展物联网金融促进智慧金融发展，破除低水平、同质化竞争窠臼，打造智能港口，促进供给侧结构性改革。

一是搭建物联网金融架构。物流网金融架构主要是指整合各项平台来达到金融服务在各企业的交流流程。物流网金融架构应以智能物品为主和出发点，智慧化物件可作为金融服务在各企业交易流程中的智能资产。智能资产运作后将产生相关数据资料与流程步骤，汇入具有通用存取界面的中介平台和网关，从而对数据和流程进行过滤和整合。为了连接相关其他智能物品，须有联网协同运作的设备自动完成交易支付。接下来，需要将这些因实体物品产生的资料流程存储于云端，进行大数据分析。在这个过程中通过区块链和智能合约软件程序来开展金融服务。

二是培育物联网金融生态系统。物联网金融生态是指结合供应链金融与物联网环境产生智能经营的产业生态，通过整合供应链上下游交易操作，最优化配置和使用资金，满足各企业的融资需求，形成多方共赢的局面。金融机构作为活化供应链资金的枢纽，通过提供实时智能的金融服务，服务企业的智能生产。

三是探索建立物联网金融商业模式。物联网技术的应用一方面改变了供应链上下游商业模式；另一方面随着金融科技在供应链中的运用，需不断探索物联网金融商业模式。物联网金融商业模式将使企业时时掌控产品需求计划、原材料采购入库、原材料库存、生产过程及成品销售情况，并使每个垂直应用领域的实体物理互联互通，这也将重塑金融机构服务流程，改变传统盈利模式。

3.4 发力数字供应链金融，助力制造业关键零部件国产化

2018 年 4 月，美国一度对中兴通讯宣布禁售令，引发了国人对关键零部件国产化能力的危机感。无论是国民经济和国防建设所需的重大装备，还是人民生活所需要的家电产品，都是由众多零部件组装的，其中关键零部件更是制造业发展的基础。但当前我国关键零部件制造严重依赖进口和外资企业，为了推动制造业的转型升级，我们必须重视基础零部件的研发、生产、加工。对此，日本已有的成功经验值得我们借鉴学习。然而由于关键零部件的核心技术要求高，前期研发资金投入大，制造企业面临的"融资难、融资贵"问题更加严重。

供应链金融是面向供应链上所有成员企业的一种系统性融资安排。将供应链上的相关企业作为一个整体，根据交易中构成的链条关系和行

业特性设计融资模式，为各成员企业提供灵活的金融产品和服务的一种融资创新解决方案。国内外的实践经验表明，供应链金融能够有效地缓解信息不对称问题，因此在解决中小企业融资问题上发挥着极为重要的作用。为实体经济服务是金融的本职，在深化供给侧结构性改革的当下，银行业更应积极利用供应链金融等创新产品服务，助力关键零部件国有化走出困境。

3.4.1　我国发展关键零部件的路径选择

3.4.1.1　中国发展关键零部件面临挑战

为加速推动关键零部件技术的发展，国家先后出台了一系列政策措施。如《机械基础件产业振兴实施方案》《机械基础零部件、关键特种材料及基础制造工艺"十二五"发展规划》，要求"突破一批基础零部件关键制造技术，产品技术水平达到 21 世纪初国际先进水平"，这为基础零部件的发展创造了良好的政策环境。与此同时，供给侧结构性改革带来的传统产业升级和战略性新兴产业发展也为行业带来了新的机遇。然而产业发展同样面临诸多问题与挑战。

一是外部环境更加严峻。受全球保护主义升温的影响，发达国家实施保护主义的力度加大，通过海外并购获得品牌、技术和知识产权从而提升创新能力的空间被大幅压缩。在经济下行压力下，企业"融资难、融资贵"问题有所加剧，特别是高杠杆企业面临违约的风险大幅上升，而轻资产企业将更难以融资。

二是高端空心失位、低端重复建设。目前零部件产业存在总量过剩与结构性短缺并存的问题。主要原因是，外资龙头企业切走了中国市场利润最丰厚的部分，限制了国内企业的发展机会，中国对高端产品的进口依存度高；而面对巨大的市场需求和不确定性及不断增加的压力，中国企业仍着眼于谋取短期利益，追求"短平快"项目，在创新发展方面不愿意深耕，执著走创新之路的企业不多。

3.4.1.2　日本经验对关键零部件国产化的启示

20世纪50年代，日本大力发展制造业，开始走的也是"整机带动零部件"的发展策略。但到了60年代，他们发现这条路径与产业自身发展规律相违背，因此改为强力支持基础技术和基础零部件，从底层做起。到目前为止，日本经济产业省每年还要支持200余项基础技术支撑日本制造业的发展。近年来，虽然日本作为全球制造基地的重要地位不断降低，但是在关键零部件领域，日本仍然是严防死守。日本有一批"怪物级"长寿企业（约3000家）和一群经验丰富的工匠，在全球电子、材料等技术集聚型产业中仍然占有绝对的技术优势，绝不只是我们眼中日本的"电饭锅"和"马桶盖"，隐藏在这些消费品背后的控制部件和原材料产业的尖端技术实力加强了其制造业国际竞争力。当前，"让别的国家去做外壳，让日本来做内芯"已成为日本产业结构调整的一种新思路。日本主动舍弃像电脑、电视机、电冰箱等白色家电这些已经属于没有竞争力的低端技术产品，专注研发制造这些家电产品的核心零部件，并取得了显著成效，例如，一台苹果手机，37%的零部件是日本制造，而且都是核心零部件；美国最新型的波音787客机，35%的核心技术是日本企业提供的[1]。

发达国家依托自身技术和资本优势，牢牢把控着处于全球产业链核心环节的关键零部件和技术，这对我国制造业发展的钳制和影响是深刻的。借鉴日本发展关键零部件的经验，我国似可从培育企业的战略定力入手——高技术产业和战略性新兴产业的发展往往需要长时间的经验积累，需要有耐性、有定力、有传承、能坚持。以碳纤维产业的发展为例，1961年国外科学家发明了碳纤维，因其具有低密度、强度高、重量轻和耐高低温等特点，在工业应用、体育休闲和航空航天等领域展现出广阔前景。但是，该产业的发展却经历了漫长的初创期、培育期。龙头企业日本东丽集

---

[1]　徐静波. 日本的底力［M］. 北京：华文出版社，2019.

团从 20 世纪 70 年代就开始布局转型，通过持续的研发创新、长期的技术积累以及国际化的市场布局，到 2015 年东丽申请的专利数量超过 600 件，形成了完整独立的产业链布局。对于技术密集型的产业来说，耐心本身就是一种能力，它决定着企业创新能力的积累程度，因为创新能力需要在持续的试错过程中完成积累。

当前中国新旧动能换挡期可对标日本 20 世纪 70 年代的制造业转型升级，均表现为高端制造业崛起并逐步替代传统的粗放制造成为经济驱动力。伴随着产业结构的升级，传统的以银行借贷为主的间接融资方式在社会融资中的地位将退居其次，而直接融资的比重会不断提高。因此，在金融支撑关键零部件国产化的道路上，我们应强化金融支持产业创新的功能，发展多层次、多元化的资本市场，围绕产业链部署创新链，围绕创新链完善资金链，从根本上化解以银行信贷为主的传统融资模式造成的资金可得性问题。同时，要平衡好鼓励金融创新与识别、评估、监测和管理新风险之间的关系。

3.4.1.3 培育本土品牌，实现产业集群和完备供应链的良性循环

制造业要有高质量发展，必须要有产业集群和完备供应链的良性循环。梳理历史会发现一些现象，在传统手机时代主导中国市场的是外资品牌，包括诺基亚、摩托罗拉、西门子等企业都在京津冀地区设有巨大的工厂，但是这些企业并没有能培育出中国本土的供应链企业，现在京津冀地区也几乎没有电子产业集群，同样在中国改革开放之初，家电行业在青岛、河南等地比较发达，但这些地区也没有出现产业集群。现在，中国智能手机、家电等产业集群主要集中在珠三角和长三角地区，其中本土智能手机企业几乎占领了国内市场，并在国际市场攻城略地，珠三角地区成为中国家电、智能手机的产业中心，形成了具有全球优势的供应链体系。

这些现象说明，当年外资企业主要是想利用中国廉价劳动力进行低成本组装，并占领更多的中国市场，由于跨国公司的零部件标准较高，中国

本土出生的企业难以参与。此外，地方政府更着眼于招商引资的规模，而不是发展产业，在政府的主导下以优惠条件吸引跨国公司进入市政企业，但不会去促进供应链中民营企业的建立与发展，这在京津冀地区相对明显。与之相反，中国本土品牌企业则会优先扶持本土的供应链企业，因为本土企业在初期技术水平不高，而且关注成本的情况之下，会在周边产生一批本土供应链企业提供的产品和服务，从而形成共生关系，形成更为稳固的产业集群。供应链企业会在逐步积累技术以及不断创新的基础上参与国际竞争，并反过来支持国产品牌进行进一步的升级，进而形成良性循环。区域性发展要更加关注产业集群的培育和本土品牌的培养。

3.4.2 构建现代数字供应链金融体系，助力制造业关键零部件国产化

供应链金融是指围绕核心企业，管理上下游中小企业的资金流和物流，并把单个企业的不可控风险转变为供应链企业整体的可控风险，通过立体获取各类信息，将风险控制在最低的金融服务。其最大特点在于"从产业链条中发现信用"，扎根企业、依托企业，最终做到产业金融结合，形成产金回路，实现高效运转。因此，供应链金融有望帮助关键零部件产业走出融资困境。而对银行业来说，国内经济持续转型升级，在"产融结合、脱虚向实"推进之下，供应链金融有望成为金融供给侧结构性改革的重要抓手。

自国务院办公厅 2017 年 10 月发布《关于积极推进供应链创新与应用的指导意见》，明确提出积极稳妥发展供应链金融，鼓励商业银行、供应链核心企业等建立供应链金融服务平台以来，我国供应链金融领域迎来了空前的发展机遇。据相关统计，2017 年全国供应链金融市场规模约 13 万亿元，预计到 2020 年将达到 15 万亿元。在发展供应链金融的过程中，我们不能将其仅仅看作是一种融资服务，供应链运营效率的提升、供应链整体竞争力的提升、生态圈的建立和繁荣也是供应链金融非常重要的使命。因此在支

撑关键零部件国产化上，供应链金融可以发挥极为重要的作用。今后，商业银行应抓住机遇创新产品和服务，在有效解决关键零部件产业发展中融资难问题的同时，延伸银行的纵深服务。

3.4.2.1 国内商业银行供应链金融发展现状

当前国内供应链金融服务的主要参与主体囊括了银行、行业龙头、供应链公司或外贸综合服务平台、B2B 平台、物流公司、金融信息服务平台、金融科技公司等各类企业。其中，供应链公司或是外贸综合服务平台、B2B 平台类企业占据数量上的优势，万联供应链金融研究院的调研显示其比例约为45%，而商业银行在其他市场主体不断抢食供应链金融蛋糕之际，显得有点"内忧外患"，数量仅占4%，但仍然是供应链金融领域不可或缺的主力。这是因为银行在供应链金融领域具有天然优势，如资金成本低、获客容易、管控资金等。

2011 年以来，受信贷规模的限制，各家商业银行可发放的贷款额度十分有限，但是通过承兑，票据、信用证等延期支付工具，既能够增强企业之间的互相信任，也稳定了一批客户，银行界空前重视供应链金融业务。目前，商业银行在进行经营战略转型过程中，已纷纷将供应链金融作为转型的着力点和突破口之一。在实践中，国内典型的供应链融资产品大致可以分为：（1）存货融资，包括融通仓、仓单质押和现货/未来货权质押等；（2）应付/预付款类，包括先票后货融资、国内信用证、保兑仓、厂商一票通、订单融资和附保贴函的商业承兑汇票等；（3）应收账款类，包括出货后的应收账款质押、国内保理、商业发票贴现和信用保险项下的应收账款融资。

表 3-1　　　　国内主要商业银行供应链金融业务概览

银行名称	供应链金融业务规模	主导品牌	发展策略
建设银行	贸易融资余额 7679.79 亿元，增幅 68.05%	供应链融资十大产品	加快供应链融资业务发展，提升综合收益水平和业务风险防范能力，推进公司业务转型

银行名称	供应链金融业务规模	主导品牌	发展策略
工商银行	贸易融资余额达 11102.19 亿元，增长 771.46 亿元，增幅 7.5%	国内保理、商品融资、订单融资等	加快贸易融资业务向供应链融资模式升级，创新提供电子供应链融资方案，为供应链核心企业及上下游中小企业提供内外贸、本外币一体化供应链金融服务
中国银行	供应链金融业务余额达 1.02 万亿元，人民币贸易融资达 3473.46 亿元	融易达、融信达、通易达、融货达等	完善供应链融资电子化系统功能，通过创新供应链融资与现金管理产品组合模式，支持全产业链资金管理
农业银行	—	供应链融资贸易	开展农业供应链金融，加快研发供应链融资产品，强化对行业领先客户的"总对总"营销，以云托管模式建立基于核心企业的供应链销售平台
交通银行	累计拓展产业链网络 1.5 万个，拓展链属企业超过 9 万户，国内贸易融资余额达 1134.72 亿元	蕴通供应链	不断完善"一家分行做全国"产业链金融业务，以贸易金融为主导，围绕核心企业业务链条，充分挖掘产业链资金流量价值，着力提升集群式拓展与服务水平
平安银行	新增供应链网络金融客户 10049 户，新增日均存、贷款 741 亿元和 21 亿元，实现收入 36.28 亿元。贸易融资授信余额 3705.56 亿元，其中国内贸易融资 2742.36 亿元	平安供应链金融 3.0	将供应链金融末端延伸到境外，实现全供应链的结算、融资一条龙服务，提升对全球客户的服务效率；借助"供应链金融综合服务平台"，将产品研发、平台建设与新业务拓展融为一体

银行名称	供应链金融业务规模	主导品牌	发展策略
中信银行	供应链金融授信客户 8035 户，新增 952 户；融资余额 2165.57 亿元，新增 150.68 亿元；累计带动日均存款 1420.69 亿元，新增 253.58 亿元	中信供应链金融	积极推进供应链金融业务产品创新和业务拓展，开发封闭融资、组合融资类产品和标准仓单融资等创新产品；推出电子供应链金融业务，为客户提供全新的在线渠道
招商银行	电子供应链交易金额 11688.67 亿元，增幅 48.19%；贸易融资余额 1708.87 亿元，增幅超 70%	电子供应链金融	打造智慧供应链金融平台，为企业的供应链管理提供专业化和定制化金融服务

资料来源：林毅．建设银行供应链金融业务发展策略探讨［D］．厦门：厦门大学，2014.

以国内首家倡导供应链金融的商业银行——平安银行为例，对国内商业银行供应链金融的开展状况进行介绍和分析。平安银行致力于成为中国本土最专业的供应链金融服务的银行，其供应链金融业务的发展经历了以下四个时期。

（1）贸易融资的专业化发展阶段。2000 年 4 月，原深圳发展银行广州分行成立了票据业务专营部门，标志着贸易融资业务探索阶段的开始。广州分行以广州石化为突破口，为从原油进口商到炼厂再到销售公司整条供应链提供贴现融资，当年贴现额达到 60 亿元，净赚 2400 万元。由于这项业务的回报非常可观，其他分行也相继开展了票据业务。这不仅变革了传统的贸易结算和融资方式，而且促进了平安银行对客户上下游的业务开发。

（2）特色融资规范化经营阶段。随着票据业务的展开，业务量获得了很大的提高，因此深圳发展银行不断地推出新的金融产品。2002 年，深圳发展银行总行创建了货押业务并将其并入银行八大创新产品之内，宣告了贸易融资业务系统规划和经营的开始。2003 年，深圳发展银行推出了可以称为银行一大特色的"1 + N"供应链融资服务，为后来的自偿性贸易融资授信体系的建立打下了基础。所谓"1＋N"是指：基于"1"的核心企业与供应链上下游中存在的"N"的客户企业的合作生产关系的特点，银行将上下游企业之间的贸易融资业务扩展到整条供应链，形成"1＋N"供应链贸易融资模式。这种融资方式从整条供应链的角度考虑，不仅仅解决单个企业的融资问题，还在一定程度上为该企业的上下游客户提供融资支持，有利于整条供应链上贸易业务的展开。

（3）品牌塑造阶段。2006年，深圳发展银行开展的贸易融资业务不断发展，并出现了一些新的特征：一是产品创新，首创了出口应收账款池融资业务，并较早推出了国内信用证等供应链金融产品20余项，成为国内首家拥有齐全贸易融资体系的银行；二是品牌塑造，为了推出供应链金融品牌，深圳发展银行积极参与深圳市第二届金融创新奖的选拔、出席一些经济论坛等，使得其"供应链金融"被人熟悉，同时加快了在产品服务、业务流程上的创新。在组织结构上，在总行建立了保理中心，加入了国际保理商协会（FCI），突破了国内应收账款融资一直处于瓶颈期的局面，形成了自身"池融资"产品的品牌特色。

（4）电子供应链金融，从"1＋N"到"N＋N"供应链金融进入3.0时代。2007年开始，深圳发展银行开始全面启动供应链金融的线上化工程。2009年，深圳发展银行线上供应链金融系统正式投产，成为国内首家提供在线供应链金融服务的商业银行。通过与物流企业、电商的协同合作，实现银行金融平台、电商的交易平台、第三方仓储企业的物流管理平台的融合，将供应链上的企业在贸易中产生的资金流、信息流、物流进行整合并放置在一个参与主体多方共享的电子平台上，在这个开放而又封闭的平台上，参与主体可以获得各自想要的信息，了解各方的动态，实现供应链管理和银行金融业务的电子化。

2014年7月9日，平安银行正式推出"橙e"平台，其基本定位是"搭建线上供应链综合服务平台"，并与海尔、东方电子支付、维天运通、金蝶软件等十二家企业集团组成战略合作伙伴。至此平安银行实现了供应链金融业务由"线到面"的拓展，推出的七大产品涵盖预付线上融资、存货线上融资、线上反向保理、电子仓单质押线上融资、核心企业协同、增值信息、公司金卫士等领域。平安银行借助"橙 e 网"，通过全新构建的小企业金融服务平台，实现与产业链核心企业 ERP 系统、第三方信息平台及电商等第三方交易平台合作，与其交换订单、运单、发票、收款、商铺信用评级等有效信息，集成银行对小微企业授信所需的"资金流、物流、信息流"等关键性"价值信息"。

3.4.2.2 构建现代数字供应链金融体系，令各产业链条与金融进行深度融合

数字供应链金融是一种金融技术手段，通过对预付款、存货、应收款的评估和控制进行风险补偿。与银行授信模式相比，数字供应链金融对制造业中小企业更有包容性，因其不再局限于对制造业中小企业的个体硬件评判，更多的是以核心企业为中心，基于整个产业链对制造业供应链参与成员进行整体的资信评估，放宽了对制造业中小企业的融资准入门槛。商业银行可推进供应链金融 V3.0，打造"互联网 + 大数据 + 供应链"金融服务平台。银行在搭建供应链金融平台时，应利用互联网技术收集分析处理数据的能力，依靠数据的处理分析去建立完善中小企业的信用评价，从而弱化核心企业在供应链金融模式中的重要作用。并且依靠互联网，核心企业可以将交易数据实时上传，平台可以对数据实时分析，从而预测把控中小企业的运营情况，发现不良苗头便可即时乃至事前处理，从而使供应链金融模式得到很好的完善。

具体来说，数字供应链金融可从以下几个方面改善实体制造业中小企业的融资难题：一是将银行的不动产担保质押转向交易过程中的票据、应收账款、信贷资产、存货、未来货权、贸易关系凭证之类的动产抵押；二是对制造业中小企业的信息缺乏进行补足，包括信息内容的转换，利用贸

易信息代替个体资信信息；三是通过核实贸易情况、控制货权、核心企业的信用背书、第三方物流监管等进行完善的风险管控；四是对核心企业和产业供应链集群采取团购式销售，降低供应链的整体操作成本。

此外，随着关键零部件行业的发展，供应链上的参与主体越来越多样化，也涌现出新的问题。比如，制造业中小企业尤其高新技术类企业的设备和生产线都是融资租赁来的，固定资产极少，但是这些企业拥有核心技术和优质订单。此外零部件企业往往处于制造业上下游，在议价谈判中并不占据强势地位，往往在交货、价格、账期等贸易条件方面受到核心企业苛刻的要求，如更低的折扣、更长的赊购期限、更短的交货期，给这些企业造成了巨大的负担。银行业在发展供应链金融的同时，应当适应制造业的这种变化，不断推动"供应链金融＋制造业"的转型变革。

3.4.3 区块链技术助力供应链金融发展，构建金融服务民营企业长效机制

3.4.3.1 区块链技术优势

区块链分布式账本实现数据共享，并保证数据的一致性、共享性、透明性、可追溯性、不可篡改性和加密性等。

（1）数据的一致性、共享性的作用。利用联盟链的特点，将所有普惠金融上的参与方都入链，利用区块链共享分布式账本的特点可以进行信息共享，给每个成员都会带来诸多好处：总成本降低、有效地改进工作流的管理；提高整体信息系统能力以及供应链的整体利润和服务水平；有利于资源的调配。

（2）数据的透明性的作用。区块链技术的实现将使我们能够在高度安全，共享的网络上查看所有这些动作，将给所有重要的参与人员提供完全的透明度。

（3）数据的可追溯性的作用。利用区块链技术和物联网技术，可以实

现商品生产、流通、营销全流程追溯，并通过多个网络渠道全面展示给消费者，显著提升用户信任体验。

（4）数据的不可篡改性可以达到信用自证，避免了人为因素的影响。区块链一方面可实现核心企业确权过程，包括信用证、汇票、仓单真实有效性的核对与确认，另一方面可证明流转的真实有效性，保证凭证本身不能造假，可以使审核的效率提升，同时可以减少操作风险。

（5）数据的加密性的作用。以区块链为底层技术的应用构架，采用非对称加密技术，所有传输内容通过加密进行，内容查看权限也要有签名授权，安全性要求达到或超过国家所要求电子签名安全标准，以数据密钥和单证加密的方式，可保证各方的保密性要求。

（6）区块链点对点的价值传递，去中心化模式。点对点的价值传递可以来建立企业间的强信任关系，为普惠金融的多方交易模式及复杂交易过程增信。引入数字货币和产品数字化，完成普惠金融的交易系统、交易环境的完全封闭和交易的完全可信。

（7）利用智能合约与物联网创新普惠金融交易制度。利用区块链智能合约自治、自足和分布式等诸多优势，普惠金融在交易模式上采用区块链智能合约机制，任意双方依据智能合约条款约定，以自身数字身份确权为背书，对确权目标物可以轻松实现追踪溯源。普惠金融智能合约的执行流程从双方达成合约协定时开始，通过将合约中的内容进行数字化编码并写入区块链中实现对合约内容的形式化，一旦合约中约定的条件事项发生将自动触发合约的执行程序。

3.4.3.2 运用区块链技术，整合构建"私有链＋联盟链"的价值网

目前，根据不同的应用场景和用户需求，区块链大致可以分为公有链、私有链和联盟链三大类。三大类型区块链的核心区别在于访问权限的开放程度，或者叫去中心化程度。本质上，联盟链也属于私有链，只是私有的程度不同。一般来说，去中心化程度越高、信任和安全程度越高，交易效

率则越低。公有链上的各个节点可以自由加入和退出网络，并参加链上数据的读写，读写时以扁平的拓扑结构互联互通，网络中不存在任何中心化的服务端节点。比特币和以太坊都是一种公有链。公有链的好处是没有限制，可以自由参加。私有链（专有链）中各个节点写入权限收归内部控制，而读取权限可视需求有选择性地对外开放。专有链仍具备区块链多节点运行的通用结构，适用于特定机构的内部数据管理与审计。联盟链的各个节点通常有与之对应的实体机构组织，通过授权后才能加入与退出网络。各机构组织组成利益相关的联盟，共同维护区块链的健康运转。

目前金融业主要应用联盟链，所面对的用户群主要是银行、保险、证券、商业、协会、集团公司及其上下游企业等。很多金融机构倾向于采用联盟链进行交易和结算，如银行间的转账、支付，通过联盟链的形式，能很好地营造一个内部生态系统。例如，工商银行的基于区块链的数字票据交易平台；建设银行的"区块链+贸易金融"平台；民生银行与中信银行的合作，基于 Fabric 1.0 联盟链实现的"基于区块链的国内信用证系统"（BCLC）、"基于区块链的福费廷交易"（BCFT）；招商银行上线了"金融同业数字协议区块链平台"，通过区块链分布式账本实现多方协作签约过程，上线首日即为招商银行招赢通客户完成 27 笔共计 63.69 亿元同业理财协议。

银行可通过利用区块链技术的数据一致性、透明性、可追溯性、不可篡改性、加密性等技术特性，与区块链中的私有链金融科技公司合作，围绕"核心企业+可控商品+动态资产 ABS"，整合企业生产管理系统、ERP、物联网数据，实现可信贸易资产数据刻画，使核心企业三四级供应商小微企业能参与供应链；并整合物流、仓储、工商、税务数据交叉验证，缓解信息不对称，实现激励相容。银行可运用区块链中的联盟链模式，进一步整合若干细分领域私有链，整合后形成"私有链+联盟链"的价值网，实现小微企业数据资产金融化的敏捷银行服务。

例如，农业银行在国内银行业中首次将区块链技术应用于电商供应链金融领域，上线涉农互联网电商融资产品"e链贷"；此外，推进金融数字积分（以下简称"嗨豆"）系统建设，打造区块链积分体系。"e链贷"是将区块链技术优势与供应链业务特点深度融合，为农业银行提升"三农"业务效率，拓展服务内涵提供技术手段和商业机遇。该产品在充分挖掘和利用农业银行涉农电商数据的基础上，向电商供应链的法人客户提供完整的电商融资服务，功能包括订单采购、批量授信、灵活定价、自动审批、受托支付、自助还款等。

又如，平安金融壹账通发布"壹企链"智能供应链金融产品，利用区块链技术提供更好的供应链金融解决方案。

第一项：运用区块链技术，破解信用多级穿透难题，以先进区块链技术变革上游融资。借助"区块链+电子凭证"技术，连通供应链各个参与方，构筑真实交易背景链条，将核心企业强信用层层传导至供应链的末端，将七成多原先无法覆盖的客户纳入供应链信用体系。从实践来看，壹企链覆盖客户已达到数千家，解决各级供应商流动资金缺口达25%以上，有力支持产业集群上中小供应商的健康发展。

第二项：重新定义核心企业，更多优质大企业成为供应链核心企业，助力供应链模式变革。壹企链平台通过区块链零知识认证以及可授权加密技术，在保护客户隐私性的同时，将原本难以验证的大量线下交易线上化，并引入物流、仓储、工商、税务等众多数据源实现交叉认证，解决银行与企业之间的信息不对称、贸易真实性难核验等瓶颈。

第三项：采用智能"五控"技术，解决下游融资难题，助推核心企业营收升级。壹企链平台通过"五控"技术，包括控机构、控交易、控资金、控货物、控单据。全流程监控并匹配货物、单据、资金流向，赋能银行高效管控风险，解决下游融资难题。

第四项：对接国内国际平台，突破跨境贸易难题，变革创新全球供应链金融服务。壹企链平台通过区块链底层技术连接海外和国内贸易平台，连接海外大型核心企业及国际银行、国内海量出口中小企业及相关中小银行，多维交叉验证数据，保证跨境多方交易关系及数据真实可信。

第五项：构建银行贸易融资联盟，破解跨地区融资难题，推动中小银行联动合作、服务升级。壹企链平台依托区块链底层搭建起跨银行的贸易融资网络，通过跨地区贸易真实性验证、避免跨银行多头借贷风险，有助于进一步满足企业真实融资需求。同时，平台正探索构建多银行、多核心、多上下游集群的矩阵式业务模式，提升跨供应链的信息透明度、解决跨地区融资难题，并通过下沉业务助力广大偏远地区。

3.4.3.3 供应链金融将构建金融服务民营企业长效机制

供应链金融以核心企业为圆心，根据交易中构成的链条关系、行业特点和各业务自有流程，设计特有的融资方案，为上下游多个企业提供全面金融服务。并结合金融资产账户管理系统，与银行端对接，实现银行金融级账户应用及资金安全，从而形成交易信息与资金信息的精准对接，反映整条供应链上的资产、负债和权益等的增减。采用区块链技术的智能合约，参与供应链交易的各方，如航运公司、银行、货运商、港口、客户和保险商进入同一个交流渠道，完成确认客户身份、原始单据出处、交易和受益人所有权交换等一系列传统流程，根据达成共识的编码协议，实现交易的数字化和自动化。由于智能合约不仅可以实时监测押品头寸的变化，还可以将智能合约的执行与支付紧密结合在一起，极大地降低了合约执行规程中的欺诈风险。

此外，借助区块链中联盟链技术，结合目前供应链管理以及传统资管现状，基于标准的风控管理，在"集团模式"账户体系之上打造供应链管理平台及国内数字资产交易平台，满足小微企业融资需求，帮助核心企业维护供应链，帮助资金方获取优质资产，也让资金资产产生更好的流动性，实现真正意义上的有效资产管理，构建金融服务民营企业长效机制。

同时，可用金融科技将供应链金融服务织成"一张网"。传统的供应链金融主要服务于产业链条的一级供应商，但难以到达三级、四级供应商，难以满足三级、四级供应商的融资需求。利用金融科技、区块链等技术手段，将核心企业的应付账款进行拆分，延展到三级、四级供应商，将原来的"供应链"变成一张"供应网"，在这个概念下，一方面银行服务的客群呈"几何级数"增长，另一方面能够让信贷资金流入实体经济，满足真正需要融资的客群需求。

例如，浙商银行通过运用"池化"和"互联网＋"服务理念，于2015年8月创新推出"涌金出口池"，有效盘活企业出口应收账款、应退出口退税、外币存单，并可与企业在国内贸易中产生的承兑汇票，以及理财、存单等各类流动资产一并形成企业的资产池，完全打通企业的本外币、内外贸项下流动资产，出池端则可根据客户需求，实现本外币、表内外的各类融资方式完全随需使用，从而打造了真正的企业流动性服务平台，在增强流动性的同时，降低企业财务成本。同时，浙商银行将按照在线供应链金融"1＋N"模式对平台及供应商进行统一授信，获得平台推荐和担保后，资信优良的中小企业就可以在对应的池融资额度下根据需要直接办理贷款或其他融资，且所有手续均可在线上完成。

又如，渤海银行引入合作伙伴易见供应链管理股份有限公司（以下简称易见），这是一家现代供应链管理企业，专注于提供供应链管理和供应链金融科技服务。公司基于区块链技术研发的"易见区块"供应链金融应用系统于2017年4月上线运行，系统围绕"核心企业＋、可控商品＋、动态资产ABS＋"场景，服务涉及制造、医药、物流、大宗、航空、地产等近十余个行业和十余家金融机构。易见区块平台的供应链金融应用场景主要通过企业生产管理系统、ERP、物联网等对企业数据进行实时采集，在企业本地介质或企业可控云节点上以区块链技术进行可信贸易数据刻画，同时通过供应链融资平台进行融资及后续的ABS动态资产管理。渤海银行、易见双方基于区块链技术共建供应链服务平台，通过对应企业的管理系统采集产业链数据，为产业链中供应链上下游企业及其链条中涉及的大众客户及具体业务场景提供融资及其他增值服务。通过渤海银行产品服务流程与易见平台贸易服务流程的无缝衔接，双方系统的直连，为客户提供嵌入式的场景化金融服务：即实现产品服务场景化，业务管理交易化；产品服务在线化，放款申请自动化；产品服务合约化，业务受理智能化；产品服务实时化，业务办理便利化。

3.5 嵌入教育行业细分场景，敏捷响应客户金融需求

在高质量发展阶段，创新是引领社会经济发展的第一动力，是建设现代化经济体系的战略支撑。创新的强化，需要从发展教育开始，教育是民族振兴、社会进步的基石。在此背景下，国家不遗余力地加大对教育的投入，2006 年至 2016 年，全国公共财政教育支出从 4780.41 亿元增长至 28072.78 亿元，年均复合增长率 19.37%。近年来，教育行业获得了快速发展，根据中国产业信息网《2016—2022 年中国教育培训行业深度分析与投资战略研究报告》，我国教育市场规模保持增长态势，2015 年整个教育行业市场规模达到 1.66 万亿元，预计 2025 年教育行业的市场规模达到 3 万亿元。

教育行业存在巨大的金融需求，已经成为了消费金融领域的重要场景之一。创新金融产品，服务教育行业发展，既是金融回归本源、服务国家发展的战略要求，又是开拓广大"压力一代"客群的金融需求，推动商业银行零售业务发展的重要途径。商业银行金融服务教育行业发展，需要构建差异化、特色化的金融服务能力，敏捷实时智能响应客户的教育金融需求。

3.5.1 我国教育行业市场规模不断壮大，市场潜力巨大

一是国家发展战略重视加大教育投入。教育是提高国民素质的有效手段，也是促进科学技术进步的主要推动力，结合世界各国的发展经验来看，教育是拉动经济增长的一个重要因素。2007 年以来，我国国家财政在教育上的支出比重维持在 15% 左右，这一比例在国际上处于较高的水平。

二是居民收入增加推动教育行业市场规模不断提升。作为居民支出的一个重要组成部分，教育投入与居民的可支配收入密切相关。稳定增长的可支配收入是支撑教育支出维持较快增长的重要条件。2014 年以来，全国居民人均可支配收入实际增长为 6.3% 左右，未来预计将实现平稳增长，这也为教育行业发展提供一个良好的宏观背景。与此同时，我国教育市场规模日趋增大，年均复合年增长率在 12% 以上。2015 年，教育市场体量已经达到 1.64 万亿元。到 2020 年我国教育市场的规模有望接近 3 万亿元，市场规模的快速扩大给教育行业提供了发展空间。

三是国民教育观念升级，居民教育投入稳定增加。中国经济景气监测中心发布的居民储蓄消费意愿调查结果表明，我国城市家庭消费支出中增长最快的就是教育支出，其年均增速为 20% 左右。另外，国家统计局数据显示，最近三年的居民人均消费支出中，用于教育文娱消费支出的比重基本维持在 10% 左右，受经济周期波动的影响相对于其他支出要小，体现居民较大的刚性需求。随着教育的发展，未来的生育人群有更高的受教育水平，更加了解教育的重要性，教育观念也更加开放和先进。就目前来看，受教育程度更高的"80 后""90 后"群体开始成为父母，未来的家长也必然更加重视子女的教育，愿意花费更多的时间和财力。

四是全面二胎政策进一步释放幼教增量需求。受计划生育政策影响，此次婴儿潮出生人口总量虽不及主力婴儿潮，但也有 1.24 亿人。现在第三次婴儿潮的主力逐步成家立业，将带来新一轮婴儿潮，第三代婴儿潮的收

入和财富都较前几代人有明显的提升，消费意识、消费结构也有利于教育市场的未来发展。新一轮婴儿潮的到来及二胎政策的全面放开，两大因素促进新生儿、K12 阶段人口数量在未来一段时间的持续增长。

3.5.2 教育行业细分市场及其金融服务需求

我国教育行业市场规模持续保持高增长态势，且具有众多细分市场，对金融的需求非常巨大。根据人类接受教育的生命周期，大致可划分为以下三个阶段。

3.5.2.1 幼教早教阶段

广义的早教是指 0～6 岁、从出生到小学以前阶段的婴幼儿教育。虽然在 2017 年（全面二孩政策实施的第二个完整年度）出生人数就出现下滑，但从体量上看仍超过 1700 万人。可以估算 0～6 岁的婴幼儿数量实际上超过 1 亿人。在 2013 年底国家放开"单独二孩"政策以后，根据联合国的测算，2020 年中国婴幼儿数量将达到峰值，即 2.61 亿人左右。中国家庭典型"4＋2＋1"的结构导致孩子已经成为家庭消费的核心，随着时代发展，早期教育越来越受到国家政府、社会民众的重视，特别是"80 后""90 后"父母普遍拥有较高学历且具备一定的消费能力，注重对孩子进行早期教育。

中国产业信息网发布的《2015—2020 年中国幼儿教育行业市场运营态势及投资前景预测报告》指出，56.5% 的家长把孩子教育投资列在首位，35% 的城市家庭每月在孩子身上的早期教育费用支出在 500～1000 元，10% 的家庭每月用于孩子的教育费用支出高于 1000 元/月，按照每个婴幼儿 300 元/月来算，早教行业的市场规模已经达到 300 亿元（0～3 岁）。根据统计，2016 年早教机构的报名人数约为 1580 万人，由此我们可以估算出我国早教行业的渗透率约为 10%～20%。以上海为例，早教课程年均支出在 2 万元左右，2017 年我国城镇居民人均可支配收入达到 3.64 万元，按家庭计算足以支撑早教的消费支出，但一次性支出的压力较大。进一步通过市场的数据来看，2016 年我国早教市场规模约 1286 亿元，复合增速 19.2%，2021 年有望达到 2710 亿元，市场前景巨大。

3.5.2.2　K12 阶段

虽然从小学到高中结束的 12 年期间，学校教育经费主要依赖财政经费，经费中 80% 以上来自国家财政拨款，尤其 K12 公立学校完全依赖财政拨款维持运营。但是，K12 阶段的教育辅导机构的发展如火如荼。为了争夺稀缺的高等教育资源，家长纷纷加大对子女教育培训的投入。据统计，2016 年，中国家庭在作为校内学习补充部分的校外补习上的投入已占家庭全部教育开支的 53.6%，其中 63.7% 聚焦在 K12 阶段的课后辅导。2016 年，我国 K12 课后辅导市场规模达到 3541 亿元，2012—2016 年的复合增长率为 11.6%，其中参加 K12 课后辅导的学生人数由 2012 年的 4850 万人增长至 2016 年的 5350 万人，复合增长率为 3.5%。虽然 K12 课后辅导市场过去数年保持了较快增长，但与其他发达国家或地区相比，渗透率仍有差距。目前，国内一线城市的 K12 课后辅导渗透率约为 50%，而香港地区渗透率已经超过了 80%，K12 课后辅导行业仍有较大的增长空间。据测算，预计 2022 年全国 K12 课后辅导参培人数将达到 6450 万人，2016—2022 年的复合增长率为 3.2%，届时全国 K12 课后辅导市场规模将达到 6111 亿元，2016—2022 年的复合增长率为 9.5%，市场前景巨大。

3.5.2.3　高等教育和职业教育阶段

高等教育中"211 工程"院校、国家部委所属高校、省属全日制本科高校等对商业银行综合效益贡献非常显著。"211 工程"院校、国家部委所属高校等有稳定的财政拨款收入、管理规范、师生资源稳定、个人客户群体规模较大，是银行重要的客户群体。商业银行可以为高校提供信贷业务支持，在发放贷款的同时与客户达成全面合作协议，在公务卡、代发工资、代收学杂费、校园一卡通、电子银行等方面展开了全方位的合作，实现银校合作共赢。

职业教育在国家政策支持下发展迅速，市场潜力巨大，一些办学资金充足、管理规范、专业设置合理、市场影响力较大的职业教育学校是商业银行的重要目标客户。未来几年，发展职业教育摆在更加突出的位置，招生规模将不断扩大，预计 2020 年，中等职业教育在校生将达到 2350 万人，高等职业教育在校生将达到 1480 万人，由此可见，在一系列政策支持下，职业教育面临广阔的市场空间，银行可选择国家级或省级重点建设的示范性高等职业技术学院，向其提供基本建设贷款，并全面营销个人产品、中间业务产品。

3.5.3 他山之石：金融机构金融服务教育行业的案例分析

3.5.3.1 互联网金融企业参与教育行业

互联网金融企业参与教育行业金融服务的模式主要是提供教育费用分期服务，并通过线上平台为线下教育机构提供导流。一方面，分期平台和教育机构直接合作，用户到线下教育机构去了解该产品，提交分期申请时需线下教育机构提供机构验证码。这类分期平台一般都有大型金融机构的背景，如哈尔滨银行、阳光保险、中银消费、蜡笔分期（玖富集团）等。具体业务流程如下：（1）用户到线下教育机构产生分期需求；（2）教育机构推荐分期平台服务；（3）客户移动端提交材料申请贷款；（4）申请通过，用户上课并分期支付学费。另一方面，线上分期平台为线下教育机构导流。教育分期机构平台在网页上展示课程，也负责为教育机构带来部分生源。其中，部分平台能在线上直接分期购买课程（如笨鸟分期、乾包等），部分需到线下确认后再进行分期（如小牛计划和课栈网）。具体业务流程如下：（1）用户在线上浏览相关课程信息；（2）线下咨询，平台申请；或者线上分期购买课程；（3）享受课程服务，并分期支付学费。

【案例1】

小牛计划：试水儿童教育，五分钟完成免息分期①

小牛计划用分期消费服务切入儿童教育消费，针对该市场提供互联网

---

① 资料来源：芥末堆网。

交易平台。根据小牛计划官网显示,这是中国首个儿童教育分期平台。小牛计划的业务主要针对早教、兴趣班和儿童英语这三块,目前推出的产品以六个月分期为主。

根据小牛计划统计的数据,早教、兴趣班和儿童英语教育课程平均单价在 1.6 万元左右,而这些课程现在北京大约只有 15% 的适龄儿童参与,由此可见,北京范围就有 85% 的家庭在这方面的消费能力并没有得到开发。小牛计划做的事情就是在这 85% 的家庭中找到那些想上课但是由于经济压力放弃给孩子上课的家长,为他们提供免息免手续费的学费分期服务,而小牛计划的盈利模式主要是向合作教育机构收取一定的服务费用。

小牛计划在 5 分钟内可以完成整个签约授信流程,而这高效的背后,是专业的风控流程和在交易细节上的不断探索与创新。小牛计划挑选的教育机构,相对来讲是在每个领域比较好的教育机构,而这也帮他们对用户作出了逆向选择,因为选择这些教育机构的用户一般整体素质较高、信誉度好。而在家长提交信息后,小牛计划会去合作的数据公司采集更多的数据,对用户的数据进行结构化整理后,再根据具体的消费场景进行建模,然后做信用决策,用大数据加建模的方式,快速给出用户结果。因此和普通金融公司相比,更加专业,会不断根据教育机构的需要调整细节流程,以便快速完成分期手续。

【案例 2】

达分期:提供亲子教育学费的金融分期服务①

达分期在 2016 年下半年上线,针对中国年轻家庭用户的金融服务,覆盖了亲子、教育、母婴、家居等家庭生活领域,主推亲子消费和教育的金融分期产品。高端幼儿园的收费相对昂贵,许多高端幼儿园的学费已经达到每月数千元至上万元,一线城市高端园客单价突破 20 万元/年,单园年收入达到千万元级水平。以北京为例,月薪超过 5 万元的人只占 3%,超过 3

---

① 资料来源:凤凰网科技。

信息输入	数据采集	数据解构	行业模型	信用决策
1.课程信息 2.身份信息 3.职业信息 4.联系方式 5.征信授权	1.数据采集（客户信息+征信数据） 2.行业信息共享 3.第三方黑名单	1.身份/学历/职业 2.兴趣/社交 3.消费习惯/行为特质	1.早教 2.兴趣班 3.少儿外语 4.K12 5.游学	1.商户评分，风险预测 2.客户评分，欺诈排查 3.授信建议，风险定价

资料来源：芥末堆网。

图3-4　小牛计划的全面风控体系

万元的占7%，大部分人的平均工资在1万~3万元/月，他们的薪资若想支撑起特别高端的幼儿教育，较为吃力。

达分期的产品目前主要针对幼儿园和各类补习班（如钢琴课等）的学费，这些学费有些是按季度、半年收，有些是一次性收全年，生活费是按月收取。所以幼儿园学费及各种补习班的费用，将会影响这些年轻家庭在某一个时间段的现金流。达分期与幼儿园/早教品牌美吉姆、孩子王、东方爱婴等都有合作。达分期的平均放贷额度在1万~5万元，80%~90%的营业额来自早教类学费分期业务。达分期营收结构分为用户服务费和商家佣金，综合年化利率在20%左右。对于一些高毛利的商户（如钢琴课培训机构等）而言，他们愿意补贴用户的利息费用，实现用户零利息。

达分期的资金来源为银行、持牌的消费金融公司和P2P，利率成本由低到高。银行对资产的要求比较高，客户需要通过银行的风控系统，有一些刚性条件，比如要求当地户口，但是在北京、上海等大城市，很多家庭不是当地户籍，但有房产和社保，针对这部分客户中的优质群体，达分期会根据其线上线下结合的大数据风控系统给予放款。

【案例3】

蜡笔分期：玖富旗下的教育分期平台①

蜡笔分期成立于2014年，总部位于北京，是玖富旗下主要面向大学生及毕业学生提供教育分期服务的平台。

运营模式：蜡笔分期通过与教育培训机构合作，为需要参加学历提升、技能培训、职业资格考试等培训课程的用户提供教育分期。除了教育分期外，蜡笔分期还有一个产品"借点花"，主要是面向老客户（已经通过该平台申请教育分期服务的客户）提供其他场景（如购买教育用品等）的借款服务。资金来源主要是玖富集团，出借利率为17%～18%。

风控模式：蜡笔分期对合作教育机构和借款申请人进行双重审核。由于教育机构之间的差异性较大，没有相对标准化的流程，整个过程在两周左右。审核完教育机构之后，蜡笔分期会对教育机构分级，不同级别的教育机构其借款人的申请审核过程会有所不同。对于级别较低的教育机构，其申请教育分期的用户个人审核要相对严格。目前蜡笔分期实行的是 T + 1 放款机制，即审核成功第二天放款。

运营状况：蜡笔分期目前在贷余额4亿多元，累计贷款余额达10亿元。蜡笔分期的合作机构有1000多家，包括新东方、万学教育、百知软件学院、尚学堂、学而思教育、中公教育、环球雅思等。2015年4月，蜡笔分期母公司玖富完成由 IDG 资本、SIG 创投基金等共同投资的1.1亿美元的 A 轮融资。

【案例4】

课栈网：综合性教育金融服务平台②

课栈网成立于2015年4月，是一家教育培训领域综合服务平台，主要业务包括为学生提供教育金融服务，为中小微教育机构提供招生服务、SaaS

---

① 资料来源：王杨．教育金融服务发展新趋势［J］．银行家，2018（6）：63 - 66.
② 资料来源：王杨．教育金融服务发展新趋势［J］．银行家，2018（6）：63 - 66.

服务和数据服务等。

运营模式：通过课栈网 APP 端提交材料进行申请，课栈网对用户进行审核。为了提高用户体验，目前课栈网部分课程可进行免费试听，用户可在试听后再作出是否购买课程的决定。另外，课栈网还搭建了 SaaS 系统"课栈互联"，主要为小微教育机构提供教务管理服务。教育机构可通过"课栈互联"与学员通过软件完成课程信息确认、招生和收费等流程。目前，课栈网主要通过金融保理的方式获取资金，保理公司向教育机构支付学费，并将学员的债权打包出售给银行、其他金融公司等。

风控模式：对合作教育机构和学员的双方审核。对教育机构的审核，课栈网从课程、师资、学生来源、价格、市场的接受度等多个维度来审核教育机构的教学质量和机构资质，最终评估结果达到要求的机构，课栈网会进一步跟进，进行现场尽调。对于学员的审核，学员信息的审核包括学员身份、课程信息及培训动机等材料的审核。

运营状况：公司业务主要聚集于北京地区，录入的机构大约为 3000 家，每月现金流大约 3000 万元。公司于 2016 年 5 月获得 8000 万元的 A 轮融资。课栈网的愿景是以消费金融为切入点使教育产品越趋标准化。

3.5.3.2 商业银行金融服务教育行业

1. 某国有大型商业银行打造教育金融服务品牌

某国有大型商业银行持续为教育事业客户提供优质的综合金融服务，与一大批教育院校建立战略合作关系，打造教育金融的服务品牌。

2000 年以来，该行开始把握国家高等教育扩招的重大战略机遇，在基础建设项目管理、工程造价咨询、流动性资金支持等各方面给予高校全方位的支持。2008 年，联合教育部、财政部、银监会共同研讨制定《高校债务重组实施方案》，承接他行优良资产，得到了银监会等部门的高度认可。2009 年，在同业中率先创新推出教育行业信贷准入退出标准和综合金融服务指引并实行名单制管理，并推出"民本通达—教育慧民"综合服务品牌。

2010 年和 2011 年，与国内知名院校共同推进对外交换生项目，树立了海内外品牌形象。2013 年，优化升级了教育综合服务指引和"民本通达—教育慧民"服务品牌，通过转变传统服务模式，以平台、渠道、系统、网络为支撑，开展全面综合金融服务。

2016 年，该行在同业内率先与教育部签订《战略合作协议》，与教育部联合发起设立中国高校双创产业投资基金；创新打造了自有教育服务品牌，不断扩展服务手段，提升服务质量。2017 年重点支持了中国科学技术大学、武汉大学、中国农业大学等知名高校的"智慧校园"建设及公务卡服务。

2. 某城商行推出教育金融服务方案

2017 年，某城商行正式推出教育行业金融服务方案。"教育 e 通"教育行业金融服务方案涵盖了"教育 e 校园、教育 e 结算、教育 e 归集、教育 e 增值、教育 e 融通、教育 e 存管"六大领域，为高校提供现金管理、C2B 跨行收款、财政自助柜面等特色交易银行产品。方案有效解决高校等教育机构资金结算、代发代缴、资金统一管理和调度、资金计价、资金监管、资金使用效率、融资及学生管理等方面存在的问题，满足财务智能管理、校园移动缴费、移动消费、校区建设用款等金融需求。该行已与全国近 100 所高校、1000 余所其他学校和培训机构建立了良好的合作关系，优质的金融服务获得了相关院校的高度肯定。

2018 年，该行还与本市教育委员会签署全面战略合作协议，共同启动"乡村教师奖励基金"，将着力在提升该市基础教育服务水平方面开展具体项目落地。并且该行还为各级中小学提供更为便捷、适应时代特点的金融产品，有效提升各级院校在现金管理、代发代缴、资金计价、资金监管、学生管理等方面的处理效率和管理水平。

3.5.4　商业银行金融参与教育行业服务的不足

当前与融资、财务管理、教务管理等关联的特殊金融服务已逐渐成为学校日常管理中极为重要的部分，特色金融需求与日俱增。与此同时，商业银行对于教育机构的金融服务缺乏体系化的切入和产品流程设计，主要表现在：

一是割裂、无序的金融产品和服务。目前针对教育机构的金融产品和服务没有体系化设计，不同的产品和服务相互割裂，由此造成教育管理上的困难和使用上的不便。比如代收学费与学校财务管理、校园消费与商户结算、师生金融服务与校务学籍管理等分别由不同的银行机构提供服务，学校财务管理人员需要与多家不同的银行机构打交道，工作量大、出错概率高。

二是多头、低效的资金管理。由于金融产品和服务的割裂，教育机构无法有效地进行各种资金的统一管理和集中，资金使用效率低下。比如校园消费归属后勤部门管理、学费收取归属财务部门管理、考试选修等费用归属教务部门管理、奖助学金发放归属学务部门管理等。

三是金融服务领域过窄、层次过浅。随着经济社会的发展以及金融信息化的发展，金融对社会各方面的渗透日益加深；金融机构可以充分利用各种数据分析结果提供多样化产品和服务，满足机构与个人的各类需求。当前，教育金融服务仍围绕和停留在教育机构的基本金融需求层面，缺少深入教育机构和师生个人内在需求的产品，教育机构和师生成为金融服务的洼地，难以有效促进教育本身发展和教育向社会生产力的转化。

对于当前的教育金融服务来说，需要在教育机构各个模块之间、在教育机构与师生之间建立统一的金融服务基础和联系，使各个金融产品和服务模块、教育数据与金融数据信息能够获得有效整合，从而提升金融服务教育的效能。金融标准 IC 卡的出现，为这一模式与目标的实现提供了绝佳的工具与平台。

3.5.5　商业银行创新金融产品、服务教育行业的对策建议

3.5.5.1　深挖教育行业金融需求，提供综合金融服务方案

商业银行应将财政支持力度大、管理规范、师生资源稳定、综合贡献

潜力大的"211 工程"高校，以及被重点关注并列入"国家示范性高等职业院校建设计划"的高等职业学校以及省内重点建设的、办学资金充足、管理规范、具有先进和完备实训基地的高等职业教育客户，根据客户个性化金融需求，向其提供适合的金融产品，提高客户的忠诚度和产品覆盖度。挖掘客户的信贷业务需求，满足其二期建设项目资金和日常教学周转所需的流动资金。

3.5.5.2　嵌入教育场景化，实现差异化、特色化的线上全流程一站式服务

金融服务教育发展，要嵌入现实的场景，比如出国留学、早教和 K12 教育阶段的课外辅导。以出国留学为例，出国留学能否申请成功的一个重要因素，就是申请者是否具备支付学费、生活费和住宿费等各项费用的能力。从这个角度说，从签证前的银行存款证明、代理开户见证、个人购汇、到留学中的境外汇款等，银行能否提供专业、优惠的金融服务，对学生们能否免除学业外的琐事扮演重要角色。

一是提供"一站式""移动化"的服务。通过将预约开立境外银行账户、留学贷款等个人本外币产品进行打包整合，在学校申请、签证申请、入学和海外就读等各个阶段和环节提供相应的咨询配套服务。并且，随着手机成为留学生和家长们日常的"必需品"，留学服务也向移动端转型。如中国银行推出的一款 APP 上就集成了个人购汇、跨境汇款、个人结汇等服务，还集合了境外租车、海外租房等第三方功能，从头到尾将海外生活"打包"。

二是提供差异化服务是关键。对于消费者来说，如何在眼花缭乱的服务中挑选适合自己的服务？关键在于各家银行能够提供打磨出差异化的金融服务产品。其中，信用卡、增值服务是重点的方向之一。如工商银行推出了"出国金融"主题的借记卡，持卡人可以减免境外 ATM 取现等费用；中信银行则是从场景入手，拉来了新东方等出国教育机构进行合作。

3.5.5.3　创新分期产品，对接平台获取批量客户

建设自己的分期平台，对接线下教育机构平台，用户可以在线上网站和线下教育机构了解该产品，提交分期申请时需线下教育机构提供机构验证码。通过与教育培训机构合作，为需要参加学历提升、技能培训、职业资格考试等培训课程的用户提供教育分期。除了教育分期外，还可以创新产品服务，如面向老客户（已经通过该平台申请教育分期服务的客户）提供其他场景（如购买教育用品等）的借款服务。在对合作教育机构和借款申请人进行审核时要进行双重审核。根据审核的结果可以对教育机构分级，不同级别的教育机构申请审核过程会有所不同。对于级别较低的教育机构，其申请教育分期的用户个人审核要相对严格。并且，还需要明确教育机构和分期公司之间的责任和义务，在合作开始前，就协商好特殊场景的解决方案，比如学员退课，分期贷款是否可以退款。

3.5.5.4　加强银行与商业流通的联系，实现银行与终端消费市场的结合

随着零售业成为21世纪的朝阳产业，银行与超市、商场的联合日益明显，而高校的学生是零售业发展的重要生力军之一。银行应尝试把中间业务介入零售业，尤其是高校密集的地方。学校周围、学校里的各大中型超市、商场全面实行购物刷卡，银行便可获取"折扣"或"手续费"。另外，可以代理各种外出旅游和各类考试的报名、报班及资料等金融服务。其主要目的不仅在于通过各种服务获得一定的手续费，而且还能提高银行的知名度和增加其在高校市场的"印象值"，为将来消费奠定基础。

3.6　布局新熟龄社会市场蓝海，打造"养老一族"特色养老金融服务

中国已成为全球老龄人口最多的国家。根据联合国标准，一国60岁以

上人口占比超过 10%、65 岁人口占比超过 7% 就被认定为老龄化国家。截至 2017 年底，我国 60 岁及以上老年人总数已达 2.41 亿人，占全国总人数的 17.3%，65 岁及以上人口占 11.4%。人口结构决定中国现已进入加速老龄化阶段，居民养老的结构性需求迅速增加。加快发展养老产业，已成为我国深入推进经济结构调整，积极应对人口老龄化的重要举措。而养老金融作为支持养老产业发展的重要一环，面临着新的发展机遇，未来的发展空间巨大。

已有股份制银行的战略规划提出，要打造针对"养老一族"的特色业务模式，构建包含日常消费、社交娱乐、医疗照护、养老住宅、养老金融五大要素的养老生态圈。结合国内外同业经验，在具体实施上，商业银行似可重构养老金融组织形式，争取实现"牌照经营"；加强业务联动，形成综合化的养老金融服务体系；构建多元化的养老金融产品体系；基于场景提供养老金融服务；提升养老金融的服务能力和水平。

3.6.1 中国熟龄人口现状与潜在商业机遇

所谓熟龄，即 60 岁以上的人，之所以不称之为老年，是因为当前组成这一群体的 20 世纪 50 年代和 60 年代以及即将迈入熟龄阶段的 60 年代和 70 年代的人群，相比之下普遍接受过系统教育，有一定的知识素养，这决定了他们具有与一般意义上的老年人不一样的特征，比如财富积累较多、注重生活品质、具有理财意识、对新产品和消费接受程度较高，等等。因此，在我国熟龄人群规模越来越壮大的当下，熟龄市场存在很大的商业发展空间。从这个意义上来说，中国的老龄化现象在存在诸多弊端的同时，也蕴藏着机遇。

3.6.1.1 熟龄人口群体规模不断壮大

2017 年，我国 60 周岁及以上人口 2.41 亿人，占总人口的 17.3%。预计到 2030 年，中国 60 岁以上老年人数量将达到 3.7 亿人，占总人口约 25.5%；2050 年，老年人口将到达 4.8 亿人，占总人口的 34.1%。目前我国进入中度老龄化社会。

表 3 – 2　　　　　　　　　　2017 年末人口数及其构成

指标	年末数（万人）	比重（%）
总人口	139008	100
0～15 岁（含不满 16 周岁）	24719	17.8
16～59 岁（含不满 60 周岁）	90199	64.9
60 周岁及以上	24090	17.3
其中：65 周岁及以上	15831	11.4

资料来源：国家统计局。

表 3 – 3　　　　　第六次全国人口普查统计的年龄结构（2010 年）

年龄	人口数（人）			占比（%）		
	合计	男	女	合计	男	女
0～9 岁	146414159	79527231	66886928	10.99	5.97	5.02
10～19 岁	174797576	92172107	82625469	13.11	6.91	6.2
20～29 岁	228426370	114845611	113580759	17.14	8.61	8.52
30～39 岁	215164162	109912926	105251236	16.15	8.25	7.89
40～49 岁	230348517	117385096	112963421	17.28	8.8	8.48
50～59 岁	160065645	81446172	78619473	12.01	6.11	5.9
60～64 岁	58667282	29834426	28832856	4.40	2.24	2.16
65 岁及以上	118927158	57205535	61721623	8.91	4.3	4.63
总计	1332810869	682329104	650481765	100.00	51.19	48.81

资料来源：国家统计局。

分地区看，辽宁、山东等地 65 岁以上人口比重超过全国平均值，最高达 14.4%，福建、广东等地区的老龄化程度相对较轻。

《2017 中国老年消费习惯白皮书》显示，2017 年城镇家庭月收入超过 4000 元的老人已超过 1.15 亿人，其中，2500 万老人的家庭月收入超过了 10000 元。与许多无房无车的年轻人相比，绝大多数老年人拥有一套或多套住房。同时，92% 的城镇地区老年人享有养老保险。养老金收入逐年提升，

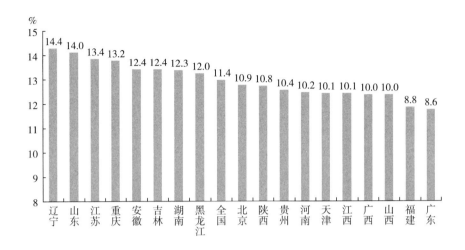

资料来源：国家统计局。

图 3 – 5　2017 年部分省及直辖市 65 岁以上人口比重

大城市人均养老金年均增长普遍超过 7%。

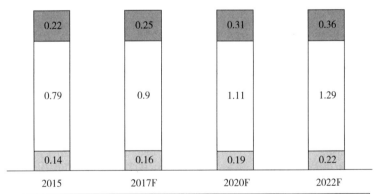

资料来源：《2017 中国老年消费习惯白皮书》。

图 3 – 6　城镇中高收入熟龄人口测算（单位：亿人）

3.6.1.2　熟龄产业规模达万亿级

从财富的拥有状况看，中老年是财富拥有量最高的群体。尤其是在未来 5~10 年，中华人民共和国成立后第二次"婴儿潮"的高净值人群逐渐步入老年，老龄产业将迎来快速发展的"黄金阶段"，富裕人群老龄化将是我国老龄产业的最大红利。目前我国老年相关产业规模超过 2.8 万亿元，预计未来老年产品及服务市场将快速增长，2021 年总体市场规模达到 5.7 万亿元。熟龄产业主要集中在日常消费、智能健康管理、居家养老照护、营养品与家用保健器械、中医养生、老年旅游、保险理财等领域。

资料来源：《2017 中国老年消费习惯白皮书》。

图 3-7　熟龄市场总体规模（单位：十亿元）

3.6.1.3　熟龄消费支出结构改变

在收入稳定的同时，如今的老年人也乐于把钱花出去，平均每月用于家庭消费的支出占收入的 45%。他们在基本的医疗之外购买保健、养生服务，为健康投资，他们还对休闲娱乐、旅游、兴趣等高层次、享受型的消费拥有浓厚的兴趣。

从消费金额来看，老年人年均消费约 22600 元，其中日常生活 15560元，约占总消费的 69%；健康养生 2763 元，约占总消费的 12%；疾病管理 1665 元，占 7%；娱乐社交 2585 元，占 11%。老年人主要消费支出为日常生活开支，其次是养生健康及娱乐社交。

从消费细项上看，食品餐饮的支出远远超出其他品类。日用品、服装配饰、旅游也是老年人主要支出项目。旅游成为老年消费的新亮点。

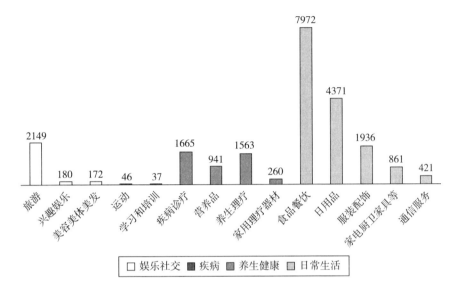

资料来源：《2017 中国老年消费习惯白皮书》。

图 3 - 8　熟龄消费者主要日常支出分布情况（单位：元）

3.6.2　我国商业银行养老金融服务现状及问题

目前商业银行介入养老金融主要表现在：一是确立养老金融发展战略，从企业年金、全国社会保障基金等养老金资产基础托管服务入手，开始寻求其他养老金融业务通道，如推行企业员工福利计划服务、发展养老消费业务、结合个人养老需求开发专属理财产品等，向综合性养老金融业务转型；二是以"产品＋投资"卡位养老金融市场，通过筹划设立养老金管理公司、组建养老产业引导基金、强化投融资支持，积极助力养老产业发展和养老方式转变。从整体看，在养老金融领域，商业银行实现了规模持续增长、领域持续拓宽、内容持续细化，但总体上仍处于起步探索阶段，尚未形成新的金融业态，在一些领域还存在不足。

3.6.2.1　养老金融服务结构单一

养老金融服务体系涵盖三个方面：一是养老金金融，指为储备养老资产进行的一系列金融活动，包括养老金制度安排和养老金资产管理；二是养老服务金融，指为满足老年人的消费需求而提供的金融产品和服务；三是养老产业金融，指为养老实体经济发展而提供的投融资支持。

表 3 - 4　　　　　　　现阶段商业银行养老金融主要服务项目一览

分类	社会养老保险服务	资金归集、资金存管、养老金代收代付
养老金金融	全国社保基金	托管
	企业年金	受托、账管、托管、投管
	养老性质基金、保险	发行代理、托管
	养老性质理财	产品设计、投资管理、托管
养老服务金融	金融社会保障卡	现金存取、转账、消费
	基本养老保险	代发
养老产业金融	养老产业投融资	投融资和信贷服务

目前，商业银行养老金融服务三支柱发展不均衡，偏重于养老金管理和养老产业的信贷业务，在养老产业投融资渠道和金融创新方面则稍显弱势，无论是规模、产品种类、服务质量都仍有一定距离。

3.6.2.2　养老金融服务涉入不深

一是受人社部资格限制，在养老基金管理领域，保险和基金公司实现了前端受托咨询业务锁定客户、后端以投资管理业务连接资本市场，牢牢控制了运作核心环节和主动权，商业银行仅集中于托管、账管，还处于养老金市场的外围和后台状态。截至 2018 年底，银行系共获得了 23 项企业年金牌照。从具体构成来看，只有建设银行、工商银行和招商银行拿到了企业年金基金的"全牌照"，中国银行、交通银行、农业银行、光大银行、中信银行、民生银行和浦发银行只拿到了账户管理人和托管人的资格（见表3-5）。二是在养老服务金融领域，商业银行仍偏重传统代理业务，停留在优化服务流程、改造网点功能等较低层次，缺少具有生命周期财富管理、消费结算、健康管理、医疗服务、住房保障、旅游休闲等在内的综合性特色增值服务。三是在养老产业金融领域，商业银行发力不足，尚有很大欠缺，使得养老金融业务无法形成完整的产业链条，业务发展较为局限，同时业务交叉营销效果较弱，制约业务发展效率。四是产品服务针对性弱，个别商业银行虽然有部分养老理财产品，但大多存续期较短，且投资产品标的和普通理财产品基本一致，难以满足养老投资长期性需求。

表 3-5　　　　2018 年我国企业年金基金管理机构资格名单

法人受托机构	账户管理机构	托管机构	投资管理人
长江养老保险股份有限公司	长江养老保险股份有限公司	交通银行股份有限公司	博时基金管理有限公司
华宝信托有限责任公司	华宝信托有限责任公司	上海浦东发展银行股份有限公司	长江养老保险股份有限公司
建信养老金管理有限责任公司	交通银行股份有限公司	中国光大银行股份有限公司	富国基金管理有限公司
平安养老保险股份有限公司	建信养老金管理有限责任公司	中国工商银行股份有限公司	国泰基金管理有限公司
泰康养老保险股份有限公司	平安养老保险股份有限公司	中国建设银行股份有限公司	工银瑞信基金管理有限公司
太平养老保险股份有限公司	上海浦东发展银行股份有限公司	中国民生银行股份有限公司	海富通基金管理有限公司
中国工商银行股份有限公司	泰康养老保险股份有限公司	中国农业银行股份有限公司	华泰资产管理有限公司
中国建设银行股份有限公司	太平养老保险股份有限公司	中国银行股份有限公司	华夏基金管理有限公司
中国农业银行股份有限公司	新华人寿保险股份有限公司	招商银行股份有限公司	嘉实基金管理有限公司
中国人民养老保险有限责任公司	新华养老保险股份有限公司	中信银行股份有限公司	建信养老金管理有限责任公司
中国人寿养老保险股份有限公司	中国光大银行股份有限公司		南方基金管理有限公司

法人受托机构	账户管理机构	托管机构	投资管理人
中国银行股份有限公司	中国工商银行股份有限公司		平安养老保险股份有限公司
招商银行股份有限公司	中国建设银行股份有限公司		泰康资产管理有限责任公司
中信信托有限责任公司	中国民生银行股份有限公司		太平养老保险股份有限公司
	中国农业银行股份有限公司		新华养老保险股份有限公司
	中国人民养老保险有限责任公司		易方达基金管理有限公司
	中国人寿养老保险股份有限公司		银华基金管理有限公司
	中国银行股份有限公司		中国国际金融股份有限公司
	招商银行股份有限公司		中国人保资产管理股份有限公司
	中信银行股份有限公司		中国人民养老保险有限责任公司
			中国人寿养老保险股份有限公司
			招商基金管理有限公司
			中信证券股份有限公司

资料来源：人社部基金监管局。

3.6.2.3 零散发展，业务管理碎片化严重

养老金融业务涉及公司、零售、资管三大领域，业务环节多，跨部门、跨条线联动多。目前商业银行养老金融业务缺乏独立性，导致相关产品和服务分布零散，未能按照养老金融的高度与标准来统筹管理。即使部分大

型商业银行在总行层面设有养老金部，但在分支机构基本没有条线设置，一般挂靠在托管业务、公司业务或者零售业务部门之下，没有建立独立的业务板块，不利于养老金融业务的长期发展和人才队伍培养。业务零散化、产品碎片化的发展模式较难契合养老金融业务领域广泛、统一布局的需求，制约着商业银行养老金融业务进一步发展。

表3-6　　　　　　主要商业银行养老金融业务机构设置情况

银行名称	养老金机构设置情况
工商银行	总行设养老金业务部，为一级部，全国36家一级（直属）分行均成立了养老金业务专职服务团队
建设银行	成立养老金管理公司
中国银行	总行设养老金事业部，为一级部，各一级分行有养老金业务专职团队
交通银行	养老金业务由总行资产托管部、业务处理中心两个一级部门承担，设立16个养老金业务团队，正在筹备设立养老金管理公司
招商银行	总行设养老金金融部，为一级部，全国39家一级（直属）分行均配有养老金业务服务团队
农业银行	养老金业务与托管业务部两块牌子，一套人马，全国37家一级分行设有养老金管理分中心，与分行机构部、托管业务部三块牌子一套人马

3.6.3　商业银行养老金融服务境外同业经验

3.6.3.1　美银美林养老金融业务经验

2008年，美国银行并购了美林证券，更名为"美银美林"，养老金融业务是其财富投资管理板块中非常重要的一部分，每年实现利润约7亿美元。美银美林养老金融业务产品体系分为两大部分：一是根据美国联邦税收法律和联邦劳工法律建立的、有税收优惠的补充养老金储蓄计划，包括401（K）计划、个人退休账户（IRA）等以法律、法规主导的各类退休计划；二是各类无税收优惠的补充养老储蓄计划，如雇员股票期权计划、薪酬延付计划等。

美银美林根据客户资产额、区别雇主和雇员提供不同的服务模式。服务平台也称为"服务解决方案",服务平台的有效与否直接决定了养老金融客户服务的覆盖范围和成本、效益水平,是其养老金融服务中非常重要的一部分。

(1) 为小客户提供的"咨询合作联盟"平台

在小型客户服务模式下,美银美林联合 13 家合作机构,提供"咨询合作联盟"平台,为 401 (K) 等三种计划提供综合服务,美银美林以参与资产管理服务为主。"咨询合作联盟"平台最大的特征是服务标准化,美银美林在其中主要注重提供资产管理服务,账户管理等其他服务则大量外包给专业的合作机构。该平台目前向超过 4 万个小客户约 260 亿美元资产提供各类服务,是北美市场上最大、最成功的福利计划服务平台。

"咨询合作联盟"平台由美银美林发起、组织和维护,由 13 家北美大型保险、基金投资、账户管理、薪酬管理和退休计划咨询等类服务供应商共同组成,形成了包括账管、计划行政管理、投资、咨询、保险等产品与服务在内的机构合作平台。

"咨询合作联盟"平台主要定位于资产不超过 1000 万美元的各类退休及福利计划,美银美林将其优秀的财务顾问团队和机制嵌入"咨询合作联盟"平台,从咨询入手,引导客户选择平台上搭载的各类投资产品,吸引客户的退休资产管理业务。同时,平台以账户管理和计划行政管理为主,能够对美银美林销售人员提供较好的数据支持,让销售人员可以便捷地向客户销售相关产品。

(2) 为大客户提供的"机构退休及福利服务"平台

对于资产管理额比较大的大中型客户(一般为 500 万美元以上),美银美林提供"机构退休及福利服务"平台。这是一个各种产品与服务高度整合的服务平台,主要特征是服务综合化、可选择、可捆绑、可创新、可定制。美银美林在这个平台上搭载了大量自有投资产品和咨询产品,除精算服务外,美银美林基本不外包服务。

表 3 - 7　　　　　　美银美林机构退休及福利服务平台的服务内容

计划类型	服务内容
确定缴费型计划（DC）	委托人服务（含个人计划与投资咨询，下同）
	投资咨询
	咨询建议方案
确定给付型计划（DB）	机构信托与托管
	计划咨询与风险管理
	精算与福利方案咨询
	委托人自主投资解决方案
股权激励计划	股权计划方案
	咨询与财务报告方案
延付福利计划	套期（对冲）服务
	高管个人咨询服务
高管服务计划	交易计划
	财富管理服务
	投资多元化和流动性战略咨询
健康储蓄账户	退休前后医疗开支整合储蓄解决方案

（3）面对个人客户的投资与财务顾问服务

为了协助个人客户能够更好地规划未来养老保障准备，美银美林提供的投资与财务顾问服务主要解决五个问题：一是怎样进行多元化投资满足自己的退休需求；二是怎样确定缴费金额；三是个人缴费比例是否足够；四是退休的时候要积累多少资金；五是要投资什么。对此，美银美林设计了个性化个人退休策略制定模型，从个人到雇主、从计划缴费到全面财务状况，全面收集个人财务信息，定位于"保持现有生活方式"，以"超越退休"的全面财务健康观，向个人提出退休策略。在精心研究和提炼客户需求的基础上，美银美林制定了相应的可选择服务模式，引入了专业的第三方财务顾问公司，保证咨询顾问服务客观和有效。

3.6.3.2　汇丰银行香港强制性公积金业务发展经验

香港强积金是根据《强制性公积金计划条例》设立的，为就业人员提供退休保障的制度，类似确定缴费型计划（DC）的社会保险。强积金计划由雇主选择确定，雇员可以在计划范围内自由选择投资方向和投资组合。强积金以信托计划的形式进行管理，由商业机构进行市场化运作，政府实行统一的监管。汇丰银行便是参与强积金的管理、向客户提供服务的一员。

（1）以金融集团优势，提供全方位服务

在强积金的管理中，汇丰银行通过成立各类金融公司，全方位参与到强积金的管理中去。比如，成立汇丰人寿，既可以担任营办人（受托人），又可以担任承保人，对旗下保证基金所投入的保险进行承保。另外，还成立了信托、投资管理和投资顾问公司，基本上承担了强积金业务的全流程管理，通过金融集团优势，将业务牢牢圈定在集团内。

表3-8　　　汇丰银行集团参与强制性公积金业务的服务机构

子公司名称	担任角色
汇丰人寿保险（国际）有限公司	营办人及行政管理人、承保人
汇丰银行公积金信托（香港）有限公司	信托人及托管人
汇丰投资基金（香港）有限公司	投资经理
汇丰环球投资管理（香港）有限公司	投资经理、投资顾问

汇丰人寿在强积金管理中担任受托人，处于业务的核心地位。汇丰人寿承担个人账户管理、投资收益记录、资金监管等职能。同时，还需要向监管部门提交各类财务报表和内部管控报告。由于受托人承担计划管理的主要责任，受托人还需要购买足够的保险，用于赔偿参保人任何因受托人或其他管理人的过失而形成的资产损失。

（2）差异化的投资产品组合

汇丰银行可以提供的强积金有四大类投资产品组合，分为智选计划、精选计划、易选计划和自选计划，每个计划项下具有3~14项成分基金。成分基金的种类丰富，每个计划项下的投资产品都是经过严格的筛选和编排，通过不同的风险级数进行客户偏好的区分，方便客户进行选择。

表 3 – 9　　　　　　　汇丰强制性公积金投资组合情况

计划名称	成分基金	风险级数	计划名称	成分基金	风险级数
智选计划	强积金保守基金	1	精选计划	强积金保守基金	1
	保证基金	1		保证基金	1
	环球债券基金	3		均衡基金	3
	灵活管理基金	3		增长基金	4
	平稳基金	3		恒指基金	4
	平稳增长基金	3	自选计划	强积金保守基金	1
	均衡基金	3		环球债券基金	3
	增长基金	4		自选平稳增长基金	3
	恒指基金	4		自选均衡基金	3
	北美股票基金	4		自选美国股票基金	4
	欧洲股票基金	4		自选欧洲股票基金	4
	亚太股票基金	4		自选亚太股票基金	4
	中港股票基金	4		恒指基金	4
	中国股票基金	4		恒生 H 股指数基金	4
易选计划	强积金保守基金	1			
	环球债券基金	3			
	环球股票基金	4			

（3）丰厚的业务收益

参与强积金业务的管理，特别是投资业务，具有较高的盈利能力。投资管理费根据组合不同进行区分，收费价格在 0.79% ~ 1.75%。较高的管理费收入吸引投资管理人积极做好本职工作，让产品收益更好。相比我国企业年金的投资管理人，由于年金管理费用受到同业公会的限制，费用远低于市场水平。

3.6.4　商业银行养老金融服务境内同业经验

3.6.4.1　国有商业银行

国有银行早期通过企业年金业务介入养老金融业务，并获取了企业年金的受托、账户管理、托管等资格，确立了市场优势地位。工商银行、建设银行、中国银行管理企业年金个人账户数量、托管企业年金基金规模位居市场前三位，在企业年金业务领域处于领先地位。

（1）建设银行——"安心悠享"

建设银行明确提出养老金融发展战略，开展各种养老金融服务，为养老服务产业提供全方位金融支持。2015 年 11 月 5 日，国内首家银行系养老金公司——建信养老金管理公司正式成立，成为我国银行系首家专业养老金资产管理机构，具有企业年金业务"全牌照"资格。建信养老金管理公司在建设银行原有养老金业务的基础上，充分发挥集团金融的优势，横跨养老金体系三大支柱，连接养老产业上下游环节，为客户提供全方位的"一站购齐的捆绑式服务"。

"安心悠享"是建设银行为老年客户精心打造的综合服务体系，满足衣、食、住、行、娱、医、金融等全方位需求。具体来说，"安心悠享"提供三大金融服务（养老规划、资产配置、家庭信托）、五项增值权益（医疗保健、家政服务、法律援助、旅游休闲、消费优惠）、六款优选产品（养老存款、专享理财、养颐添福、基金、建行金、保险）。

例如，建设银行厦门市分行与市民养老服务中心联合发行的厦门市民养老服务卡，以金融 IC 借记卡为载体，具备市民养老服务中心"12349"养老服务平台的会员卡、政策性补贴资金发放使用管理、社区养老服务商圈专享卡、老年人专属金融理财服务等功能，可满足持卡人支付结算、金融理财、居家养老等全方位的生活需要。办卡免收年费、开卡工本费和小额账户管理费。

（2）中国银行——"常青树"

中国银行则是最早办理社保基金托管的商业银行之一，在养老金融业务领域推出了社会保障、薪酬福利计划及代理养老资产管理等一系列新型服务。

中国银行老年客户金融服务主要有"常青树"的"惠"系列、"养老宝"理财。"常青树借记 IC 卡"自 2014 年 10 月发行以来受到了广大中老年客户的好评，发展形势非常迅猛。仅以上海市分行为例，仅用了半年时间就成功发行了 10 余万张，卡内余额几十亿元。该产品的亮点在于：可设置卡内留存金额，超过部分自动购买活期货币基金；专享优"惠"系列增值服务，如惠办卡（免收年费、小额账户管理费和工本费，无办卡费用）、惠用卡（取款全免费）、惠存款（最高可享受 1.1 倍存款利率）、惠理财（中国银行每月月末发行专属理财产品，投资风格稳健）、惠健康（推出七百多家医院的预约挂号服务，协和医院、301 医院等全国知名医院）、惠消费（消费满额送积分、送话费）、惠旅游（免费申请携程旅游优惠券）。

（3）工商银行——"如意人生"

2005 年 8 月至 2007 年 11 月，工商银行先后拿到了人社部认定的企业年金基金的受托人、账管人和托管人资格，其控股的工银瑞信基金管理有限公司则是获得企业年金基金投管资格，自此，工商银行获得了企业年金基金的"全牌照"，使得工商银行可以根据客户的不同需求提供一站式的企业年金服务。2016 年 11 月工商银行经全国社会保障基金理事会评审，入选基本养老保险基金托管机构，养老基金投资运营迈出重要一步。

工商银行计划投入 50 亿元发展养老消费产业，推出针对老年人的全方位养老金融，并且目前不断拓展养老金融服务领域，打造养老金与薪酬福利投融资平台，开发了"如意人生"系列养老理财产品。在组织结构上，工商银行在总行设立养老金业务部，为一级部，全国 38 家一级（直属）分行均成立了养老金业务专职服务团队，同时着手策划成立养老金管理公司。

3.6.4.2 股份制商业银行

股份制商业银行在发展企业年金业务的同时，也不断开拓新的养老金融服务领域，如招商银行将养老金融部挂靠在零售银行板块，依靠零售银行优势，向企业员工提供薪酬福利管理服务。不具备企业年金管理资格的股份制商业银行则选择了以老龄客户群体为目标，结合网点提供综合金融服务的模式。

（1）招商银行——年金养老"双金服务"

招商银行 2001 年被确定为国内唯一的企业年金账户管理试点银行，2007 年招商银行成为首家拥有企业年金基金受托人、账管人、托管人三项资格的股份制商业银行，其控股的招商基金管理有限公司获得企业年金的投管人资格，因此招商银行系的企业年金业务也是"全牌照"运营。招商银行也是国内最早开展养老金融业务的商业银行之一，经过多年的开拓和发展，招商银行的养老金业务范围不断扩大，养老金融产品不断丰富创新，现已形成了以企业年金为主、以养老理财为辅的养老金产品体系。2016 年 11 月，与工商银行、中国银行、交通银行一同入选基本养老保险基金托管机构，确定了其在股份制银行领跑地位。

目前，招商银行是国内唯一一家为客户提供零售条线年金服务的商业银行，其"双金服务"在养老金业务市场尚属首创，形成了差异化、个性化的竞争优势。招商银行养老金客户涵盖了二十多个行业，团体客户和个人客户遍布全国。

（2）兴业银行——"安愉人生"

兴业银行把养老金融作为集团"七大核心业务"之一，在总行组织架构层面确立养老金融中心的地位，推进养老金融专业化经营。第一，产品的差异化销售。适应老年客群对金融产品的需求和偏好，为老年客户提供专属理财、信用贷款、便利结算等差异化的金融产品与服务。第二，客户的差异化经营。例如兴业银行在推广养老金融产品的同时，启动了社区银行战略，将银行服务延伸到"最后一公里"，这成为推动养老金融快速发展的重要支撑。第三，养老金融的战略破题，如服务于国家养老金制度安排，积极参与养老金第三支柱的体系建设；满足居民个人的养老金资产管理需求，帮助其积累养老资产并实现保值增值；养老产业金融，服务于实体经济，通过提供投融资金融产品与服务更好地支持养老服务业发展。

"安愉人生"是兴业银行针对老年客户群体，推出的专属综合金融服务方案，以银行卡为载体，通过优化金融产品、老年客户权益两套体系，整合专属理财、信用贷款、便利结算、增值服务四项内容，结合社区银行为老年客户提供全面金融服务。

在具体运营上，兴业银行把社区银行建设作为配套养老金融战略的一项重要内容，社区银行和养老金融实现了很好结合。截至2016年12月，兴业银行的社区银行中，老年客户占比达80%；社区银行1600多亿元金融资产中，近60%由老年人所持有。

（3）广发银行——老年"自在卡"

广发银行调研结果显示，中老年人在金融服务中存在六大痛点，分别是：资金安全与保值需提升、网点排队时间长、养老金及各类费用缴纳手续费高、刷卡购物优惠低、增值服务覆盖不全、缺少情感关怀。针对上述问题，2016年9月，广发银行在行业内面向50岁以上中老年客户推出"自在卡"，集理财服务、支付结算、增值服务、商超优惠等于一体，全面满足中老年客户的核心金融需求。在专享服务方面，"自在卡"中老年客户可享受网点服务专窗绿色通道，免去排队困扰。同时，对用卡安全十分担忧的中老年客户，广发银行为"自在卡"中老年客户提供最高保额为10万元的存款损失险。由于近几年电信诈骗猖獗，且瞄准的大多是老年人，广发银行定期或不定期为老年人举办防金融欺诈、用卡安全知识的讲座。当这些客户遇上法律咨询需求，可以第一时间获得广发银行提供的法律专家权威解答与必要协助。此外，广发银行还为中老年客户提供一揽子养老金融综合解决方案，确立了养老金融工作的"一二三"发展战略，即围绕"自在卡"一条主线，推动产品创新、服务提升两轮驱动，协同养老金金融、养老服务金融、养老产业金融三大领域持续发展，努力成为"养老金融首选银行"。

此外，广发银行还与中国人寿联手打造综合养老金融生态圈，深度参与中国人寿"大资管、大健康、大养老"发展战略和"三点一线、四季常青"的养老产业布局，跨界整合老年护理、老年医疗、老年消费和老年金融等养老服务产业链，打造综合养老服务体系。中国人寿主推的健康养老品牌"国寿嘉园"，融合养老产业投资、健康养老服务和综合金融服务于一体，旨在打造国际一流的养老养生社区。目前，"养老嘉园"的园区管理和中老年人健康管理，已融入广发银行智慧金融元素，将金融 IC 卡和社区卡合二为一，推出"嘉园通"手环，不仅可实现监测运动、心率、睡眠等功能，还可一挥即付瞬间完成支付，满足园区内外多场景下的小额支付交易，让出行和移动支付的难题迎刃而解，为中老年人带来更加安全便捷的支付体验。

（4）渤海银行："养老一族"综合金融服务

按照总行"三五"战略规划要求，渤海银行基层分行积极探索，勇于实践。以济南分行为例，该行围绕"养老一族"目标客群，努力打造特色业务模式，取得了初步成效。

一是开发"养老一族"综合金融服务项目，引入产品组合营销概念，实现对客户的精准金融服务。2017 年，济南分行在总行的支持下，深入挖掘客户需求，联合推出了"养老一族"产品包，明确客户定位，配置契合产品。"养老一族"定位年龄 50 岁以上，生活稳定，儿女成家，没有大额支出，追求财富资产稳健增值，在健康医疗、财产保障、法律维权、身心娱乐等方面有需求的客群。在此基础上，我们将"养老一族"细分为"规划养老"和"实施养老"两类客群，并分别配置了基础产品和升级产品，目的是针对不同客群的金融需求特点，在商业银行现有产品的基础上，为客户提供符合客户需求的综合金融解决方案，也为客户更好地享受商业银行的优质产品和服务提供了精准的营销工具。"养老一族"产品包含两个套餐，"渤安"目标客群为 50～60 岁客户群体，该套餐特点是以投资收益为主，以优化客户资产结构性为辅，兼顾资金流动性；"渤乐"目标客群为

60 岁以上客户群体，以资金安全性为主，以投资收益为辅，兼顾财富传承。在产品服务方面，"养老一族"以金融切入打造特色产品包，其一是养老金与理财产品、添金宝联动，兼顾收益性与流动性；其二是通过意外险、健康险等保险产品解决"养老一族"生病、一般日常意外的保障问题。目前，济南分行已制定了"养老一族"产品包装整体宣传方案，并组织设计动漫宣传片，印制了产品宣传折页，指导各机构有针对性地做好养老金融服务。同时，完成了分行"养老一族"数据系统开发。截至 2017 年 5 月末，济南分行"养老一族"客户数 26460 户，占分行有效客户数的 35%，财富资产余额 101.7 亿元，占比为 55%。

二是创新金融服务形式，践行普惠金融，成立社区顾问俱乐部。针对济南分行老年客户较多的特点，为深入做好银行社区老年金融服务，提升商业银行社区金融服务水平，满足广大客户金融需求，自 2018 年以来，济南分行在各分支机构成立了社区顾问俱乐部。社区顾问俱乐部由各机构牵头组织，立足社区密切联系基层客户，辐射机构周边全部社区、居委会、学校、基层机关和企事业单位，作为延伸金融服务，扩大品牌影响的有效阵地。社区顾问俱乐部成员由各分支机构推荐产生，主要在各网点周边社区热爱生活、团结邻里、组织能力和影响能力较强且具有一定威望的楼长、居委会委员、广场舞领头人和社区内企事业单位宿舍的离退休干部中发展。社区顾问俱乐部活动由各机构按照需求定期组织开展，分为线上和线下两种形式。线上活动主要依托顾问俱乐部微信群开展，由机构业务骨干持续为客户普及金融知识，解析金融热点，为社区顾问开展社区义务宣传提供支持和服务，及时解答客群生活学习中遇到的各类金融问题。线下活动主要是定期组织顾问俱乐部成员座谈，征求大家对金融服务的建议和对产品的需求，更好地改进和丰富金融产品，提高服务水平。

三是建设养老生态圈，打造老年客群的财富"管家"。深入实施"养老一族"产品组合营销，打造老年客群的财富"管家"。坚持以客户为中心，以需求为导向，以财产保值增值、财富传承、资产安全为目标，做好老年群体的产品配置和金融服务，守住老年客户的"钱袋子"，让老年客户来得开心，买得舒心，走得放心。建设养老生态圈，做老年群体的"贴心人"。引入旅游、医疗、保健及生活等多种服务业态，逐步建立为老年群体服务的线下生态圈，为老年客户提供多种多样的生活类增值服务，满足"养老一族"的日常需求，不断增强老年客群对商业银行的信赖感、归属感、融入感、自豪感，使商业银行成为老年客群的"家庭银行"。依托社区顾问俱乐部，做老年群体的精神"家园"。要通过定期组织开展适合老年客群的喜闻乐见的特色活动，把社区顾问俱乐部打造成老年群体的社交平台。同时积极吸纳具有书法、收藏、茶艺、养生、舞蹈、演讲等专长的老年俱乐部成员，作为商业银行的嘉宾或讲师，成为举办各类活动的组织者、参与者、推动者、受益者，为老年人提供展现自我、实现自身价值的平台。

3.6.5 商业银行深化养老金融服务发展的策略建议

结合国内外同业经验，商业银行在构建包含日常消费、社交娱乐、医疗照护、养老住宅、养老金融五大要素的养老生态圈，打造"养老一族"特色业务模式的具体实施上，有以下机遇值得关注。

3.6.5.1 重构养老金融组织形式，争取实现"牌照经营"

一是探索建立养老金融事业部制或推动公司化运营，将支持养老服务业、发展个人养老相关的金融业务进行整合，并与银行自身战略转型相结合，探索发展养老金融的商业模式。商业银行可以在养老服务业相对发达、老龄人口较为集中的地区设立专业的养老金融团队、养老金融分支行，优化整合内部资源，提升在养老领域的金融服务水平。

二是补足业务资格短板，争取实现"牌照经营"。一些商业银行由于受限于资格短板，在养老业务方面始终不能形成规模。借助基本养老金市场化运作的机会，商业银行可以积极向人社部、全国社会保障基金理事会争取年金、社会保障基金、基本养老金的业务资格，实现养老金融"牌照经营"，从源头上加强对客户的联系和掌控能力，带动受托、账管、资管、托管以及个人养老保险资金等各项业务的全面提升，为商业银行"养老一族"战略转型提供强有力的支撑。特别要积极跟踪养老保险体制改革进程，争取养老保险基金和职业年金的业务机会。

3.6.5.2 加强业务联动，形成综合化的养老金融服务体系

由于养老金融业务涉及商业银行多个条线的业务内容，因此商业银行内部可以形成养老金融业务的"纵横联动"。一是以部门联动为手段，建立养老资金与资本市场对接的新渠道。比如联动投资银行部、金融市场部等，获得优质的资产信息，用于养老金融资产的投资，提升产品的竞争力。二是以服务创新为手段，打造养老资金与投行业务、私人银行结合的新市场，创新多款覆盖机构和个人，贯穿存款、投资、理财等业务的新产品，吸引客户使用养老金产品、引导客户经理提供相应服务。三是与资产业务结合，向信贷客户全面推介养老金业务，实行综合服务、综合定价，实现存量客户养老金融业务的广覆盖。四是与负债业务相结合，养老金资产与存款挂钩，提高一线人员的营销积极性，使养老金融业务能够在所有覆盖地区全面铺开。五是与中间业务相结合，多渠道创造中间业务收入，实现养老金融业务收入的提升。

表 3-10　　　　　　　　　　养老金融业务纵横联动模式

	养老金融业务部门	产品联动部门	销售联动部门
总行	设置独立部门，一级部建制，负责业务管理核心和产品研发中心	投资银行部：提供理财、债券等优质资产 资产管理部：定制理财 财富管理部：定制高端养老理财产品 托管部：托管服务 信贷审批部：风险评价 银行卡部门：结算产品工具	与公司业务部、集团客户部、机构业务部、国际业务部、小企业业务部、个人金融部、私人银行部联动，制定差别化的客户营销方案和金融服务解决方案

	养老金融业务部门	产品联动部门	销售联动部门
分行	设置养老金融服务团队，负责业务推动、产品销售组织和辖内客户的具体运营服务	投资银行部、金融市场部：提供理财对接等资产项目	公司业务部：企业客户销售组织 集团客户部：集团客户销售组织 机构业务部：机关事业单位、金融同业等机构客户销售组织 个人金融部：个人客户销售组织 私人银行部：高端个人客户销售组织
网点及业务部门	设置专人，负责协助客户经理销售产品、为客户提供养老金方案咨询和设计、售后服务		对公客户经理：公司、机构等客户销售 零售客户经理：个人客户销售

　　此外，养老服务体系离不开综合性强、开放性强、选择灵活丰富的机构合作平台。商业银行可以以直销银行为基础建立一个全面广泛的机构合作平台，坚持以客户为中心，通过客户分层管理和服务，为客户提供丰富多样的服务商选择；通过遴选市场上优秀产品和组合，满足不同风险偏好客户的产品需求；通过建立和加强电话银行团队、养老金业务咨询师团队、业务网站建设，为不同层次的客户提供随时随地、见面与不见面的服务，一站式服务解决客户的任何需求；通过加强网点和客户经理培训，扩大养老金融服务的覆盖面。同时，商业银行可为机构合作和服务平台建立一个管理系统，以账户信息管理为基础，同时能够实现对投资管理人和投资产品的监控、评价、选择，使机构服务平台、产品平台和服务平台能够通过一个系统进行综合管理和服务，尽可能地降低成本、提高处理效率。

3.6.5.3　构建多元化的养老金融产品体系

商业银行可以设计五个层次的养老金融产品体系，当然，部分产品需要在取得相应业务资格后才能推出。

一是"养老保障型"产品，以养老账户管理和托管为核心内容，汇集养老保险、企业年金和养老基金服务形成统一的金融平台。

二是"养老融资类"产品，分析研究国家以房养老政策，学习和借鉴美国"住房反向抵押"产品的管理经验，开展该项业务的尝试，探索适合中国国情的运行方式。住房反向抵押是实现以房养老的重要融资工具，具体来说，就是老年人把自己的产权房屋作为抵押，以此在银行或者其他金融机构贷款，用此贷款来补充自身日常消费资金的不足，这是老年人解决养老金不足的一种补充形式。

三是"支付结算类"产品，围绕"养老消费"，在电子商务、互联网金融普及的情况下，为老年人提供适应衣、食、住、行、医等消费需求的场景结算服务。

四是"咨询服务类"产品，通过向老年人提供与生命健康、养老规划有关的个人金融服务，比如向养老客户提供养老金财富咨询、养老金财富管理、代理或代办金融服务；为老年人设计养老规划，协助他们做个人理财、反向抵押贷款、消费贷款等财富管理；为老年人提供退休顾问、法律服务、健康咨询等项目；开展代理服务业务，如家政预约、医疗预约、代缴费用等。

五是"投资收益类"产品，完善现有的理财产品，对养老理财产品加以优化与创新，比如银行根据养老投资的需求、客户行为特征等方面要素，重点推广固定收益型和灵活期限人民币理财产品；通过向客户提供按月或按季定期投资的方式，为客户提供更大空间的养老金融选择，推广低风险性的产品，引导客户愿意并能够作长期养老投资，吸引潜在客户群体的加入；加强与同业深度合作。

3.6.5.4　基于场景提供养老金融服务

围绕医、食、住、行、娱等生活场景需求，综合专属理财、信用贷款、便利结算、增值服务等功能，积极发展养老服务商户，与医院、药房、超市、高端养老、旅游、餐饮等机构签约合作，为老年人提供优惠服务。具体而言，可分为财富场景、健康场景、出行场景和生活场景。

在财富场景下，完善储蓄类产品和服务，除存取款、转账等基础服务外，提供子女关联账户定期转账、财富规划与传承、理财签约上门等专项业务，开展理财大讲堂、保险咨询、古玩收藏鉴赏等服务，以及与政府合作开展政策性补贴资金发放使用管理服务。

在健康场景下，独享合作医院挂号专线、提供健康体检、药房优惠、建立个人健康电子档案、举办养生讲座，针对医疗器械和理疗保养消费需求提供专项养老贷款。

在出行场景下，提供机场贵宾、升舱、酒店预订优惠等服务，根据老年客户的特点定制旅游专线，设计旅游出行分期产品。

在生活场景下，以社区银行为据点，提供代缴水电煤气费、预约家政、日间照料服务，开展刷卡消费送积分和品牌产品消费优惠活动，定期举办养老客户沙龙，建立口碑。

完成场景定位后，可针对细分养老客群进行重点场景营销，以便服务切入和聚焦资源。将"养老一族"细分划分为：规划养老的客群（50～60岁）和实施养老的客群（60岁以上），前者场景优先等级排序为：财富场景＞出行场景＞生活场景＞健康场景，后者场景优先等级排序为：健康场景＞生活场景＞财富场景＞出行场景。

3.6.5.5　提升养老金融的服务能力和水平

一是提高老年群体金融服务便利性、可得性。采取对网点进行养老化改造，增加助老设备，开辟老年业务专门窗口等措施，提升老年客户服务环境；通过优化网点布局，进一步向养老社区、养老公寓等延伸服务网点；

根据老年客户习惯，优化电子银行、手机银行、电话银行等服务渠道，推出老年专属手机银行 APP。

二是加强养老金融专业人才队伍建设。养老金融涉及银行、投资、医疗保健等诸多专业领域，对专业化人才需求量大。商业银行发展养老金融服务必须着眼于长远发展，以专业思维、专业素质和专业方法，完善专业化人才选用、培养和激励保障机制，建设完整的培训和人才培养体系，培育专业管理人才，着力培养打造一支经验丰富、水平过硬的高素质专业化养老金融人才队伍。加快对产品经理、投资经理、行研经理的专业化培养，强化激励机制，增强补充专业人才储备。

三是提升养老金融科技支持与保障能力。大力推进"数字养老金融"建设，全面搭建具备作业自动化、流程标准化、监控全程化、功能集成化、服务自助化的信息化养老金融管理综合平台，促进信息资源共享，提升管理信息化水平。改进养老金融创新流程，提高创新质量和效率，着力抓好互联网养老金融、营销管理与支持等重点领域的产品与科技创新。加快大数据、云计算等信息技术平台建设，做好数据整理工作，研究不同年龄阶段的养老保障需求，设立养老金融业务平台，充分发挥大数据对养老金融服务的支撑作用。

3.7 借助"一带一路"战略契机，挖掘跨境业务潜在发展机遇

大多数"一带一路"沿线国家发展水平不高，对中国的贸易依赖性较强，且相互间存在正向空间溢出效应。中国与"一带一路"沿线国家的贸易主要是向外输出的过程，未来"一带一路"沿线国家对中国的出口贸易仍有较大空间。在国内利率市场化改革持续推进、供给侧结构性改革取得

显著成效的背景下，当前商业银行在国内市场传统业务上的利润空间正在逐步缩小，加上监管机构整治金融乱象防范系统性风险的决心不可动摇，商业银行开展国内业务创新面临不小的挑战。然而借助"一带一路"战略发展契机，商业银行可以拓宽视野，深耕"一带一路"沿线国家，以贸易融资为着力点，挖掘潜在发展机遇，探索新的利润增长点。

3.7.1 "一带一路"的经济价值

"一带一路"覆盖全球 65 个国家和地区，截至 2016 年，GDP 总量达 23 万亿美元，占全球 GDP 总量的 31%。截至 2017 年，"一带一路"沿线国家总人口 46 亿人，占全球总人口的 66%；在投资方面，新增对外投资额 143.6 亿美元，占同期对外总投资的 12%；在共同协作方面，共建 75 个经济贸易合作区；在贸易方面，进出口总额 7.37 万亿元人民币，同比增长 17.8%。

表 3–11　　　　　　　"一带一路"沿线 65 个国家和地区

东亚与东南亚（11 国）	蒙古国、新加坡、马来西亚、印度尼西亚、缅甸、泰国、老挝、柬埔寨、越南、文莱、菲律宾
西亚（21 国和地区）	伊朗、伊拉克、格鲁吉亚、阿塞拜疆、亚美尼亚、土耳其、叙利亚、约旦、黎巴嫩、以色列、巴勒斯坦、沙特阿拉伯、也门、阿曼、阿联酋、卡塔尔、科威特、巴林、阿富汗、塞浦路斯、埃及的西奈半岛
南亚（7 国）	印度、巴基斯坦、孟加拉国、斯里兰卡、马尔代夫、尼泊尔、不丹
中亚（5 国）	哈萨克斯坦、乌兹别克斯坦、土库曼斯坦、塔吉克斯坦、吉尔吉斯斯坦
欧洲（21 国）	波兰、立陶宛、爱沙尼亚、拉脱维亚、捷克、斯洛伐克、匈牙利、斯洛文尼亚、克罗地亚、波黑、黑山、塞尔维亚、阿尔巴尼亚、罗马尼亚、保加利亚、马其顿、俄罗斯、乌克兰、白俄罗斯、摩尔多瓦、希腊

资料来源：《"一带一路"大数据报告 2018》。

可见，"一带一路"存在巨大的市场空间。"一带一路"战略的实施，首先给大型国有企业带来了机遇，因为"一带一路"大多沿线国家尚处在工业化初期阶段，不少国家的经济高度依赖能源、矿产等资源型行业，我国国有企业将率先在工程基建、建筑建材、交通运输、旅游餐饮、信息高速路等领域，带动对沿线国家的产品、设备、劳务和投资的输出。同时，由于中小企业数量众多，拥有先进的管理机制，并通过国际贸易和海外直接投资等方式形成了对特定地区行业的深入了解。如果引导正确，将成为"一带一路"发展中的"蚂蚁雄兵"。但不管是大型企业还是中小企业，在开辟"一带一路"战略版图的过程中，商业银行都起着重要的资金融通桥梁作用。

3.7.2 "一带一路"境外机构布局

目前，商业银行的境外布局仍然以五大行为重要主力，境外网点覆盖全球近50个国家，涉及亚洲、欧洲、北美洲、拉丁美洲、大洋洲、非洲等各大洲主要国家，在"一带一路"沿线国家的机构布局初具规模。股份制银行受经营战略、机构性质等多种因素影响，"走出去"业务还处于起步阶段，从地域分布看，以港澳台及少部分东南亚地区为主要国际业务拓展平台。

截至2016年底，共有9家中资银行在26个"一带一路"沿线国家和地区设立了62家一级机构，其中包括18家子行、35家分行、9家代表处。经统计，在18家银行（5大行、12家股份制银行、邮储银行）"一带一路"沿线布局前列的国家和地区是：香港（15家）、新加坡（8家）、澳门（6家）、台北（5家）。除交通银行外，四大行在俄罗斯、越南、阿联酋均设有分支机构。在9家银行非"一带一路"沿线国家和地区布局前列的是：伦敦（8家）、悉尼（7家）、纽约（7家）。

表 3 – 12   主要商业银行境外机构布局情况（不含港澳台）

	"一带一路"沿线机构布局	其他海外布局
中国银行	覆盖19个"一带一路"沿线国家 新加坡、越南、马来西亚、印度尼西亚、老挝、柬埔寨、缅甸、菲律宾、文莱、泰国、哈萨克斯坦、蒙古国、巴林、阿联酋、俄罗斯、波兰、匈牙利、土耳其、塞尔维亚	亚洲：日本、韩国 大洋洲：新西兰、澳大利亚 欧洲：卢森堡、瑞士、荷兰、法国、德国、英国、意大利、比利时、葡萄牙、捷克、奥地利、爱尔兰 美洲：美国、加拿大、巴拿马、巴西、开曼、秘鲁 非洲：毛里求斯、南非、赞比亚、摩洛哥、安哥拉、坦桑尼亚、肯尼亚
工商银行	在"一带一路"沿线17个国家拥有127家分支机构 新加坡、印度、巴基斯坦、泰国、越南、老挝、柬埔寨、缅甸、印度尼西亚、马来西亚、阿联酋、卡塔尔、沙特阿拉伯、哈萨克斯坦、科威特、俄罗斯、土耳其	亚洲：日本、韩国 欧洲：英国、卢森堡、法国、意大利、德国、西班牙、比利时、荷兰 大洋洲：新西兰、澳大利亚 美洲：墨西哥、美国、加拿大、巴西、阿根廷、秘鲁 非洲：南非
建设银行	新加坡、马来西亚、印度尼西亚、越南、阿联酋、俄罗斯、波兰	亚洲：日本、韩国 美洲：美国、加拿大、巴西 欧洲：英国、瑞士、德国、卢森堡、意大利、西班牙、法国、爱尔兰 大洋洲：澳大利亚 非洲：南非
农业银行	新加坡、阿联酋、越南、俄罗斯	亚洲：日本、韩国 欧洲：德国、卢森堡、英国 美洲：美国、加拿大 大洋洲：澳大利亚

续表

	"一带一路"沿线机构布局	其他海外布局
交通银行	新加坡、越南	亚洲：日本、韩国 美洲：美国、加拿大 欧洲：德国、英国、卢森堡、法国、意大利 大洋洲：澳大利亚
招商银行	新加坡	美国、卢森堡、英国、澳大利亚
中信银行	新加坡、收购哈萨克斯坦 Halyk 银行 60% 股权	美国、英国、澳大利亚
浦发银行	新加坡	英国
光大银行		韩国、卢森堡
邮储银行	建立代理行 1003 家，覆盖"一带一路"沿线国家 42 个、银行 242 个	

资料来源：各行 2017 年年报。

可见，商业银行在"一带一路"沿线展开布局的前景可观，可以加快打造"一带一路"金融服务网，不断完善在"一带一路"沿线国家的机构布局。根据实证结果，未来中国与"一带一路"沿线国家的贸易存在空间溢出正向效应，商业银行可以将当前中国与"一带一路"沿线国家的贸易额度大小作为设立境外分支机构的重要参考要素。

表 3-13　　"一带一路"沿线国家与中国双边贸易总额排名

国家	排名	2017 年贸易总额		2016 年贸易总额	
		万元人民币	万美元	万元人民币	万美元
越南	1	81946717.00	12132442.30	64944973.00	9822589.61
马来西亚	2	65037431.00	9602675.72	57408797.00	8687585.28
印度	3	57221554.00	8440773.73	46267180.00	7014759.47
俄罗斯	4	56962531.00	8409467.19	45939209.00	6956267.05
泰国	5	54378565.00	8028657.86	50113859.00	7586539.42
新加坡	6	53667478.00	7924294.83	46488928.00	7042373.57
印度尼西亚	7	42868993.00	6331635.44	35333632.00	5350810.63
菲律宾	8	34727199.00	5127506.08	31149416.00	4720750.87

国家	排名	2017 年贸易总额		2016 年贸易总额	
		万元人民币	万美元	万元人民币	万美元
沙特阿拉伯	9	33893517.00	4998377.86	27880783.00	4226359.42
阿联酋	10	27782995.00	4097732.13	26416592.00	4005719.73

资料来源：Wind。

3.7.3 探索跨境贸易融资业务创新

2017 年，中国与"一带一路"沿线国家和地区的进出口贸易总额为10943.85 亿美元，同比增长 14.9%。其中，中国向"一带一路"出口6403.71 亿美元，增长 9.25%，从"一带一路"进口 4540.15 亿美元，增长23.94%。除了基础设施建设外，近几年，中国也在智能手机、汽车、电商以及快消品等领域向"一带一路"输出。以汽车为例，2017 年，中国向"一带一路"沿线国家的汽车出口总额为 294.6 亿美元，汽车整车出口 64万辆，同比增长 24%，占总汽车出口量的 60%。未来，随着"一带一路"建设的进一步推进，中国与"一带一路"沿线国家和地区之间的贸易将更加频繁，规模也将持续增大，这必然会带来巨大的贸易融资需求。

当前，国际上主要的贸易融资产品有国际保理业务、福费廷业务、结构性贸易融资、供应链贸易融资等。而在国内，商业银行的贸易融资主要为信用证结算与打包放款以及进出口押汇相结合，相对来说业务形式较为单一。在"一带一路"倡议下，商业银行也需要根据地域特点提供与之相匹配的业务服务，这就需要商业银行积极探索"一带一路"下的跨境贸易融资业务创新。

3.7.3.1 发展结构性贸易融资

研发涵盖所有贸易环节的融资产品。例如，将出口货物前的包装借贷与出口货物以后的付款代理相结合，或者将包装借贷与出口押汇相结合。具体而言，商业银行在经办出口货物以后，使用相关出口凭据作质押，提供付款代理或者出口押汇服务,利用押汇资本偿还包装借贷资金,待出口收汇资本回款后,再将其偿还押汇所需款项。若是长期收取款项,还可以通过福费廷业务为企业后期步骤提供融资。因此,发展结构性贸易融资通过对所有贸易环节提供融资服务将商业银行贸易融资产品结合起来,能够为"一带一路"企业提供整套贸易融资服务,保证其顺利完成贸易活动。

3.7.3.2 开展定制化、便捷化服务

依托我国自贸区平台实现内外联动,结合"一带一路"的具体国别环境,满足客户的个性化需求,尤其在保值增值、风险规避等方面提供多样化的产品和服务。一是将有"一带一路"业务需求的企业纳入"一带一路"服务名录,包括不熟悉境外市场环境、海外子公司获得境外银行服务存在困难的境内企业,基建、能源等政策支持行业下的受惠企业,跨国集团企业等。二是联手全球多层次合作伙伴,为企业提供定制化服务,在增强为企业提供覆盖跨境贸易和投资全流程的综合金融服务能力的同时,延伸服务链条,为企业提供政策、法律、税收等多元化增值服务。三是发展直销银行、电子银行、手机银行等,形成覆盖支付、理财、融资等方面的线上服务体系,缩短"一带一路"服务的时间和空间距离,可以在直销银行中嵌入跨境融资模块,利用互联网技术的便捷性,一站式完成资料收集、额度审核、放款、贷后追踪等流程,解决企业融资问题。四是建立跨境电子商务服务平台,帮助境内中小商户利用跨境电商平台拓展"一带一路"市场,促进跨境小额贸易发展。

3.7.3.3 聚焦中小企业抢占细分市场

当前,在"一带一路"政策支持下,中小型企业也逐渐迈开"走出去"步伐,参与到"一带一路"贸易发展中。"走出去"竞争力较强的民营企业主要集中于劳动密集型产业,高新技术产业比较少,生产产品附加值较低。相较于大型国有企业,中小型企业通常存在资金不足,对贸易融资有较强依赖性,而商业银行出于审慎风险管理的需要,更加偏好对大型企业提供

贸易融资服务，忽略了中小企业这一长尾客户领域，无数中小优质客户还有待挖掘。如今，中小型企业的贸易融资可以成为商业银行拓展跨境贸易融资的新突破口，通过调整准许进入和程序化审核批准机制，降低中小企业跨境贸易融资业务门槛，简化审核批准环节，抢占这类细分市场。

3.7.3.4 探索"一带一路"线上金融服务商机

移动互联网的快速发展不仅大大降低了中小企业国际化创业成本，也激发了"一带一路"居民的线上需求，电子商务增长潜力巨大。比如，2016年土耳其电子商务市场规模58亿美元，年增长率达32%，2017年度电子商务人均消费额181美元，占人均GDP的2%。

商业银行可以主动融入"一带一路"跨境电商生态圈，通过与跨境电子商务平台、物流企业和第三方支付平台签署合作协议等方式，整合跨境信息流、物流、资金流的全面信息和资源，为生态圈内个人、商户、物流企业、第三方支付机构提供多维度的优质金融服务。比如，在融资方案设计上，商业银行针对跨境电商平台小微企业研究出贷前评估模型，并交由平台用于初步客户筛选，跨境电商平台向商业银行推荐优质客户名单并提供客户经营收入、订单明细、遭客户要求退货次数等相关数据，银行通过多维度信息审核客户资质并核定贷款额度。又如，针对第三方企业的需求，将银行内基础性金融产品打包，并给予一定程度的优惠作为双方合作的基础：对于第三方物流企业，可将代发薪、资金归集等作为基础性金融产品包；对于第三方支付机构，可以备付金账户管理、代理清算产品、现金管理等作为基础性金融产品包。

3.7.4 扩展人民币跨境业务，降低汇率风险

跨境人民币计价结算能够帮助企业在与"一带一路"沿线国家之间的贸易中有效规避汇率风险，同时也为企业节省了汇率风险管理费用，降低了汇兑成本，节约了时间。在国家人民币国际化战略部署以及广阔的市场

需求下，扩展人民币跨境贸易业务将会是商业银行面临的新机遇。对商业银行而言，可抓住跨境人民币迅速发展的契机，搭建便捷的贸易项下"一带一路"跨境结算桥梁。一方面，不断丰富和完善人民币结算、清算、存贷、现金管理、银行卡、现钞等基础业务；另一方面，探索新型跨境贸易人民币结算模式，如人民币背对背信用证、内保外贷、双币信用证等业务。例如，为"一带一路"企业提供人民币跨境资金池业务及其附带的流动性和金融支持方案，连接企业境内外资金池，达到境内外资金双向流动。

此外，随着人民币国际地位的不断提高，在境外第三方之间也会发生涉及人民币的相关清算结算，对商业银行来说，这也是新的业务增量和新的利润来源。截至 2018 年 2 月，境外共设立 24 家人民币清算行（见表 3 - 14）。2017 年，中国银行集团跨境人民币结算量达 3.9 万亿元，跨境人民币清算量达 350 万亿元，尽管没有直接披露该部分清算业务的收益，但是无论是直接收益还是间接收益都应该是较为可观的，这不仅形成了中国银行新的利润增长点，也进一步扩大了银行的国际竞争力和影响力。这表明，承担人民币离岸中心清算行的商业银行，会因人民币清算业务获取收益。当前，获得人民币清算行资格的仅限国有五大行，未来随着金融对外开放程度逐渐加大，可以争取试点，使人民币业务清算行资格扩大到股份制商业银行。

表 3 - 14　　　　　　　　　　人民币业务清算行一览

区域	国家和地区	清算行	机构
亚洲	中国香港	香港人民币业务清算行	中国银行（香港）有限公司
	中国澳门	澳门人民币业务清算行	中国银行澳门分行
	中国台湾	台湾人民币业务清算行	中国银行台北分行
	新加坡	新加坡人民币业务清算行	工商银行新加坡分行
	韩国	首尔人民币业务清算行	交通银行首尔分行
	卡塔尔	多哈人民币业务清算行	中国工商银行多哈分行
	马来西亚	吉隆坡人民币业务清算行	中国银行（马来西亚）有限公司
	泰国	曼谷人民币业务清算行	工商银行（泰国）有限公司
	阿联酋	阿联酋人民币业务清算行	中国农业银行迪拜分行

续表

区域	国家和地区	清算行	机构
非洲	南非	南非人民币业务清算行	中国银行约翰内斯堡分行
	赞比亚	赞比亚人民币业务清算行	赞比亚中国银行
欧洲	英国	伦敦人民币业务清算行	建设银行（伦敦）有限公司
	德国	法兰克福人民币业务清算行	中国银行法兰克福分行
	法国	巴黎人民币业务清算行	中国银行巴黎分行
	卢森堡	卢森堡人民币业务清算行	工商银行卢森堡分行
	匈牙利	匈牙利人民币业务清算行	匈牙利中国银行
	瑞士	瑞士人民币业务清算行	建设银行苏黎世分行
	俄罗斯	俄罗斯人民币业务清算行	工商银行（莫斯科）有限公司
美洲	加拿大	多伦多人民币业务清算行	工商银行（加拿大）有限公司
	美国	美国人民币业务清算行	美国摩根大通银行
		美国人民币业务清算行	中国银行纽约分行
	智利	智利人民币业务清算行	建设银行智利分行
	阿根廷	阿根廷人民币业务清算行	工商银行（阿根廷）有限公司
大洋洲	澳大利亚	悉尼人民币业务清算行	中国银行悉尼分行

资料来源：中国金融信息网，《人民币国际化月刊》，第 62 期，2018 – 04 – 10。

3.8 抢抓天然气行业快速发展机遇，提供综合化专业化金融服务

党的十九大报告指出，我国经济已由高速增长阶段转向高质量发展阶段，正处在转变发展方式、优化经济结构、转换增长动力的攻关期；必须坚持质量第一、效益优先的新发展理念，推进经济发展质量变革、效率变革、动力变革，建设现代化经济体系。当前，我国正着力解决大气污染等突出环境问题，推进绿色发展，建立健全绿色低碳循环发展的经济体系，加快生态文明体制改革，建设美丽中国。在此背景下，我国正着力优化能源结构，推进能源生产和消费革命，加快推进天然气利用，提高天然气在

一次能源消费中的比重，逐步建立清洁低碳、安全高效的现代能源体系。近年来，在需求增长与产业政策双重推动下，天然气消费需求爆发式增长，我国天然气行业或将迎来长期快速发展期，市场潜力巨大，存在大量的金融服务机会。本节深入分析我国天然气全产业链发展现状及市场前景，挖掘行业可能的金融需求和商业银行的金融服务机会，提出对策建议，提升商业银行对天然气行业的金融服务能力。

3.8.1 我国天然气行业发展概况

3.8.1.1 我国能源对外合作战略格局

近年来，世界能源格局正在发生深刻变革。在能源技术革命影响下，以页岩油气为代表的非常规油气开采迅猛增长，能源生产中心加速"西移"，能源供应趋向多极化。新兴经济体和亚太地区的能源消费不断提升，能源消费中心继续"东扩"，能源消费主体由经合组织国家转向发展中国家。可持续发展要求和技术革命突破性进展，带动新能源和可再生能源快速发展，能源消费结构多元化，能源转型时代到来。

在此背景下，"一带一路"倡议为我国加强对外能源合作、参与全球能源治理提供了新的重要平台。我国与"一带一路"沿线国家在能源领域具有很强的互补性和合作潜力，可通过"引进来"和"走出去"，在能源贸易、能源投资和基础设施互联互通等方面加强合作。在"走出去"方面，我国可发挥自身在基础设施建设、资金、技术等方面的优势，围绕能源产业链，助力"一带一路"沿线国家提升能源资源的开发利用水平。在"引进来"方面，作为全球最大的能源消费国和能源进口大国，我国可通过能源进口贸易，从拥有丰富能源资源的"一带一路"沿线国家获得石油天然气等能源资源供应。

3.8.1.2 全球天然气行业发展概况

一是全球天然气储量相对集中，北美地区增长明显。根据 BP 统计数据，2016 年底全球天然气探明储存量为 186.6 万亿立方米，其中大部分集

291

中于中东和欧洲地区，占比分别为 42.5% 和 30.4%。从国家来看，伊朗、俄罗斯、卡塔尔、土库曼斯坦、美国、沙特阿拉伯储量最多，合计占比达 66.9%。从历史数据来看，中东地区天然气储备相对稳定，美国受益页岩气革命，储量增长明显。

二是全球天然气产量稳定增长，新增产量主要来自中东、亚太和北美地区。2016 年全球天然气产量为 3.55 万亿立方米，近 15 年复合增长率为 2.4%，仅 2009 年受经济危机影响出现下滑。新增产量主要来自中东、亚太和北美地区，美国于 2009 年开始成为全球最大的天然气生产国。

三是全球天然气需求平稳增长，行业整体供需保持紧平衡。2016 年全球天然气消费量达到 3.54 万亿立方米，近 15 年复合增速为 2.3%。天然气行业供需处于紧平衡状态，产量过剩率保持在 0~2%。天然气进出口贸易活跃度上升，俄罗斯、卡塔尔、挪威、加拿大、美国、澳大利亚等国家是天然气最大出口国，美国出口增长较快；欧洲、亚太和北美地区是天然气最大进口地区，亚太需求增长较快。

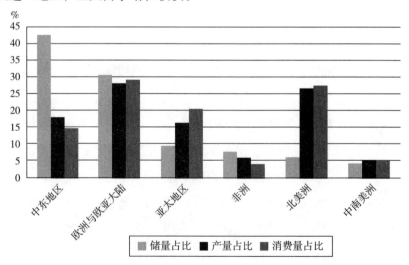

资料来源：《BP 世界能源统计年鉴（2017）》。

图 3-9　分区域天然气储量、产量、消费量占比情况（2016 年）

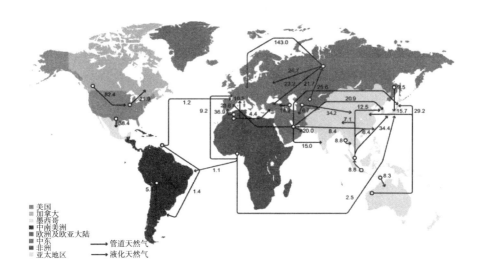

资料来源：《BP世界能源统计年鉴（2017）》。

图3-10　2016年全球天然气主要贸易流向（单位：十亿立方米）

3.8.1.3　我国天然气行业发展概况

一是我国已成为世界第一大能源消费国，但天然气在一次能源使用占比不高。根据BP统计，2016年，中国占全球能源消费量的23%，占全球能源消费增长的27%；能源结构持续优化，煤炭消费占比下降至62%，天然气消费规模持续增长，在一次能源消费结构中占比为6.4%，但仍不及世界平均水平的24%和亚太地区的11%。

二是我国常规天然气勘探尚属前期，非常规天然气潜力巨大。截至2017年底，全国累计探明天然气地质储量14.3万亿立方米，待探明资源量76万亿立方米，探明率为15.8%，整体处于勘探早期。累计探明页岩气、煤层气地质储量9209亿立方米和7033亿立方米，探明率分别为0.7%、2.3%，非常规天然气勘探尚处于起步阶段，但潜力巨大。

三是我国天然气进口依存度逐年攀升，进口格局初步形成。根据国家统计局统计数据，2017年我国天然气进口946.3亿立方米，比上年增长

26.9%，对外依存度将近40%。根据这一趋势，我国有望在2018年超过日本成为全球第一大进口国。我国已形成"三陆一海"天然气进口四大战略通道格局，近年来海上液化天然气（LNG）进口增速较快，占比不断提高，2017年LNG进口量首次超过管道气。

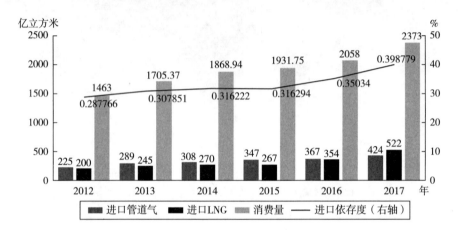

资料来源：国家统计局、国家发展改革委。

图3-11　我国天然气进口依存度逐年攀升

四是天然气定价机制改革加快推进，市场化定价逐步理顺。按照"管住中间、放开两头"的总体思路，放开上游开采和下游销售环节准入，实施基准门站价格管理，形成市场化定价机制；按照"准许成本加合理收益"原则管控中游管网输配价格和下游配气价格。这一系列举措将理顺国内天然气定价机制，从上中下游三个环节释放天然气价格，持续推进市场化定价，从而降低上游供气成本和终端消费价格，特别是非居民用气价格，最终拉动下游市场用气需求。

五是环保和改革政策利好我国天然气行业进入快速发展期。我国正着力优化能源结构，将天然气培育成为我国现代清洁能源体系的主体能源，并陆续出台了一系列发展规划和支持政策。2016年发布的《天然气发展"十三五"规划》和2017年发布的《加快推进天然气利用的意见》，提出加快天然气产业发展，到 2020 年天然气在一次能源消费结构中的占比力争达到 10% 左右，到 2030 年提高到 15% 左右。可见，天然气行业正迎来重大发展机遇，具有巨大的消费市场潜力和广阔的发展空间。

表 3 - 15　　　　　　近年来我国天然气主要相关政策

时间	文件名称	主要内容
2007 年 8 月	《天然气利用政策》	优化天然气使用，天然气用户分为城市燃气、工业燃料、天然气发电、天然气化工和其他用户。
2012 年 10 月	《天然气利用政策》	天然气用户分为优先类、允许类、限制类和禁止类。城镇（尤其是大中城市）居民炊事、生活热水等用气被列入优先保障类。
2012 年 12 月	《天然气发展"十二五"规划》	以天然气基础设施为重点，兼顾天然气上游资源勘查开发和下游市场利用，涉及煤层气、页岩气和煤制气等内容。
2014 年 4 月	《关于建立保障天然气稳定供应长效机制若干意见的通知》	到 2020 年天然气供应能力达到 4000 亿立方米，力争达到 4200 亿立方米。同时将推进"煤改气"工程，到 2020 累计满足"煤改气"用气需求 1120 亿立方米。
2015 年 10 月	《关于推进价格机制改革的若干意见》	尽快全面理顺天然气价格，加快天然气体制改革试点，健全天然气管道第三方公平准入实施细则和操作方法。要加快天然气在城镇燃气、工业燃料、燃气发电、交通燃料四大领域的大规模高效科学利用。
2015 年 11 月	《关于降低非居民用天然气门站价格并进一步推进价格市场化改革的通知》	降低非居民用天然气门站价格（0.7 元/立方米），将非居民用气由最高门站价格管理改为基准门站价格管理，并进一步推进价格市场化改革。
2016 年 9 月	《关于印发页岩气发展规划（2016—2020 年）的通知》	"十三五"期间的四大重点任务分别是大力推进科技攻关、分层次布局勘探开发、加强国家级页岩气示范区建设、完善基础设施及市场。
2016 年 12 月	《天然气发展"十三五"规划》	提升天然气在一次能源消费中的比例，增强天然气供应能力，大力开发非常规气，引导中有基础设施建设和下游市场开发。

时间	文件名称	主要内容
2017 年 2 月	《2017 能源工作指导意见》	2017 年天然气消费比重提高到 6.8% 左右，天然气产量 1700 亿立方米左右（含页岩气产量 100 亿立方米左右）。加强油气管网设施公平开放监管，推动油气管网和液化天然气设施向第三方公平开放。
2017 年 7 月	《中长期油气管网规划》	坚持通道多元、海陆并举、均衡发展，巩固和完善西北、东北、西南和海上油气进口通道。到 2025 年，基本形成"陆海并重"的通道格局。加强天然气管道基础网络建设，统筹"两个市场、两种资源"、管道和海运"两种方式"，逐步形成"主干互联、区域成网"的全国天然气基础网络。加快天然气储气调峰设施建设，逐步建立以地下储气库和 LNG 储气设施为主、气田为辅的应急调峰设施系统，到 2025 年实现地下储气库工作气量超过 300 亿立方米。
2017 年 6 月	《加快推进天然气利用的意见》	逐步将天然气培育成为我国现代清洁能源体系的主体能源之一，到 2020 年，天然气在一次能源消费结构中的占比力争达到 10% 左右，地下储气库形成有效工作气量 148 亿立方米。到 2030 年，力争将天然气在一次能源消费中的占比提高到 15% 左右，地下储气库形成有效工作气量 350 亿立方米以上。
2018 年 4 月	《关于加快储气设施建设和完善储气调峰辅助服务市场机制的意见》	供气企业应当建立天然气储备，到 2020 年拥有不低于其年合同销售量 10% 的储气能力，满足所供应市场的季节（月）调峰以及发生天然气供应中断等应急状况时的用气要求。县级以上地方人民政府指定的部门会同相关部门建立健全燃气应急储备制度，到 2020 年至少形成不低于保障本行政区域日均 3 天需求量的储气能力。城镇燃气企业要建立天然气储备，到 2020 年形成不低于其年用气量 5% 的储气能力。

时间	文件名称	主要内容
2018 年 5 月	《居民用气门站价格改革方案》	自 2018 年 6 月 10 日起理顺居民用气门站价格、完善价格机制。将居民用气由最高门站价格管理改为基准门站价格管理，供需双方可以基准门站价格为基础，在上浮 20%、下浮不限的范围内协商确定具体门站价格，价格水平与非居民用气基准门站价格水平相衔接。门站价格理顺后，门站环节不再区分居民和非居民用气价格。

3.8.2 我国天然气行业全产业链分析

如图 3 – 12 所示，天然气全产业链构成主要包括上游勘探生产、中游运输存储、下游分销配送等，即"供—输—销"三个环节。其中，上游和中游投资大、回收期长、技术专业性强，进入和退出壁垒高，呈一体化行业结构，处于三大油企寡头垄断状态。下游分销环节，采取特许经营制度，市场化竞争较为激烈。

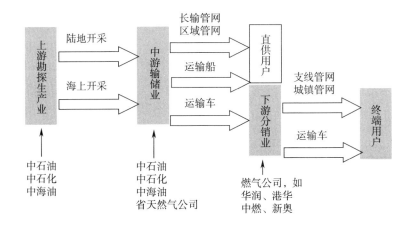

图 3 – 12 天然气行业全产业链

3.8.2.1 上游供给

我国天然气上游供给主要分为国内开采和国际进口两大来源。当前，仍以国内开采气源为主，但近年来进口气源比重持续上升，2017年我国天然气对外依存度已近40%。

1. 国产气源：资源总量丰富，三大油气牢牢控制

我国天然气资源总量丰富，整体处于勘探早期。我国天然气地质资源主要集中在四川、鄂尔多斯、柴达木、塔里木、渤海湾、珠江口、琼东南、莺歌海、东海、松辽10个盆地，储产量占全国总量的80%以上。当前，我国常规气产量占比高于93%，仍将是近年国内增产的主要力量；包括页岩气、煤层气、煤制气等在内的非常规天然气近年来加快发展，随着政策扶持和补贴继续推进，未来将成为增产主力。

表 3 – 16　　　　　　　　　国内天然气储量概况　　　　单位：万亿立方米、%

	地质资源量	可采资源量	累计探明地质储量	探明率
常规气	90.3	50.1	14.3	15.8
页岩气	122	22	0.9209	0.7
煤层气	30	12.5	0.7033	2.3

资料来源：根据国土资源部油气资源战略研究中心公开资料整理。

国内天然气上游勘探开采需要通过严格的政府注册和审批、需要投入大量的资金以及技术专长，进入壁垒高，被三大国有石油公司牢牢控制。2016年我国天然气产量为1370亿立方米，其中，中石油占比62%，中石化占比15.7%、中海油占比4.8%。

2. 进口气源：单一国家依赖度较高，未来将更加多元

进口气源包括管道气和液化气（LNG）两种形式。从企业来看，管道气进口完全由中石油垄断；LNG进口以中海油为主，占比约70%，其次是中石油和中石化，三者基本处于垄断地位。我国已形成"三陆一海"天然气进口四大战略通道格局。

表 3 – 17   我国天然气四大战略进口通道

战略通道	管道线	资源地	（预计）建成时间	供给能力（亿立方米/年）	2017 年进口量
中亚战略通道	中亚 A 线	土库曼斯坦、乌兹别克斯坦、哈萨克斯坦	2009	150	3043 万吨（约 420 亿立方米）
	中亚 B 线		2010	150	
	中亚 C 线		2014	250	
	中亚 D 线		2020	300	
中缅战略通道	中缅管线	缅甸	2013	120	
中俄战略通道	中俄东线	俄罗斯	2020	380	
	中俄西线		2020 年后	300	
海上 LNG 进口通道		卡塔尔、澳大利亚、马来西亚、印度尼西亚等			3813 万吨（约 520 亿立方米）

资料来源：根据国家统计局和公开资料整理。

进口管道气方面，当前进口气源主要来自中亚，特别是土库曼斯坦，2016 年进口量占比达 77.4%，单一依赖度较高。随着中俄东线管道的贯通，未来我国管道气进口将更加多元。进口 LNG 方面，2017 年进口量排名前六的分别为澳大利亚（45%）、卡塔尔（20%）、马来西亚（11%）、印度尼西亚（8%）、巴布亚新几内亚（6%）、美国（4%）。未来，随着澳大利亚控制出口量，以及美国页岩气生产量大幅提升、中美能源贸易提速，美国有望成为我国重要 LNG 进口国。此外，中俄正倡导多方合作共商共建北极"冰上丝绸之路"，未来北极 LNG 有望成为重要来源。

3.8.2.2 中游输储

天然气行业中游的任务主要进行油气的运输和储藏，主要由天然气供应商进行。管道气运输通过长输主干管网、省级区域管网等方式；LNG 运输通过 LNG 运输船、LNG 运输车或接入管网等方式；中间储藏调峰环节则通过 LNG 接收站、储气库来完成。

1. 管网运输："主干＋区域"管网格局初步形成

管网运输主要由长输主干管网、区域管网和支线管道、城镇燃气管网等环节构成。我国已初步形成"西气东输、川气东送、海气登陆、就近供应"的长输主干管网格局。区域管网和支线管道运输主要包括三种：一是已有17个省（自治区、直辖市）成立单个或多个省级管网公司，负责统一规划、建设及运营管理省内天然气管网，面向城市燃气公司及大型工业项目供应天然气；二是由上游气源方（三大油企）所属的管道销售公司直接供应；三是二者并存，一般大型工业用户由上游气源方直供，其余用户则由省级天然气管网公司负责供气。城镇燃气管网连接燃气公司与终端用户，解决用气的"最后一公里"问题。

主干管网主要由13家天然气跨省管道运输企业建设运营，包括中石油下属8家企业、中石化下属2家企业和其他3家企业，三大油企处于绝对主导地位。除三大油企外，当地政府、一些国内外能源巨头的合资公司和下游天然气分销公司均有参与区域管网、支线管道和城镇管网建设。

2. LNG运输："船舶＋槽车"运输

除海上登陆后接入管网运输外，LNG运输方式主要为船舶运输和槽车运输，铁路运输LNG尚属试验期，未来有望投入使用。LNG运输船是在零下163摄氏度低温下运输液化气的专用船舶，多用于海上贸易和内陆运输，是业内公认的高技术、高难度、高附加值的"三高"产品。当前，只有韩国、日本、中国、美国和欧洲的少数几个国家的13家船厂能够建造，其中韩国和日本市场占有率最高，上海沪东中华是国内唯一能够建造大型LNG船的船厂企业。LNG运输车是连通LNG接收站和终端用户的陆地运输工具，具有很强的灵活性和经济性，包括LNG半挂式运输槽车和LNG集装箱式罐车，主要由燃气公司和大型物流公司购置运营。

3. 储气调峰设施："储气库调峰＋LNG接收站"

目前，主要的天然气调峰方式包括地下储气库调峰、LNG接收站调峰和气田调峰等。我国天然气储气调峰设施主要是地下储气库，目前已建成地下储气库25座，除江苏常州金坛储气库之外，其余均分布在长江以北地区。其中，除中石化建设运营1座之外，其余24座均由中石油建设运营，占到全国调峰能力的95%以上。

表3-18 我国已建成地下储气库情况

地区	储气库（群）	地址	投产时间	数量（座）	运营商
环渤海	大港	天津大港	1999年	6	中石油
	京58	河北省廊坊市永清县	2007年	3	中石油
	板南	天津大港	2014年	3	中石油
	苏桥	河北省霸州市和永清县境内	2013年	5	中石油
长三角	金坛	江苏常州金坛区	2012年	1	中石油
	刘庄	江苏省淮安金湖县	2011年	1	中石油
东北	喇嘛甸	黑龙江大庆	1975年	1	中石油
	双6	辽宁盘锦	2013年	1	中石油
西南	相国寺	重庆渝北区	2013年	1	中石油
西北	呼图壁	新疆呼图壁县	2013年	1	中石油
中西部	获224	陕西榆林靖边县	2014年	1	中石油
中南	中原文96	河南濮阳中原油田	2012年	1	中石化
合计				25	

资料来源：根据《中国天然气地下储气库现状及发展趋势》等公开资料整理。

截至2018年4月，中国已建成投运LNG接收站18座，分布在沿海11个省市；开工建设9座，分布在浙江、江苏、广东、广西、福建5省；筹建（进入立项审批程序）13座，意向建设28座。已建成投运的LNG接收站基本由三大油企垄断，其中，中海油8座，中石油4座，中石化3座，其他3座（上海申能、广汇能源、九丰集团）。随着审批政策逐步放开和中下游天然气企业拓展上游气源需求提升，一些民营企业正积极申报建设LNG接收站。

表 3-19 我国 LNG 接收站建设情况

地区	接收站	运营商	接收能力（百万吨/年）			投运状态及投运时间		
			一期	二期	三期	一期	二期	三期
已建成投运项目：18 座，其中中海油 8 座，中石油 4 座，中石化 3 座，其他 3 座（上海申能、广汇能源、九丰集团）								
环渤海	大连	中石油	3.0	3.0	3.0	投运（2011）	规划	规划
	唐山曹妃甸	中石油	3.5	3.0	3.0	投运（2013）	扩建（2020）	规划
	天津（浮式）	中海油	2.2	3.0	3.8	投运（2013）	扩建（2018）	
	天津	中石化	3.0	7.0	—	投运（2018）	扩建（2020）	
	青岛	中石化	3.0	—	3.0	投运（2014）	规划	规划
长三角	江苏如东	中石油	3.5	3.8	3.0	投运（2011）	扩建（2018）	
	浙江宁波	中海油	3.0	3.0	3.0	投运（2013）	扩建（2020）	
	江苏启东	广汇	0.6	1.15		投运（2017）	扩建（2020）	
	上海五号沟	申能	0.5	3.0	—	投运（2008）	投运（2017）	
	上海洋山	中海油	3.0	2.0	3.0	投运（2009）	规划	
福建	福建莆田	中海油	2.6	2.4	2.4	投运（2008）	规划	
珠三角	东莞九丰	九丰	1.0	3.0	—	投运（2012）	—	
	广东大鹏	中海油	3.7	3.0	3.0	投运（2006）	在建	
	粤东 LNG	中海油	2.0			投运（2017）	规划	
	珠海	中海油	3.5	3.5	3.5	投运（2013）	扩建（2018）	
北部湾	北海	中石化	3.0	—	3.0	投运（2016）	规划	
海南	海南 LNG 储备库	中石油	0.6			投运（2014）		
	海南洋浦	中海油	3.0	3.0	—	投运（2014）		
在建项目：9 座								
	浙江舟山	新奥能源	3.0			在建（2018）		
	深圳 LNG 调峰库	深燃集团	0.5			在建（2018）		
	深圳 LNG 接收站	中海油	0.4			在建（2018）		
	广西防城港	中海油	0.6			在建（2018）		

地区	接收站	运营商	接收能力（百万吨/年）			投运状态及投运时间		
			一期	二期	三期	一期	二期	三期
	广东潮州	中天能源	1			在建（2019）		
	浙江独山港	协鑫	1			在建（2020）		
	江苏江阴	中天能源	2			在建（2020）		
	浙江台州大麦屿	君安能源	2			在建（2020）		
	福建漳州	中海油	3			在建（2022）		
筹建阶段（进入立项审批程序）：13 座，辽宁、沧州、烟台、日照、龙口、蓬莱、温州、江苏盐城、江苏赣榆、广东华瀛、汕头、南沙、深圳。此外，意向阶段：28 座。								

资料来源：根据公开资料整理。

3.8.2.3 下游需求

天然气行业下游主要将燃气输送至终端用户，是对天然气的分销和相关领域的应用。分销主要由各城市燃气公司运营，一些大型工业用户由上游气源方直接供销。终端用气需求一般划分为四大类：化工用气、发电用气、城镇燃气、工业燃料。

1. 城镇燃气分销：特许经营下国资、外资与民资"三分天下"

城市燃气运营商通过城市管网或瓶装，将天然气、液化石油气和人工煤气分销到各终端用户。目前城市燃气运营商的主要业务为燃气销售与燃气安装，燃气销售业务单位利润率不高但相对稳定，燃气安装业务的营业利润率相对较高。目前，我国城镇燃气行业采用特许经营方式，大约有3300多个特许经营权，已经基本形成了以华润燃气、昆仑燃气、北京燃气为代表的国有燃气企业，以港华燃气为代表的港资（外资）燃气企业，以新奥燃气为代表的民营燃气企业"三分天下"的市场竞争局面。其中，华润、港华、新奥、中国燃气是前四大燃气公司，约占四分之一市场。

2. 终端需求：四大消费需求，以工业燃料和城镇燃气为主

天然气终端消费主要包括工业燃料用气、城镇燃气、天然气发电用气、

天然气化工用气等，并以工业燃料和城镇燃气为主。以 2017 年为例，我国天然气消费结构为：工业燃料 36.3%、城镇燃气 33.3%、天然气发电 18.2%、天然气化工 12.2%。

3.8.2.4　天然气定价机制

1. 天然气价格构成

与产业链挂钩，天然气的价格构成可分为：上游勘探生产环节的出厂价格（井口价）、进口气源的进口价格（离岸价/到岸价）、中游运输环节的管输费用、门站价格（批发价）、下游分销环节的配气费用和终端价格（零售价）。其中，门站价格是国产陆上或进口管道天然气供应商与下游购买方在天然气所有权交接点的价格，某种意义上可理解为天然气批发价格。

门站价格 = 出厂价格（进口价）+ 管输价格（长输管线费用）

终端价格 = 门站价格 + 配气价格（城市配气费用）

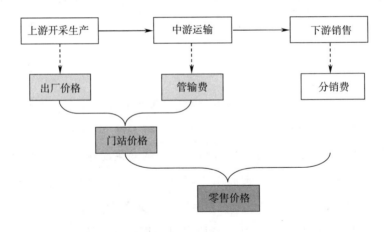

图 3 - 13　天然气价格构成

2. 价格形成机制

我国天然气价格管理以门站价格为分界线：天然气门站及以上价格（管道运输价格和各省天然气门站价格）由国务院价格主管部门管理；天然气门站价格以下销售价格（管道燃气配气价格和销售价格）由地方价格主

管部门管理。

出厂价格方面，除川气东送执行统一出厂价外，其他气源出厂价格均按化肥、直供工业、城市工业燃气、城市燃气（除工业）四类用户划分；非常规气出厂价格完全执行市场定价机制。

进口气价格方面，进口LNG合同价格与日本进口原油综合价格（JCC）挂钩，处于一定价格区间之内，并按照是否包含海上运输费用分为离岸价和到岸价；进口管道气采用进出口"双边垄断"的政府谈判价，具有很大的不确定性。

管输费用价格由政府进行监管。2016年10月，国家发展改革委印发《天然气管道运输价格管理办法（试行）》，管输价格以单个管道运输企业为管理对象，按照"准许成本加合理收益"原则制定。准许收益率按管道负荷率（实际输气量除以设计输气能力）不低于75%取得税后全投资收益率8%的原则确定；若实际负荷率低于75%，则实际收益率可能达不到8%甚至更低。

门站价格是天然气价格管理标杆，正逐步放开，目前实行基准门站价格定价机制。2015年，非居民用气由最高门站价格改为基准门站价格管理，供需双方可在基准门站价格上浮20%、下浮不限的范围内协商确定具体门站价格。2018年5月，国家发展改革委发出通知，自6月10日起理顺居民用气门站价格，将居民用气由最高门站价格管理改为基准门站价格管理。门站价格理顺后，门站环节不再区分居民和非居民用气价格。

在终端价格方面，非居民用气的终端价格不断放开，市场化水平不断提升，居民用气分三档阶梯气价。目前，多数地方都是直接管理终端销售价格，并没有单独核定配气价格，城市燃气企业的购销差价即视同配气价格。2017年6月，国家发展改革委印发《关于加强配气价格监管的指导意见》，要求通过"准许成本加合理收益"的原则制定城市配气费，并实行政府监管，准许收益率上限定为7%。

3. 价格改革方向：管住中间、放开两头

天然气价格机制市场化改革正加快推进，预计 2018—2019 年，各省的天然气价格改革具体政策将陆续出台落地。总体思路为"管住中间、放开两头"，即竞争性环节价格放开，垄断性环节价格管制；通过放开关键价格节点——门站价格，并管制管输费和配气费，达到出厂价格和终端价格的市场化机制传导。

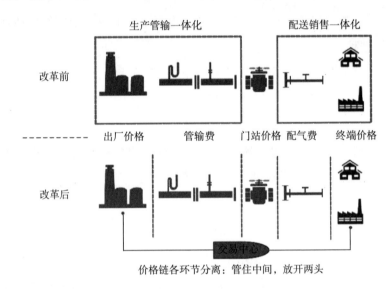

图 3-14 天然气价格改革方向

3.8.3 天然气行业金融服务重点领域分析

从行业发展环境基本面来看，在大力推进能源消费革命、构建清洁低碳的现代能源体系的大背景下，环保政策强推"煤改气"改革，国内天然气消费需求旺盛，天然气产业迎来黄金发展期。从天然气产业链发展金融需求来看，在上游天然气进口、中游基础设施建设、下游终端用气需求等领域，存在着大量金融服务机会。

3.8.3.1 进口量快速增长，LNG 运输车船存在需求保障

近年来，我国海上 LNG 进口增速较快，占比不断提高，2017 年 LNG 进口量首次超过管道气，占天然气总进口量的 55%。未来，在我国天然气消费和进口需求持续增加的背景下，LNG 运输船和运输车等领域都存在金融服务机会。

1. LNG 运输船：运力过剩逐步好转，新船投资意愿开始增强

当前 LNG 船市场存在一定的运力过剩，全球 LNG 船新船成交量出现大幅萎缩，2016 年仅为 9 艘，达到"十二五"以来的谷底。随着全球 LNG 需求持续增加，过剩运力开始消化，情况正逐步好转，LNG 新造船市场逐步复苏，2017 年船东新船投资意愿开始增强，全年累计成交 17 艘，同比增长 61%。在 LNG 船新船订单量减少同时，完工交付量持续高位，导致全球 LNG 船手持订单量明显回落；截至 2018 年 2 月，全球 LNG 船手持订单已仅为 114 艘、1811 万立方米，为近五年以来最低点。

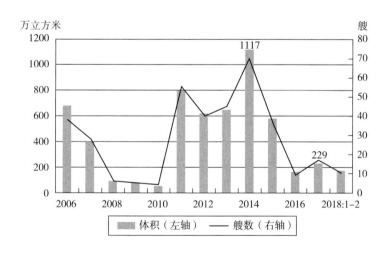

资料来源：国际船舶网。

图 3-15 全球 LNG 船市场新船成交量走势

随着天然气在全球能源消费中的比重不断提升，全球 LNG 需求持续增

加，庞大的市场需求将刺激 LNG 贸易，持续化解 LNG 船过剩运力。当前 LNG 新造船市场处于低位，并正呈现复苏迹象，市场存在抄底投资机会。此外，由于 LNG 运输船建造的高技术属性，以及 LNG 运输市场的高进入门槛，我国 LNG 造船和运输企业都存在一定的市场垄断，主要是上海沪东中华船厂、中远海运能源旗下中远海运液化天然气投资有限公司和中国液化天然气运输（控股）有限公司等。供需两端的这些特征决定了 LNG 运输船市场相对稳定，投资风险相对较小，可能存在的问题或在于资金需求量大、进入专业门槛高。

2. LNG 运输车：存在融资租赁业务机会

LNG 半挂式运输槽车和 LNG 集装箱式罐车。LNG 槽车主要应用于 1000 千米以内的运输，影响槽车运输成本的主要因素是槽车的容积。我国公路运输 LNG 设计的制造技术都比较成熟，常用槽车规格为 30 立方米、40 立方米、45 立方米、52 立方米.6 立方米。主要由燃气公司和大型物流公司购置运营，车辆可采用融资租赁方式，存在业务机会。

3.8.3.2 基础设施建设提速，催生万亿元投资市场

1. LNG 接收站：三大油企垄断格局正在打破，下游企业加速布局

截至 2018 年 4 月，中国已建成投运 LNG 接收站 18 座，开工建设 9 座，筹建阶段（进入立项审批程序）13 座，意向建设阶段 28 座。可见，受 LNG 进口量持续上升影响，国内 LNG 接收站规划建设已全面提速，势必会产生大量项目融资需求。值得注意的是，LNG 接收站被三大油企垄断的格局正在被打破，为摆脱上游气源的束缚，打通上下游产业链，一些有实力的下游天然气分销商开始加快布局建设 LNG 接收站。如广汇能源、九丰集团分别在江苏启东、广东东莞建设的 LNG 接收站已投运；新奥能源在浙江舟山正在建设的 LNG 接收站于 2018 年投运。

2. 储气库：需求与政策叠加推动储气库建设提速

目前，我国以地下储气库为主体的储气设施基础十分薄弱，地下储气

库工作气量仅为全国天然气消费量的 4% 左右，国际平均水平为 12% ~ 15%，且一般不能低于 10% 的红线。天然气消费季节性特征明显，我国冬夏季平均峰谷差高达 1.71，有些年份全国较大范围内出现的天然气供应紧张局面，充分暴露了储气能力不足的短板，这已成为制约我国天然气产业可持续发展的重要瓶颈之一。

从政策层面看，加速推进储气库建设、建立健全天然气储气调峰体系，已成为国家能源储备战略。2018 年 3 月，国家发展改革委牵头编制了《加快储气能力建设责任书》征求意见稿，要求 2020 年底前，上游气源企业要形成不低于年合同销量 10% 的储气能力，城市燃气企业和不可中断大用户则要形成不低于年用气量 5% 的应急储气能力。业内人士测算，该政策如落地，将催生一个总投资额高达数千亿元的储气调峰建设市场，这无疑为商业银行提供了一个巨大的金融服务市场机会。

3. 城镇管网互联互通工程提速，投资或达万亿元级别

数据显示，截至 2015 年底，中国天然气管网总里程为 6.4 万公里，天然气管网设施能力不足制约了天然气发展。根据国家发展改革委和国家能源局 2017 年联合发布的《中长期油气管网规划》，到 2025 年，天然气管网总里程将达到 16.3 万公里，年平均增速达 9.8%；中国 50 万以上人口城市将实现天然气管道基本接入，并逐步覆盖至小城市、城郊、乡镇和农村地区。根据这一规划，未来十年中国平均每年将新增建设天然气管网 1 万公里，按照当前每公里 1000 万人民币的造价计算，未来十年，中国在扩建天然气管网上的投资或达到万亿元级别。

4. 存在风险问题：未能独立经营核算，商业模式亟待改革创新

一方面，我国天然气行业存在上中游一体化的行业结构，天然气管网和储气库等基础设施领域基本由三大油企主导垄断，尚未实现市场化开放，下游分销企业或其他第三方社会资本难以进入。另一方面，储运基础设施耗资巨大，但商业模式极为有限，当前仅作为投资方自身天然气业务的配

套设施将成本计入管输费用，并未对外开放提供代储、代输等有偿服务，经济效益尚未实现独立测算，缺乏相应的价格引导和投资回收机制，商业模式亟待改革创新。随着天然气体制改革逐步推进，基础设施建设领域的市场化程度将进一步提升，下游天然气分销企业或第三方社会资本得以进入，天然气储运基础设施的经营模式或将加快探索创新，这将为金融服务创造有利条件。

3.8.3.3　天然气四大类消费需求齐增，重点细分市场迎来利好

随着"煤改气"工程的大力推进，我国天然气消费需求迎来爆发式增长，工业燃料用气、城镇燃气、天然气发电用气、天然气化工用气四大类消费需求齐增。其中，一些重点细分市场将迎来长期利好。

1. 天然气分布式能源开始具备经济性，进入布局窗口期

分布式能源是指分布在用户端的能源综合利用系统，天然气分布式能源即以天然气为燃料，为单个用户或者小型区域提供冷、热、电三联供，在工业园区以及人口稠密的城市商业中心、住宅小区、酒店商厦、大学、医院等场所应用。与传统燃煤热电联产项目相比，天然气分布式能源在能源利用效率、节省电能损耗与输配电投资、节能环保等方面具有显著优势。近年来，国家陆续出台相关政策，支持天然气分布式能源的推广与建设，上网电价政策和补贴机制的逐步完善，成本降低、收入提高，天然气分布式能源的经济性不断提升，我国天然气分布式能源已经进入新一轮布局窗口期。

整体来看，中国分布式能源发展目前刚刚起步，在我国北京、上海等大城市已经进行实质性开发投运。根据《关于发展天然气分布式能源的指导意见》，我国将建设1000个左右天然气分布式能源项目，到2020年，在全国规模以上城市推广使用分布式能源系统，装机规模达到5000万千瓦，初步实现分布式能源装备产业化。要达到这一目标，按4000元/千瓦的投资计算，投资规模将达到2000亿元。

2. 天然气动力交通领域发展空间大

天然气动力车船在减少碳排放、治理大气污染方面具有政策支持优势，发展空间大。天然气动力汽车方面，载货重卡将是重点发展应用车型。截至 2017 年，我国约有天然气汽车 460 万辆，与 2020 年计划各类车辆约 1000 万辆的目标存在较大差距。在政策推动、经济回暖、油价上涨下，天然气汽车保有量有望进一步增长。具体来看，CNG（压缩天然气）汽车主要以城市出租车为主，但因天然气加注站的高危性，以及网约车发展和大力发展电动能源汽车政策的冲击，天然气在私家车领域的应用前景并不明朗。LNG 汽车目前主要以牵引车、载货车等重型卡车为主，公交车、长途客车，以及环卫、厂区、港区、景点等作业和摆渡车辆，也将成为重点发展车型。

LNG 动力船市场空间巨大，但多因素制约发展。由于新建 LNG 动力船成本和技术要求较高，我国普遍以改造为主，使用 LNG 和柴油混合动力。2010 年我国首艘 LNG 柴油混合动力船成功下水，至今完成改造的船舶接近 200 艘，积累了丰富的经验。交通运输部在《推进水运行业应用液化天然气的指导意见》中提出，到 2020 年，内河运输船舶能源消耗中 LNG 的比例需达到 10% 以上。但由于 LNG 水上加注站尚未建立、LNG 船改造成本高、补贴不到位等原因，LNG 动力船市场目前发展缓慢。

作为配套设施，LNG 加气站和水上加注站建设有望加快。截至 2017 年底，我国建成天然气加气站约 7500 座，与《天然气发展"十三五"规划》的 2020 年要建成 12000 座的目标仍有较大差距。鉴于 CNG 车型发展已放缓且未来发展前景并不明朗，而 LNG 车型将是发展主力，未来 LNG 加气站有望加快建设。此外，目前我国内河正常使用的 LNG 加注站只有 3 座，严重影响了内河 LNG 船的使用，预计未来我国将建设更多的水上加注站以满足需求。

3.8.3.4 环渤海区域天然气产业市场机会最大

我国天然气消费的时空不均现象显著。环渤海、长三角、东南、中南地区是我国天然气主要消费区，消耗全国消费量的 63%。环渤海地区天然气消费量预计将在 2020 年达 680 亿立方米，占全国消费量的 19%；长三角、东南、中南地区紧随其后，分别消耗全国消费总量中的 16.7%、14.7%、13.8%。西南、西北、中西部地区天然气需求量较少，而东北地区需求量最少，仅占全国消费量的 6.9%。

《天然气发展"十三五"规划》提出，以京津冀、长三角、珠三角、东北地区为重点，推进重点城市"煤改气"工程。2017 年，环保部公布《京津冀及周边地区 2017 年大气污染防治工作方案》，将北京、天津以及晋、冀、鲁、豫的 26 个城市（即"2 + 26"）列为北方地区冬季清洁取暖规划首批实施范围。可见，环渤海区域的天然气消费需求最大，而其对应的产业发展市场机会也势必更多。

3.8.4　天然气企业金融服务需求分析

3.8.4.1　天然气企业金融服务需求

天然气企业的金融服务需求包括资金管理需求、投资理财需求、贸易融资需求、本外币结算需求、项目投融资需求、投行服务需求、集团客户个人金融服务需求等。

一是天然气企业大都存在大规模的现金流量，且集团和各地区分公司间存在资金归集和统筹调配，需要缩短资金在途时间，加快资金流动速度，提高资金管理使用效率。二是在保证日常运营资金需要的前提下，需要借助银行专业化的理财经验，通过合理的投资渠道和产品，提高闲置资金的收益水平，并保证资金安全。三是天然气企业日常经营融资和结算频繁，特别是天然气进口贸易，需要提供方便、快捷、优惠的贸易融资和本外币结算服务，最大限度地发挥可用资金的使用效率，实现企业价值的最大化。四是随着管网、储气库、LNG 接收站等天然气基础设施加快建设，天然气企业存在大量的项目投融资需求。该类项目投资额度大、融资期限长，需要拓展融资方式，提供设计合理期限和利率结构的融资产品，降低投融资成本和项目建设投资成本。五是天然气企业也需要选择合适的银行作为战略合作伙伴，提供企业债务融资工具承销、企业私募融资、银团贷款安排管理、资产证券化、财务顾问等多种投资银行业务。六是企业员工也存在个人金融服务需求，包括工资代发、银行卡业务、个人理财、信用贷款等。

3.8.4.2 天然气企业金融服务需求特征

一是对基础设施依赖性高，投资需求大、回收期长。天然气行业经营高度依赖管网、运输车船、储气库、LNG 接收站等储运基础设施，前期投资巨大，建设周期和投资回收期长。由于投资回收期长，而且现金流入"前低后高"，造成短期收益较低，流动性较差，不利于满足商业银行传统金融服务对盈利性和流动性的要求。

二是具有公共产品属性，市场化定价机制改革尚未完全形成，较多依赖于财政投入和补贴。由于公共服务产品的福利性和公益性，与之相对应的价格与收费体系尚未实现市场化运作，在低收费政策安排下，缺乏足够的盈利性。

三是从业企业议价能力强，商业银行金融服务竞争激烈。上中游主要由三大油企寡头垄断，金融服务议价能力强，可获得足够低的资金成本，商业银行间竞争激烈。下游天然气分销环节采取特许经营方式，终端用户用气费用采用预付制，分销商资金充裕，流动性有保障，且多有上市企业，融资渠道多元，商业银行金融服务需求不足。

四是基础设施项目融资渠道较为单一，以政策性银行和大型国有银行信贷为主导，亟待加强金融创新。天然气基础设施尚未实现单独经营商业模式，本身并不产生收入，导致其巨额投入资金来源渠道单一。目前在监管风险和战略风险管控的限制下，商业银行传统产品难以满足基础设施建设项目的需要，亟待通过融资租赁、PPP、资产证券化等金融创新服务支持天然气基础设施建设。

3.8.4.3　案例分析：新奥能源

1. 企业发展概况

新奥能源控股有限公司为新奥集团旗舰产业，位于河北省廊坊市，于1992年开始从事城市管道燃气业务，是国内规模最大的清洁能源分销商之一，2001年在港股上市。经过持续的战略升级，新奥能源目前已形成了天然气销售、能源贸易、综合能源服务、能源输配四大核心业务，致力于转型成为综合能源服务商，为客户提供一体化的清洁能源整体解决方案。

截至2017年底，公司总资产600亿元人民币，拥有400多家全资、控股公司和分支机构，员工3.2万多人。2017年，新奥集团天然气销售量达到196.2亿立方米，同比大幅增长36.9%，增速远超行业平均水平；集团营业收入482.69亿元，同比增长41.5%；净利润28.02亿元，同比增长30.3%。营收结构中，管道燃气销售、能源贸易、燃气接驳、汽车燃气加气站分别占比为49.6%、24.6%、12.3%和6.4%，其余为燃气具销售、综合能源服务等其他业务。

2. 业务发展情况

新奥能源的城市燃气分销业务领先，为国内四大燃气公司之一。截至2017年末，已在全国17个省、自治区、直辖市成功运营172个城市燃气项目，为1600多万居民用户和91000多家工商业用户提供城市燃气及各类清洁能源产品与服务，敷设管道超过39000公里，覆盖城区人口超过8400万人。在越南河内、岘港、胡志明市经营城市燃气业务，在北美、欧洲从事交通清洁能源业务。

积极向中上游拓展，布局天然气能源贸易完整产业链。上游气源获取环节，2006年取得天然气等清洁能源的进出口权，成为继三大油企之后第四家获得天然气进出口权的企业；持续深化与三大油企及LNG工厂等上游天然气供应方联盟合作，通过参股上海和重庆石油天然气交易中心，及与海外天然气供应商签订长期供应合同、收购澳大利亚油气生产商桑托斯股权，锁定上游资源。中游储配环节，加大物流和储备体系建设，投资建设舟山 LNG 接收站已投运，建设天然气储配站 281 座，拥有天然气运输车 500 余辆，船舶 16 艘，整合三方运力 400 余辆，CNG、LNG 运输能力超过 10 亿立万万米/年，配送能力居国内首位。下游销售环节，加大市场开发力度，投资、运营 606 座天然气汽车加气站（325 座 CNG 加气站和 281 座 LNG 加气站），自主研发新型移动加注船，有效解决水上建站困难，为水、陆交通客户提供清洁能源服务；依托现有 LNG 物流和贸易为基础，打造 LNG 全产业链的第三方交易平台，形成"商流、物流、信息流、资金流"一体化的互联网电商平台。

以泛能网项目建设为载体，全面推进综合能源业务发展。面对能源体系变革，在天然气分布式能源体系的基础上进一步完善，根据当地资源禀赋，因地制宜融合多种清洁能源（如天然气、工业余热及太阳能、地热能、风能、光伏等可再生能源），根据不同客户的用能需求，为用户量身定做综合能源解决方案，以提高其用能效率、降低用能成本。2017 年，公司在全国重点城市全面推进综合能源业务，年内综合能源业务收入 2.94 亿元，同比增长 92.2%，并投运 19 个泛能网综合能源项目，累计在湖南、江苏、广东、山东等地投运 31 个项目。新奥能源的泛能网项目起到供需两端的中间平台作用，项目更多适用于产业园区、大型生产企业、医院等公共服务单位。

3. 企业融资现状及金融需求

根据《新奥能源 2017 年年报》披露信息，新奥集团保持稳健的资本负债结构，2017 年净负债比率为 49.9%（2016 年为 53.9%）。集团资金来源主要为营运现金流、流动资产、银行贷款及已发行债券。截至 2017 年末，新奥集团在银行结余及现金约 79.72 亿元人民币；借贷总额约 180.67 亿元人民币，短期贷款约 83.68 亿元（含可转换债券及公司债券），其余为超过一年的长期贷款。

由于燃气销售采取预收费模式，企业资金流充沛，资金缺口一般不大。新奥集团下设财务公司，统筹管理集团企业资金，为子公司提供贷款，将资金汇集统一管理。新奥能源为香港上市企业，企业投资评级较高，穆迪给予 Baa2 中等投资级别评级和稳定展望，标准普尔给予 BBB 级和正面展望，惠誉给予 BBB 投资评级和稳定展望，企业发债成本较低。传统信贷融资方面，尽管已获得诸多国有大行、股份制银行的大额授信，但相对需求较小。

表 3 – 20 　　　　　　　　　　新奥集团主要债券情况汇总

主要债券	币别	到期日	于 2017 年 12 月 31 日
七年期 6.45% 定息债券	人民币	2018 年 2 月 16 日	5 亿
五年期零息可转换债券	美元	2018 年 2 月 26 日	4.79 亿
五年期 3.25% 定息债券	美元	2019 年 10 月 23 日	0.65 亿
三年期 3.55% 定息债券	人民币	2019 年 12 月 2 日	25 亿
不超过五年期 3.68% 定息债券	人民币	2020 年 12 月 17 日	25 亿
十年期 6% 定息债券	美元	2021 年 5 月 13 日	3.66 亿
五年期 3.25% 定息债券	美元	2022 年 7 月 24 日	6 亿

资料来源：《新奥能源 2017 年年报》。

新奥集团经营业绩良好，营业收入和利润指标稳定增长，资金流充沛，其日常经营性融资需求较少且融资成本低。但可重点关注其非上市公司板块存在的投资类融资需求。一是新奥能源正聚焦综合能源服务商战略转型，全面推进综合能源项目建设，具有项目投资资金需求。目前，新奥集团与四川省政府产业引导基金合作，按照 1:1 比例出资成立泛能网项目母基金，实现同股同权、风险收益共担，投资建设泛能站项目，并撬动项目贷款筹集剩余资金（一般约 70%）。二是新奥集团正在加速拓展天然气全产业链，LNG 接收站、加气站、水上加注站等基础设施建设存在融资需求。三是销售量的增长进一步支撑其运输车船规模的扩张，天然气运输车船存在融资需求。

3.8.5　商业银行天然气企业金融服务建议

针对天然气企业的诸多金融服务需求，商业银行可根据自身条件，与一些经营状况好、发展潜力大的天然气企业签订战略协议，有选择地为其提供金融服务，并逐步提供全方位、一站式综合金融服务方案。

一是为天然气企业提供资金管理、本外币结算和投资理财服务。依托银行现金管理平台，建立企业资金池，提供企业日常经营收支结算，集团下属单位资金归集、调拨，以及本外币结算等金融产品和服务。针对企业闲置资金，可通过合理的投资渠道和产品，为其提供协议存款、委托贷款、投资理财等服务。

二是为天然气企业提供融资服务，包括综合授信、日常经营融资、流动性融资、项目建设融资、进出口贸易融资等。可重点探索开展的金融服务有：针对进出口贸易业务需求，提供信用证、票据、保函等贸易融资服务；基于下游企业用气量反映的企业经营数据信息，可与燃气分销公司等核心企业合作，设计可行的供应链金融产品方案，为下游企业提供融资服务；针对储气库、LNG 接收站、互联互通管网工程等基础设施项目建设资金需求，可参与提供项目贷款、银团贷款、PPP、产业投资基金、未来收益权资产证券化等融资产品；针对 LNG 运输船、运输车、加气站、生产加工等设备购置资金需求，可通过抵押贷款、融资租赁等方式提供资金服务，解决设备资金缺口，包括直接融资租赁、企业售后回租等方式。

三是为天然气企业提供投资银行业务，包括企业财务顾问、债券承销、银团贷款安排管理、融资顾问、资产证券化、企业年金账户管理与托管服务等。可与企业建立战略合作关系，组织协调证券公司、信托公司、会计师事务所、律师事务所等中介机构，为企业提供私募、IPO、增发、兼并收购等直接融资顾问一条龙服务。

四是为天然气企业员工提供集团客户 VIP 金融管家服务，包括私人银行、个人理财、个人贷款等。围绕天然气企业员工食、住、行、游、购、娱等方面的金融需求，设计提供 VIP 一揽子个人理财套餐服务，为其提供专业金融顾问、理财秘书、理财产品；提供包括个人信用贷、消费贷、质押贷等个人贷款。

此外，在为天然气企业提供金融服务的同时，还需密切关注天然气行业体制改革、"煤改气"等产业政策进展、全球经济与贸易环境变化，天然气消费需求变化以及企业自身经营情况等潜在风险因素。

3.9 构建航运金融生态系统，提升航运金融服务特色化、专业化能力

3.9.1 政府引导下航运金融发展的国际经验及启示

近年来，建设国际航运中心的浪潮席卷全球。从国际性、高端服务型航运中心城市的发展进程来看，航运业和金融业的发展具有明显的相关性，呈现出同步发展的特征，两者相互融合，进而又产生了航运金融市场。航运金融通常是指航运企业运作过程中发生融资、保险、货币保管、兑换、结算、融通等经济活动而产生的一系列相关业务，其在为航运业提供巨大融资支持和便利风险管理工具的同时，大大提升了航运中心城市金融体系深化的程度，因此发达的航运金融市场是高端服务型国际航运中心城市最典型、最重要的特征。

国外如英国、美国、挪威、日本和新加坡等国的航运金融市场都已经发展得比较成熟，事实表明，除英国和美国这两个发达国家的航运金融产业是自然形成以外，其他国家航运金融产业的兴起都得益于政府主导模式。政府通过优化产业发展环境，依靠政策优惠及资金支持引导航运金融市场发展，但并不直接干预企业运作，这样可在较短时间内大大推动产业发展。

3.9.1.1 政府引导航运金融产业发展的国际经验

1. 挪威

在航运经济和金融发展的全球化链条中，挪威政府发挥了能动性，通

过公平、透明和开放的原则，积极参与全球分工，占领了产业链的最高端。从挪威的经验来看，政府与产业的互动对于促进产业发展起到的作用是关键性的。挪威政府在本国航运金融发展过程中起到了基础性作用，其一直致力于提升本国航运产业的长期竞争力，不仅向航运企业提供信贷、保险、税收和研发等方面的支持，而且为企业及其员工的成长创造良好的外部环境。挪威的国有银行 DNB 银行和 Nordea 银行向企业提供大量信贷，而政府为银行提供贷款贴息支持，挪威出口担保机构（GIEK）则向银行的出口信贷提供再担保服务。然而政府在促进航运金融发展的同时，又密切关注风险管理机制是否健全，通过主动监管来防范金融风险，挪威的监管框架和监管标准非常严格，其资本金标准在 2015 年之后可能是全球最严格的标准。

与其他发达国家经验略有差别的是，挪威是一个高税收国家，但是在航运经济与航运金融领域同样具有全球竞争力，这说明税收优惠政策并不是航运金融发展的决定因素。

2. 日本

第二次世界大战后，日本政府决定通过制定产业政策，引导企业进入产业，加强产业升级，船舶制造业与海运业被列为主导产业之一。当时日本造船市场资金匮乏，极大地限制了航运业的发展，于是日本政府实施"计划造船制度"，并以贷款利息补贴的方式对纳入"船舶建造计划"的船舶给予资助。

彼时，由于日本造船业刚刚打入国际市场，竞争力较弱，政府对船用钢材实行价格补贴，以低于国内市场的价格向船厂销售钢材，促使造船成本下降，并从 1950 年起开始实施船舶卖方信贷，通过政策性银行对日本造船企业建造的出口船舶提供延期支付的优惠，极大地提高了日本船舶在国际市场上的竞争力，促进了船舶出口。

针对技术落后的发展瓶颈，政府组建了日本财团、日本船舶与海洋财团和日本运输整备事业团三大政策性机构，联合高等院校、各相关实验研究机构以及其他所有具备相关研究能力的法人机构进行人才资源开发，推进独创性、革新性的技术研究，以科学技术促进航运金融的发展。

正是依赖贷款利息补贴、价格补贴、政策性银行提供的卖方信贷及政策性研究机构等优惠政策，政府为产业发展提供了良好的环境与基础，引导并支持了企业的行为。日本从战后造船业恢复到1956年造船产量首次超过英国位居世界第一，仅花费了10年时间。现在，日本的造船业仍处于国际技术领先地位，拥有多家在国际航运业位居前列的企业。

3. 新加坡

新加坡是亚洲重要的海事和航运中心，21世纪以来其航运金融产业已经运行得比较成熟。然而，由于受到产业运作模式的限制，同时缺乏有创意的船舶融资工具，新加坡的航运金融产业发展亟须寻求突破。针对这种局面，2006年2月，新加坡政府出台新的税收管理政策，针对船舶租赁公司、船务基金和船务商业信托制定了较为优惠的鼓励措施，即新加坡海事金融优惠计划（MFI）：船艇租赁公司、船务基金或船务信托在十年优惠期内买下的船只所赚取的租赁收入，只要符合条件，将永久豁免缴税，直至相关船只被售出为止；负责管理船务基金或公司的投资管理人，所获得的管理相关收入，只要符合条件即可享有10%的优惠税率，为期十年。此项计划提高了船舶租赁公司和船务信托对潜在投资者，特别是社会公众投资者的吸引力，加速了更多国际船务公司在新加坡设立业务，刺激了新加坡海运信托基金等类似船舶投资工具的生成，进一步提升了新加坡的航运中心地位。

在上述国家发展航运金融的过程中，政府通过积极参与全球分工布局本国产业链提高了国际竞争力，通过贷款利息补贴解决了资金匮乏的难题，通过价格补贴和政策性银行提供的卖方信贷提升了国际地位，通过政策性研究机构为产业发展提供技术支持，通过税收优惠成功吸引了民间资金，创新了融资工具，大大促进了本国航运金融产业的发展。与它们相比，中国航运金融业的发展尚处于起步阶段。而未来一国的航运金融市场崛起更多是靠"软实力",因此,中国下一步发展航运金融的方向是,通过建立健全相关政策法规体系等举措,为企业打造良好的营商环境。

3.9.1.2 中外航运金融营商环境比较:以新加坡为例

改革开放以来,中国已经成为世界重要的航运大国,航运业在我国国民经济中发挥着极其重要的作用。随着世界航运中心由欧洲向亚洲转移,在亚太地区,新加坡成为中国建设国际航运中心最大的对手。但世界银行最新发布的《2018 年营商环境报告》显示,在全球主要国际航运中心城市所在国家(地区)总体的综合营商环境排名中,新加坡位居第二,中国排名保持在第 78 位,差距不言而喻。因此,中国要想在航运金融的发展上超越新加坡,改善营商环境已是迫在眉睫。

一是开办企业便利度。新加坡以创新服务型政府为宗旨,建立了亲商、透明和稳定的政策体系,并通过简化外资审批手续和公共服务电子化等手段,改善程序提高效率,清华大学经济管理学院 2016 年发布的《广东自贸试验区第三方评估报告》将广东自贸区与新加坡、中国香港的营商环境进行对标,结果显示,在新加坡开办企业只需走 3 道程序,所需平均时间仅为2.5 天。反观中国,尽管近年来在优化营商环境方面取得了积极进展,但仍存在不少"短板",企业注册涉及部门多、审批事项多、耗时长、办事效率有待提高,上述世界银行发布报告显示,中国开办企业所需平均手续为 7项,平均时间为 22.9 天。

二是税收优惠配套政策。我国税率高、税负重,世界银行认为中国税收占企业盈利的平均比重达到 67.3%。大多数从事航运金融的企业既要缴纳所得税,还要缴纳增值税、城市维护建设税及教育费附加等。而新加坡对于亚洲货币机构、证券公司、离岸黄金与期货市场、金融与财务中心、风险公司、信托公司等金融企业给予免税、5% 或 10% 的优惠税收;对船舶租赁公司、船务基金和船务商业信托制定 MIF 计划;对当地中小企业制定了中小企业金融计划。为鼓励企业研发，还实行了研发费用双重扣除，以减轻企业的纳税负担，对公司总部的税收减免则在 10% ~ 15%。新加坡对于金融业的税收优惠及对航运业的融资计划都是推动该国航运业发展的重要因素，我们应该借鉴新加坡对于航运金融产业采取的合理税率，特别是对在国外获得较好效果的产业投资基金和海运信托基金给予税收优惠，以更具挑战性和发展空间的税收优惠政策吸引更多企业，同时也能提高从事我国航运金融产业相关机构的竞争力。

三是金融开放及创新程度。新加坡没有外汇管制，汇兑比较自由，融资机构多、国际化程度高、融资成本较低。金融创新活跃，在 MFI 的鼓励下，海事信托基金模式应运而生，其改变了原来的"贷款买船、营运还贷"模式，面向公众融资，融资风险社会化，降低了海运企业的融资负担。比如太平海运信托基金以实际利息率 4% 成功融资，低于银行 5.9% 的贷款利率，同时也降低了企业的经营风险。相比而言，中国金融开放的程度滞后于实体经济，也落后于其他新兴市场国家，但当前中国金融行业的对外开放正走入新时代，国务院副总理刘鹤曾在达沃斯论坛上表示，中国将继续推动全面对外开放，扩大服务业特别是金融业对外开放。在加大开放的同时，我国也可借鉴 MFI 计划，鼓励航运金融产业进行创新，为航运企业开辟新的融资途径。

四是仲裁国际化、便利化程度。由于英国法是目前所有航运或造船合同适用的主要法律，尽管中国法律并不限制实体法适用英国法的合同在中国仲裁，但仲裁程序法必须依据中国法，因此在某些方面与国际惯例并不完全接轨。比如，我国《仲裁法》三要素之一，明确要"选定的仲裁委员会"，即准确无误的仲裁机构名称必须写进合同条款中，否则法院、保险等机构都不认可该合同。而在实际业务中，在签订合同时、没有发生纠纷之前几乎很难确定去具体哪个机构仲裁，因此很少有公司会在国际航运或造船合同上选择中国仲裁。而新加坡却沿袭了英国航运法律系统，2011 年推出的船舶买卖合同包含了最新的法规和买卖船舶的标准做法，能够基本满足对于统一化船舶买卖合同的需求，减少了合作伙伴改动多个条款的麻烦。新加坡国际仲裁中心也因此成为全球最受欢迎和最广泛使用的五大国际仲裁机构之一，无论在受案数量、金额，还是在国际仲裁界的影响力方面，都节节攀升。

五是高端航运金融人才储备。新加坡目前在航运金融领域已经取得了一些成就，但是由于伦敦国际航运中心在航运服务业水平上全球领先，地位一时难以撼动，新加坡决定走出一条不同于伦敦的航运金融业发展道路，即以知识经济为驱动的新加坡模式，提出在2025年建立全球海洋知识枢纽。其重视海洋领域研发工作，也非常重视智力投资，对教育的投入逐年加大，制定了科学合理又比较宽松的人才转入政策，并针对相关从业人员所得税制定了优惠政策，以此吸引各类人才。而中国吸引人才聚集的配套优惠措施力度不够，尽管部分省市已经有了一些激励人才的资助项目和政策，但缺乏国家层面的航运金融人才引导和激励政策。尤其是在高管个税、户籍、境外人才签证、住房、子女教育等方面，便利化和国际化程度不够高。

总之，一国营商环境的改善是一个复杂和长期的过程，中国可以借鉴新加坡先进经验，充分利用自身优势，突出重点领域优化航运金融营商环境，并探索更高水平的开放与创新。

3.9.1.3 国际经验对中国发展航运金融的启示

发展和培育航运金融的业务与功能、形成航运金融要素集聚区是当前的迫切需要。但我国航运金融业的发展理念比较陈旧，因此在政府部门的管理与政策引导上存在相当多问题，进而阻碍了产业的进一步发展。为了促进航运金融业蓬勃发展，我国可以重点从以下几个方向来努力。

一是加强顶层设计，优化航运金融市场发展的制度条件。加强顶层设计，全面对标发达国家，开展科学规划，做到有标准、有目标、有时间节点。同时抓住中国金融新一轮对外开放的机遇，优化航运金融市场发展的制度条件，包括利率市场化、资本市场的开放、汇率形成机制的市场化、人民币可自由兑换以及高效的金融监管制度等。

二是努力改善政策环境，支持航运金融发展。在政府机构服务的职能、质量、效率及态度等方面中国需要有所提升，此外还应该考虑航运业的资本密集、投资期长、回报率低等特点，制定相应的优惠措施。但能否形成完整的产业链是行业发展的关键，因此要避免盲目出台促进政策，政策资源不应过于分散，要建立集中突破效应且具备连续性和长期性，从而避免在享受税收优惠政策期满后某些企业搬离总部。此外，针对船舶融资、船舶租赁等机构需承担经济风险、自然风险和经营风险等的特点，可以借鉴新加坡的 MFI 计划给予免税扶持，并在必要时由政府和政策性金融机构提供战略支持。例如，可由中国进出口银行等政策性银行牵头组织航海金融股权投资基金，由其提供劣后资金，其他银行金融机构进行跟投；依据《产业投资基金管理办法》，出台配套的船舶行业投资基金政策措施，引导海运信托基金发展。

三是稳步推进金融领域制度创新，在体制及政策上与国际接轨、逐步自由化。鼓励和支持成立有限牌照的专业船舶银行和航运保险专业机构，政府可通过参与承担一定比例的赔付保费，引导险企发展航运保险业务。大力拓展各类与国际航运中心建设相关的金融和保险产品。同时，进一步推进政策制度创新，形成与国际接轨的航运金融业发展环境。

四是依托建设智慧城市的大趋势，利用金融科技推动行业发展。解决航运金融市场问题的关键是解决航运企业与金融机构之间风险认知与信息不对称问题，可通过畅通中间环节来加强市场主体间互动，在这方面，金融科技是可行的突破方向，而中国能否跟上航运金融科技化潮流，需要政府层面的引导。比如，在汇聚各业态数据的基础上打通全球智慧供应链，优化提升航运金融产业链的运营效率。再如，通过区块链将资产化的航运资源以数字形式放上云端，可以让交易、融资更加灵活，资产的追踪和管理更加便捷。

3.9.2 构建航运金融生态系统，助力航运实体经济融资

2017 年以来，世界经济和国际贸易进入相对强势复苏轨道，全球航运市场也呈现回暖向好态势，但依旧处于 L 形低谷调整阶段。航运融资市场，传统银行信贷逐步紧缩，融资租赁、产业基金等新型融资方式呈现多元化。航运企业、金融机构、专业服务机构等航运金融市场主体间存在着风险认知和信息不对称、各自独立的问题，导致航运企业特别是中小企业融资难问题突出。

2018 年 1 月，人民银行、国家海洋局、国家发展改革委等八部委联合印发了《关于改进和加强海洋经济发展金融服务的指导意见》，全面部署金融支持我国海洋经济发展工作。该意见提出推动航运金融发展，引导处于不同发展阶段的涉海企业，积极通过多层次资本市场获得融资支持。大力发展航运金融，必须从需求端、供给端和配套服务端入手，将航运业、金融业以及配套服务业这三个航运金融的子系统进行有机结合，构建航运金融生态系统，打造航运金融交易平台网络，实现物流、资金流、信息流等数据信息的互联互通，更好地支持我国海洋经济发展。

3.9.2.1 全球航运市场乍暖还寒

进入 21 世纪，航运业迎来了几乎是百年难遇的繁荣期，大量资本进入航运市场，船舶租金和运价飙升，并在 2008 年达到顶峰。然而，伴随着国际金融危机，航运业在 2008 年四季度戛然拐弯，直接冲进漫长的衰退低迷期，波罗的海干散货指数（BDI）从 11793 点断崖式下跌到最低的 290 点。"航运寒冬"下，运力过剩现象十分严重，大量船舶被闲置或报废回收，运费船价暴跌，行业亏损、弃单违约、恶性竞争、企业破产等现象充斥市场。

2017 年以来，世界经济进入相对强势复苏轨道，特别是我国"一带一路"倡议和供给侧结构性改革成效显著，国际贸易回暖向好。根据联合国

报告数据，2017 年全球经济增长趋强，增长速度达到 3%，这是自 2011 年以来的最快增长；世界贸易组织（WTO）数据显示，2017 年全球货物进口额同比增长 10.7%，达到 18.02 万亿美元。在此带动下，全球航运市场明显回暖向好。克拉克松数据显示，2017 年，全球海运量 4.1% 的增速创近五年最高；BDI 全年上涨逾 70%，其中 12 月最高点突破 1700 点；新造船订单量较 2016 年增长 15%；综合运费指数全年累计涨幅 6.9%，年均值（10743 美元/天）同比上涨 14.3%。上海国际航运研究中心发布的《2017 年第四季度中国景气指数报告》显示，我国航运企业创下 7 年来景气度新高。

但是，2017 年航运市场的回升更多是建立在近几年的历史极端行情之上，从航运周期来看，当前航运市场依旧处于 L 形低谷调整阶段。进入 2018 年，BDI 波动下行，仍在 1200 点左右低位徘徊；进入 2019 年，自 1 月 18 日至 2 月 5 日，BDI 连跌 13 天，跌幅超过 40%，自年初以来已下跌逾 50%，而与 2018 年 7 月创下的四年高点 1747 点相比，已经跌去三分之二跌至 629 点，创下两年来新低。BDI 出现单边快速杀跌，暗示全球经济活动有放缓趋势，贸易环境持续恶化。航运市场前景依然存在很大的不确定性，难以轻言乐观。国际航运需求仍将在一段时期内继续保持温和增长态势，而运力过剩局面短期内难有根本性改变，预计航运市场低位波动的态势仍将持续，全面复苏尚待时日。

3.9.2.2 航运融资市场发展态势

航运业投资额巨大、投资回收期长、产业风险性高的特点决定了航运企业的船舶制造、购置、运营等经营活动依赖金融业的支持。为满足现代航运企业巨额的和多样化的融资需求，航运金融市场提供了涵盖银行贷款、融资租赁、产业基金、企业债券及资产证券化、贸易融资、股权投资、资金信托等多种融资方式。近年来，航运融资市场正发生一些变化，传统的银行贷款融资规模逐步紧缩，融资租赁、基金等新型融资方式不断呈现。

1. 传统银行信贷融资逐年下降

航运业作为资金密集型行业，其主要融资渠道是政策性银行、专业银行、商业银行的银行贷款，其中又以银团贷款居多。根据富通银行的一项调查，在传统的融资渠道中，航运企业外部融资大约80%的资金来自银行贷款，其中银团贷款占40%。

近年来，航运业的持续低迷造成了航运融资信贷风险不断增加。穆迪2017年发布的报告称，德国五大航运银行2016年底的不良贷款平均比率升至37%，德国银行业正面临着约1000亿美元的航运不良贷款。在此背景下，银行对航运业的资金支持力度逐年下降，航运贷款规模逐步紧缩。希腊船舶融资研究机构Petrofin Research的数据显示，截至2016年底，全球从事航运贷款业务排名前40位的银行航运融资为3553亿美元，为十年来最低，呈逐年下降态势。

随着全球航运重心向亚洲转移，欧洲的银行在全球船舶融资中的市场份额大幅降低，已由2008年的80%下降至60%；亚洲的银行则由10%扩大至30%，三家亚洲的银行名列世界前五大船舶融资银行。同时，根据研究公司Marine Money估计，在每年2000亿美元的船舶融资市场中，有多达四分之一的资金来自工商银行、民生银行、交通银行和招商银行等中资金融机构。

2. 新型融资方式多元化

当前，多元化融资渠道为航运企业提供了更多选择。其中，融资租赁已成为继银行贷款之外的主要融资渠道。我国船舶融资租赁企业主要包括银行系金融租赁企业，如工银租赁、交银租赁、招银租赁、民生租赁等，以及非银行系融资租赁企业，如中远海运航运租赁、中航租赁、中船租赁等。近几年，中资船舶融资租赁业突飞猛进，船舶资产规模迅速扩大。盛海咨询报告显示，截至2017年底，中资租赁公司已总共拥有470亿美元船舶及海工资产。以规模最大的工银租赁为例，其各类船舶和海工装备资产共计309艘，规模超过700亿元人民币，其中有235艘为国内船厂建造，占比高达 76%。

我国金融机构资金实力强是开展船舶租赁业务的突出优势，同时我国租赁公司的市场地位和专业化能力在全球范围内也越来越得到认可和提升。融资性租赁业务比重高、经营性租赁业务比重偏低，也是国内银行系租赁企业的普遍现象。未来，经营性租赁将是发展趋势，作为金融船东，是船舶资产的投资和管理者。例如，民生租赁提出以经营性租赁为主体、以融资租赁和资产交易为协同的"一体两翼"五年发展战略，首次将经营性租赁定位为业务发展的核心产品。

航运基金也是重要的融资渠道。国际主流模式主要有德国 KG 基金和新加坡海事信托基金两类。KG 基金的兴起一度带动了德国航运业快速发展，但因为很多 KG 基金都是单船投资，经营对象单一、风险集中，受国际金融危机和航运业滑坡影响，德国许多 KG 基金没有办法化解或分散风险，纷纷破产或重组。与 KG 基金相比，海事信托基金是信托基金与融资租赁的结合，投资风险较低，它在购买船舶之后以长期租约实现稳定的现金流。我国首只航运产业投资基金——天津船舶产业投资基金成立于 2009 年，此后，上海、大连等地相继设立航运产业投资基金，但大都经营惨淡。2018 年 1月，中远海运发展与信达资产在天津东疆共同发起设立了信达远海航运基金，将重点关注船舶资产以及不良资产，重组目标和资产支持证券化。

除银行贷款、租赁、基金等方式外，资本市场也是重要融资渠道，债券、股市为大型企业提供大量资金支持。资产证券化也日益受到青睐，为企业提供重要的流动资金支持。此外，各金融机构、船东和航运公司也在积极寻求金融创新模式，发展多元融资形式：国际集装箱巨头马士基以印度为试点，开展贸易融资服务，旨在为贸易商提供融资，同时马士基多年来的大数据支持可以有效把控风险；中船重工成立典当行，落户天津滨海新区，旨在为中小企业提供快速、灵活的资金融通，支持集团成员企业及上下游企业的抵押、质押短期融资业务需求。

资料来源：Petrofin Research。

图3-16 全球航运融资市场动态演变

3. 中小航运企业的融资之困

当前航运业处于低谷期，发展前景也不明朗，银行业主要为安全性更高的大企业提供融资，而作为最庞大群体的中小航运企业的"融资难、融资贵"问题十分突出。国资大型航运企业一般可以不高于基准利率的资金成本从中国进出口银行、国家开发银行及国有大型商业银行融资。中小型航运企业大多为民营企业，经营业绩不稳定且透明度不高，抵御风险能力相对较差，企业信用难以满足银行贷款条件的要求。在同等条件下，即使是经营很好的民营企业，银行贷款条件也要比国有企业苛刻，在国外一条船可以拿到80%甚至全额的融资金额，而在国内最高也不过50%，企业不得不通过内保外贷方式获得资金。

中小型航运企业是业内最庞大的生力军，根据交通运输部2016年底的数据，中国航运企业数量约为5500家，其中，中小型航运企业4000余家。中小型航运企业作为整个航运业的细胞，必须保证其健康和有序发展，解决融资问题也成为提升其市场竞争力的有利条件之一。

3.9.2.3 构建航运金融生态系统，助力航运实体经济发展

航运企业、金融机构、专业服务机构是航运金融市场有效运行的必要主体，当前这些主体间存在着风险认知和信息不对称、各自独立的问题，这也是导致航运企业融资困难、航运金融系统运行不畅的主要原因。因此，需要将航运业、金融业以及配套服务业这三个航运金融的子系统进行有机结合，构建航运金融生态系统，实现航运金融的需求、供给以及专业配套服务的协同发展。在此生态系统中，可大力借助"金融科技＋供应链金融"手段，打造航运金融交易平台网络，打通三个子系统间的中间流通环节，优化行业生态环境，实现市场主体间物流、资金流、信息流等数据信息的互联互通，通过风险分担机制设计有效稀释资金风险。

国内一些金融机构正在进行航运金融业务模式的创新探索，也体现着航运金融生态系统的思想。例如，前海航交所搭建了我国首家航运资产管理平台，一举摘得"2017航运金融服务创新大奖"。该平台通过开展航运金融服务、船舶资产技术服务及支付结算服务等，逐步积累并形成具有权威参考价值的内河航运风险数据库，并将中小航运企业与银行、担保及融资机构联通起来，通过分析客户的资金流、信息流、物流三大真实业务流，实现"互联网＋航运＋金融"的深度融合。又如，2017年11月，浙江船舶交易市场与华夏银行联合推出"好运贷"船舶金融服务产品，符合条件的船东在浙江船舶交易市场平台交易、拍卖船舶时，可以将拟购买船舶作为抵押，向华夏银行申请船舶贷款，并通过按揭方式分期还款，有效降低了金融机构和船东的风险与成本。再如，国内航运融资租赁领域正在探索创新联合租赁合作模式，作为"金融船东"的金融机构与航运企业、第三方船管公司等多方合作，通过行业低谷期的风险共担和高峰期的红利共享机制，充分缓释风险，增强项目利益分配的平衡性和风险的抗周期性。

大力发展航运金融，助力海洋实体经济发展，需要充分发挥政府引导与市场主导的基础性作用，构建涵盖需求生态、供给生态、服务生态等三大系统的航运金融生态系统，提供专业化、综合化、特色化、智能化的航运金融服务。

1. 需求生态：打造全产业链条的航运产业集群体系

一是加强港口、物流、集疏运体系等航运基础设施建设，提升航运产业发展的基础条件。二是拓展航运产业链条，建立航运产业集聚空间区域，推动更多航运企业与产业要素集聚融合，推动实现航运产业集群化发展。三是推进互联网、大数据、物联网等智能科技在航运产业的应用，打造以智慧港口为核心的智慧航运产业。

2. 供给生态：打造多层次的综合航运金融服务体系

一方面，加快建立专业性银行、融资租赁、保险、基金等航运金融服务机构网络，不断完善航运金融市场基础设施建设。另一方面，逐步建立健全多层次、多功能的航运金融市场体系，全面推进债券、货币、外汇、黄金和金融衍生品等市场建设，为航运企业提供综合金融解决方案，支持航运业接轨资本市场、更好提升产业链价值。

商业银行的逐利和风控偏好导致其很难为处于低迷期的航运业提供融资，因此可借鉴欧洲设立专业航运融资银行（如全球最大的航运融资机构挪威 DNB 银行）的做法，研究建立专业的海洋金融银行机构支持行业发展，并由政府为其提供贷款贴息支持。此前，2017 年 6 月，韩国总统文在寅表示将成立韩国海洋船舶金融公司，通过提供稳定和体系化的金融支持以提升造船和海运产业的整体竞争力。

3. 服务生态：打造专业高效的配套服务体系

一是完善政策法制环境，充分借鉴国际航运中心法制建设经验，逐步构建与国际惯例接轨的法律法规和政策体系，营造有利于航运业与航运金融发展的制度环境。二是大力开展航运经纪、咨询、代理、法律仲裁、会计审计等航运中介配套服务体系。三是借助金融科技大力发展智能航运金融生态，建立健全线下一站式综合服务平台和线上信息化平台，打造公正透明便捷高效的公共服务体系，提高金融服务航运经济发展的质效。四是建立健全航运金融人才保障体系，提供富有竞争力的人才吸引政策和激励机制，吸引航运金融相关高端专业人才；通过校企合作方式加强本土人才的培养，打造人才集聚高地。

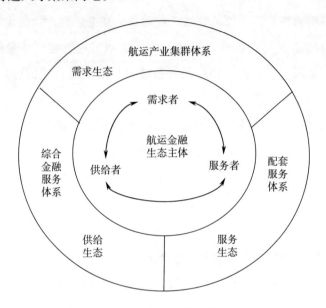

图 3 – 17   航运金融生态系统运行机制

4 构建精于协同的敏捷银行能力

4.1 顺应金融服务的跨界协同趋势，构建"智能金融价值网"

商业银行提高服务实体经济的效率和水平，必须充分洞察客户需求的演变潮流，重塑实体经济客户体验。但客户要求"又快、又好、又便宜"的金融服务需求，过去往往很难办到，因为"又快又好"对应的价格并不"便宜"。银行科技（BanTech）的历史远远长于金融科技（FinTech），提高金融业服务实体经济的效率和水平，绝非仅靠金融科技公司主导的金融科技就能带动，而是需要银行科技、保险科技（InsurTech）与金融科技的专业协同。当前，包括商业银行在内的金融机构在为客户提供金融服务时，正在呈现越来越明显的跨界协同趋势。在监管科技（RegTech）的统筹监管下，商业银行借助低成本、实时化、智能化的网络环境，以银行科技作为客户服务的核心纽带，能通过构建跨界协同的"智能金融价值网"，带动金融服务业群体战略转型和能力升级，实现可视化、情景化、个性化、虚拟化客户体验。同时，这也必然会改变银行估值水平，为股东创造可持续成长的收益。

4.1.1 服务可视化集成——价值是需要集成的

某欧洲商业银行推出前沿的、移动端 APP 创新性集成平台功能，最强大的移动端"懒人APP",是首个由主流银行推出的此类应用程序,其客户体验特点在于以下几个方面。

(1)配合"千禧一代"需求特点量身定制,针对更倾向于离开大型银行而尝试新技术服务的客户群体。将客户从查看海量条款、人工规划还款、计算余额、处理理财信息中解脱出来。

(2)允许用户添加来自21个不同银行的账户,一目了然查看所有。

(3)账单(包括各大银行信用卡、借款、抵押等事务状态)。覆盖的银行对手占据全部市场的98%,包括巴克莱银行、劳埃德银行、桑坦德银行等,并在APP中加入各家安全证书。

(4)添加"安全余额"(Safe Balance)功能,可以通过统计未来的账户和典型的花费数额,预知性显示下一个还款日前用户尚存的可用金额。同时把花费按不同领域归类(如交通、公共事业、饮食、娱乐等)。

(5)添加"储蓄模块",与初创企业Pariti共同开发推出Smart Save功能,帮客户将购物找零金额自动转存。

(6)创新性融入消费推广任务,如展示更好的各类运营商服务,为用户省钱。

(7)将推行银行业开放化的规章制度条款,允许第三方获取数据。

4.1.2 情景化交互——价值体验是有温度的

在跨界打造"智能金融价值网"的过程中,商业银行可以借助科技手段给消费者建立情景化的消费场景,从而同时提升客户体验和市场份额。事实上,银行产品服务销售流程也亟待向情景化交互转型。举例而言,澳大利亚的CBA银行通过将银行房贷服务与购房者购房流程进行嫁接,创造了独一无二的消费情景化模型,迅速提升了市场知名度,在澳大利亚房贷市场份额提高了几倍。

(1)提供搜索引擎,帮助用户查找房源、预约看房、申请按揭预批,做住房预算、比价计算房屋公允价值。

（2）在申请人上传文件的过程中，自动化机器人可以直接从可靠的第三方来源（如 Equifax）提取文件，对申请人进行核验；机器学习通过对比过去的贷款决定，可以检查和判断已经拥有的不完备信息是否满足贷款批复的条件。

（3）在对申请人要购买的房屋进行评估时，利用智能算法可以评估财产记录和可比房产，从而得出房产的大概价值，例如采用市政的记录；业务流程管理能够创建数据库用于产权验证和一大批证明的搜索。

（4）在申请人收到贷款方案阶段，机器学习能够根据可比案例的相关风险以及类似之处确定申请人的贷款计划条款，如采用固定利率还是可变利率；自动化机器人通过搜索社交媒体和个人信息（如 LinkedIn），能够制定更加个性化的贷款方案。

（5）在预测申请人是否接受贷款方案时，机器学习能够为前台论证申请人最看重贷款方案的哪些要素（如交易手续费），从而提升客户转化率；自然语言处理（NLP）能够提供实时的文本和语音支持，如与苹果 Siri 类似的语音系统。

（6）整合供应商提供电视、宽带过户、新家具递送、打包和搬家等房屋售后服务。

情景化的交互是一项复杂的系统性工程。其中融入了以客户为中心的精准营销、与第三方合作伙伴的协作、大量新技术的应用，如 GPS 定位、大数据分析和自动化机器人等，这中间需要银行的前、中、后台的大量协同合作。从上述案例不难看出，银行科技（BanTech）的成功绝非由于技术这一单一因素的推动，而是银行整体转型推动的结果。

4.1.3　大众个性化定制——真正以客户为中心

建设组件化、参数化银行产品工厂，支持大众客户化定制。

（1）个人与商家的关系，从购买者转为定制者（从 B2C 转向 C2B）。例如捷豹汽车（Jaguar），能够通过其网站为客户提供购车流程定制化（灵活的经销商选择、集团客户购车解决方案、自主化预约试驾计划），汽车配置定制化（车型、内饰、外饰、发动机、保养与维护），金融服务定制化（贷款购车、租赁业务、限时优惠方案和保险服务），售后服务定制化（定制化售后保养与维护套餐、汽车服务管家手机应用、微信交互体验），客户的任何定制产品均能实时显示相关价格。其背后的基础必然是其企业内部从营销、定价、销售、签约、结算、核算、售后服务等一系列流程，所有基础产品及其零部件标准化，以及与银行、保险、租车公司等一系列合作企业协作服务流程的标准化。

（2）企业上下游关系，从供应链转为价值链（从 B2B 转向 B4B）。供应商不仅确保以合乎规格的元件，在限定时间和成本内履行供货职责，还担任制造商的研发伙伴，更早加入产品开发过程，共同响应客户化定制。供应商的知识不仅应用于产品设计，还有助于制定最佳解决方案。换言之，这些供应商等与合作伙伴能够在制造过程中不断为产品增值。这一过程在一个特定区域整体实现，意味着这一地区的实体经济从"锈带"转向"智带"。德意志银行将公司金融的供应链管理、应收账款、外汇、现金管理等分成 150 个金融产品元件，部署在德意志银行的 Autobahn APP 网络商店，Autobahn APP 提供了许多超级 APP（Sup-APP），可以根据企业需求进行客户化定制，这些 APP 都是为了让客户的财务处理过程易于实时追踪和管理。客户可挑选适合的金融元件来构建前台系统，银行是元件供应商。

4.1.4 品牌社交化塑造——虚拟与现实的完美结合

随着移动互联的蓬勃发展，消费向社交化转型，品牌传播也已进入网红传播时代。虽然网红经济尚处于初级阶段，其实质是注意力经济，但网红经济已开始借助产品形象数字化、虚拟化塑造，向影响力经济升级。商业银行虽然也已开始借助网红传播，"情绪化调动"客户购买欲望，但大多是与热门电影剧集或者娱乐节目合作。据相关媒体报道：

（1）目前中国产品形象代言也正在从当红明星转为虚拟网红。早在2014年，为了纪念《灌篮高手》发布24周年，乔丹推出了樱木花道系列运动套装Jordan x Slam Dunk，樱木标志红白系的球鞋、T恤和帽子一经推出，便受到了"80后""85后"止不住的热捧。

（2）2017年年初，著名奢侈品牌路易威登在2016年早春的预告片广告中，首次利用《最终幻想》的虚拟角色雷霆（Lightning）作为品牌代言人，演绎了路易威登箱包、服装系列作品，同样赢得了广大游戏玩家和二次元群体的好评。"现实和幻想已经成为一体了。"这还都是主要针对"85后""90后"的动漫营销。面对不断发展的二次元时代，想要进一步把握住对二次元更加大众化和沉浸的"泛00后"，对于品牌而言，与二次元相结合的商业模式显得越发重要。

（3）与"80后""90后"主要聚焦微信、微博和QQ空间不同，约三分之一的"95后"青睐更丰富的社交平台，比如直播类、视频类平台。中国在2017年10月25日以创纪录低位的收益率发行了20亿美元债券，收益率水平仅略高于美国国债，表明投资者对这个全球第二大经济体的财政健康抱有信心，因发行当天在微信圈刷屏，被称为"网红国债"。如何运用虚拟化代言抓住年轻人的心，推出"网红产品"，是银行推进协同构建智能金融价值网需要充分考虑的因素之一。

（4）平安集团跨界营销做得较多，其2016年年报采用了H5的形式，画面的数据、图例简洁，让人一目了然。重点是请了胡歌作为颜值担当来发布，一晚上引发335万次阅读。还有诸如与腾讯做跨界音乐会，推平安财神节；与新浪财经打造财经网红的大赛，与摩拜做骑行活动等。

（5）渤海银行善于追踪网络热点及时推出微广告，比如在网上热转的"维密摔倒事件"之后及时推出的"稳——从未失足。渤海银行连续11年

6089 期收益全部兑现"的宣传广告。

（6）也有采取虚拟化卡通形象的，如浙商银行的形象代言人首席发现官 Redo 公仔。

（7）支付宝借势中国有嘻哈，做"喊麦文化"。

总体而言，金融业提高服务实体经济的效率和水平，需要进一步付出转型努力，迅速从品牌注意力传播迈向影响力变现，从单一场景化迈向生态化集成，从流程自动化迈向智能化交互，从销售标准化迈向个性化定制。转型的支撑能力不仅在于自身业务流程的组件化、参数化、自动化和智能化，也在于组织跨界协同，构建智能金融价值网。

4.2 深潜智能金融价值网，勇做价值网时代弄潮儿主宰沉浮

笔者在 2017 年出版《银行科技——构建智能金融价值网》（以下简称《银行科技》）一书以后，在工商登记注册的银行系科技公司已经增加到了 3 家，正在筹建的还有 2 家。它们已经从银行里"走出来"，与互联网企业的金融科技公司同台炫技，参与价值网时代的博弈。这本书获评了第一财经金融价值榜 2017 年度人气奖，也许有些预见性。书里有句话确实已经引起了大家的广泛关注，"你以为你的对手是友商，其实你的对手是时代"，估计大家是真的担心在价值网时代落伍。为此，笔者将从到底什么是价值网、为什么要关注价值网时代、如何在价值网时代创造价值三个方面围绕商业银行如何构建基于智能金融价值网的精于协同的敏捷银行能力展开阐述。

4.2.1 什么是价值网

价值网就是价值存储、交换的体系，其中任何一个金融产品和服务可

以从云端的后台运营借助中台应用程序接口 API 提供给前台终端用户的 APP，《银行科技》这本书谈到其中 9 项技术的应用。举个在线教育平台的例子来说明一下，这个在线教育平台基于微信和网站获客，其运营使用的 API 服务不仅包括阿里云、腾讯语音，还有若干小贷机构的分期贷款服务，这种分期贷款服务能给这个在线教育平台提升 15% 的客户转化率，小贷机构必须在很短几分钟内敏捷地完成客户输入身份、工作信息后的征信查询并批准贷款，贷款采取受托支付方式转账到在线教育平台。表面上看，小贷金融机构 APP 被以 API 方式整合到了在线教育平台的 APP 里，但实际上这个教育平台只是小贷机构在全国 20 多万教育平台中遴选出的 1000 家目标客户之一，教育平台采取至少 50% 贴息方式协助客户获取小贷机构的分期服务，稳固扩展其教育生意。小贷机构的分期贷款主要防范的是欺诈风险，而非教育消费客户的信用风险，所以他们要事先评估筛查教育平台的资信，而客户申贷的手续非常简单。从这个案例可以看出，在价值网里客户才是中心，某领域的消费服务机构、银行科技或者金融科技的角色地位并没有什么不同，都是价值交换的参与方之一，要围绕客户需求重新定义服务流程。在价值网中所有参与方的利益应得到公平考虑，谁能更好地统筹协调内外部资源，为客户提供更好的价值，谁就成为价值网的主导者。

4.2.2 为什么要关注价值网时代

我们可以回顾一下中国过去 10 年的互联网发展历程。2008 年至 2011 年，从经济标签来看是"注意力经济"，从技术角度看是以 PC 互联网为主导，互联网用户达到 3 亿 ~4 亿人，金融机构以前店后厂的方式提供服务。2012 年至 2017 年，从技术角度看是移动互联网时代，从经济标签来看是"网红经济"，互联网用户从三四亿人增长到 10 亿人，从微信用户数量增长就可以看出，到 2017 年用户数增长已经面临瓶颈。新的增长来自哪里呢？比较有代表性的来自以"抖音"为代表的短视频等新兴渠道，以及以拼多多为代表挖掘三线、四线、五线城市客户消费潜力。显然,简单的粗放式扩张的空间已然有限。笔者在《银行科技》一书中谈到,金融机构提升服务实体经济的效率和水平,应进一步深潜以客户为中心协同创造价值的价值网时代,这里"价值网"和"协同价值创造能力"是关键词。2018年以来,从经济角度的标签来看,进入了"API 经济";从技术角度看,价值网中的企业在前台通过 APP 为客户提供移动金融服务,在中台利用 API 将金融服务开放给外部合作伙伴,在后台借助云、AI(人工智能)、ML(机器学习)、DL(深度学习),支持前台和客户得到智能分析基础上的实时感知和响应。在消费领域,无论是教育、健康、旅游、医疗美容、养老、文化娱乐领域,还是类似前面讲到的在线教育平台,已经出现很多新的独角兽企业。在生产领域,某商业银行从上海一个港口入手,协助港口将线下服务大厅的提箱、放箱、查验、支付等人工流程线上化,提供账户业务分流、实时支付到账、业务计划、免息关税、综合融资等综合金融服务,并将业务模式推广至更多港口的更多服务大厅,在大幅度提升港口运营质量效率的同时,也实现了更多存款资金的账户沉淀。这样的金融服务模式当然不仅适用于港口码头,在天然气供应链、钢铁供应链等诸多传统产业转型升级领域,都有巨大的潜在增长空间。

4.2.3 如何在价值网时代创造价值

我们且从中、日、韩三国的商业银行转型的异同来看看银行在价值网中的行为模式演变。在价值网时代,围绕以客户为中心,银行和金融科技企业普遍聚焦四个方面赋能:一是推进全渠道智能化转型,二是打造生态系统,三是构建银行内部价值图谱,四是构建银行外部价值图谱。

在推进全渠道智能化转型方面。在新零售大潮席卷之下,互联网企业在线上智能化的同时,已陆续开始对线下智能网点进行战略性布局。例如中国阿里巴巴联手星巴克,布局盒马生鲜、天猫国际线下店;日本茑屋书屋联手线上旅游平台设置私人旅行定制柜台；蚂蚁金服与韩国互联网企业Kakao达成合作将布局韩国更多线下场景；等等。新零售大潮也在驱动银行的全渠道智能转型。由于智能机具的广泛部署，除了旗舰店以外，银行一般网点转向小型化，网点面积从过去的2000~3000平方米，转向300平方米、500平方米、800平方米不等，服务流程差距越来越小。1台智能柜员机能代替过往1~2个高柜的业务量，1个原来的柜员可以维护3台智能柜员机。在特定区域网点模式安排上，比如在高端商务区、住宅区网点，尽管也有智能设备，但服务这些高端人群的复杂金融需求主要靠人出面，提供更有内涵和温情的服务；在普通办公区、住宅区网点，转向主要依靠智能机具或无人网点，这一点在中国处于渐进状态；在村镇网点，智能机具与人工服务并存。网点转型的结构和技术也差不多，因为技术手段已经比较容易获得，没有太大差别，但因为数据质量、服务级别，技术能力使用的成熟度有差别，对流程能力的赋能会有不同，导致服务流程成熟度的高低存在差异。比如签约，领先银行已经完全不用纸张了。又如有的银行在利用深度学习，对于目标客户需求的感知和响应能力技高一筹。有的银行人脸识别技术仅用于开户，领先银行人脸识别已不仅用于开户，而且陆续应用到全渠道、全流程的金融业务之中，包括客户营销推荐、预约服务、开户签约、取现、转账、查询，以及系统登录、清机加钞、反洗钱、反欺诈等运营环节。领先银行网点的贵宾服务人员，1个人能解决客户所有的顾虑和疑难，可以履行所有功能甚至包括审批。这是因为与其他银行相比，它们在流程能力支持下拥有更多可支配信息、知识、资源。

在打造生态系统方面。无论是平台导向还是扩展合作方，中、日、韩三国的银行和金融科技企业都在运用开放API，把企业的部分流程能力嵌入价值网中客户生产消费旅程的价值交付或存储环节，其工作方式相似。一个国家的银行做了什么，其他国家的银行、金融科技企业或同一国家的其他银行、金融科技企业立刻就模仿复制。其差别在于，在开放API只提供简单标准交易功能，有的银行能根据客户价值提供很好的结构化的 API，而且还能在开放 API 中根据客户期望进行个性化定制，其背后的根本原因仍在于服务流程的成熟度。具体而言，是在通用产品上绑定的服务种类，以及支持产品服务的客户化定制能力有很大差别，最终体现为客户满意度和忠诚度的不同。比如中、日、韩三国的很多银行都已能做到信用卡 5 分钟发卡，但有的领先银行可以对高风险级别客户 5 分钟发卡，而大部分银行只能做到对低风险级别客户 5 分钟发卡。又如，有的领先银行将交易银行产品功能模块化、参数化置于云平台上，可供客户选择性定制产品服务组合，满足定时、定量服务需要，或嵌入企业线上供应链等各类特殊需求。比如上文谈到的在线教育平台，对于其中拟就读海外 MBA 的高净值客户，领先银行仍然能通过 API 敏捷接入，提供个性化的定制产品服务组合，进行其他高风险回报产品的交叉销售。

在构建银行内部价值图谱方面。银行构建内部价值图谱，搭建企业级的组织架构、业务架构和技术架构，借助银行科技，运用新兴技术，组建流程和数据团队，重构金融服务的前、中、后台作业模式，实现银行服务内部全流程的组件化、参数化、自动化。许多金融科技企业和银行都在推进人工智能、机器学习、深度学习的技术，以及语境驱动的应用，有的只是跟从。有些银行已经尝试建立专业化的数据化转型团队（Digital Transformation Team）。但是相当多金融科技企业和银行面临的主要障碍不是技术，而是数据质量，因为它们没有建立相关领域的数据实体模型。不仅如此，前文提到有的领先银行能提供体系化结构化的 API，能围绕客户需要快速响应产品服务的客户化定制，还因为它们有很好的业务架构、标准、管控机制和防腐隔离层（Anti-Corruption Layer）等手段。领先银行的业务流程和业务管控已经达到一定成熟级别，其他跟进银行因为没有基础在短期内无法追上。所以看似各家银行都已经采用了这些技术手段，但成熟度是不同的。相对而言，技术实现比较容易，买来就可以使用，但是质量和服务不同。质量和服务的领先实践源于围绕战略目标的企业级流程能力，特别是流程中的赋能元素，需要建立流程模型、数据实体模型，明确流程活动对应的客户、产品、数据实体，定义流程步骤对应的规则、授权、政策、判断标准，所需信息知识以及技术手段。为了做到差异性，应该从客户体验和新业务模式的角度，基于业务模型逐项评估，寻找技术手段可以发挥作用的环节，以及在价值网扩展空间，以优化流程能力。如果没有强大的流程模型作为基础，只能像"阿米巴虫"一样简单复制出一些标准的产品服务模式。流程活动是以客户触发事件为目标的，如果没有流程模型，则难以围绕客户做到持续的能力及知识积累，新技术的采纳也会存在一定的不确定性，继而持续创新能力会相差很多，那么这家银行就会很快面临成长局限。

在构建银行外部价值图谱方面。商业银行可以吸收知识图谱的概念，通过构建外部价值图谱，为金融价值网赋能，使其更好地发挥作用。价值图谱将整个价值网包含主体进行立体式网状关联，可以涵盖价值网内的客户关系谱图、产业链图谱、金融机构价值交互图谱等，形成企业级统一客户视图、统一产品视图、统一员工视图、统一机构视图、统一数据视图。以构建可视化的客户关系价值图谱为例，商业银行与其他价值网主体可以协同合作，利用 AI、大数据、云计算等技术，从多个渠道实时智能抓取企业的工商经营信息、企业重大事件等客户相关信息，并通过建立标准化、模块化、参数化的业务模型，进行深度加工、整合和量化分析，完成从原始信息到企业关联信息、潜在商机、风险预警数据的挖掘，识别企业客户间存在的股权投资、交易、借贷、担保等多种关联关系，应用于前台营销获客、中后台风险管控、反欺诈等领域，实现实时智能捕捉商机、营销获客和响应客户需求，以及风险识别和防控预警。对企业间关联关系进一步挖掘，从客户图谱可以拓展到产业链图谱，深入洞察产业链上下游关系和其中企业间相互价值的交换，通过分析产业链条的影响传导来把控营销获客和风险识别等。国内某银行利用企业客户关系大数据，将已有客户按照股权投资等关联关系进行分类，创新性识别"系客户"及风险关联视图。基于整合的知识图谱，量化企业风险，前瞻性预测自动生成智能报告，对客户及其关联关系群（集团、系）进行综合分析，极大提高了风险识别效率、降低了人工成本。另一某股份制银行将客户关系图谱前置到营销环节，在外部大数据整合基础上，提炼出关联客户和营销线索，建立战略客户、小企业客群、产业链客群。在实时智能获得有效商机事件后，进一步利用内外关系网络，构建数据模型，建立新兴算法的客户准入模型，对商机名单进行排序和量化，优先安排资源处理重大商机，并匹配金融产品和服务。

总结来说，在价值网的各种角色中，银行科技企业更擅长的是风险回报平衡较为复杂的产品和综合服务能力，金融科技企业更擅长的是短平快的单一性服务和基于互联网的交互式体验，在布局价值网的策略选择时，似应注意扬长避短或取长补短，协同合作。致力于在价值网时代领先一步创新的银行和金融科技企业，需要找到目标客户，从外向里看，然后基于客户的期望，确定在价值网的哪个领域和环节扩展自身的战略流程能力。尤其是对于银行而言，如果不通过构建内外部价值图谱，很难发挥其综合性服务的能力优势。只有厚积薄发，其在价值网中的价值创造领先优势才能像击鼓回音一样，在价值网生态系统里余音袅袅、声声不息。

4.3　金融和科技企业 B4B 跨界协同，创建智能消费金融价值网

关于如何运用新技术、新方法精细推进金融和科技跨界协同，创建智能消费金融价值网来满足消费金融额度分散的特点，下文从讲故事的角度来谈一谈。

4.3.1 三个故事：消费金融领域的跨界协同合作

第一个故事从运用新技术、新方法提升客户体验角度，谈谈智能汽车消费金融价值网的故事。这个故事需要银行、保险等传统金融企业与 FinTech 企业、若干第三方服务商等多种角色一起配合演出。一位车主早上从小区开车出门的时候，停车场门禁读取银行卡车载电子标签（OBU），自动识别开门；这时客户用手机银行里面的 APP 识别附近哪里有加油站，加好油后用手机二维码扫描支付；出门去机场，客户通过 APP 传送的沿途视频信息（与高速公路的路况监测系统相连）和当日使用 APP 客户的行程信息，了解沿途路况，以便客户合理安排出行的时间和路线；在机场路口收费站再次读取银行卡 OBU，客户不停车付费通过；到了机场，客户通过手机银行已经预约代泊车服务；APP 自动识别客户去向，并通知到达地的服务商进行接站服务，实现跨区域的协作服务，还可帮助客户完成酒店预定；客户乘机出差期间，通过手机银行预约的洗车、汽车保养服务都会自动执行；客户出差不用车期间，其手机银行提示保险公司按合约退回数天保险费用已自动入账；客户出差回来出机场大门时，泊车员把汽车开过来，客户开车回家。客户可以通过手机移动支付的方式完成停车费、泊车费、小费打赏及飞机票等付款，如出现资金不足，可以与支付平台实现短期、快速融资服务。所以，仅仅谈场景仍然只是初级的，客户需要的是银行、保险等传统金融机构与 FinTech、若干第三方服务商弹性边界、无缝连接的一系列场景服务组合，是一个带来超级体验的"电视连续剧"。

第二个故事，从运用新技术、新方法提高风险识别应对水平角度，谈谈客户画像的故事。笔者在传统银行工作过很长时间，实际上银行很担心客户画像失真的风险。银行界有一个术语叫"画师陷阱"，汉元帝时期有个宫女叫王昭君，她入宫时因为对宫廷画师毛延寿态度不太好，毛延寿把她画得很丑，她被打入冷宫五年。后来自动请缨嫁给匈奴呼韩邪单于，皇上给她送行时才发现是绝世美女，追悔莫及。留下一句诗，"后宫多少如花女，不嫁单于君不知"。现在金融机构通过大数据和机器识别，已经可以大大缓解落入"画师陷阱"的风险。比如客户申请办理汽车消费贷款时，金融机构通过人工智能辅助机器识别，在网络视频上对客户问问题，通过捕捉面部表情特征、应答语句分析技术，已经能够以80%的准确度来预防欺诈。又如运用手机GPS追踪的大数据和云计算技术，识别个人身份证或填报的住址与实际经常住址进行一段时间比对；又如为防止集体骗贷，对同一个时间段进入借款平台的借款人，要求借款人手机开机，通过GPS追踪看看这些人是不是经常聚在一起，以判断这些人是不是团伙。

第三个故事，运用新技术、新方法还有助于消费金融服务的风险回报平衡判断。例如，汽车消费贷款的客户可以细分为三种：第一种是第一次购车者，第二种是汽车更新换代者，第三种是汽车发烧友。假如一个汽车发烧友在街上看到一款车，用手机拍了照片，传到银行网站，银行迅速识别这是哪种车，需要多少钱买。这些用到的照片识别和动态数据是大数据。而对客户目前资产负债状况进行分析，用的是小数据。银行结合客户风险偏好，给客户提供采用何种分期，又用到了大数据，可以据此判断客户的风险偏好。风险平衡方面以客户为中心，也需要传统金融机构和照片服务商的整合服务。

这三个故事都涉及新技术、新方法做消费金融的跨界合作。无论在前面谈到的第一个故事客户体验连续剧，第二个故事谈到的防欺诈历史剧，以及第三个故事风险回报平衡判断大片，都需要传统金融机构与FinTech企业、第三方服务商跨界合作，以提升在智能分析基础上实时感知和响应客户消费金融需求的能力。

4.3.2 金融和科技企业B4B跨界协同，创建智能消费金融价值网

谈到传统金融企业与FinTech企业对于跨界合作的心态，笔者认为这两

类机构心态不重要，客户的心态最重要。打个比方，如今的中国消费金融服务，大部分还没有完全摆脱阿庆嫂开店的水平，"垒起七星灶，铜壶煮三江，摆开八仙桌，招待十六方。来的都是客，全凭嘴一张。见面开口笑，过后不思量，人一走，茶就凉，有什么周全不周全"。现在只不过把茶馆开到网上去了，消费金融服务的同质化竞争并未得到根本改观。大型电子商城你有"双11"，我有"6·18"，但如果做细分市场和特色服务，各类中小 FinTech 企业和中小银行的合作其实前景无限。可以预见，未来的消费金融跨界合作必然是多品牌共赢的合作。正如笔者曾经谈过未来消费金融一定会逐步从 B2C 转向 C2B，传统金融企业和 FinTech 企业的合作肯定会从 B2B 逐步转向更有深度的 B4B。

好在现在已经有越来越多的 C2B 实践了，在此不再阐述。但对于 B4B 还是举个例子说明一下，比如专门做大数据调查分析的企业与传统企业在新产品定位上的深度合作，就有很成功的例子。例如，统一集团 2015 年 3 月 18 日推出的全新品牌——"小茗同学"冷泡茶，一款淡甜、不苦涩、清爽、有新鲜感的饮料，用大数据分析做的品牌形象，认真搞笑，低调冷泡；视觉定位呈现"呆萌"属性：茶芽头、腰果眼、搞笑的表情；渠道定位学校、小商超、网吧、便利店等年轻族群汇聚处。高中生在其消费群体中约占 75%，在"00 后"市场大获成功。

传统金融企业和 FinTech 企业在消费金融领域 B4B 合作，远比现在简单的互信登录、积分互换等 B2B 式合作前景广阔。2017 年 6 月 16 日，监管当局暂停网贷机构开展校园贷业务，因为裸贷、暴力催收等不法行为的存在，但校园贷的空间依然很大。现在市场调查发现"70 后"忙着挣钱，"80 后"忙着还钱，"90 后"忙着花钱，但"00 后"忙什么呢？这么大的市场我们不能不去读懂，大数据调查分析结果呈现出成年人对"00 后"的认知与"00 后"自己对自己的评价相去甚远。成年人认为"00 后"是小孩、奢侈、有优越感，"00 后"认为自己靠谱、成熟、独特。大数据分析发掘出的校园消费金融情景其实有很多种：数码产品和手机、租房、旅游、服装和鞋、演出和演唱会、美容整形（矫正牙齿）、培训、考驾照、玩游戏、看病、餐饮。如何避免前两轮校园贷风险的覆辙，需要传统金融企业与 FinTech 企业在消费金融领域采取 B4B 方式合规操作。比如学生在毕业前几年就开始为找工作做牙齿矫正，需要花好几万元，并且需要持续几年时间。对于家庭富裕程度不同、风险偏好不同的校园消费者而言，需要与相应的牙科诊所合作定制化综合服务，消费金融是其中一个模块。

实际上传统金融企业和 FinTech 企业在消费金融领域采用 B4B 合作可以贯穿产品生命周期全过程。上文谈到汽车消费贷款，客户在汽车销售网站上选中一款汽车，加一个定制的尾翼、车轮毂或者外饰喷涂等，这款定制化汽车的价格不仅实时显示出来，同时显示出的还有客户适合以什么样的分期贷款来购买这款车；因为客户喝牛奶、吃红烧肉、不在夜间喝酒的消费记录，他的汽车保险收费显得比平均水平低；因为使用了某银行的手机银行服务，客户得到多次洗车免费和汽车保养优惠待遇……借助于移动、物联网、大数据、云计算、机器学习和 AI 等新技术、新方法，小额、分散的消费金融也可实现大众客户化定制和持续的个性化服务。

而这些服务背后的消费金融产品和服务，无论从各类缴费的数字合约登录、签约和执行，还是付款的定时、定频、定额方式，银行、保险、Fin-Tech 企业和各类消费服务提供商，需要将各类连续消费场景所需服务质量效率按照以客户为中心进行梳理优化，将跨领域合作的服务资源像乐高积木一样进行非标资产标准化、标准资产数字化、数字资产金融化，实现前台实时感知和响应客户需求，后台产品工厂快速定制、实时交付。

总体而言，在消费金融领域，传统金融企业和 FinTech 企业采用 B4B 方式进行跨界合作，有助于形成智能消费金融价值网。在这个智能消费金融服务网中，网络参与者的关系将具有六大特征：一是以客户为中心，二是相互合作和系统化，三是敏捷并具有变通性，四是极速流程，五是数据传输，六是众智加持。这种迅速和富有弹性的系统，不仅有助于为客户创造极致体验，改变阿庆嫂开店式的同质化竞争；还有助于实现多赢的商业模式，而非一输一赢或半输半赢。

智能消费金融服务网有助于真正实现马斯洛所提出的客户需求分层理论。中国居民的消费金融需求已经开始分层，相当一部分富裕消费者和年轻消费者的消费需求正在从满足基本功能、感觉到尊重的需求逐步上升到自我设计和自我实现，其特定需求希望得到满足；相当多的中国农村居民和城市中低收入消费者，其普惠需求应该在可承受成本基础上得到响应。数字化、智能化的新技术、新方法使这一切成为可能，这对于经济新常态下深化消费金融领域供给侧结构性改革具有深远的现实意义。在中国消费金融跨界合作创新的道路上，需要一批真正的创新高手。而真正的创新高手一定是个心灵猎手，能够深入目标客户的内心世界，发现真正打动人心的需求。

4.4　洞察实体经济转型升级的"时与势"，赋能产业价值网

服务好实体经济和防控住金融风险是金融业的艰巨任务，如果无视实体经济市场发展的潮流，抱残守缺地沿用惯性模式，是很难完成好这个艰巨任务的。金融业需要在洞察、深潜和赋能产业价值网基础上，向智能金融价值网模式转型。

4.4.1　洞察产业价值网——实体经济转型升级的"时与势"

前几年人们认为产业互联网是"互联网＋"，现在发展了几年之后，发现其实是"＋互联网"，是各个行业主动去与互联网融合。从宏观角度来

看，这几年一些垂直行业生态系统在发展中已经孕育出好几个超级独角兽，市值都超过了 100 亿美元，比如链家和滴滴打车。信息在产业互联网下被重新分配，对很多产业产生了深刻的影响，一些大类别产业，如旅游、交通、教育等，其中至少有上百个细分行业在发生深刻的互联网化，新的市场和商业空间在逐步形成，这是一个大的方向。从中观来看，这个演变的支撑逻辑是什么？很多年前是 PC 互联网，比如我们熟悉的是新浪和网易。后来到了移动互联网，大家使用频率最高的是微信。"＋互联网"现在正向"＋物联网"（＋IoT）转变，物联网正在进一步重构细分行业产业价值链，产业价值网正在发展成形，这是一个巨大的变化，这就是实体经济转型升级的时与势。进一步从微观来看，目前数字资产和算法经济实际上已逐步把信息的互联网化转化为信任关系的互联网化。例如，在区块链技术应用上，平安银行从"平安一账通"升级到"金融壹账通"，美国银行在区块链方面的专利超过了许多科技企业。当前，越来越多的产业要素都被带入互联网了。这些改变已经使产业互联网的细分行业呈现指数级增长，如果金融企业再不去深入研究产业互联网演变的驱动因素，再不去重视培育对数据资产的深加工能力，金融企业服务好实体经济、防范住金融风险就会是无源之水、无本之木。

4.4.2 深潜产业价值网——完善金融服务和风险防范的"道与法"

在实体经济的巨大转变中，必须在深潜产业价值网的过程中，做好金融服务和防范金融风险。不仅需要从产业价值链的角度去看行业的状况，研究行业内的竞争状况、新的进入者及替代品、上下游的砍价还价能力；还需要从数字经济和产业价值网的角度去分析行业的复杂度和协同度，行业的复杂度包括参与者数量的多样性、活动的复杂度、关系的范围和性质，协同度包括行业影响力和范围、交互的正式性和可执行性。例如，零售业属于复杂度和协同度均低的"鲨鱼缸",媒体和娱乐业属于复杂度高、协同度低的"蜂巢";能源、公用事业属于协作度较高、复杂度不算太显著的"狼群";再如,医疗属于复杂度和协同度都非常高的领域——"狮子之傲"。

在产业价值网构建商业模式需要把握好三个要素,即流量要素、服务要素和利润要素。流量要素主要是"导流",服务要素主要是交互"粘性",以个性化的增资服务来实现"利润"。例如罗永浩在得到应用软件上推出自己的付费专栏,罗永浩自己承担导流,将交互方式从每周一次增加到每天一次,从低频转变为高频,以提高粘性;靠签约大师和电子书箱实现利润,例如《李翔知识内参》。尽管罗永浩得到专栏已停止更新,但流量、服务和利润三个要素的运用模式却方兴未艾,为工业文明和农业文明的转型升级重新赋能,在很多新的场景中呈现指数级增长。

在产业价值网大潮中,仅仅靠传统的金融服务方式显得苍白无力。金融企业深潜产业价值网,需要对产业价值网进行深耕,对数据资产进行深加工,组织数字协同,建立自动化、智能化、协同化的金融服务和防范风险方式。比如金融租赁公司办理医疗设备租赁,并不是简单地把医疗设备租给医院,金融租赁公司可以找一些数据分析供应商合作,提供医疗设备及其医疗数据分析服务,将金融服务嵌入医疗设备的预约、使用过程监测、使用效果追踪诊断。再如,商业银行及其控股的金融租赁公司联合设备供应商,为大型和小型连锁超市分别定制现金处理机器,提供的现金处理及其设备嵌入了网络银行和交易银行服务。又如,银行做汽车金融,客户用手机拍张心仪的汽车照片传给银行,询问车的型号、可用汽车贷款额度或车库租赁方案;银行与图片分析商合作,对数字照片进行识别分析,提供汽车型号、价值识别服务;与汽车供应商、物业管理商和保险公司合作,为客户定制购车、停车及其汽车保险解决方案;结合客户信用数据,提供汽车贷款分期咨询和服务交付。再如,中国的一家快递公司围绕快递服务建立了一个涵盖物流支持、在线支付和金融服务（如供应链金融）的综合金融生态，拥有大量的交易数据；商业银行可通过与其合作，为整个产业生态网赋能，有效识别、开发和提供全面的金融增值产品和服务。

4.4.3 赋能产业价值网——智能金融价值网的"术与器"

构建智能金融价值网，是金融企业为产业价值网赋能，实现超级客户体验的切入点。"智能金融价值网"是指包括价值结构、价值交换和价值保管在内的网络时代价值体系。当前以下九项技术的迅猛发展，已使构建"智能金融价值网"成为可能。"智能金融价值网"将重构金融服务的前、中、后台作业模式：前台作业的社交网络媒体运用、移动技术和 APP，中台作业的 API 和即时网络连接；后台作业的云计算、大数据、区块链、人工智能和机器学习。在"智能金融价值网"生态系统中，银行及其 FinTech 合作伙伴都是元件供应商。具体而言：

在前台，以德意志银行为例，其将公司金融的供应链管理、应收账款、外汇、现金管理等分成 150 个金融产品元件，部署在德意志银行的 Autobahn APP 网络商店，Autobahn APP 提供了许多超级 APP（Sup-APP），可以根据企业需求进行客户化定制，这些 APP 都是为了让客户的财务处理过程易于实时追踪和管理。客户可挑选适合的金融元件来构建前台系统，银行是元件供应商。

在中台，API 是银行以云端为基础提供的功能，任何人可以利用 API 将其金融产品功能整合到他们的服务中。例如，星巴克提供客户需要的咖啡产品和店铺销售点，银行允许星巴克和 Uber 利用银行 API 来提供付款流程。在价值网中，银行正是靠这一部分将它们的产品交付给客户，这些产品通过数据分析与客户的生活息息相关。

在后台，云计算是将服务集中于网络，经由网络提供不受地域限制的服务。通过网络，大数据、人工智能和机器学习使银行可在任何地点提供一对一的个性化服务和一站式的端到端服务。区块链将重构价值结构、价值交换和价值保管的认证机制。银行借助前台系统的定位程序知道客户所在位置的商店，在后台系统分析客户的数据资料轨迹，找到符合客户兴趣的相关优惠，满足客户消费历程的需要。

金融企业变"抱残守缺"为"守正出新"，一是要顺应实体经济转型升级潮流创造价值，为所当为（Do the Right Thing）；二是要依托自动化和智能化，在服务和风控方式上精益求精（Never Settle）；三是要与产业价值网的合作伙伴深入协同，众志成城（Better Together）。

4.5　构建智能航运金融价值网，提升航运实体经济发展质效

随着互联网、大数据、物联网、区块链、人工智能等新技术的涌现与应用，一方面以港口为突出代表的现代航运业正在向科技智能化转型升级，另一方面科技金融正在颠覆重塑整个金融生态。作为高度资本密集型产业，航运业的发展离不开金融支持，金融科技在航运金融领域具有广阔的应用空间与发展前景。而统筹考虑航运、港口和物流体系，打造与现代航运相匹配的智能航运金融价值网必将为航运业的转型升级装上智慧化翅膀，为我国"一带一路"倡议以及航运业实体经济发展构筑独特优势。

4.5.1　现代航运业呈现智能化升级趋势

在互联网、物联网、区块链、大数据等新技术不断涌现发展大背景下，以港口为突出代表的现代航运业正在向科技智能化转型升级。物联网在货物运输中的数据获取作用、区块链在供应链中的应用、港口布局与创新中的大数据、沿海集装箱运力布局的大数据逻辑等都将成为业内关注的焦点，

新技术应用将给航运业发展带来新机遇和挑战。

新技术不仅可以提高行业效率，而且正在改变着现代航运服务业的生态，并带动着新的航运市场和航运标准的形成。例如，丹麦已将数字化列为其2025年全球海事中心计划的核心，该计划旨在让丹麦成为发展自主海事技术和海事数字化的领航者。同时，信息技术已经在世界许多大港货物的装卸、仓储、配送、运输、贸易等各个环节中得到了广泛运用，形成了纵横交错、四通八达的基于港口的信息网，港口信息化建设已逐渐呈现"智慧化"的发展趋势。汉堡港作为欧洲最繁忙的港口之一，于2012年发布了《2025汉堡港发展计划》，致力于将汉堡港建设成一个智能港口，主要包括从三方面改善物流：智能港口基础设施、智能交通导流、智能贸易安排。例如，通过雷达检测和射频识别技术掌握货物的出发地、目的地和预计交货时间、需要的港口服务和交接工作，以及货物递送安排或货物进港情况，进而更改货物交接要求，有效减少人工成本和货船停留时间。

4.5.2 金融科技孕育智能航运金融价值网

4.5.2.1 现代航运业亟需创新金融服务支持

随着行业深度调整，航运市场愈发呈现出船舶大型化、行业集中联盟化、智能化、金融化等发展特点趋势。在新特点下，传统的金融服务已越来越难以满足航运业的现实需求，亟待金融服务和产品的不断创新，特别是金融科技手段的应用。全球在21世纪以来尝试了多种产品和服务创新，诞生了融资租赁、船舶信托、船舶证券化等多种融资产品，但在金融服务渠道和模式上还未实现革命性突破。全新的竞争格局背景下，中国航运行业通过淘汰、消化、整合、转移过剩产能，正处于加速探底的结构调整期，正在从泡沫和臃肿的市场向专业化和精细化转变，但融资难问题仍然困扰着我国航运业的健康发展。中国航运融资缺口较大，渠道相对单一，因此更加亟需创新探索多样化的融资渠道。

4.5.2.2 金融科技是智慧金融的使能者

近年来发展迅猛的金融科技是技术带动的金融创新，它是创造新的业务模式、应用、流程或产品服务的使能者，主要对运营或产品服务的提供方式，以及基于端、网、云的智能商业生态中金融协同方式造成重大影响，是智慧金融的使能者。其在金融服务领域主要表现出以下特征：一是在目标客户方面，普遍定位于中低端客户市场，从长尾客户入手，迅速扩大客户规模，很快形成市场影响力；二是在商业模式方面，强调跨界合作，注重构建平台化、场景化、移动化的互联网多元化金融生态圈；三是在服务方式方面，带有鲜明的数字化、智能化特征，通过大数据分析强化金融服务的灵活性，提供差异化、个性化服务，通过数字化的运营以及快速响应地组织架构提高金融服务效率。

4.5.2.3 智能航运金融价值网将颠覆航运金融模式

借助金融科技，打造"智能航运金融价值网"，将颠覆航运金融模式。智能航运金融价值网具有迅速和富有弹性等特性，不仅有助于为客户创造极致体验，改变阿庆嫂开店式的同质化竞争；还有助于实现多赢的商业模式，而非一输一赢或半输半赢。其颠覆式的服务模式主要体现在以下三方面。

一是在前台，应关注客户的完整旅程，提供端对端完整的、全渠道的、及时便捷的优质客户体验。例如运用汉堡港规划方案，推动前台服务和航运场景的物联网化，智能获取和识别客户的交互信息，利用同理心理解客户在典型场景中的所想、所感、所做和所需，分析识别关键节点，推出关键服务。

二是在中台，应引入组件化设计思维，建立产品结构化框架，开发产品公共功能组件和个性化组件，通过组件化装配高效提升产品创新投放速度；可通过物联网技术采集到航运客户担保物状态进行实时监控管理，与多方合作获取全量数据，根据航运客户与贸易方的交易流水信息和历史贷款记录，分析客户行为和关联关系，识别潜在的信用风险和反洗钱合规性风险等隐患。面对错综复杂的航运业发展环境，基于互联网的大数据资源将会更有助于航运金融的良性发展。如引用美国某大型银行的实践经验，在航运电商平台收集和分析来自所有金融业务领域的海量信息，利用基于图数据库的认知技术分析分享传导模式，进而提升识别客户风险能力，更精准定位客户信用等级，并适时获取客户的资金活动，进行动态识别和风险管控。同时，也可运用开放 API 嵌入的智能商业生态场景实现随时、随地、随需的实时智能化服务体验。如 CA Technologies 发布 API 管理组合，帮助开发者、企业架构师和数字化领导者创建并部署微服务，同时管理这些链接、协调微服务的 API 构建现代化应用架构，这些架构将实现应用的敏捷性和规模化，从而增强竞争优势并创造卓越的客户体验，API 作为粘合剂，把各个微服务和现代应用架构灵活地组合在一起。航运业也可通过 API 平台获取更多航运企业和航运爱好者的关注，与金融领域携手共同建立更加紧密和息息相关的航运金融生态环境。

三是在后台，利用云平台简化营运流程、降低复杂性、实现客户关系和数据的货币化，有效推动运营模式和收入模式的创新；利用区块链技术，在清算和计算、大额支付、股票、债券发行，以及参考数据等方面最大限度消除信息、创新和交互方面的摩擦。面对环球贸易及融资服务的"客户体验不佳、员工每年耗费大量精力审核超过 1 亿页的非结构化文件，业务流程中多达 15 份不同类型文件"的实际问题，某欧洲银行积极与先进技术提供方合作，应用光学字符识别以及机器人自我学习技术，形成认知智能解决方案，改良业务流程，建立了"非机构化文件—识别文件并分类—关键数据识别、数据化和提取—自动处理、填充信息"等智能流程解决方案，大幅度提升流程准确性、减轻员工负担、降低工作成本。随着技术的日趋完善以及与航运产业的高度融合，金融科技不仅仅是对航运金融渠道或模式的拓展和创新，未来还将实现金融与航运一体化商业模式的颠覆性变革。

4.5.3 构建智能航运金融价值网，提升航运实体经济发展质效

2008年国际金融危机后，国际航运中心正从欧洲转向亚洲，亚洲地区逐步成为全球海洋制造业发展的主要推动力，逐步成为世界新的航运中心。而随着"一带一路"倡议、自由贸易港、人民币国际化、金融对外开放等国家战略的深入推进，我国航运业将迎来重大战略发展机遇。我国金融机构应抢抓机遇，率先探索拓展金融科技在航运金融服务领域的应用，支持航运金融产品创新，完善多元化的航运金融服务体系，实现与航运业的链式聚焦和联动发展，构建具有较强国际竞争力的智能航运金融价值网。

第一，参考航运企业交易大数据，金融机构可进行征信评估。航运企业在业务中产生并积累了海量数据，包括出货率、运载量、客户数量、逾期情况、回款速度等，此类数据对于航运相关企业的融资需求、信用风险判断有巨大价值，但过去受制于信息的获取及分析难度，数据处于静默状态，大数据及云计算能力的成熟得以使数字说话。利用这些数据，金融机构可发现货运价值链中的资金缺口，主动撮合信贷业务，并对授信用户进行征信评估，航运企业更容易获得金融机构的支持，金融机构也可有效地预判并控制风险，降低坏账率。

第二，利用区块链技术实现航运供应链节点化，推进融资创新，优化交易流程。将航运相关各方的信息储存在区块链上，航运及航运金融相关交易方均可轻松、安全地获取对手方信息，交易主体之间可以直接进行点对点的可信交易。另外，运用区块链技术将运输工具、物流设备场地资产化，还有可能涌现出创新的金融服务模式。通过区块链将资产化的航运资源以数字形式放上云端后，交易、融资都更加灵活，资产的追踪和管理更加便捷，可快速建立信任、问责制与系统透明度，显著简化业务流程，极大降低交易成本与业务流程复杂性。

第三，运用物联网技术，金融机构可实现对航运动产的智能化监管。

进入数字时代的港口航业，在码头作业体系可采用视频监控、识别传感、"GPS＋GIS跟踪"、自动分拣等技术实现作业自动化、智能化；在生产管理环节采用射频识别（RFID）及其他传感器技术实现数据的快速自动采集；在海域方面船舶监控系统通过无线射频、无线网络等实时获取远行全球的船舶数据。根据需求，结合云计算平台进行智能化处理，从而实现港口生产和监管的全网络、全透明、全过程管理。

智能航运金融价值网将借力数字化及智能化技术，提升航运金融服务与风险控制能力。未来可以深入挖掘智能航运金融蓝海空间，切实服务我国航运实体经济发展。一是鼓励金融机构数字化建设，突破现有经营模式，在获客、服务、生态、风控等领域建立全新的智能化和场景化航运金融服务模式。二是支持建设各类服务航运业的新型金融机构，探索互联网金融与融资租赁、资产证券化、船舶信托等多元化的创新融资模式的融合。三是借助外力、整合创新，积极主动在支付、大数据、人工智能等领域与金融科技公司展开合作，构建智能航运金融的大生态圈。

5 未来已来，在微粒化社会中塑造"敏捷银行"

由于当前中国数字化发展独步世界，整个国家加速进入颗粒度越来越小、多样性很足的"微粒化"社会，实体经济中的每一个企业、每一个人都像在显微镜下的"微粒"一样，可以被清晰地看见和识别。在"微粒化"社会，以往模糊的均值式商业模式，正在被无时不在的在线数据所改变，使得敏捷精准的商业、医疗、金融等服务得以实现，这也为深化金融供给侧结构性改革提供了新的土壤。具有敏捷能力的银行就像在价值网中掌控"云端乐高积木"，可以在云端后台对"微粒"的"积木需求"进行智能分析基础上，实时感知和响应客户的差异化、个性化需求，低成本、高效率定制"积木组合"。在向"微粒化"社会全面转型的浪潮中，世界著名的玩具制造商乐高集团勇于面对"柯达时刻"（Kodak Moment），采取了一系列成功的战略转型举措，对于商业银行向"敏捷银行"转型颇有借鉴。

5.1 未来必须节制，金融供给侧需要蝶变

"世上的可疑事情皆系本性使然，好事情则毁于无度。"威廉·勒普克1957年所讲的这句话，在2008年国际金融危机中得到过验证，因为那是第二次世界大战结束以后现代世界经济最大的一次信任危机。利己是一种强大的动力，一旦过度，便是贪婪。2017年至今，中国对以监管套利为目的

的高杠杆通道业务的治理整顿，再次验证了这句话。面对经济和金融领域的风险，企业和公民不能只盯着国家，寄希望于国家来解决所有的问题。只有当每一个个体准备为自身和他人承担责任时，经济社会才能可持续健康发展。未来必须节制，并不意味着得过且过和敷衍塞责地面对未来，这意味着不能失去"适度"这一元素。"适度"，意味着按照外部差异化原则，对客户个性化需求的产品服务定制"适度"精准；意味着按照内部简约化的原则，使金融投入产出"适度"精确；意味着按照精于协同的原则，银行内部前中后台之间以及价值网上的合作伙伴之间，能够以客户为中心动态组织资源，弹性边界，无缝连接，协作"适度"精妙。

20 世纪 90 年代，在取得了长达 15 年的巨大商业成功之后，世界著名的玩具制造商乐高集团逐渐迷失了发展方向，出现业绩下滑，一度陷入严重危机、濒临绝境。这其中除了自身的战略经营问题，一个重要的原因便是乐高管理层对周遭世界的快速变化反应太慢了，特别是来自于诸如电脑游戏的跨界竞争威胁。危机时刻，在新任年仅 35 岁的年轻首席执行官约恩·维格·克努施托普的带领下，乐高集团制定了被称为"共同愿景"的行动计划（2004—2010 年），形成了"愿景 2020"（后称作"乐高 2.2"）的新战略，确定了"启发和培养未来的搭建者，发明玩乐的未来"这一使命愿景，并实施了一系列的转型措施，取得了巨大成功，发展成为当今全球领先的玩具制造商。

世界在高速变化，当前已经是一个激烈争夺用户时间的商业时代，各行各业都在通过嵌入各种场景争夺瓜分用户时间，正如谷歌 CEO 所说，我们的竞争对手不是亚马逊，也不是百度，而是占据用户大量时间的游戏。竞争已经不再局限于同行业、同领域，隐性的、致命的竞争往往来自于跨界竞争，需要敏捷洞察和高效应对。今天的银行业也是如此，面对 ABCDE 五大类技术（AI，人工智能；BlockChain，区块链；Cloud，云计算；BigData，大数据；Internet of Everything，万物互联）飞速发展和应用，形成一系列新的商业模式，金融科技与银行科技正在重塑金融生态格局，用户运用科技的消费行为也在不断变化，银行业不仅需要破除高度同质化的同业竞争窘境，更要应对生而敏捷的金融科技巨头的挑战，从服务低频（单一门店，资金流转和交易次数相对少）转为服务高频（构建生态，战略升维，融入更多的金融与非金融需求）；从弱数据（缺乏统一数据视图和数据治理，无法积累高质量的各类数据）转为强数据（对内统一数据视图、对外大数据知识图谱）；从弱关系（对同一客户的资产和负债定价政策各自为政）转为强关系（区分总分行战略客户，提高目标客户服务粘性）。

从更广的商业视野来看，乐高集团的这一"柯达时刻"逆转案例如同经典的商业教科书一般，引人入胜且值得学习，对于中国银行业的转型发展具有重要启示。中国银行业正在主动适应这个高频变化的竞争市场，避免陷入被创新业者所取代的"柯达时刻"，必须捕捉并利用经济、社会、行业和技术变革的信号，从故步自封和现有的成功之中走出来，转型成为具备高效运转和快速迭代能力的敏捷银行，需要蝶变。塑造敏捷银行，不仅仅是组织扁平化、部落式项目团队和敏捷开发，必须能以客户为中心，在云中动态组织资源，在智能分析基础上实时感知和响应客户需求，为其提供差异化、个性化、定制化产品和服务。这需要银行构筑企业级业务架构和应用架构，坚持自顶向下的原则，形成统一的产品视图、运营视图、客户视图、渠道视图、信息视图、风险管理视图等集约化的企业能力"价值网"，基于标准化、组件化、参数化的业务模型和数字化流程能力建立"银行产品工厂"；另外，则需要强化内部前后台部门间的协同能力，以及与价值网协作者的跨界协同能力。具体来看，商业银行推动金融供给侧结构性改革、构建敏捷银行能力的关键在于"外部差异化、内部简约化和精于协同"。

5.2 未来必须外部差异化，在价值网提供个性化定制服务

在"2005 年成为有孩子的家庭中最受欢迎的玩具品牌"这一重要战略目标的推动下，乐高曾经大规模进入一系列斥资巨大、自己又毫不擅长无法掌控的新业务领域，比如乐高乐园、乐高媒体、电子游戏、儿童服饰、手表等，偏离了核心产品，不但未能取得成功，反而遭遇了严重的生存危机。乐高开始战略转型后，首先思考的问题就是，有别于传统的玩具制造商，乐高的独特之处是什么？如果乐高消失了，那世界会因此缺少什么吗？基于这种思考，乐高给出了清晰的差异化、特色化战略定位。乐高确定的使命愿景是：启发和培养未来的搭建者，发明玩乐的未来，搭建一个学习和游戏的平台。围绕这个战略愿景，形成了乐高自己的四个独特元素：品牌形象（关注儿童成长，乐高不仅仅是玩具，还能够激发孩子们的学习兴趣和创造力）；积木（专注核心业务，乐高积木"寓教于乐"，使孩子们可以边玩边学）；独特的游戏体系（组件化的拼搭游戏产品、丰富的和个性化的产品体系），忠实的乐高社区（全球粉丝在线社区、影响力经济）。乐高重新关注为消费者创造价值，丰富产品线，可以为不同年龄段、不同需求的儿童提供个性化的产品，也可以基于数字化技术支持线上化定制。

2018 年一档火爆的造星节目《创造 101》，是由 101 个女生集中训练 4 个月，最终选出 11 位组成组合并出道，这 11 位成员必然需要拥有自己的硬核实力和足够的差异化特色，来避免同质化，比如"C 位"出道的孟美岐和"中国锦鲤"的代名词杨超越。在当前微粒化社会数字化环境下，无论是普通消费者还是小微企业，都已经深度认识到，每个人、每个企业都与众不同，都有个性化需求。银行要想占据"C 位"，摆脱同质化束缚，也需

要对客户需求进行 360 度的深刻洞察，由标准化、统一化的产品和服务转向差异化、个性化、定制化的产品服务响应。这种变革广泛体现在产品、渠道、客户体验、客户维护等整个价值网，并以客户为中心，围绕客户的个性化需求特征进行串联组合。微粒化时代的银行产品创新，不过是围绕大众客户化定制，在产品工厂里实时组合与分解①。例如：

（1）敏捷营销获客——营销获客渠道和方式更加便捷、多元和精准。客户的需求多种多样、随时随地，这就要求银行要像豹子一样敏捷，将自己的服务渠道遍布到客户的消费场景之中，实时实地洞察和即时响应客户的金融需求，并通过强大的数据分析能力，实现客户和营销渠道方式的精准匹配。比如，银行通过 API 将自己的金融产品嵌入到在线教育平台 APP 里面，客户在购买课程产品时，就能够享受到银行提供的信贷简便申请和即时审批服务。

（2）敏捷客户服务——银行服务界面展示和提供给客户个性化的内容，例如个人信息和背景，减少与客户不相关的服务。比如，针对定期入账工资的客户，手机银行和网上银行页面可提供一个选项，为其提供便捷的资金理财服务导入；对于连锁零售商的收款服务，可以帮助连锁零售企业轻松实现现金清分、留店现金管理、现金记账和信息掌控。

（3）敏捷资产配置——在产品和定价领域，借助大数据、AI 等新型技术，根据客户的性别、年龄、职业、收入、行为、偏好等绘制高度个性化的客户特征画像，在生命周期不同的阶段，选择最佳的产品方案，为其定制、设计特色金融产品，匹配财务规划建议。比如，近几年各大银行纷纷布局智能投顾产品，为客户提供个性化的投资建议和理财方案推荐，如建设银行的龙智投、中国银行的中银智投、工商银行的 AI 智投、招商银行的摩羯智投等。招商银行的摩羯智投采用机器学习算法、财务管理实践、基

---

① "银行产品的大众客户化定制"概念首见于笔者在《当代金融家》杂志 2014 年第 4 期专栏文章"客户 DIY 银行的节奏卷土重来"。

金研究经验智能融合的方式，构建起一套资产配置服务流程，包含目标风险确定、组合构建、一键购买、风险预警、一键优化售后服务报告等。

（4）敏捷客户维系——有了机器学习和个性化的数据案例库，银行能够更为准确地预测客户流失概率，为不同客户制定符合喜好的维系方案，减少优惠和奖励活动的大批量盲目使用。比如，某私人银行的客户 Q 女士表达了要将财富管理转移他处的想法，客户经理尝试了几次客户维护都没有效果，该行基于信用卡消费数据分析得知 Q 女士定期购买高级红酒，于是尝试邀请 Q 女士参加举办的"私人银行客户红酒品鉴活动"，活动的红酒品鉴师十分资深，讲解十分专业，Q 女士十分喜欢，隔了段时间又愉快地参加私人银行的户外骑马活动，客户不但没有流失掉，反而客户又从他行转入 5000 万元到该行买理财。

5.3 未来必须内部简约化，建立适应价值网的投入产出效率

这种外部差异化产品服务的快速响应能力，需要银行构建内部简约化能力来形成有力支撑，即基于组件化业务模型建立"银行产品工厂"，对银行流程、产品、数据进行标准化、模块化梳理，就像乐高积木一样能够通过标准化的组件拼搭，完成产品的标准化快速定制、实时交付。这需要在彻底的"以客户为中心"弹性边界、无缝连接的企业文化氛围下，借助数字化、智能化的银行科技手段，重构金融服务全新的前中后台，包括产品、流程、渠道、IT 在内的一体化业务体系适应能力，实现非标资产标准化、标准资产数字化、数字资产智能化的 DNA 重构。

一是产品设计的组件化、参数化、自动化。现在银行的产品设计系统日趋庞大，影响开发效率和推出速度；要引入组件化设计思维，建立产品

结构化框架，开发产品公共功能组件，直接运用组件装配产品，提高产品创新的速度。乐高积木本身就是标准化的组件、参数模块，孩子们可以用这些组件搭建组装不同的需求产品，比如天安门广场、埃菲尔铁塔、"哈利·波特"、"星球大战"系列等。在"乐高银行产品"模式下，银行可以提供大量的金融产品元件，可以随插即用、灵活装配组合，根据客户需求进行客户化定制，产品开发和生产更加高效、灵活。银行成为元件供应商，由这些组件产生的服务可以开发成 APP，这些 APP 可以通过云端直接为客户提供场景服务；也可以作为嵌入式组件通过 API 开放给价值网的教育、医疗、旅游等生活服务场景，银行可建立 API 库，简化对外生态及对内系统集成。例如，中国平安旗下金融壹账通发布 AI 贷款产品加马（Gamma）智能贷款解决方案向中小银行输出，Gamma 智能进件配置平台提供一站式灵活配置的贷款进件服务，通过业内领先的组件化、模块化设计，各产品模块可独立配置，也可整体输出，中小金融机构可根据自身贷款业务流程需要自主选择，灵活对接，最快 1 个小时即可完成贷款流程配置优化，免去大量重复开发投入，极大节约成本。继零售条线之后，2018 年平安银行在对公业务条线推行科技派驻模式，在"口袋财务" APP、"FB 远程柜面"、"智慧管理"等项目继续试点敏捷开发模式，使产品迭代速度、交付质量和客户体验等各个方面都取得了显著提升。

二是流程的标准化、自动化，将流程整合与产品工厂衔接，形成更广义的产品工厂。智能分析基础上的敏捷感知和响应能力的背后，是银行流程和数据整合的能力。流程的标准化、自动化，需要基于数字化手段，重塑客户旅程，提升客户服务体验。近年来，一档名为《吐槽大会》的网络综艺节目广受欢迎，每期邀请一名明星嘉宾，让大家以一种诙谐轻松的方式对其缺点和不满进行集体吐槽。商业银行也应该广开言路，不妨多听听客户对自己的吐槽，从客户旅程角度出发梳理重构业务流程，以数字化技术平台替代传统的 IT 基础设施，实现流程的标准化、自动化、精益化，规范和简化端到端的服务流程。例如，英国劳埃德银行集团 2013 年启动数字化转型，投资约 10 亿英镑在 2015—2017 年推动端到端客户旅程转型，带来领先的业务效率和客户体验。比如：

（1）中小企业客户开户旅程，77% 的中小企业客户（近 30 天开户）中，50% 采用数字化协议，15 份纸质表格变为 1 份数字化表格；

（2）中小企业贷款旅程，简化短期贷款申请程序，审批效率大大提高，一般第二天即可放款；

（3）个人住房贷款旅程，60% 的已通过住房贷款申请中，14 个自然日内放款占比从 2015 年的 37% 增至 60%，部分客户两个工作日内即可放款。

（4）转型后的十大客户旅程，其成本降低了 15% ~ 30%，在传统渠道开通简单产品的时间缩短了 50%，客户体验上，2017 年净推荐值为 62%（2011 年仅为 43%），投诉数量减少 70%。

三是敏捷实时、无缝连接的多渠道银行服务能力。乐高的销售渠道部署策略正是如此，线上与线下结合，传统的玩具店、强大的网店加上零售、品牌旗舰店、授权专卖店、社交媒体，甚至是美国的药店。数字经济时代，银行将从"坐商"转变为"行商"，商业模式将是"开放式银行"，蜕变为无处不在的银行服务，正如 Brett King 在《Bank3.0》预言未来"银行不再是一个地方，而是一种行为"。为客户提供各种场景下的实时智能银行服务响应，就需要银行建立多样化、标准化的服务渠道，根据不同场景、不同客户，快速匹配、组装、嵌入最合适的渠道。如同手握终极武器的"银弹"，银行服务也应当在价值发现、存储和交付的场景上无处不在，在内外部多渠道协作上实现敏捷实时、无缝连接。

敏捷银行将线上与线下打通后，网点将缩小面积，减少人员，网点的价值是特色化，解决线上的痛点——比如针对周边社区的适应性差，以及当面咨询等增值服务。在线上，敏捷银行将自身 API 嵌入各家合作伙伴平台，只要客户有需求，即可通过企业门户网站、企业资源计划管理系统、微信小程序、合作伙伴 APP 等各种渠道调用银行 API，在客户金融服务需求的第一时间、第一触点获得满足。比如，用户在旅行网站购买境外旅游产品，只要在订购旅游产品的同时，顺手把财产证明、签证、酒店、外币现钞所有要求提交，然后去最近的银行网点取预约好的外币即可，客户不需要切换到银行的 APP 应用或网站，通过 API 可以直接获得银行的支付、分期付款、保险权益等各种服务。

四是"双模 IT"战略，推动 IT 系统架构的模块化和敏捷开发。"双模 IT"，一种是传统的开发模式，能够保证核心系统的安全性、稳定性和可靠性；另一种则是非线性的敏捷开放模式，在开放平台上，利用快速迭代的设计和开发方法，业务模型驱动 IT 开发能力，构建新的系统组件，快速响应客户满足小额、快速、高频的需求。该模式下，技术架构是模块化，以实现即插即用和便捷更新，可与所有产品系统和渠道对接；在创新过程中大量复用原有零部件，减少 IT 大量重复开发，以更快的速度、更低的返工和错误率、更紧密地跨职能沟通推出产品和服务。近年来，建设银行、浦发银行、招商银行、北京银行等先进同业都成功实现了新技术系统重构，打造以客户为中心的系统架构，构建产品工厂、灵活定价、交易核算分离、直通式流程优化等核心支撑能力，技术解决方案已相对丰富和成熟，商业银行应可借鉴和研究，以便银行内部的"闭门造车"，在生态价值网上敏捷的"出门合辙"。

5.4 未来必须精于协同，建立适应价值网的"杠铃机制"

乐高在转型过程中，还认识到加强内外部协作的重要性。一方面精简组织架构、加强部门协调、赋权于人；另一方面，持续改善与合作伙伴、零售商之间的关系，与儿童教育机构、培训机构、研究机构、互联网平台等开展跨界合作。敏捷银行能力塑造，同样需要银行打造基于金融价值网的"杠铃机制"，包括在银行内部建立跨部门敏捷协同的项目团队，建立银行与金融科技公司合资和合作伙伴关系。

银行内部协同方面，银行前台融入商业场景提供嵌入式金融服务（Embedded Banking Utility），银行中后台部门通过实时智能的嵌入式作业（Embedded Operation）前移为产品服务的协作者。例如：

（1）上文提到的金融前台服务嵌入到教育场景 APP 之中。其实，场景化金融应用空间巨大，食、住、行、游、购、娱、医、养、产等场景类型丰富，均能与金融产品进行结合。

（2）国外某银行制定了针对食品饮料行业经销商融资业务风险管理框架，将风险管理前移嵌入到信贷业务流程之中，在客户准入环节就设定了量化准入标准，比如可获取财务数据情况下经销商预付款比例最高可达到90%，期限不超过经销商的整个资金周转周期或产品保质期的一半；经销商对上游核心企业的依赖比率至少达到30%等。

（3）提高跨部门研发效率，取决于对敏捷项目方式的理解，不仅是在IT 设计开发那部分敏捷，而是要在前面产品需求分析和设计阶段就开始，从能力上面就开始，需要按照客户旅程，让前中后台相关环节的人员并行协同，这才靠谱，如果只是开发敏捷，达不到敏捷效应。比如，总体架构组下面，可以安排业务条线或者业务领域设立业务架构师岗位，甚至可以内嵌到业务中，实现 IT 与业务的融合，将技术方案作为业务方案的一部分在营销阶段就能够基本确定，这无疑会极大提高科技对业务的驱动能力。

（4）建立敏捷组织机制，为员工赋能。敏捷银行需要建立高效运转的敏捷工作组织机制，爵士乐的演奏方式能够给我们以启迪。爵士是严肃而自由的音乐，爵士乐手需要了解自己所在乐团每一位乐手的状态，彼此之间有高度默契，这样可以一起完成一次漂亮的即兴演出。爵士乐队这种组织方式和领导力，能兼顾个人所长和集体协作，完美结合个人天赋，并使团队和谐协同、互相成就，鼓舞乐手在不确定中自我运转、探索创新、挑战极限。爵士大乐团领导力兼顾爵士领导力的创新应变和交响乐式领导力的规模能力整合，更为适合银行组织。

银行建立敏捷的组织机制，需要打破传统深井式组织条线、贯通职能部门，采取跨部门任务小组敏捷团队的方式促进跨部门之间的协作。银行的领导管理层，也可以像爵士大乐团领导力方式一样，将决策下放，赋予团队成员端到端的自主管理权，激发了团队成员的工作积极性和创新活力，为员工赋能。例如，劳埃德银行推进数字化转型，建立了数字化（兼转型）部门，确保转型的顺利推进；在三个城市建立了 10 家数字化敏捷实验室；建立跨职能团队、敏捷实践、文化转型；为员工授权赋能，5000 名员工接受了敏捷培训，20000 名员工成为数字化尖兵。国内中原银行在零售条线推行部落化敏捷转型，公司条线紧跟其后，打破原有金字塔式组织架构，组成一系列灵活扁平的工作小组，小步快跑、快速迭代，精准解决客户痛点。

外部跨界协同方面，借助交易撮合和"发放—分销"方式成为货币市场和资本市场的连接者，成为消费互联网和产业互联网的金融纽带。当今社会已经变得高度融合，行业边界越来越模糊，甚至是在消失；这个时代不是单一的主体或产品可以解决问题的时代，要更好地解决客户多样化、个性化的复杂需求，需要跨界协同。包括商业银行在内的金融机构在为客户提供金融服务时，正在呈现越来越明显的跨界协同趋势。据相关研究显示，目前超过半数的银行均与金融科技企业展开了相关合作，例如京东金融与 400 余家大中小银行签署战略协议，建立了一个金融科技生态圈，京东金融为银行提供众多基于金融科技的数据、产品和服务。

未来，传统金融企业和 FinTech 企业、产业链企业将从 B2B 逐步转向更有深度的 B4B 进行跨界合作，协同打造"智能金融价值网"，并实现价值网生态相互赋能。例如，京东金融与招商银行、光大银行等合作推出京东白条联名卡，京东金融通过"小白信用"，将从京东网站上收集而得的数据与银行通过联名小白卡获得的数据相结合，从用户的身份、资产、偏好、履约情况与社会关系五个维度计算出不同客户的综合信用评分，实现有效的风险控制。再如渤海银行、易见公司双方基于区块链技术共建供应链服务平台，通过对应企业的管理系统采集产业链数据，为上下游企业及具体业务场景提供融资和增值服务。围绕"核心企业＋、可控商品＋、动态资产ABS＋"场景，服务涉及制造、医药、物流、大宗、航空、地产等近十余个行业。

一个生态的建设是合作方在价值网中可以通过业务流程携手交换信息并创造价值，所以科技赋能是帮助合作方介入、提升业务流程的效率、识别关联信息、生产创新价值的重要基础。例如，银行借助大数据、机器学习等生态科技赋能，绘制涵盖客户关系、产业生态等在内的外部"价值图谱"，形成企业级统一客户视图、统一产品视图、统一员工视图、统一数据视图，提炼出关联客户和营销线索，建立新兴算法的客户准入模型，优先安排资源处理获取的重大商机，匹配相应的金融产品和服务，并提高风险识别与量化能力。

生态向银行赋能，就是利用生态创造的价值（产品）获取更多的客户，利用生态获取的信息（数据）给银行提供更多知识，利用生态中业务场景（流程）为银行延展价值网增加整合能力，而更重要的是通过生态知道市场的诉求。例如，渤海银行和全球领先的航班数据及解决方案服务商——飞友科技（飞常准），共同探索出行生态圈和金融科技的创新融合，率先在国内推出线上金融产品"时间钱包"。"时间钱包"在客户、渠道、服务上实现金融生态和出行生态的跨界融合和双向赋能，一方面将银行的金融功能（包括支付结算、账户管理、投资理财、消费信贷等）赋能到飞常准平台，完成场景金融布局；另一方面，通过飞常准的服务网络，为渤海银行的客户提供优质便捷的出行服务，实现生态向银行赋能。

需要指出的是，外部差异化与生态建设和赋能密切相关，真正的有可持续竞争力的生态赋能是建立在数据模型基础上的，因为生态与生态之间的关系是靠业务场景（实际上是流程）牵连起来的，把各个参与方加起来，但是业务场景或者业务流程之所以能牵连起来，是因为后面有这些信息的关系。所以一旦掌握信息的关系，就会知道哪些场景或流程之间更容易串接起来。例如，某金融科技公司构建基于区块链的全资产管理体系，通过区块链联盟在保障信息的隐私性和安全性的基础上，灵活实现信息的共享互通，联盟内的用户可以清晰洞察客户资产全貌，在满足监管对资产实现穿透性管理的同时，深入洞悉各类数据关系，并结合自身的场景服务和客户特点，创新设计灵活的风险管理模式和个性化产品体验。之所以从客户旅程视角梳理，也是为了能够从客户的角度去分析和设计，进行差异化、个性化、定制化的产品服务响应，这才是真正的赋能，有粘性，有生命力、区别于同质化竞争的赋能。而非简单地把同质化的产品服务开放给生态，那有可能昙花一现或者难以持久。

正是对创意的不懈追求，让乐高成为独一无二的存在。在整个中国社会供给侧结构性改革的大潮中，进行企业级的敏捷转型，成为敏捷银行，提升为实体经济提供差异化、个性化、定制化服务能力，是中国银行业推进金融供给侧结构性改革的现实选择。

参考文献

［1］赵志宏．银行科技——构建智能金融价值网［M］．北京：中国金融出版社，2017．

［2］赵志宏．实时智能银行［M］．北京：中国金融出版社，2015．

［3］赵志宏．银行产品工厂［M］．北京：中国金融出版社，2012．

［4］赵志宏．塑造敏捷银行（上）［J］．当代金融家，2019（1）：54．

［5］赵志宏．塑造敏捷银行（下）［J］．当代金融家，2019（2－3）：70．

［6］Chris Skinner. Digital Human：The Fourth Revolution of Humanity Includes Everyone［M］．New Jersey：Wiley，2018．

［7］银行用户体验联合实验室．银行用户体验大调研报告［R］．银行用户体验联合实验室，2018．

［8］麦肯锡．大象起舞：中国银行业踏上敏捷转型之路［R］．麦肯锡公司，2018．

［9］波士顿．智慧运营：银行业竞争的下一个决胜之地［R］．波士顿公司，2017．

［10］麦肯锡．如何让风险管理成为银行的竞争力［R］．麦肯锡公司，2018．

［11］波士顿．2018年全球风险报告：打造面向未来的银行风险管理职能［R］．波士顿公司，2018．